不上补习班，
孩子也能自主学习

张万里 著

中国言实出版社

图书在版编目（CIP）数据

不上补习班，孩子也能自主学习 / 张万里著. — 北京：中国言实出版社，2022.8

ISBN 978-7-5171-4240-9

Ⅰ.①不… Ⅱ.①张… Ⅲ.①学习动机—家庭教育 Ⅳ.①G442

中国版本图书馆CIP数据核字(2022)第114424号

不上补习班，孩子也能自主学习

责任编辑：薛磊

责任校对：李岩

中国言实出版社出版发行

地址：北京市朝阳区北苑路180号加利大厦5号楼105室（100101）

编辑部：北京市海淀区花园路6号院B座6层（100088）

电话：010-64924853（总编室）   010-64924716（发行部）

网址：www.zgyscbs.cn

电子邮箱：zgyscbs@263.net

经销：新华书店

印刷：河北盛世彩捷印刷有限公司

版次：2023年1月第1版   2023年1月第1次印刷

规格：880毫米×1230毫米   1/32   7.75印张

字数：145千字

定价：48.00元

书号：ISBN 978-7-5171-4240-9

3
Chapter

培养自主学习兴趣，养成自主学习习惯 /069

4

Chapter

5

Chapter

第一章

"双减"之下，自主学习让成绩稳步提高

"双减"之下，让孩子通过自主学习提高成绩

2021年7月24日，中共中央办公厅、国务院办公厅印发了《关于进一步减轻义务教育阶段学生作业负担和校外培训负担的意见》，要求一减学生的作业负担，二减学生校外培训的负担。简称"双减"。

一减的主要举措是：减少作业总量，提高作业设计的质量；二减的主要举措是：培训机构不得占用法定节假日、休息日及寒暑假期组织学科类培训。其目的之一是给孩子更多自主的时间，让孩子去做自己喜欢的事；激发孩子多方面的兴趣，让孩子全面发展；提高孩子在学校的学习效率。

家长们在这一政策面前的反应是几家欢喜几家愁。我们来看看，来自家长的诸多担忧："孩子马上就中考了，没有学透的知识点怎么办呢？""孩子假期不上补习班，又没有人带，如果学坏了怎么办？""如果我不捡起课本，孩子就没人辅导了，这是换种方

式'拼爹'啊!"……

孩子们在学习上看似变得"无依无靠"了，可大量的事实证明，那些学习成绩出类拔萃的学生，主要凭借的是极强的自主学习能力，而非补课。由此可见，我们完全可以通过培养孩子自主学习能力的办法，让孩子在"双减"政策之下提高成绩。

有些家长听到"自主学习"这个词后，马上想到的是自觉学习。是的，自主学习离不开自觉的态度，但是还要有相应的举措来辅助，才能实现提高成绩的目的，才能称为自主学习。下面我们来看看相应的举措。

规划时间

"双减"政策让孩子有了更多可以自由支配的时间，家长应该根据孩子的情况，如年龄、喜好、当前成绩等方面，去制订一个合理的时间表，让孩子学会规划时间。

时间规划是一项技能。事实也是如此，会利用时间的人，能轻松而高效地学到很多知识，并通过时间的积累，让自己变得优秀。因此，家长在培养孩子自主学习能力方面，应该重视时间规划。

学习策略

许多家长认为，孩子自主学习能力的增长与学习态度有关。其实真正能提高孩子自主学习能力的是学会制订策略。因为好的策略可高效解决问题，所以孩子才更愿意在它的帮助下学习。努力若是徒劳无功，会让孩子更早泄气。因此，家长在调动孩子自学热情上切记策略先行的办法。此后，态度才会带来自主学习的能力。

自主能力

所谓自主能力是指孩子对自己的学习目标、学习方法、学习内容、使用材料的掌控能力。家长在训练孩子这一能力时，要以教育部门规定的学习内容和孩子的自身能力为出发点去进行。例如，孩子所学的教材分人教版、苏教版、北师大版等版本，不同版本的内容和难度有很大差别。比如，人教版二年级的数学教材已经学习了计时法，可北师大版的数学教材计时法是三年上册的内容。如果我们给孩子选错了学习资料的版本，孩子完全不会，这就很容易打消孩子自主学习的热情。

显然，"双减"政策改变了孩子以往学习的环境。这就要求家长培养孩子的自主学习能力，只有这样才能让孩子的成绩不降反升，从而在升学的时候拥有更强的竞争力。

网络时代，孩子必须学会自主学习

　　一位语文老师给学生讲完《背影》后，让学生们写一篇与父亲有关的作文，并在课堂上朗读。

　　乐天朗读道："我的爸爸是一名退伍的特种兵，对我十分关爱。有一天，他带我去海边玩，让我自己在浅滩玩耍，自己游往大海深处。一个小时后，大海涨潮了。他游回浅滩，没看到我，在海里又游了一个多小时，才把我找到。真是伟大的爸爸。"

　　"难道你也在海里游了一个多小时吗？"同学王鹏提出了质疑。

　　乐天尴尬地看着王鹏，不知道该如何回答。

　　很显然，乐天的作文存在逻辑问题，并且缺少该有的细节，所以让王鹏觉得不够真实。其一，文中并未体现出"爸爸"对"我"的关爱，"爸爸"不该把孩子一个人留在浅滩玩耍；其二，缺少情节，没有描写"我"去了哪，为何让"爸爸"找不到；其三，缺少细节描写，没写出"爸爸"找不到"我"的焦急。可见，孩子若想全方位地掌握写作技巧，必须靠自己去学习写作方法。由这一个细节可以看出，在这个信息爆炸的"互联网+"时代，孩子需要的知识仅仅依靠课堂和课本已经远远不够了。但是网络知识的庞杂对孩子获取知识的方式又提出了新的挑战。因此，家长必须教会孩子自主学习，才能让孩子精简学习任务，改变学习方法，从而使学习的成绩稳步上升，走出学习上的困境。

现在，我们来看看可提升孩子自主学习能力的几大途径。

提高信息筛选能力

如今网络上有很多指导孩子学习的视频，如果我们想让孩子从中选出精品，首先应该锻炼孩子的鉴赏能力。例如，让孩子在学习课程后要多总结、勤思索该课程的优缺点，并与同类产品做比较，这样孩子的鉴赏能力会不断提高，从而找到最有利于自己提高的学习内容。

注重学习的整体性

所谓整体性，就是要注意所学知识之间的连带关系。例如，文辞俱佳的作文若是字迹潦草，也很难得高分。这就要求我们在培养孩子写作能力的时候，还应该让孩子进行书法方面的训练，二者可以同步进行。例如，让孩子抄写《兰亭序》《千字文》等文辞优美的书法作品，以节省孩子学习的时间。

丰富课内知识的外延

孩子在课堂上学习的内容有限，但是我们可以利用网络资源对其进行补充。例如，一个孩子在学校学习了唐代诗人刘禹锡写的《竹枝词》"杨柳青青江水平，闻郎江上唱歌声。东边日出西边雨，道是无晴却有晴。"但老师却没说诗人描写的是什么时节的天气情况。孩子可以上网一查，进而明白，长江中下游每年端午节前后经常出现的一段持续时间较长的多雨天气，被称为"黄梅天气"。

孩子解决了心中的疑问后，发现打开的网页上还列出了许多同类的诗句。如"百啭无人能解，因风飞过蔷薇""雨余溪水掠堤平，闲看村童谢晚晴"，就饶有兴致地背诵了起来。这样的学习方式不仅让孩子对古诗词产生了浓厚的兴趣，也对地理常识产生了浓厚的兴趣，这就是一种主动拓展知识外延的方法，能为写作提供极大的帮助。

把"学会"变成"会学"

如果我们只是要求孩子把知识"学会"而不是"会学"，这是无法转化成自主学习能力的。因为自主学习的内涵包括学习方法，它要比死记硬背、大面积撒网学起来更省力、更高效。因此，我们应该教会孩子自学的方法。例如，教会孩子如何在网上精准地查找资料，借助软件来提升学习效率等，这些方法可转化为孩子自主学习的动力。

随着网络科技的发展，未来孩子比拼的一定是学习的能力。即使是当下，孩子也需要不断扩展知识面，才能得到更高的分数。因此，我们一定要注重对孩子自学能力的培养，孩子才能在激烈的竞争中脱颖而出。

出题新方式，让孩子借助自主学习从容应对

2022年1月20日，一篇名为《"双减"后第一次期末考试，难出天际的北京试卷传递出什么信号？》的文章在微信上刷屏了。我们来看一下难度。

西城区三年级的语文试卷有两篇阅读理解题和一大一小两篇作文；海淀区四年级的选择题考到了与冬奥会相关的知识；海淀区七年级的语文试卷，没有基础题，全是阅读和写作。

我们先从出题方式和出题内容上看，家长只有帮助孩子养成自主学习的习惯，孩子才能应对知识储备不足、知识不会灵活运用等问题。就孩子的一生发展来看，孩子以后会面对更多的变化，只有养成自学的习惯，他们才能更从容地去面对问题、解决问题，让自己不断发展。

因此，家长可以从以下几个方面去提升孩子自主学习的

能力。

提升知识的实用性

我在电视上看到过能倒背《成语大词典》的孩子，可是作文成绩却很一般。究其原因，就是这个孩子没能把记忆能力转化为写作能力，这种学习方式必然无法应对当下的出题方式。因此，家长帮孩子提升知识的实用性就显得尤为重要了。例如，家长让孩子将以往的背书时间变成一次写作训练，以提高知识的实用性，还能节省孩子大量背诵的时间。这样的学习方式才能让孩子学以致用，并真正爱上自主学习。

按照孩子的成长规律去培养

我们为什么要按照孩子的成长规律去培养？道理十分简单，家长无法让1岁的孩子不哭，是因为孩子要到2岁半，才进入记忆发展的关键期，在这之前，对孩子说什么都是无效的。更别提培养孩子自主学习的能力了。

下面我们来看，除了记忆力，与孩子自主学习能力密切相关的其他能力，在孩子的哪个年龄段才是关键期：2.5～3岁是给孩子立规矩的关键期；3岁半是注意力发展的关键期；4岁是学习外语口语的关键期；5岁半是形成学习习惯的关键期；6岁是创造力、观察能力开始成熟，及掌握词汇最快的关键期；8岁是自学能力、阅读能力和综合能力开始形成的关键期；9岁是初级哲学思维产生的关键期；10岁是培养孩子自控能力的关键期，等等。我们可以根据孩子的年龄段，去培养孩子学习的习惯。

一年级，能借助拼音阅读小故事，可按照第二天的学习任务，准备好学习用具；二年级，每天预习半个小时新内容，独立完成作业，自觉阅读课外书，自行查阅工具书；三年级，结合自己的学习情况分配各科的复习时间，准确提炼课外书中的观点并转述给家长，自己筛选学习资料；四年级，给自己制订学习计划，完成学习计划的70%，自我约束电子产品的使用时间；五年级，结合自身情况调整学习计划，完成学习计划的90%，阅读文学作品并摘抄；六年级，主动拓宽知识面，阅读课外书后，撰写读书笔记，能把别人的观点转化为自己的语言。

这是国内一家知名教育机构根据不同年龄段孩子的成长规律制订的学习计划。该教育机构给我们的提示就是：培养孩子的自主学习能力一定要相时而动，这样才能高效。尤其在孩子完成学习计划的百分比中，四年级和五年级做了很明确的细分，因为四年级和五年级孩子的自律性不一样，所以家长不要提出过分的要求，而应静静等待。孩子只要有自主学习的习惯，随着年龄的增长，学习能力必然会有显著的提高。简言之，家长要循序渐进去培养孩子的自学能力，不要操之过急。

以量变带动质变

家长可以先通过自学的数量来让孩子养成自学的习惯，当孩子有了自学的习惯后，再想办法让孩子提升自学的质量。例如，美术老师教孩子绘画的时候，起初会允许孩子随意涂鸦，这能调动孩子学习绘画的兴趣，激发孩子绘画的勇气，锻炼孩子的控笔能力。当孩子喜欢上绘画以后，老师开始要求孩子把线条画得有虚实变化，并给予示范，孩子的绘画能力才能取得质的变化。这种质的变化能激发孩子自主学习的热情。

用需求和外力带动

需求是指孩子的兴趣、爱好、责任感、梦想等。这是孩子自主学习的巨大动力。如，一个喜欢滑冰的孩子，会主动观察他人的滑冰动作，力争早日在冰场上运动自如。外力对年龄小的孩子促进作用比较大，例如，老师给孩子一朵小红花，他的学习热情就会高涨。随着孩子年龄的增长，需求对孩子自主学习的促进作用会更大。家长则要顺应孩子的变化，这样才会取得更好的学习效果。

"因科制宜"

所谓"因科制宜"，就是指针对不同的学科采用不同的自学方法。例如，对语文、英语等工具学科，应该多读、多练、多用。学数学，关键是弄懂定理、公式，并能做到举一反三。

此外，这种习惯最终会成为孩子解决问题的一种方式，可以帮助孩子更好地面对以后学习、工作、生活中出现的问题，从而让孩子受益终生。

自主学习的习惯是融合学习态度、学习能力、学习办法而形成的，孩子一旦养成这个习惯，就会按照惯性去解决问题，从而得到良性发展，收获更多。

自主学习的孩子，人生拥有更多可能性

在一期与家教有关的综艺节目中，一个10岁的女孩因为成绩下滑，她妈妈逼她放弃自学4年的芭蕾舞。女孩在节目中一再跟妈妈说，自己是因为不喜欢学习，才成绩下滑的，跟练习芭蕾舞毫无关系。可是妈妈却说："除非你考进全校前50名，否则永远不要提学习舞蹈这件事。"

许多观众对节目中的妈妈这种固执的行为表示气愤，他们觉得这位妈妈认为孩子不跳舞就能好好学习的想法是荒谬的。此外，自学芭蕾舞也是一种学习，只把文化课当成学习有点狭隘，会扼杀孩子发展的多种可能性。

大量的事实也证明了观众的想法是正确的。

让孩子自主选择学习的内容，不仅能调动孩子自主学习的积极性，还能提高孩子的抗挫能力。待孩子到了中学阶段，对学习的重要性有了深刻的认识，就会在兴趣带来的习惯下，去自

主学习，得到更全面的发展。

因此，家长让孩子选择自主学习，与文化课学习不仅不冲突，还能对学习文化课起到巨大的辅助作用。

关于自主学习对人生可能性的巨大影响，我想大家一定听说过一个网络热词——"斜杠青年"，它是指会许多技能的年轻人。他们不仅能获得令人惊讶的成绩，还能给别人提供更多的帮助，从而拥有更开阔的人生。

人们常说艺多不压身，因此家长应该尊重孩子在学习科目上的选择。此外，孩子就算不喜欢学习文化课，但是有自主学习的愿望，我们也不应该扼杀，他在学习内容的选择上的自由可能更有利于他去实现目标。例如，扎克伯格也是大学中断学业，但他创建了脸书，他所学的知识都与自己的事业有关。如果我们允许孩子像扎克伯格那样自主学习，对于孩子的成长来说，很可能是一种捷径。

每个孩子有每个孩子的特质，家长切不可用自己对学习的认知，去强迫孩子学习。这只会制造大量同质化的孩子，提升了孩子面临社会竞争的激烈程度。此外，学校所教的知识如果不经过孩子的筛选和拓展，可能很难帮助孩子提高成绩。因此我们要根据孩子的个性去帮助他们养成良好的自学习惯，他们才能适应快速变化的世界，取得更大的成就。

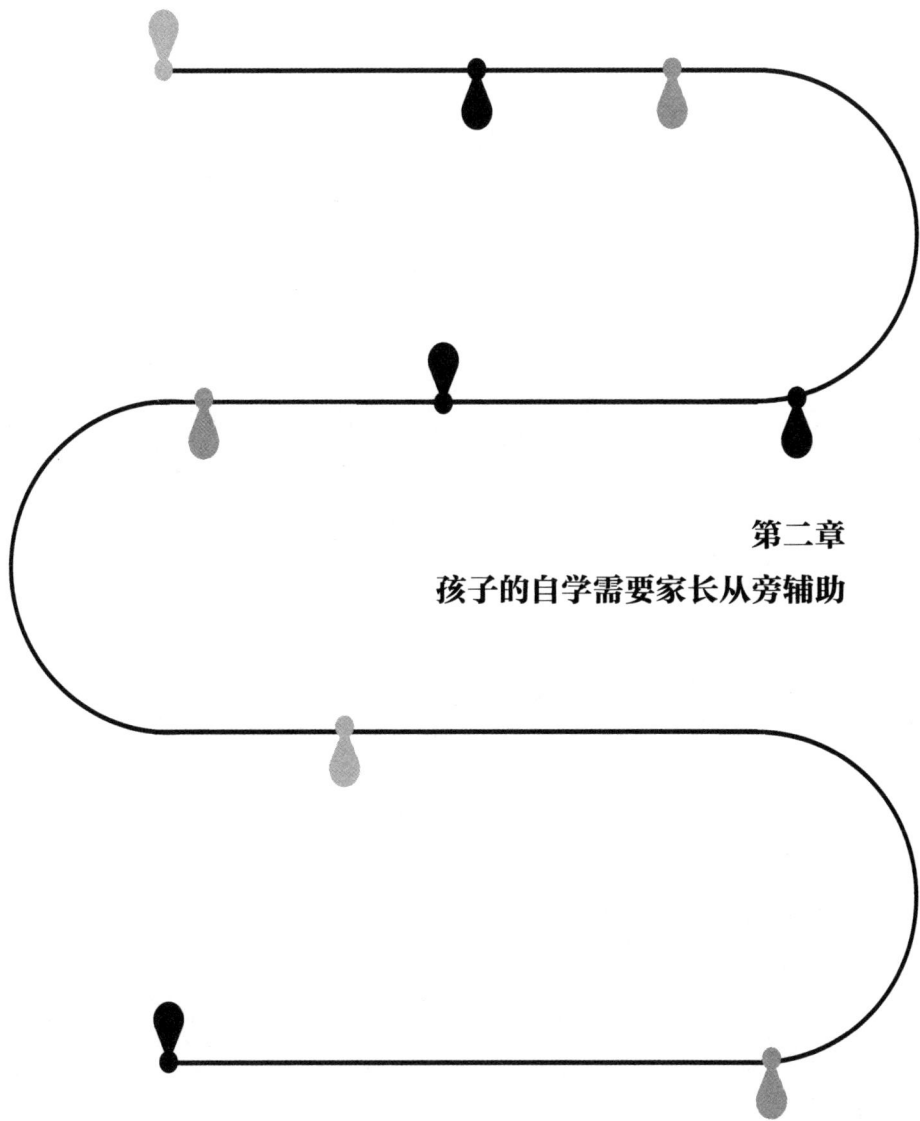

第二章
孩子的自学需要家长从旁辅助

做孩子自学的坚实拥护者

一项研究表明，孩子随着年级的升高，自学的热情反而会不断降温。究其原因，与升学压力、家教方式等有很大关系。我们要改变自己培养孩子的方式，让孩子觉得你是他自学的坚实拥护者，孩子的学习热情才会不断地提升。

下面，我们来看，我们的哪些行为让孩子觉得你并不支持他自学，以及改变的方法。

行为一：无视孩子的需求

小峰马上就要升学考试了，但是每到周末还是会玩一下电子游戏，一是已经打到了很高的级别，舍不得放弃，二是游戏伙伴总邀请他玩，不好总推辞。小峰的妈妈觉得小峰应该全身心学习，不让他玩游戏。小峰认为自己只是在周末放松一下，又没有影响学习成绩，妈妈不该对自己管控得这么严。于是二人产生了冲突。

这导致小峰厌学，成绩迅速下降。

后来，小峰的爸爸跟小峰谈了一个条件，他代替小峰升级，小峰暂时努力学习，待考试过后，再自己升级。小峰很感谢爸爸，学习又像以前一样努力了。

可见，做孩子自学的坚实拥护者，并不是强迫孩子学习，而是通过一些方法去激发孩子学习的热情，让他主动去学习。

行为二：提供自以为是的帮助

晨晨自学欧体字，每次语文考试都因卷面整齐多得分。可是晨晨爸爸认为欧体字写起来太慢，而且不如司马彦的字看起来端庄大方，于是强迫晨晨练习司马彦的字。有一次，晨晨爸爸见晨晨没有认真练习司马彦的字竟然大发雷霆。晨晨对爸爸说："考试又不是记课堂笔记，用不着写太快。"

类似的事情许多家长都做过。这看上去好像是在帮助孩子自学，实际上却是让孩子放弃自己喜欢学习的东西，这必然会导致孩子厌学。因此，家长在为孩子提供帮助之前应该考虑到孩子的喜好、试卷题量的大小、更改的必要性等方面。否则这种帮助等于"帮倒忙"。

行为三：无视孩子的好奇心

好奇心是促使孩子进步的巨大动力，尤其是幼儿阶段的孩子，他们会没完没了地向家长问一些问题，不畏艰难地尝试探索未知的世界等。有些家长为了减少麻烦，就采用敷衍、禁止等方式对待孩子，这等于剥夺了孩子了解外面世界的兴趣和机会，无益于孩子的学习。

电影《巴霍巴利王：开端》中，男主角希瓦儿时就总爬当地没有人能登顶的神山，想看看山顶上有什么，失败多次仍不放弃。

希瓦长大后，终于爬上了山顶，看到了外面的世界，并开启了新的人生。

希瓦能爬上神山顶，主要原因就是在好奇心的驱使下，不断改变攀爬的技巧，并在攀爬的过程中提升了力量和耐力，从而取得了成功。

如果家长总是用自己的想法禁锢孩子的好奇心，并告诉孩子，你的目标永远不可能实现，会影响孩子对获取知识的进取心。

行为四：无视孩子的想法

孩子们有着和成年人不同的逻辑推理方法。如果家长无视孩子的想法，则很难让孩子意识到自己的错误，不利于提高孩子的认知水平。

不久前，我和读幼儿园的侄子说："你还记得你和叔叔在美人鱼岛上踢足球吗？"

"当然，可是我真希望我们没去过那里。"

"为什么？"我很吃惊地问。

"那样我们就不会在回来的路上遇到疫情，科比也不会死。"

于是我给侄子解释，疫情不是一种野兽，而是像流感病毒一样的东西，它有可能在我们回来的路上，也有可能在其他地方，所以外出一定要戴口罩；科比的死是空难，与疫情无关。侄子点点头，表示听明白了。从此，外出时他会自己主动戴口罩。

侄子之所以有这样的想法，是因为我们在回家的航班上听到了新冠肺炎疫情的消息和科比去世的消息，因此他觉得这两件事和我们的出行有关。

这就是许多孩子的思维方式，他们在学习上也是如此。因此，我们想要让孩子自学，应先了解孩子的想法，才能准确指导他如何去做。

行为五：把物质奖励当成筹码

有些家长为了让孩子学习采用物质奖励的方法，结果孩子却对奖励产生了依赖心理，一旦奖励停止，就不会学习了。其实对于孩子来说，通过学习获取知识本身就是一种奖励，要是家长非要用物质刺激一下孩子，反而会破坏他的学习动机。

有一位老奶奶，家附近有一块空地。孩子们一放学就到那里踢球，老奶奶嫌吵，想出一个办法。在一个月内，奖给每个孩子一块糖，感谢他们给自己带来了快乐。后来她停止给孩子糖后，孩子就不来了。

孩子探索新知识其实和踢球一样，学习原本是他们自己的意愿，可是一旦成为他人控制自己的手段，孩子努力的动机就转变了，所以一旦奖励停止，就会对孩子产生一些反作用。

因此，家长可采用事后奖励的办法，而不是把奖励作为学习的筹码。此外，奖励最好与孩子的学习有关。例如，当孩子取得了好成绩以后，赠送他书或学习用具。这样可以提高孩子对学习的兴趣。

行为六：一再干扰孩子

孩子自学的效果离不开专注，可是一些家长会无意识地干扰孩子。例如，孩子正在认真写字，妈妈送杯水进来，过一会儿又拿个苹果进来，或者发现孩子写字的笔顺不对，马上开始纠正。孩子被家长连续干扰，则很难专注学习。

行为七：人为增加难度

有些家长为了让孩子快速成长，增加孩子所学内容的难度，最终导致孩子恐惧学习。其实孩子自学的过程中会面对很多挑战。例如，让6岁的孩子掌握一年级的知识，孩子会觉得很难；让四年级的孩子背诵很长的课文，孩子也会觉得很难。但是这些困难是孩子需要面对的，所以家长就不要再人为制造难度了。

可见，父母想成为孩子自学的坚实拥护者，就应该在孩子的认知、情感、思维方式上给予全方位的支持，这样他们才会发自心底地喜欢自学，最后形成自学的习惯，获取更多的知识，而不是过度干预或让孩子单兵作战。

父母也要自主学习，给孩子做好榜样

不久前，我在地铁上遇到两个女孩在谈论单位竞选培训名额的事。一个女孩说："我小时候，我妈一边自修教育心理学的课程，一边带我学习。她常告诉我技多不压身，所以我得争取培训名额。"

另一个女孩说："我来自美丽的小岛鼓浪屿。从小就听爸爸说，时间是用来浪费的，我怎么可能去争单位的培训名额呢？"

两个女孩的谈话，充分反映了家长作为孩子的第一任启蒙老师，对孩子在自主学习方面的巨大影响。那么，家长该如何在自学上给孩子做一个好榜样呢？可以从以下几个方面入手。

首先要注重自我学习

家长的学习态度会感染孩子，所以家长首先要注重自我学习，而不是挑选能辅助孩子学习的知识去学。

孩子的自学需要家长从旁辅助

小赵是一名护士，因为经常值夜班，照看孩子的时间很少，所以报考了一所医学院康复专业的研究生，想以后改行，可以给孩子更多的照顾。

她每天在工作之余看书。儿子读初三，看妈妈如此勤奋地学习，他也努力学习。

小赵成功通过考试，这给儿子带来了巨大的鼓舞，儿子努力学习，考上了一所重点高中。

护士工作要经常熬夜，十分辛苦，可小赵却在工作之余考取了研究生，这样的学习态度必然会激励孩子好好学习。因此家长要注重自我学习。

有些家长说，我实在不喜欢看书。那就要学会克制自己的行为习惯。例如，不在孩子学习的时候玩游戏、打麻将、看电视，这不仅能提高孩子学习的专注度，还能让孩子在你身上学会自控，对孩子的自主学习十分有益。

提高对学习的认识

"学习无用论"由来已久，但是这种"无用论"大多是指那些无法跟上时代潮流的知识，而不是所有知识。因此，哈佛大学倡导在学习内容上要紧跟时代潮流，在学习方法上要与时俱进。家长排斥新生事物，会降低孩子学习的热情。

一位很老派的家长，始终对互联网抱有偏见。别人用手机玩游戏，他说伤眼睛；用电脑学习，他说网上的知识没有权威性。

新冠疫情出现后，孩子需要在线上学习，可是他无法帮孩子调试好软件。孩子在他的影响下，也不擅长操作电脑，因而在线上学习的前期阶段影响了学习的效果。

实际生活中这样的家长并不少见，这样的学习方式，必然无法适应时代的节拍。因此，家长要跳出思维局限，提高对学习的认识，从而带动孩子去探索自己未知又必须掌握的知识，这样孩子才会因学以致用而去主动接受新知识。

提高学习的灵活性

家长要提高学习的灵活性，在辅助孩子学习的时候，才能帮助孩子把知识运用得更灵活，并为孩子指出一种适用于自学的方法。

小米和阿英是同学，有一天，老师留的课后作业有一道题是让用"纷纷扬扬"这个词造句。两个孩子都向自己的妈妈求教。小米的妈妈说："你就写大雪下得纷纷扬扬。"小米马上把句子写到作业本上。阿英的妈妈则找出字典，让阿英查看"纷纷扬扬"的意思，并让她想除了雪花，纷纷扬扬这个成语还能用在什么物体上。阿英造的句子是"满城的柳絮纷纷扬扬地飘着。"

我们从两位家长辅导孩子的方式上看，就知道阿英的妈妈对知识的运用更灵活，而且新颖，所以才能调动孩子学习中的主动意识，这才是自主学习的关键，这样能让孩子有更多的收获。

孩子的自学需要家长从旁辅助

放眼未来

知识更新得越来越快，这就要求我们终身学习。企业对一专多能型人才的青睐，也要求我们不断学习。因此，我们要不断吸取新的知识、技能，以适应未来的发展。

我们在辅导孩子自学的时候，也应给他们灌输放眼未来的理念，这样他们才会懂得自主学习的意义。这样孩子不仅能提升自主学习的动力，还会有针对性地选择学习的内容。

对孩子所学的知识有所了解

家长对孩子所学的知识有所了解，才能纠正孩子的错误，使孩子爱上自主学习。例如，孩子练习体育，家长应该对训练方法有所了解；孩子学习音乐，家长应该对音乐知识有所了解，否则孩子可能不接受你提的要求或规矩。

家长对孩子所学的知识越精通，对孩子的帮助越大，否则孩子在自学上难免会出现后劲不足的现象。

可见，父母对孩子的榜样作用，不只是体现在提高孩子自学的能力上，还包括培养孩子学习的态度、调动孩子学习的热情、建立正确的学习观价值观等方面。这是孩子持续学习和终身学习的巨大动力，将对孩子的一生产生积极的影响。

给孩子学习自主权，别让孩子视学习为敌

现在的孩子在家生活琐事都是父母包办代替，生怕浪费了孩子的学习时间；孩子来到学校，老师为了提高教学成绩，给孩子安排了很多习题，并严格要求孩子按照自己的解题方法去解题，就怕孩子在考试步骤上丢了分数。结果孩子不仅没有自主学习的时间，限制了孩子自主思考解题方法的可能性。难怪有很多孩子抱怨自己的学习生活太累、太压抑了，甚至选择了逃学。

其实，我们仔细琢磨一下，孩子的确太难了。他们有独立的思想却没有一点自主权，无法在老师和家长面前阐述自己的想法和施展自己的才华，始终都是被动地接受。试想一个总是被牵着鼻子走的孩子，又怎么可能不对学习产生厌倦呢？

下面我们具体来说说剥夺孩子学习自主权会给孩子带来哪些危害，以及如何去改正。

自我意识的沉睡

所谓"自我意识"，包括4个方面，即正确的自我认知、客观的自我评价、积极的自我提升和关注自我成长。这些是一个孩子能够做到自主学习的基础。

据医学研究发现，孩子在3岁左右将经历自我意识的第一次飞跃，从以前处处依赖父母到开始寻求自主权。在这个关键期，家长最容易犯的方向错误是：过分满足孩子不该满足的欲望。如孩子想要什么，家长当场就给他们满足，任何延迟满足都不在考虑之列。

孩子想要得到的一切，无须靠自主学习来得到。若是家长让他学习，他则很容易视学习为敌人或畏惧学习。因此家长要把学习的自主权给孩子。例如，让孩子做自己力所能及的事情，如系鞋带、穿衣服等。孩子在这个过程中，会对自己的学习能力产生认可，从而提升自学的自信心，敢于自我学习。

不知道为谁而学

我曾针对小学生做过一次关于"你为谁学习"的问卷调查，答案居然有很多种，有为国家学习，为父母学习，为自己学习，为老师学习，甚至还有不知道为谁学习。

其中占比最多的一种是为父母而学。究其原因，并不是孩子有感恩之心，而是父母的一些行为，让孩子觉得学习是在帮助父母完成任务。例如，孩子明明可以学会走路，可是父母却要抱着上街；孩子明明能学会使用筷子，可是父母还在喂饭。父母的此类行为会让孩子觉得他们所学的一切都是父母应该做的，而不是他们需要掌握的。

孩子到了上学的年龄，父母生怕孩子输在起跑线上，不停地要求孩子看书、写字、做题、背单词，孩子必然会觉得学习是为了父母。要是学习再和他们好玩的天性产生极大的冲突，他们又怎么可能去自主学习呢？因此，家长要先让孩子明白究竟是为了谁学习。

一位妈妈问孩子："你为什么要学习数学？"

孩子回答："如果我不学习数学，去超市买东西，就不会算账。"

"你回答得很好。你为什么还要学语文呢？"

"不学语文会拿错东西，就算会算账，也用不上。"

"你说得很对，所以一定不要偏科。"

孩子在妈妈的引导下，自学字词和计算方法。学习成绩在班级一直名列前茅。

我们给孩子学习自主权，不是对孩子的学习放手，而是让孩子在建构对学习价值的自我认知基础上，拥有更多的选择空间。就像案例中的孩子认为语文、数学有用，则愿意自学。要是父母非要让他背英语单词，则应该先告诉他学英语能给他带来的好处。如此一来，孩子知道学习能给自己带来诸多好处，则愿意主动学习。

孩子的自学需要家长从旁辅助

埋没孩子的天赋

小菁是一个看上去很文静的女孩。有一天却在朋友圈里发了自己练习折返跑的照片，我对她说："没看出来你还有这么好的爆发力。"

她笑着说："我初中时是全校的百米冠军，可是我妈认为学体育太苦，让我学美术，于是我就成了一名摄影记者，但我最喜欢的是给体育明星拍照。"

像小菁这样在孩童时期就被埋没天赋的孩子有很多，他们或许在其他领域取得了成绩，却远没有做自己擅长、喜欢的事情那么主动、进步快。因此，家长要尊重孩子的选择，而不是在一味灌输自己的想法的同时，埋没了孩子的天赋。

引起孩子的叛逆

一位妈妈拉着儿子去上补习班。在经过一个烤肠摊时，儿子吵着要吃烤肠。

妈妈竟然教育儿子道："不好好学习，长大了只吃得起烤肠。"儿子说："就算天天吃烤肠，我也愿意。"

孩子之所以不接受家长的教育，是因为家长替孩子做主，替他选择了不愿意接受的事情，所以他选择了对抗。

家长面对这种情况，不仅要看孩子学习的意愿，还要看他能承受多大的学习强度。如果有一方面不符合孩子的要求，都可能让他产生对抗情绪，严重影响学习状态。

扼杀孩子的个性

达·芬奇画苹果的手法与毕加索完全不同，但是我们无法断定谁对谁错，其他学习领域亦是如此。例如，帕瓦罗蒂的《祝酒歌》高亢，多明戈的则欢快。若家长非要孩子模仿其中一人的唱法，孩子可能拼尽全力也无法达到，不如让孩子依照个性自己选择，他反而进步更快。

还有一些家长，明知标准化教育方式会影响孩子的个性发挥，却主动让孩子迎合一些院校机械化的教学风格，认为这样孩子更容易取得成功。但机械化的学习，必然会限制孩子的创造力和想象力。此外，由孩子被动学习带来的不自由，可能让家长对这种学习方式头疼不已。

影响孩子的全面发展

许多家长把学习定义为掌握学校教授的科目，其余一切学习都是浪费时间，这种观念容易造成一些孩子心理上的畸形发展。如，不能全面审视自身的不足，认为自己的一切不幸都与学习有关。

如果家长不把学习的自主权还给孩子，对于孩子的学习来说，诸多行为都等于强制。但是这种强制并不能转化为孩子自主学习的能力，因为孩子不能按照自己的意愿去学习，必然会缺少内驱力，甚至可能视学习为敌，敷衍甚至逃避。

指责或催促，只会让孩子敷衍学习

一涵是一个聪明伶俐的女孩，但是每次做课后作业都要2个多小时才能做完，经常惹得妈妈大发雷霆。

有一次，一涵的爸爸陪她做作业。爸爸问一涵："女儿啊，以你的聪明劲，这点题一个小时就应该能做完。"

"当然。"

"那为什么拖延了这么长时间？"

"我刚写了几道题，妈妈不是指责字迹不工整，就是指责做题速度不够快。好不容易做得既工整，又快速了，妈妈又给加新任务，然后催促我快点完成。我要是做得慢，就能少一点指责和催促了。"

爸爸知道一涵敷衍学习的原因后，与她定了一个协定：每天用一个小时完成作业，就可以出去玩半个小时。爸爸在这半个小时内帮她查错并提出修改意见，等她回来，自己修改。

爸爸的这种做法让一涵喜欢上了做作业，也提高了做作业的效率和准确率。

我们就这个案例总结一下家长在陪伴孩子学习时常见的错误，并提出改进建议。

错误一：随时指出错误

许多家长在陪伴孩子写作业的时候，最常做的一件事就是随时纠错，给出让孩子难以接受的指责，这会严重影响孩子的学习状态。

我有一次去图书馆，看到一位母亲因女儿做错了一道数学题便大声说："你都四年级了，怎么还这么笨，这么简单的题也不会。"

其他看书的人都望向她们母女，其实是对母亲大声说话的行为不满。可是女孩却觉得大家是在看她，羞愧地低下头，走出了图书馆。

案例中的现象在生活中很常见，究其原因，主要有两点：一是家长从自己角度审视孩子的不足；二是把年龄当成衡量智力水平的标准，但年龄大并不代表智力水平高。所以指责对孩子来说相当于嘲讽和苛求，孩子自然难以接受。

此外，随时指出错误，貌似能节省孩子修改作业的时间，其实是最浪费时间的做法。

孩子做错题，没能及时改正，主要原因是他没有意识到自己犯错了。此时，他所有的思路都在下一道题身上。家长这个时候打断他，就是让他马上把思路切换到错题上。待解决完错题，刚才解题的思路可能已经忘了，要花费很长时间去想。若再遭到家长的指责，注意力转移到了另一个层面，更不利于学习。上述案例，母亲说孩子笨，就是把话题转移到了智商层面。这对孩子学习只会产生副作用，很可能导致孩子学习中断。

错误二：随时提出要求

"字要居中写。"

"眼睛离书本远一点。"

"坐直了。"

类似的话，孩子在写作业的时候经常能听到。家长以为是为了孩子好，实则不然。孩子写作业是一个独立思考的过程，在这个过程中，不断完成知识的内化，但是孩子的智力水平不同、专注的时间不同、接受知识的能力也不同。有些孩子被家长打断后，会马上停止思考，无法完成与未学知识的接续。若家长再提出更多、更高的要求，孩子会难以应付。此外，他在后面的学习中会一直担忧家长再提出新的要求，很难全神贯注地学习。

错误三：要求过高

有些孩子面对要完成的作业迟迟不肯下笔，尤其是手工、写作等需要技巧的作业。这类作业的确需要时间构思，而更大的原因是家长过高的要求。

一个一年级的孩子每次写作文之前都会磨蹭很长时间。原因就在于妈妈对他的要求太高。字迹横平竖直，妈妈嫌没有美感；造句正确了，妈妈嫌修饰词太少。孩子描写太阳，写"一轮金黄的太阳"，她说孩子只写出了太阳的颜色，没有写出热度和作用。应该写"一轮金黄的太阳，温暖地照耀着大地，促进万物生长"。

其实一年级的学生，能把句子说完整、说准确，就足够了。此后随着孩子词汇量的增加，才能不断力求完美，孩子才不会感到吃力。否则孩子相当于无米之炊，无法下手。因此我们不如采用"先完成，再完善"的教育理念，采用这种循序渐进的方式，往往会让孩子找到学习的成就感，不怕做作业。

错误四：增加作业量

有些家长认为增加孩子的作业量，会让孩子学到更多的知识。其实不然，一是孩子完成作业的目的是获得玩耍的时间，如果没有玩耍时间，他们难免拖拉；二是孩子的精力有限，总是让他疲劳学习，不利于提高学习效率。

我们面对以上的误区，可以采用以下方法解决。

方法一：把题目分类

我们在孩子做作业之前，可以先让孩子浏览题目，把会做的和不会做的题目分类。会做的先完成，不会做的最后完成。这样至少能保证他在一定时间内是不被干扰的。至于那些他不会做的题目，最好不要马上教他解题方法或给他答案，而是允许他去查工具书。这对提升孩子自主学习的能力非常有帮助。

　　在辅导孩子研究不会的题目时，要看清孩子是因为题很难不会，还是因为没接触过相关知识不会。若是因为题目难度高，就帮助孩子研究解题技巧，并计算解题需要的时间，以帮助孩子制订更精确的解题方案。若是因为相关知识空白，则让孩子自己查找答案，这样孩子记忆得更深刻。

方法二：提前做好准备

　　孩子在学习的过程中，难免要查工具书、削铅笔、喝水，这些事情必然会影响孩子的学习效率。因此孩子在学习之前，家长应帮助孩子针对准备工作做一个清单。

　　我们以绘画为例。有时候，孩子画一幅画需要多种颜色的颜料，我们让他列清单，不仅能方便他学习，还能开发他的色彩天赋。

　　若是完成写作类作业，应帮助孩子谋篇布局。如，开头、中间、结尾写什么内容，采用哪一种写作结构，挑选哪些素材做论据等。孩子有了写作的框架，再就是往里面填东西了。孩子经过了这样的训练，下笔井然有序，自然会提升写作速度。

方法三：让孩子主动向你请教

赵欣为提高孩子的英语口语能力，在网上给孩子买了一款英语软件。孩子要跟读软件中的句子，读得标准，句子才会更新到下一句。

有一天，孩子被几个很难的单词给卡住了，自己反复读了十几遍，也没通过，于是主动向赵欣请教。

赵欣说："这几个单词的确很难，但是我想只要你掌握朗读技巧后，再重复几遍就能通过。"

"真的吗?"孩子半信半疑地看着赵欣。

赵欣只读一遍就通过了。

"快点教我。"孩子迫不及待地对赵欣说。

孩子学会后，很快就通过了。可是他想确定一下自己是否是侥幸通过，又反复测试了几回，都通过了，才去读下一个句子。

如果家长给孩子自学的空间，会发现，孩子在自学方面几乎都有如赵欣孩子一般的摸索精神。摸索的过程不仅能让他掌握技巧，还能锻炼自主学习能力。如果我们一看到孩子错了就去纠正，孩子则会缺乏这方面的锻炼。此外，孩子在摸索的时候是全神贯注的，如果家长此时不断地讲解，他可能会视之为干扰而不耐烦。可是当他摸索到无能为力时，家长去指导，他则会视为帮助，从而虚心接受。

家长催促或指责孩子的目的是让孩子高效学习，但是真正能让孩子学习更高效的因素是高超的学习技巧及由此带来的自信。所以家长尽量少去催促和指责孩子，而是使用正确的指导方法帮孩子获得高效学习的成就感，不再敷衍学习。

了解孩子的认知力，才能选对孩子自学的内容

赵敏在一次家长会后，与其他家长吐槽孩子的自学能力："我家孩子每天能自学三个小时，这份耐力我都自叹不如。但是一看写的作文，总是漏字漏句，还有很多错别字。一定是缺乏写作能力，我得给他多买点作文书。"

另一位家长吐槽说："我家孩子在写作上更差劲。有一回语文老师让他仿照李白的《赠汪伦》给好友写首诗，两个小时没写出两句话，还得找我帮忙。看来，我得给他补充国学方面知识了。"

赵敏的孩子看了很多作文书，但是漏字漏句、错别字多的毛病依旧没有改掉。另一位家长的孩子会背的古诗词很多，却依旧不会仿写。原因其实和两位家长认为的不一样。赵敏的孩子能自学三个小时，写完作文完全有复查的时间，漏字漏句的原因不是缺乏写作能力，而是注意力不集中。另一个家长的孩子能背很多古诗词，却不会仿写，出现这情况的原因不是孩子国学知识不多，

而是创造力不强。注意力和创造力是孩子认知力的一部分。如果家长不了解孩子的认知力，就很难选对孩子自学的内容。

下面，我们先来看看孩子认知能力的六大组成部分和影响，再来说该如何有针对性地挑选孩子自学的内容。

反应力

反应力差的孩子，灵敏度差。常见表现为：学习效率低、写作业速度慢、重复操作多、容易错过关键词、做题思路混乱、出行易迷失方向。

对于此类孩子，家长可为他们选择五子棋、写作等项目去自学。如，足球里面的跑位和传球需要极强的反应能力才能做好，这对反应力差的孩子是很好的锻炼；五子棋落子无悔，而且有时间限制，可克服孩子重复操作多、做事速度慢的弱点。

专注力

注意力差的孩子，难以集中精力。常见表现为：审题不仔细、写作业拖延、学习效率低、查找答案的时间过长、会把最长的句子当成重点句、做选择题的时候十分草率、卷面反复修改不整洁、忽视老师讲的关键知识点。解决孩子在专注力上的不足，要从孩子注意力的分配、注意力的稳定性、注意力的转移三大要素上入手。

孩子在阅读古诗的时候，家长应根据题目分值帮孩子分配注意力，才能避免均匀发力、答不完题的现象发生。注意力缺乏稳定性的孩子，家长可借助射击、篮球等项目去提高他注意力的稳定性。孩子注意力的转移速度会随着年龄的增长而变慢，因此家长要根据孩子的年龄段要求其集中注意力的时间。如，学龄前的孩子能集中15分钟注意力即可，不要强求。可为其选一些字数少且易记背的儿歌、诗歌，而不是文辞优美的散文。

孩子注意力的提升，还会增强孩子的记忆力。在注意力集中的情况下，背一篇课文只需念五六遍，注意力不集中的时候，反复念几十遍也没有记住。如此一来，自学能力必然得不到显著的提高。

空间能力

缺乏空间能力的孩子，组织性差，条理性差。常见表现为：重复操作多却不见效果、分不清形近字、错别字较多、容易被干扰项误导、难以分辨相似的理论知识、方向感差。

下面我们以培养孩子的方向感为例，探索培养孩子空间能力可采用的办法。

赵东的孩子一岁的时候，赵东把积木分成大小不同的两堆，让孩子选出大的一堆，孩子很快就挑选出了大的一堆。待孩子再大一些，他让孩子分辨积木的前后左右，孩子能轻松做到，可就是学不会怎么分辨东南西北。

赵东就在孩子的方位训练中加入了色彩训练。例如，让孩子把放在左边的红色玩具拿过来，孩子很轻松就做到了。孩子四岁时，他再教孩子辨别东南西北，孩子很快就记住了。

可见，孩子的空间能力与年龄和后天培养有关。孩子小时候理解不了复杂的方位词，我们可以从简单的前后左右进行训练，待理解能力加强，再教他东南西北等方位词。

让孩子自学美术也应该采用循序渐进的办法。先让孩子画物体的轮廓，涂抹颜色，再追求立体感和质感。对很小的孩子说立体感，他必然满头雾水。因为要实现这一点，不仅要了解透视学，还得掌握线条的虚实变化，低龄段的孩子怎么可能有如此高的认知能力呢！因此，我们在培养孩子空间能力的时候，要学会分解任务，让孩子逐层提高认识。

记忆力

记忆力差的孩子容易健忘、马虎。常见表现为：默写时漏字漏句、抄写错误、答题时张冠李戴、做阅读题的时候记不住关键词、反复读题才能做题、背诵课文十分吃力。

面对记忆力差的孩子，要分析是先天原因还是后天原因造成的。如果由先天原因造成的，可以选择知识点条理清楚、简单实用的教辅书自学。如，在自学硬笔书法家出版的包含组词、造句、书法技法、文化常识多个板块的常用字字帖时，孩子掌握一个字的用法，就能获得大量的知识。如果记忆力差是由诸如注意力不集中等后天原因形成的，就应针对这一方面做相应的练习。

情绪控制能力

孩子情绪很不稳定，且不能自我调节。常见表现为：缺乏自信、急躁易怒、孤僻自闭、容易产生厌学情绪、抗压力弱、固执自负、沟通能力差。

面对此类孩子，也可以通过为其挑选正确的学习内容，使其情绪稳定，自信向上。如，引导孩子阅读关于情绪调节的书、观看励志电影等。孩子情绪稳定了，才能心无旁骛地学习。

创造力

缺乏创造力的孩子思维单一，缺乏想象力。常见表现为：做题不会举一反三、类比能力差、很难发现隐藏性条件、解决问题的思路混乱、做题速度慢、对复杂的数学题毫无思路。

要是孩子缺乏创造力，自学的效率必然会大受影响。因此我们家长应该在孩子很小的时候，就通过选择合理的自学内容培养他的创造力。如，孩子爱听故事，家长在讲故事的时候，可启发孩子猜想情节的合理性，并说出自己的想法；比起临摹，更鼓励孩子根据自己的想象力去画画；引导孩子自己处理家务等。

某日，张岩看到女儿拿着她的电吹风走向厨房，问："你要干什么？"

"帮带鱼快点解冻，我都饿了。"

"你觉得你的办法有用吗？"

"妈妈，你能用它烘干头发，我想一定能解冻带鱼。"

张岩没有阻止女儿，而是帮女儿接上电源，然后在一旁保护。

最后，母女俩真的顺利把带鱼解冻了。

孩子的自学需要家长从旁辅助

许多家长面对此类事情，会告诉孩子自己认为正确的办法，并以危险为由，禁止孩子尝试，这样在一定程度上会扼杀孩子的创造力。张岩的做法是允许孩子尝试，并在一旁保护孩子不触电。若孩子成功了，此后在学习上遇到类似的问题，也会去想新的办法，并提高学习的效率。

　　可见，一个孩子认知力的强弱，决定着他自学的成败。因此，家长对孩子的感知力有正确的理解，才能找到有助于提高自学能力的内容，让自学更高效。

劳逸结合，让孩子专心自学不分神

著名数学家笛卡尔，年幼时因感染肺病身体虚弱，无法去学校学习，只能在家自学。这也让他养成了善于思考、喜欢安静的性格。他对所学的知识，不仅能够举一反三，而且能够触类旁通。

有一天，小笛卡尔正在和小伙伴下棋，他突然眼睛凝视着棋盘，陷入了沉思，任小伙伴多次催促仍旧无动于衷。突然间，他站起来说："就是这样。"然后激动地跑回到了自己的房间，小伙伴都不知道他在想什么。不久，他出来了，满怀歉意地对小伙伴说："爸爸一个月前给我出了一道数学题，我怎么想也没想明白，但是下棋时受到了启发，刚才想到了它的解法，现在已做出来了。我们可以继续下棋了。"

父亲看到笛卡尔对数学的痴迷，担心他会思考过度，影响身体健康，不再向笛卡尔提太难的数学问题，甚至把一些孩子不宜过早去读的书籍都收了起来。

可是，小笛卡尔只要独处，就会思考问题。为此，父亲在小

孩子的自学需要家长从旁辅助

笛卡尔休息的时候，抽出时间给他讲故事、说笑话，不让他思虑过重。父亲还"逼迫"小笛卡尔出去玩耍。父亲认为玩耍不仅能开发智力，还能锻炼身体，培养孩子的社交能力。父亲在布置作业的时候，一直注意数量和难度。小笛卡尔在父亲的培养下身体越来越强壮，智力水平也不断提高，最后成为举世闻名的数学家。

过度劳累不仅会让孩子无法集中注意力学习，还有可能引发身体疾病，得不偿失。此外，如果让孩子过度思考复杂的问题，他可能因为只思考一个问题，影响了其他方面的学习。因此，家长在督促孩子自学的同时，应让孩子劳逸结合。

下面，我再从孩子自学的心理层面以及学习的科学性层面来说说，劳逸结合能为孩子日后取得成功提供的巨大帮助。

补偿心理

所谓补偿心理是指，越是得不到的东西，越是在意。只让孩子学习，不让孩子玩，孩子就会对玩产生强烈的向往。此时，就算你把孩子按在书桌前，他的心思不在书本上，又能对自学起到多大帮助呢？

给孩子玩耍的空间，让孩子既能一心一意地学习，又能尽情地玩耍，这样孩子的学习效率才会提高。

逃避心理

小勇才上四年级，就每天晚上学习到11点。可是妈妈还要求他每天再多学半个小时，这让小勇上课的时候总打瞌睡。班主任把小勇在课堂上的表现告诉给了他的母亲，母亲指责他学习态度不端正。

小勇为了逃避妈妈的指责，就降低了自学的效率。这样才能保证白天上课的时候不打瞌睡。

面对无法两全的事情，小勇采用了降低学习效率的方式去逃避。这样的方式是家长最难以发现的。导致既不能让孩子舒舒服服地休息，又会降低孩子自学的兴趣，得不偿失。

面对孩子上述的心理状态，最行之有效的办法，就是按照以下方法来培养孩子。

拆分自学中的薄弱环节

一些家长认为劳逸结合有先后关系，其实不然。我们完全可以在孩子的自学中，帮他做到劳逸结合。方法就是：拆分自学中的薄弱环节。举个例子，孩子学习唱一首歌，很可能只有几句跑调。那你就没有必要一遍一遍地唱这首歌，而是针对问题，做有针对性的训练。问题出现在不会转音上，就练习转音。如此一来，训练任务少了，自然就是一种休息。这种学习方式能高效地解决问题，可让孩子心情愉悦，更有利于孩子自学。

让回忆加深印象

孩子在自学的过程中，回忆能起到加深印象的效果。因此家长不要一味强迫孩子学习新知识，而不给他回忆的时间。此外，孩子在自学的过程中，也不要因为追求学习的进度，做完题后立刻翻阅答案，而应回忆自己的做题思路还有那些地方需要完善，再去看答案。这样孩子需要记住的答案大大减少，又调动了孩子主动学习的积极性。

睡眠有助于信息传输

医学发现，孩子睡眠以后，他学习的新知识会在大脑中形成新的突触（连接神经元、传递信息的重要结构），使信息更加顺畅地传输。为此，家长一定要摒弃睡眠是在浪费时间的理念。睡眠能让孩子在放松的状态下，吸收更多的知识。

运动能改善大脑

科学研究发现，运动具有提高记忆能力、注意力、反应力等作用，可有效地改善孩子的大脑。其原因是运动能提高大脑中突触的可塑性，从而提升大脑的学习功能。这种突触会随着孩子年龄的增长，不断地流失。但是运动能够延缓突触的流失，甚至能使神经元产生新的连接，保证大脑的活力。

此外，运动还能缓解孩子长期伏案学习对颈椎、腰椎带来的伤害，让孩子能健康地自主学习。

允许孩子选择他感觉轻松的事

做有些事对家长来说很疲惫，但是对孩子来讲，却很轻松。

我们应该让孩子选择这样的事情去做。例如，有些孩子在自学后，最喜欢的事情是下棋。家长会觉得学习和下棋都是需要动脑的事情，孩子太累了。但是孩子是在放松的情况下下棋，不会有很大的心理压力，自然不会感到太累。

引导孩子用轻松的方式休息

如果孩子在休息后还要继续学习，那就不要选玩游戏、听摇滚乐、做激烈运动等休息方式，这样反而会使孩子心情浮躁，更加难以专注学习。当孩子学累的时候，我们可以陪他去散散步，或者陪他下一盘棋，或者让他小睡一会儿。这样，孩子再次学习的时候，效率就高起来了。

劳逸结合不仅有利于孩子稳定情绪、提高学习效率，而且对孩子的身心健康有益。所以，娱乐和休息对任何一个自学的孩子而言，都是非常必要的。孩子只有休息好了，才能精力充沛地去学习。

塑造孩子逆商，让孩子不畏惧学习

很多孩子在自学的过程中，会因困境产生畏惧或干脆放弃。有些家长认为这和孩子的个性有关，实则不然，孩子的个性与家庭教育密切相关。

我的一位好友带一年级的孩子去学散打。孩子在实战对练中，被对手三拳两脚打倒在地，教练终止了对练。

孩子爬起身后，哭着对好友说："妈妈，你不是说小朋友之间要友好相处吗？他为什么对我拳打脚踢，我不学了。"

好友心疼孩子，就让孩子转去学习了绘画。

很多家长，看到孩子受挫后，因为心疼孩子就会让孩子放弃，甚至会为孩子的放弃找借口。例如，对孩子说："你选择的东西的确很危险，放弃是对的。"这会让孩子只选择简单的事情去做，不敢面对有挑战性的事情。

有些孩子面对难题时本来很坚韧的，可是家长会给泼冷水。如，孩子在网上多次挑战比自己段位高的棋手，都失败了。家长催促说："你快换个对手吧，你不可能赢他。"

这会让孩子觉得怎么努力都白费，从而放弃挑战。这样的培养方式会对孩子的学习造成很大的影响。

因此，家长想要让孩子不畏惧学习，就应该想办法塑造孩子的逆商。所谓逆商，是指人在遭遇困境时的反应方式，对孩子提升自主学习能力起着决定性的作用。一位教育家曾针对数所中学七年级学生的英语成绩做过调查，发现逆商对学生的英语成绩有显著的影响，而智商与英语成绩关系不大。因为学英语需要长期地积累词汇，很多智商高、逆商却低的孩子经受不住这个考验。

孩子若无法面对困难和挫折，就好像鹰不敢展开羽翼，永远不能学会飞翔。因此家长要想办法塑造孩子的逆商，才能让孩子在挫折中看到希望，并产生无限的勇气。

下面我们来看看，帮助孩子提高逆商的方法。

教会孩子认识逆境

孩子遭遇逆境的时候，大多会向家长倾诉。例如，考试的试题太难没有做完、审题出错、写作的时候不知道怎么下笔等。家长在倾听时，应该先帮孩子分析：他的逆境是由主观还是客观原因带来的，逆境会对自己造成多大的影响，需要多久才能克服以及克服的办法。之后再根据孩子的情绪，告诉孩子应如何面对。

　　小茜期末考试的语文成绩只有65分，心情十分沮丧。妈妈问她没考好的原因时，她说："这次考试的题出得又偏又难，尤其是阅读题，我很不适应这种出题方式。"

　　妈妈知道小茜是喜欢考前突击学习的孩子，觉得题偏和难，是很正常的。至于临场发挥的心态，妈妈则认为小茜不会出现问题，因为期中考试时小茜的语文得了89分。

　　于是妈妈问小茜："你们班有多少个上80分的？最高分是多少？"

　　"16个上80分的，最高分92分。"

　　妈妈由此评估试题的难度是中等偏难。

　　妈妈又让小茜把试卷拿出来，快速地看了一下她的试卷，指着试卷上的成绩栏说："你看这阅读理解题，每道总分是10分。你一道得了4分，一道得了3分。班上的平均分是多少？"

　　"6分。"

　　"你觉得这说明了什么问题？"

　　小茜一时找不到理由。妈妈则带她分析试卷。最后小茜承认，题并不是很偏，只是自己因为突击没看到相应的知识点，所以考试的时候有些慌乱，才没答好题。

　　随后，妈妈帮小茜制订了一个学习计划，并让她遇到掌握不牢的知识点就记在笔记本上，多次复习。新学期的期中考试中，小茜的语文成绩得到了90分，名列前茅。

　　很多孩子在考试后，会认为自己的失利是由客观因素造成的，这会让他对考试产生巨大的恐惧，因为客观因素具有不可逆性的特点。为此，家长应该针对试卷去分析造成孩子失败的真正原因。案例中的妈妈，不仅找到了孩子失败的原因，还有针对性地制订了学习计划，孩子才在新一学期的期末考试中认识到全面复习的重要性。以后再遇到类似的事情，也不会因为慌乱而导致的失败感到沮丧了。

培养孩子的责任意识

有些孩子在失败后，会找借口推卸责任。例如，考试时教室太冷、不适应出题方式、考试的时间不够等。还有一些孩子，会把失败全部归因到自己不够努力上，深深自责。有些家长会认为后者有责任意识和勇气。其实不然，真正的责任意识是能明确责任，并通过正确的方法把事情做好。若是一味自责，却不知道努力的方向，多次失败后会严重影响自信心，难免对学习产生恐惧。

引导孩子采取行动

引导孩子采取行动以解决困境，而不直接告知正确方法的目的，是让孩子通过自己的思考获得对扭转逆境的掌控感。孩子有了能掌控逆境的信心，才能从容面对问题。

我们可提出以下问题调动孩子思考：我们该怎么做能快速扭转逆境？我们该采用哪种步骤来解决问题？我们怎么做才会损失更小？……

就考试来讲，有时候无论孩子复习得多全面，也会遭遇没复习到的偏题，而这类题通常不多。因此，孩子应把学习的主要精力放在攻克常见题上，偏题可采用专项突破或快速浏览的方式进行，才不会因小失大。

让孩子了解自主学习的必要性

想让孩子不畏惧学习，让孩子了解自主学习的必要性非常重要。告诉孩子：父母不可能一直帮助你解决问题，要学会自主学习，才能应对成长中可能出现的问题。

下面我们来看看著名作家麦家给去国外求学的儿子写的信。

儿子，当你看到这封信时，已在地球的另一端。这也是你命中注定的一次远行，有了这一天，你的人生才可能走得更远。

我没有到过费城，但可以想象，那里与杭州大同小异。也许最不同的是你，你从此没有了免费的厨师、采购员、闹钟、心理医生。这一下，你是那么的不一样，你成了自己的长辈。

我爱你，真想帮你化掉成长中的风雨，但这是不可能的，即便可能，我也不会这么做。为什么？因为那样的话，你的人生必定是空洞的、弱小的，至多不过是一条缸里的鱼、盆里的花、挂着铃铛的宠物。

从麦家的信中可以看出，如果我们能让孩子勇于自主学习，即便有一天他们离开了我们，也不至于手足无措。让孩子经历困难，他才不会因为不敢走出舒适区，而成为没有独立精神的人。

　　孩子身处逆境的时候，心情很可能极度沮丧，因此家长要采用以上办法让其知难而上。孩子一旦成功，下一次面对类似问题时就有了可行的方法，从而为自己的能力感到自豪和快乐。这才是让孩子不惧怕学习的正确途径。

陪伴孩子，别让孤独感影响孩子的自学情绪

一位妈妈发现孩子做作业的时候偷着玩手机，让孩子交出来。

孩子顶嘴说："凭什么你就可以玩，而我非得做完作业才可以玩？"

妈妈跟孩子说："学习是你的任务，你完成任务才可以玩手机。"

"可是，妈妈，我看见你写工作总结的时候，还与好友聊天。"

"我那是缓解工作压力，但是学习应该专心致志。再者，学生的主要任务是学习。你不能每件事都与大人比。"

"可是我学习也有压力啊，玩一会儿手机都不行吗？"

"不行，就不要再问我为什么了。"妈妈很不耐烦地说。

许多家长在说服孩子用心学习的时候，就是这个情景。先动用道理，后动用情绪，但是有效吗？很显然，无效。因为他没有发现导致孩子偷着玩游戏的真正原因，他未必是因为喜欢而玩游

戏，而是因为孤独感。

学习是一件孤独漫长的事情，而且有些内容复杂而乏味，让孩子取得一定的成绩，会对孩子造成巨大的压力。尤其是那些特别需要家人帮助分担压力的孩子，独自学习会让他倍感孤独和无助，导致抵触自学。

成人尚且需要靠与他人沟通来缓解孤独感，更何况是儿童，家长如果了解孩子的孤独感，就应该放弃大道理说服，用心陪伴孩子学习。

有些家长说，孩子自学时，我一直陪伴在身边，但孩子对自学却没有一点积极性，不知道是什么原因。为此，我们可以通过5W1H法去反问自己，问题出在哪里。

所谓5W1H是指：Why、Who、When、Where、What、How。含义为：为什么要陪伴孩子？由谁陪伴孩子？什么时候陪伴孩子？在哪儿陪伴孩子？陪伴孩子做什么？怎样陪伴孩子？

下面我们就针对以上六点来看看，家长应该怎样陪伴孩子。

Why——为什么要陪伴孩子？

关于这个问题，有些家长会说，孩子太小了，不能照顾自己，需要有人陪伴。其实这种说法只适用于主要是有生理需求的婴儿。孩子大一些，还有安全需求、社交需求、尊重需求和自我实现的需求。孩子缺少精神层面的需求，难免在自学时感到孤独。因此，家长要陪伴孩子。

Who——由谁陪伴孩子？

许多父母在这个问题上有误区，就是认为孩子只要有人陪就可以，于是甩手把孩子交给孩子的爷爷奶奶、外公外婆、保姆。许多人都看过一个视频，名字叫《奶奶带大的孩子》，孩子在广场上和奶奶一起跳广场舞，这的确是一种学习，但是对培养孩子的自学能力帮助不大。因此家长必须严格挑选陪伴孩子的人。

此外，就孩子对亲人的依赖程度来看，孩子更依赖父母，所以他们需要父母的重视和培养。如果父母把自学当成孩子自己的事，不闻不问，孩子有可能因为孤独感而分神或玩游戏。

When——什么时候陪伴孩子？

当下，人们工作和生活的节奏越来越快，许多家长忙于工作，没有太多的时间去陪伴孩子。因此一定要慎重考虑什么时候陪伴孩子这个问题。孩子在压力过大时孤独感会比较强烈，此时家长应陪在他身边，给出相应的指导和帮助。如果发现孩子能够自己解决问题，父母则不要一再插手，因为孩子也需要自己独立的时间和空间。因此父母要严格遵守陪伴孩子的时间底线。

对于大多数孩子，爸爸、妈妈任何一方在工作日时每天抽出半小时与孩子进行沟通交流就足够了。到休息日，可抽出两个小时与孩子共同学习和交流心得。此外，在孩子考试的前夕，可加长陪伴孩子学习的时间。

Where——在哪儿陪伴孩子？

有些家长认为陪伴孩子自学的场所，无非是家中或图书馆，其实不然。例如，孩子参观科学宫、博物馆时，父母可以陪伴，因为某些知识孩子需要父母讲解。孩子去参加一些体育比赛，家长也可以陪伴。美国篮球巨星科比经常陪伴自己的女儿参加比赛，并帮女儿分析对手的战术，指出女儿需要提升的地方。正是因为有了父亲的陪伴，女儿才没有孤独感，更愿意练球、打比赛。

What——陪伴孩子做什么？

这是我们陪伴孩子的重中之重，以上几点其实已有涉及。孩子小的时候，我们要陪伴他们读书和玩耍；待孩子大了，要陪他做运动、开阔眼界、学会生活。这些事情能调动孩子自学的积极性。

一位喜欢绘画的孩子，认为自己画得很好，学习不是很努力。于是父母带他去他向往的美院附中看学生的展览。孩子很快就发现了自己和美院附中学生的差距，从而激起了自学的热情，最后考上了美院附中。

通过这个案例我们应该意识到，孩子的孤独感有时候还可能来自孤芳自赏，因此需要带孩子开开眼界。当他找到自己努力的方向后，才可能改掉学习上的坏习惯。

孩子的自学需要家长从旁辅助

How——怎样陪伴孩子？

有些家长认为陪伴孩子就是掌控孩子，于是按照自己认为正确的方式去要求孩子。

蓉蓉的期末考试成绩全年级第一，所写的作文也被老师作为范文，全年级讲评，蓉蓉一下成了师生公认的才女。有些家长认为蓉蓉的父母可能是文学工作者，所以蓉蓉才有极高的写作天赋。可是蓉蓉的父亲是一名建筑设计师，母亲是一名护士。因为母亲经常上夜班，陪伴孩子的任务就落到了父亲身上。蓉蓉每天自学时，父亲就关掉手机，安静地绘画或看书。蓉蓉在父亲的影响下，也爱看书，而且学习时十分专注。当蓉蓉在学习上有困难时，父亲会耐心地给她讲解，所以蓉蓉进步显著。

家长陪伴不意味着管控，甚至放下自己该做的事情。家长完全可以学自己想学的知识，只要给孩子提供一个良好的学习氛围，在孩子需要的时候提供指导就够了。如此一来，孩子既不孤独，又有独立的思考空间，学习的收获更多。

以上六点，家长可以根据自己和孩子的具体情况灵活运用。这样孩子既有学习上的自主权，又有所依靠，才会把学习当成一种乐趣，不厌倦、不放弃。

走进孩子的内心，及时沟通解决内在问题

不久前，我一位远在美国的朋友跟我说："我小时候，爸爸一见我踢足球，就命令我回屋做数学题，导致我一看数学题就头疼。现在，爸爸听说我在学习橄榄球，竟然给我邮寄了一套护具，还叮嘱我小心点，我想不好好学都难。"

可见沟通对孩子自学能力的提高具有巨大的促进作用。家长要改变以往与孩子沟通的方式，才能走进孩子的内心，帮孩子解决学习上存在的问题。下面，我们来看家长与孩子沟通的正确方式。

放低说话的姿态

许多家长都喜欢对孩子发号施令，希望孩子按照自己的主观意愿去做，而不是考虑孩子内心的想法。例如，强迫孩子熬夜

学习、跑步、放弃玩耍等。本以为这样的方法会让孩子遵从，其实会起到完全相反的效果。

孩子在面对父母的命令时，内心大多是恐惧不安的。当他们年纪小的时候，常见的表现是哭闹、撒谎；到了叛逆期，则会叛逆、任性。如，消极对待父母认为很重要的学科，让原本并不严重的问题扩大化。相反，家长放低说话的姿态，用与孩子商量的方式去解决问题，孩子反而会乐于接受你的要求，自学也会变得更加轻松。

小周每个周末都会带孩子去家附近的一个花园里玩健身器械。时间长了，孩子渐渐喜欢上了玩健身器械。有一天，二人走到公园门口。小周突然接到一客户的电话，要她去处理产品售后。小周只能告诉孩子："妈妈今天很忙，你自己去公园锻炼吧。一个小时后，妈妈如果不能来接你，就让奶奶来接你。"

"不，妈妈，我现在就想回家。"孩子一脸恐惧地说。

小周看到孩子反常的表情后，没有训斥他不懂事，而是问他不想去锻炼的原因。孩子说："昨天奶奶带我来这玩，我在花丛上看到了巨大的马蜂。要是没人陪我，我自己不敢锻炼。"

"妈妈现在就给奶奶打电话，让她来陪你，行吗？"

孩子欣然同意了。

我们想要让孩子自主学习，也应该像案例中的家长一样，不因为眼下有要紧的事要处理就训斥孩子不懂事而放任他自己处理，因为孩子很可能选择逃避或者遭遇危险，反而在很长一段时间内都不能自主学习。

如果家长采用询问和商量的方式，不仅能了解到孩子恐惧学习的原因，还能帮孩子找到解决的办法，孩子自然愿意接受家长的要求。所以，良好的沟通能让家长在家庭教育中取得意想不到的成果。

不要妄加评论

经常有家长对孩子妄加评论，如，"你为什么这么懒""你为什么这么任性""你为什么这么不听话"等。

他们为什么这么说，其实就是站在了自己的立场上，不接受孩子的一些行为，希望孩子马上去改正。其实有时父母自己的立场未必就是对的。

通常情况下，孩子对父母的评价进行了反驳，这次沟通就可以宣布失败了。因为孩子已经对你的评价产生了抵触情绪，之后也很难按照你的意愿去做，甚至会按照你给他下的标签去做。心理学上将这种行为称为"自我印象管理"，就是要让自己的行为与被贴的标签一致。为此，我们在与孩子进行沟通的时候，应该用观察代替评价。

孩子的一些行为，如果我们仔细观察，是能发现原因的。上一个案例中，家长通过孩子恐惧的表情，已猜出孩子不爱锻炼可能有其他原因，通过询问和商量的方式让孩子接受训练。此案例中，家长也可以通过孩子的疲惫程度来判断他是否偷懒了，而不是责怪孩子懒、不刻苦。因此，家长在与孩子沟通的时候，千万不要轻易下结论。

主动说出自己的想法

每个人都有自己的思维方式，因此我们不要奢望孩子能完全懂得自己的想法。有想法直接说出来，不仅能为孩子指明行动的方向，也能化解自己与孩子之间的误会，使孩子接受自己的要求。

我的朋友冯丹与我分享过一次十分不愉快的沟通经历。

有一次，她加班到很晚才回家。丈夫已经睡了，初二的儿子做完作业正在电脑上玩游戏。她轻咳了两声，希望儿子能想到外面天气冷，自己可能受凉了，给自己倒杯水，可是儿子只顾着玩游戏。她就开始生闷气，最后竟不可抑制。

"你都初二了，还天天玩游戏，对得起我熬夜加班供你吗？"

"妈，我作业早就做完了，只是玩一会儿。"

"从今以后就别玩了。"冯丹居然要拔孩子的电源开关。

孩子见状，轻轻推了冯丹一下。冯丹觉得孩子不孝顺，委屈地哭了。

冯丹的诉求只是孩子给自己倒杯水，孩子在玩游戏，可能连她的轻咳都没有听见，她生气到要拔掉孩子的电源，还把孩子阻止自己的行为当成"不孝"。其实如果她表达了自己的需求，孩子就算忙于游戏，也有可能先想办法暂停去倒水。可她却给孩子来个措手不及，这样的方式只能让孩子觉得她在无理取闹。

此外，我们在表达想法的时候，也应该注重表达的方式，不要让孩子有被命令或挖苦的感觉。例如，"你要是一个小时内没做完这些题，就别吃饭了""你就别想着考上重点高中了，能上个普高就不错了"。没有人喜欢被命令和轻视，这样的沟通只会破坏亲子关系，影响孩子学习的情绪。

简言之，家长应该用适当的方式对孩子提出明确的需求。例如，让孩子不要好高骛远。可以告诉孩子："我对你的要求是保普高、冲重点，不必压力过大。"孩子在这样的语言中能感受到父母对自己的关爱，学习起来会更加积极主动。

围绕目的进行沟通

当我们与孩子进行沟通的时候，首先应该想的是目的，而不是围绕着自己的看法或孩子的态度指责和埋怨，让孩子更加不爱学习。

大威想利用暑假时间学写作，可是爸爸想让他学声乐。于是对大威说："写作有什么好学的，等考试的时候找本作文书背几篇范文不就行了。现在国家倡导素质教育，学门特长对将来有帮助。"

"爸爸，你也不看看现在的语文卷子，写作越来越重要，不能轻视。"

"不管你怎么说，我还是觉得学声乐重要。"

听见爸爸这样说，大威沉默不语。母亲见状，对父亲说："你既然是为了孩子的将来着想，不如都让孩子学，时间又不冲突。"

后来，大威在暑假学到了写作技巧，还学到了声乐。

如果父亲与孩子开始沟通的时候就想到目的，就不会争论写作和声乐哪一个重要，而是学习什么能让孩子全面提高素质。这样，在实现自己要求的同时，又有了新的收获，孩子学习的热情就会被点燃。

我们只有通过沟通，才能走进孩子的内心，了解孩子真正的需求。通过制造学习氛围、培养、激励的方式使孩子爱上自主学习。

第三章

培养自主学习兴趣，养成自主学习习惯

激发兴趣，让孩子对学习乐此不疲

我侄子小的时候，我用手臂做篮球筐，示意他把篮球扔进来。他把篮球扔进篮筐后，十分兴奋，又连续投了很多次，并主动改变投篮的姿势。

可见兴趣是孩子自学的巨大推动力。它能促使孩子生成积极的情绪，主动开发智力，思考和研究解决问题的办法。此外，兴趣还能锻炼孩子的观察力、注意力和意志力。

家长应该通过激发孩子兴趣的办法，让孩子学习。

但是许多家长这样做了，却没有取得想要的效果。这是为什么呢？

苗苗给孩子报了很多很多兴趣班，钢琴、书法、游泳、小主持人、舞蹈。孩子每周的课余时间都被安排得满满的。有时候，游泳累到手臂都没劲了，还得写字。孩子不止一次与苗苗说，自己最不喜欢学书法和游泳。可是苗苗秉承一位教育专家的理念，要给孩子打造动静相宜的兴趣爱好。认为游泳可强身，练字可陶冶情操。

孩子几次以手臂肌肉拉伤为由，逃避游泳和写字课。苗苗对此也表示很无奈。她也心疼孩子，可就是担心其他孩子都在学，自己的孩子不学会落后。

给孩子报班的方式许多家长都在用，失败的主要原因在于，采用强迫的方式让孩子学习，而没有针对孩子的具体情况和家庭情况做全方位的思考，再激发孩子的兴趣，让孩子主动选择学习。

下面我们来看看，家长在激发孩子兴趣方面应考虑的因素及正确的做法。

年龄

年龄是许多家长都会忽视的问题，因为他们觉得孩子的兴趣与天赋有关。可是天赋没有身体条件做依托很难显现。就像让不足三岁的孩子悬腕写毛笔字，孩子手部的力量受限，就连使用筷子尚不能做到灵活自如，又怎么可能写好毛笔字呢？如果家长再一味要求他去写，孩子反而会由于吃力而失去学习的兴趣。

因此，如果孩子的年龄太小，家长就应该尽量找对年龄要求不高的兴趣爱好去培养，如语言类的兴趣班。

孩子的个性

有些家长在为孩子选择兴趣班的时候，没有充分考虑到孩子的个性。孩子活泼好动，给孩子报了绘画、钢琴这类需要安静坐下来的兴趣班。孩子内向文静，给孩子报小主持人班，希望孩子与他人多交流。

家长的这种考虑，对于孩子的兴趣培养来说，相当于舍近求远。首先，外向的孩子要克服对运动的冲动，安静地坐下来学习已经不易；其次，老师未必会根据孩子的个性对他的学习内容做出调整；最后，老师未必能把课程讲得生动活泼，让孩子既喜欢听，又有收获。

如果家长不考虑以上因素，总想固执己见地让孩子去做表面有益却抑制孩子的本性的事情，孩子学习的过程必然是痛苦的。如有些孩子语言能力很差，本身畏惧上课的时候老师让他当众朗诵课文，这时家长再给他报语言类的兴趣班，他必然会对兴趣班充满厌恶情绪，就会采用很多方式抵制去兴趣班。

所以，我们按照孩子的个性为其寻找兴趣班的时候，应该先考虑孩子真正的爱好，再用能改变其劣势的兴趣去进行调整。让好动的孩子先选择运动，在其疲惫、乏味的时候，用钢琴、绘画做调整，不应该武断地把孩子放在他最反感、害怕的区域内，这样只会适得其反。

发挥孩子的优势

优势是激发孩子学习兴趣的关键。只从投入比上看，在同等时间内，培养孩子的优势可以让孩子得到更大的回报。反之，则事倍功半。

我们学习多年，一定听说过上升空间这个词，而且坚信水平差的学习者会有更大的上升空间。但案例证明，让一个人在自己擅长的领域内发展，投入的回报比才是最大的。其他领域的例子也可以证明这个观点：世界著名拳击手罗伊·琼斯原本是打篮球的，可是身高、技术都不符合美国职业篮球队的要求，才改打拳击。在拳击领域，他速度快、动作灵活的优势让自己很快就成了拳王。

因此我们该从哪些方面去发现孩子有优势的项目呢？除了孩子做某件事天生就有优异的表现，还要对这件事充满激情，愿意投入大量的时间去提升能力。当我们为孩子找到这样的兴趣进行培养时，他才能把成就感转化为成长的动力，成为更优秀的人。

探测孩子对兴趣的意愿强度

我们在培养孩子兴趣的时候，经常会遇到孩子改变兴趣的情况，这种情况不利于孩子形成优势。家长应通过探测孩子对兴趣的意愿强度来判断孩子是否能对这个兴趣满怀激情并长久坚持。

我的朋友小卓，小时候在电视上看到器乐演唱组合"玖月奇迹"用电子管风琴伴奏的时候，就喜欢上了电子管风琴。于是跟父母说，她想学电子管风琴。

当时，教电子管风琴的辅导班很少，学费昂贵，电子管风琴更是价值不菲。小卓的妈妈想，要是小卓只是一时兴起，却半途而废，造成的经济损失可太大了。于是她告诉女儿，学电子管风琴花销巨大，允许她考虑一下。

过了几天，小卓问妈妈考虑得怎么样了。妈妈说："我去看了几家教学机构的教学环境和师资力量，觉得不太好，再给我一些考虑的时间。"

小卓听妈妈说在帮她找兴趣班，很高兴。过几天又问妈妈兴趣班找得怎么样了，妈妈此时认为孩子是真的喜欢电子管风琴，于是把孩子送到当地最好的管风琴兴趣班去学习。最后小卓考进了沈阳音乐学院键盘系。

小卓的妈妈经过试探，不仅了解了孩子意愿的强烈程度，还让孩子明白机会是好不容易得来的，学习时会加倍珍惜和努力。因此，我们在孩子选择兴趣的时候，也应该采用这样的办法，以防孩子见异思迁，一事无成。

分析孩子学习上遇到的问题

有些孩子在学习了几节课后就与家长说想放弃，原因可能在于遇到了学习瓶颈、不喜欢老师的教学方式、学习任务太重等。家长此时应针对不同的情况做出调整。

赵磊原本是一所大学的体育教师，退休后被一家健身俱乐部聘用做游泳教练。工作不久后，俱乐部学游泳的许多小学员都退学了。俱乐部老板向一位退学学员的家长问原因，家长说："赵教练为了让孩子尽快学会游泳，每节课教给孩子的动作太多，而且训练的时间过长，孩子有些吃不消。"

俱乐部老板马上向赵磊反馈家长的意见。赵磊说："以前在大学，学生学游泳的次数很少。所以我总是多教给他们一些动作，希望他们能学会，学生们都很高兴。没想到小学员会吃不消，我马上改变教学方式。"

随后，他分解了孩子要掌握的动作，并减少了训练的时间，退学的一些小学员又回来学游泳了。

我们千万不能只听孩子说想放弃兴趣，就断定他不喜欢。而是要深入挖掘孩子厌学的原因，帮孩子解决问题，孩子才能更愿意坚持学习。

家庭经济状况

这一点对于激发孩子的学习兴趣也十分重要。因为有些爱好不仅学费昂贵，还需要长期投入。如果家庭收入不足以发展这样的兴趣，最好给孩子换一个兴趣班，以免无法坚持到最后徒劳无获。

此外，孩子上兴趣班若给家里带来了巨大的经济负担，家长的心理压力会增大，难免对孩子的学习成绩提出很高的要求，影响了孩子学习的状态。所以家长在孩子发展兴趣的时候，还要调整心态，孩子才不会把学习当成沉重的压力，自愿去学习。

激发孩子的兴趣，不只是科学的引导，还要有科学的教学方法、一定的经济基础。家长在激发孩子兴趣的时候一定要三思，不要因为细节的疏忽，影响了孩子学习的持久性。

用游戏的方式引导孩子选择自主学习

过年时，我表哥、表弟带孩子来我家，我想过一会儿几个孩子就得玩闹，可是几个孩子却坐在一起玩起了"画线火柴人"的小游戏。表哥家侄子被一关难住了，反复尝试了十几遍都没成功，可是依旧还在尝试。

到吃饭的时候，我去喊几个孩子。几个孩子只吃了两口，就又去玩游戏了。

有些孩子玩游戏可用废寝忘食来形容，学习却没有这种精神头。一些家长想，为什么游戏对孩子有如此巨大的吸引力？我们是否可以借鉴游戏的优点去引导孩子选择自主学习呢？

现在，我们先来看游戏让孩子入迷的原因，再说如何借鉴游戏的优点，让孩子爱上学习。

游戏让孩子有自主感

在许多游戏中，孩子可以挑选一个自己喜欢的角色，如武士、法师、刺客、战士、怪兽等。击败敌人的方式也可以自己选择，用弓箭、刀剑、拳脚等。孩子不受限制，就会有一种自主感，而在学习时，家长总是给孩子设置一些条条框框，让孩子觉得不够自由。

游戏允许孩子降低难度和反复尝试

一些游戏会设置普通模式和高难模式，当孩子玩游戏的水平一般时，他可以选择普通模式，待水平有所提升，则可以选择高难模式。这样，既不会有很大的挫败感，又不会因为简单而感到无聊。此外，孩子失败后，可以重新选择角色和武器装备再次尝试。一旦尝试成功，不仅能升级，还能获得一些奖品，对孩子有极大的吸引力。

学习则不然，家长和老师大多会给孩子设定很高的目标，并催促孩子尽快达到。一旦没达到，随着知识的更新，孩子又要面对新的难度，就会迟迟不能实现目标。在这个过程中，家长若对其进行指责，孩子很可能会抗拒学习。

如果孩子进攻技巧掌握得不好，游戏里还有提示，孩子可以照着演练。学习知识时，有些难题需要自己思索，难度高、耗时长。

游戏目标清晰

如果你也喜欢玩游戏，就会发现游戏里每一关的难度逐步递增，需要的能力、武器的威力也在递增。如力量、速度、智力、血量，激光枪、榴弹炮、重机枪等，我们可以在游戏中获得这些能力和武器，让通关变得容易。孩子面对这种目标清晰的游戏，会十分投入，不断提升成就感，从而感到快乐。

游戏可以升级

很多游戏是分级别的。比如，玩家刚玩游戏的时候是1级，最后可升到99级的最高级。能力不断增强，鲜有玩家能战胜你。一些棋牌类游戏分初级场和高级场，高级场获胜后赢得的奖励要远远多过初级场。这种及时的反馈，会让孩子沉浸其中，努力升级。

其实，我们完全可以把游戏的方式用在孩子的学习上。下面我们来看看该如何操作。

让孩子选择学习的内容

以学习语文举例，如果孩子学习语文非常吃力，家长可以通过游戏的方法来提高他的学习兴趣。

首先，把语文学习体系化，将学习内容分为积累丰富的词汇量、学习正确的造句方法、大量地阅读、声情并茂地朗诵和有针对性地写作。

然后，让孩子根据分出来的板块，自主选择想要学习的方向。如此一来，孩子的学习就有了弹性空间。为了帮孩子丰富词汇量，可以让孩子看电影，这不仅有利于积累词汇，还能了解更多知识。

当孩子可以自己去选择学习的内容时，对学习的逆反心理就会减弱。要是学习方式让他喜欢，他则会更积极地去学习。

此外，把学习体系化后，孩子的学习更有针对性，学习效率也会提高。

设置关卡和给予奖励

一位妈妈对期末考试成绩班级排名第35位的孩子说："如果你下学期期末考试能考进前二十，我就奖励你一次旅游，去哪里都可以。"

乍一听，这位妈妈对孩子提出的要求很合理，她没有让孩子考进前十名，而且给的时间是一整个学期，奖励也足够丰厚。其实妈妈定的目标并不好，不利于调动孩子学习的兴趣。

一是目标实现的时间太长了，孩子很可能在漫长的学习过程中失去追求目标的耐力和信心。

二是孩子不能得到及时的反馈，对阶段性的收获没有评估，可能会觉得努力下去，也未必能成功，从而不再坚持。

因此我们可以按照游戏中设置关卡和给予奖励的方式去给孩子设置学习计划。

游戏通常会把一个终极目标分解成多个小目标，且每个小目标都有相应的奖励，让玩家一步步实现最终目标，我们也可以这样做。

小淼上初一了，但是英语成绩很不好。家长把她的期末英语成绩获得优秀分的大目标拆分成三个阶段性目标：第一阶段，开学后第一个月，把初一需要掌握的词汇背一遍；第二阶段，除了英语老师规定的写作任务，每天写一篇英语作文，并阅读英语刊物；第三阶段，期末考试前，做三套模拟试卷。

妈妈会定期检查小淼的学习进度和完成情况。单词背得好，就奖励精美笔记本；作文写得好，奖励英汉对照的故事书；模拟考试成绩好，带小淼吃大餐。最终小淼期末考试的成绩，不只是英语获得了优秀分，语文也获得优秀分。妈妈送了她一部手机，还带她去张家界旅游。

下一个学期，小淼学习更努力了，期末考试每一科都是优秀分。妈妈给她买自行车，还开车带她去青海湖环湖骑行。

小淼的妈妈没有给孩子一个长远的承诺，选择对小淼每一个小目标的实现给予及时的回馈。尤其在期末考试后，针对语文成绩还有额外的奖励，这种激励方式才能更好地激励孩子自主学习。

允许孩子降低难度

有些家长秉承"取法乎上，仅得乎中"的理念，让孩子做很难的题或要求孩子考入重点高中。孩子在学习过程中遇到困难，就会降低了学习的兴趣，尤其是遇到几经思索也解不开的难题时，有可能沮丧失望，对学习产生厌恶感。为此，我们可以给孩子降低一些难度，并根据孩子的学习能力给孩子重新设定一个目标。

例如，每天要求孩子快速做完两篇阅读理解，发现孩子出错率高达60%，家长就应该考虑其原因是对孩子学习强度要求得太高还是试卷太难。若是前者，可要求孩子每天只做一篇阅读理解，遇到难点便时刻查阅相关资料；若是后者，则可与孩子的老师沟通，帮孩子找难度适合的试卷去做。待孩子的正确率超过90%时，可适当提升一下试卷的难度。

针对学科特点，建立学习体系

游戏《植物大战僵尸》中，每一关的僵尸属性都不一样，因此需要配备的武器装备也不一样。孩子要学习多门知识，我们也应该针对学科特点去帮孩子建立学习体系。就拿写作来说，需要先学生字，再组词、造句，最后写成文章。如果起步就让孩子写文章，孩子可能写不出来。

另外，我们还可以以游戏的方式学习。猜成语游戏、猜歌名游戏都可以成为我们培养孩子学习兴趣的手段。

学以致用，让孩子因需要主动学习

淘淘是个6岁的男孩，喜欢滑雪、打拳，很有胆量。爸爸看淘淘的拳打得有模有样，就说："将来我得让你当特种兵。"

"我才不要当特种兵，枪林弹雨的。"淘淘说。

爸爸看淘淘说出了一个成语，非常高兴，说："你说得对，训练时汗流浃背的。"

"有时候还伤痕累累。"

"执行任务时风餐露宿的。"

"遇到成群的歹徒九死一生的。"

淘淘之所以会这么多成语，是因为他所在的幼儿园平日会教授成语。此次与爸爸谈话把成语用上了以后，此后更喜欢学成语了，还主动要求爸爸给他买了一本《成语大词典》。

孩子学习其他知识，我们家长也应该让孩子尝试着应用。当孩子发现运用得很准确，或能让自己受益时，就会主动去学习。

如让孩子背古诗，我们不只是想让孩子记住文学经典，还想让他运用在写作的过程中给文章增色，提高考试的成绩。因此，更重要的是我们要教会孩子使用知识的方法。

一位语文老师让四年级的学生围绕"乐观"的主题写一篇文章。一个孩子引用了背诵过的诗《苔》："白日不到处，青春恰自来。苔花如米小，亦学牡丹开"。大意是：苔藓多寄生于阴暗潮湿之处，却生机勃勃地活着。开出的花朵像米粒一样小，却自信得像牡丹一样。

孩子写道，苔藓从不抱怨环境，且为自己顽强的生命力而自豪。我们生活条件优越，更应该热爱生活，茁壮成长。老师给孩子的作文满分的成绩。

因为满分，孩子找到了学习的兴趣，以后把背古诗当成了自学的科目，并且每次背完以后，还要阅读译文和赏析，以保证运用的时候灵活自如。待孩子小学毕业时，已经能背诵《岳阳楼记》《木兰辞》等初中的古文了。

在学习上，可以让孩子学会学以致用，从而养成主动学习的习惯。此外，我们还能通过生活中的需要来提高孩子对学习的兴趣。

曾经有人问一名数学老师："数学有什么用？"老师回答说："数学是一门逻辑严谨的学问，可提升学生的思维能力。数学更是一门工具学科，孩子学习物理、化学等理科知识都离不开数学。"

这位老师对数学作用的解释已经很全面了，但是这样的解释并不能完全调动孩子学习的积极性，因为孩子并没有直观地感受到数学能给自己带来的作用。要是我们换一种问法：要是我们的生活中没有数学，会怎么样？孩子就会联想具体的场景了。

　　一位妈妈问一年级的孩子数学对生活的作用，孩子回答说："要是没有数学，地铁来了，不知道是否应该上。因为不知道它是几号线，都途经哪里。早晨起来，不知道是不是应该去学校，因为不知道几点。买东西不知道讨价还价，因为不知道几斤几两。打比赛，不知道输赢，因为看不懂分数。"

　　"你说的很对，此外，学习数学还能提高我们做事的效率。"家长说。

　　"妈妈，我想见识一下。"孩子很好奇地说。

　　"你的漫画书有50页，你每天看10页，多少天可以看完。"

　　孩子没有学过乘法和除法，只能用加法去算。用了一分钟才算出结果。

　　家长告诉孩子，自己算这个结果连一秒钟都用不上。于是向孩子展示了除法。随后又问孩子："要是你每天能看10页故事书，15天能看多页。"

　　这一次孩子计算的时间更长了，家长顺势又教给孩子乘法。此后，孩子会主动用乘法和除法去计算生活中的事情。例如，买五个果冻需要多少钱、乘车往返需要花多少钱、买三个作业本需要花多少钱。

孩子因为看到数学给生活带来的便利，喜欢上了学习数学。我们也可以采用这种办法，让孩子喜欢上学习。我们还可以带孩子到具体的场景中，去体验学习的价值。

一位妈妈带孩子去商场，问孩子是不是包装越大的商品越贵。孩子说："那可不一定。"

"为什么？"

"妈妈，可乐的瓶子那么大，也没有你的护肤精油贵。"

"为什么妈妈的护肤精油贵？"

"原材料的价值不一样啊。"

"妈妈的护肤精油若一两50元，我买一斤该花多少钱？"

"500元，都够买上百瓶可乐了。"

"你觉得买什么划算？"

"当然是可乐。"

妈妈见孩子有计算和比较的能力，让孩子挑选自己喜欢的东西。在两种不同品牌的篮球前，孩子挑了知名度更高，更好看的。孩子告诉妈妈，这样的篮球耐用性强，就算贵，也比质量差、易漏气变形的划算。

妈妈见孩子如此聪明，以后就把孩子购买自己用品的权利交给了孩子，孩子也喜欢上了核算价格。

孩子对学习知识产生了兴趣，我们则可以挑选更复杂的应用场景，让孩子运用知识去解答问题。可以锻炼孩子练习给年夜饭做预算，要求孩子统计参加的人数、菜品的种类、荤素的搭配、用酒的价格等，然后计算总价。做预算，不仅要用到数学知识，还会涉及伦理知识、民俗文化等其他常识，这样下来相当于对孩子进行了一次多方位的教育。

随着孩子年龄的增长，我们还可以让孩子尝试给装修做预算，做这样的预算所涉及的知识更复杂，要考虑到原材料的性能、单价、图案的美感、色彩的搭配、布局的平衡等。孩子经过这些锻炼，不仅提升了对学习的热爱，也提升了对生活的热爱。

生活中，能让孩子学以致用的场景还有很多。家长应根据孩子的需求加以引导和指导，孩子对学习知识有了良好的体验，就会内化为学习的动力，家长则可以对孩子放手了。

三个办法，让孩子对学习的兴趣更持久

经常有家长向我反映，孩子对学习感兴趣，可是坚持的时间却不长，无论自己怎么训斥或教导都没有用，不知如何是好。此时我们应当做的是找到孩子坐不住的原因，按照合理的步骤去调整，就能让孩子对学习产生持久的兴趣。

下面我们看看孩子学习总是三分钟热度的原因，并一起探索如何进行改变。

好奇

好奇是孩子的天性，但想让他对学习保持长久的兴趣却很难。例如，孩子得到一本故事书后会迫不及待地翻看，这是因为大多数时候，孩子急于知道里面有哪些新鲜的内容，而不仅仅是完全出于兴趣和热爱去看。所以大多数孩子得到新鲜事物时，可能会马上放弃以前喜欢的事物。

缺乏耐心

学习是一件非常辛苦的事情。孩子学习一篇课文，要了解生字、生词，还要背诵精彩段落、反复研究写作技巧。要是换成体育项目，不仅需要耐心，还需要耐力。孩子可能经历一次绞尽脑汁或肌肉酸痛，就会产生放弃的想法。

失望

有时，孩子做一件事的目的并不是因为喜欢，而是希望得到父母的认可或奖励。你认为努力学习是一名学生应该做的，可是在孩子心中很可能不这么想，他们这样做的目的就是希望你把他当成一个听话的孩子。要是父母对孩子所做的事毫不关心，孩子可能会放弃。

医学发现，与人类自我控制能力有关的前额叶要到25岁才能发育完全，所以我们不能苛求孩子对学习的兴趣持久专一。我们了解孩子学习持久性差的原因后，就可以通过以下办法让孩子对学习的兴趣更持久。

尊重孩子的选择

孩子发现新奇的事物，难免要去尝试一下，但是在尝试的过程中可能会发现不适合，想要放弃，这个过程中很可能由于语言表达能力尚不成熟，难以表达心中真正的想法。此时，家长要善于发现孩子不感兴趣的原因，与孩子耐心沟通，了解孩子的想法，尊重孩子的选择。

6岁的东东上幼儿园大班。有一天放学回家路上，跟妈妈说自己想学绘画，因为发现路边广告牌上的美术作品非常好看。可是妈妈把东东送到辅导班后，才过了一周，东东就说不愿意学了。妈妈十分恼火，训斥说："美术是慢功夫，要画上几年才小有成绩，你不能半途而废。"于是依旧送东东去美术班。

不久后，美术老师向妈妈反映，东东上课的时候，削铅笔能用去很长时间，迟迟不肯画画。妈妈没有办法解决东东不爱画画的问题，只能问好友该怎么办。

好友问她："你有没有了解一下孩子为什么不爱学美术的原因。"

"这个倒是忘问了，只想着怎么让东东学美术了。"

于是妈妈问东东："你为什么又不愿意学美术了呢?"

"妈妈，不是我不愿意学美术。我喜欢的美术作品是花鸟，不是石膏，石膏画一点颜色都没有。"

这个时候，妈妈才恍然大悟。孩子喜欢的是国画，而不是素描，于是就给东东改报了国画班。没想到，东东认认真真地画了一个下午，而且这状态持续了很久，后来妈妈又给东东报了一个书法班，孩子也拿出了与画国画一样的热情。

孩子兴趣由天性禀赋决定，应予以充分尊重。案例中的东东喜欢色彩斑斓的花鸟画，可是家长却选择了素描。两种画的使用工具、绘画技巧完全不同，孩子不喜欢是情理之中。但是妈妈给孩子选择书法，孩子很喜欢，这是因为书法和国画所使用的工具都是毛笔，而且绘画的一些笔法与书法相似，所以孩子既感兴趣，也容易出成绩，所以孩子喜欢。

让孩子学会专注

孩子兴趣变化快，是孩子认识事物的必经阶段。如果随着年龄的增长，孩子学习依旧是三分钟热度，家长就要在尊重孩子选择的前提下，提高孩子对一件事的专注度。

孩子对一件事情的兴趣可分为以下4个阶段：计划期、行动期、疲劳期、冲刺期。

在这几个阶段，家长要采用不同的引导方法，才能提升孩子做事的专注度。

计划期

在刚接触新鲜事情的时候，孩子总是兴趣满满。此时大脑处于兴奋状态，很容易在家长的建议下选择接受，再给自己定一个学习计划。但此时由于不知道学习过程中的艰辛，往往会给自己定一个超高的目标，最容易半途而废。如，孩子学书法，起步就越过楷书，要学行书，买了好几本行书字帖，一本还没有临摹完就坚持不下去了。

这个时候，家长要记住，调动孩子学习的专注度，应该遵守循序渐进的原则。著名书法家董其昌想学王羲之的书法，先从王羲之书法的继承者智永等的身上取法，再学习王羲之的笔法。如果起步就选择最上层的东西，会因为太难以掌握而放弃。孩子学习也是如此，因此家长要帮孩子制订一个合理的目标。

处于计划期的孩子还有一个特点，就是貌似兴趣广泛，其实精力有限。家长尽量不要给孩子报太多个兴趣班，因为孩子想要掌握新的东西，大脑要不断突破舒适区，这比做重复的事情，要消耗更多的精力。尤其有些时候，孩子即使停止了学习，但是依旧在思考，还会对其他兴趣造成不利的影响。既学围棋，又学写作，最后孩子很可能因为思考过重，而失去了学习的兴趣，学习的动力也损失殆尽。

行动期

孩子在行动初期坚持比较容易。因为所学知识不难，可能会体会到成功的愉悦感。孩子学生字，最初都是笔画很少的字，不易写错，老师对学生的书写水平要求也不高，经常给孩子的写字作业满分，孩子也愿意写字。

但是这个阶段也是最容易放弃的。主要原因有以下几个方面。

第一，一旦反复练下去，觉得不过如此，找不到继续学习的理由。对待这种现象，家长可以让孩子仔细观察事物的特点，并同他人做对比，发觉自身的不足。孩子才可能选择一步一个脚印，认认真真地坚持学习。

第二，遇到一些挫折就怀疑自己的能力，想要放弃。这个时候，家长就要采用一些学习方法来改变孩子畏难的情绪。例如，降低学习的难度，并给孩子适当的奖励，让孩子从回报上看到学习的意义。

孩子坚持一段时间，能力必然会有相应的提高，以前的挫折已经无法打击他了。此外，长期坚持能帮他树立战胜困难的信心，会让孩子一直有坚持下去的动力。

疲劳期

孩子在学习一段时间以后，就会进入疲劳期。一是课业的繁重，让孩子身心俱疲。二是多次的重复，让孩子觉得十分枯燥，懒得再学习。这个时候，我们可采用改变孩子学习方式的方法。例如，把纸质书变成视频，提升孩子的阅读兴趣；改变学习内容的顺序，让孩子不再按部就班地学习。如，有些英语词汇书不按照字母排序法去列单词，而是按照使用的频率来排序，频率为零的可以不看。孩子则可以减少很多没必要的努力，更愿意记单词。

此外，孩子虽然是自学，但是也不要忘记让孩子和其他孩子进行交流。同样的学习内容，不同孩子学习的心得体会是不一样的，孩子与他人交流后，可能会提升孩子学习的持久性。我曾看到两名要考同一所美院附中的学生，针对造型复杂的石膏像和五官标准的石膏像哪一个难画展开了讨论。一个孩子认为造型复杂的难画，因为要多画很多细节；另一个孩子则认为五官标准的难画，因为正是要求画更标准的东西，画得但凡有一点不像，阅卷老师都能轻易辨别出来。两个孩子经过讨论后，一起饶有兴趣地画起了五官标准的石膏像。

冲刺期

学习是应该终身延续的，但是在每个阶段都应该有个节点。例如，期末考试、期中考试、结业性考试，可是有些孩子在冲刺期会放弃。究其原因，正是恐惧失败。

造成这种恐惧的原因主要有两方面。一，总觉得自己知识点掌握得不牢，害怕考试的时候出错；二，觉得考试临近，无论怎么努力，也不能成功。家长面对孩子的恐惧心理，可以从考试的内容和高效地复习上去给孩子做心理疏导。

面对害怕出错的孩子，告诉孩子考试的内容有限，所考的未必是他不会的。此外，就算失败也没什么，考试本就是一件无常的事。面对担心辅导时间不够的孩子，可用"荷花定律"（指成功需要厚积薄发，需要积累沉淀，同时，最后一步的执行是最关键的）去开导孩子，告诉孩子越是临近考试，复习效率越高，不必担心复习不完。孩子有了好的心态，才敢于坚持学习。

让孩子学会联想后果

许多孩子放弃一件事的原因就是没有考虑后果，如果家长能告诉孩子不坚持做一件事会产生的结果，孩子在面对一件想要放弃的事情时可能会选择继续坚持。例如，告诉孩子学习如逆水行舟，不进则退，不坚持就会前功尽弃。

放弃娇惯

有些孩子缺少学习兴趣，与家长的娇惯有关。看到孩子不愿意学习，就允许孩子先玩一会儿；因为刮风下雨或孩子生病，就不让孩子去辅导班学习等。孩子在这样的环境下成长，遇到难度稍高的学习任务就会感到困难，想要放弃。为此，家长要想办法帮孩子克服惰性。

孩子对学习若只是有短暂的兴趣，是无法成功的。所以家长为了孩子的成功，就要从帮助孩子找到真正的兴趣、调动孩子学习的积极性两个方面来入手，孩子的兴趣才会更加持久。

快乐学习，让孩子因快乐爱上学习

快乐教育，是针对孩子的厌学情绪提出的。如果孩子正处于好玩的年龄，在学校里，每天被老师要求坐姿、站姿，记忆各种晦涩难懂的知识，这些事务的耗时之长、压力之大、跨度之大，都给孩子造成了沉重的负担。于是学校必须在快乐和学习之间找到一个结合点，让孩子因快乐而爱上学习。家长也应该如此，不应觉得学习完全是一件严肃的事，根本不存在快乐。下面我们来看，家长在寓教于乐上，可以从哪几个方面入手。

不要过于在乎分数

当下，一些家长为了孩子获得高分，让孩子做许多完全没有必要的事情。例如，解一道数学题，明明可以用很简捷的步骤去解题，但是就是怕孩子丢分，让孩子严格按照老师要求的步骤解题。反复背诵对学习能力完全没有帮助的知识，还对孩子出现的小失误严加指责。孩子犯错误时，家长不要过于苛责。此外，一些知识就算他完全掌握了，下次考试也未必会再出类似的题，反而增加了孩子学习的负担，不利于培养孩子的学习兴趣。

让学习变得容易，而不是简化

有些家长认为快乐学习是对学习的一种简化，其实绝非如此。在当下的互联网时代，学习资料足够丰富、学习的手段和形式也相当多样。以前很多学习起来费时费力的内容，都可以极大地降低难度，孩子可以更轻松地学到需要的知识。

小敏很喜欢上英语老师的课，因为英语老师讲课生动、易懂。可是英语老师被调到了其他学校任教。新来的英语老师，讲课严肃认真，内容也让小敏难以理解。小敏从此不喜欢学习英语，成绩有所下降。妈妈见状，与小敏以前的英语老师联系。英语老师说："正好当下有疫情，我在线上开了'微课堂'，你可以让小敏免费看。"

妈妈向英语老师表示感谢后，就把英语老师的"微课堂"推荐给了小敏。生动的图像、视频和灵活的交互功能让小敏提升了对英语的兴趣，遇到不会的问题，还可以给老师留言提问，小敏紧跟"微课堂"，此后又喜欢上了学习英语。

现在，我们可以借助优秀老师的在线课件，让孩子在轻松愉快的状态下学习。帮助孩子回避影响学习状态的因素，孩子才能因快乐爱上学习。

让孩子知道坚持不等于艰苦

有些家长会借助古文向孩子灌输学习必须历尽艰辛的理念，像"天将降大任于是人也，必先苦其心志，劳其筋骨，饿其体肤，空乏其身，行拂乱其所为。"

其实学习不完全如古文所言。谷爱凌在冬奥会上夺冠后，网上有许多谈及谷爱凌家庭教育的文章。她的父母擅长发现孩子的兴趣，引导她全身心地去获取自己想要的成绩。

谷爱凌的教练教会她很多空中技巧，这为她成功奠定了良好的基础。比赛时，母亲让她自己选择最后比赛的难度系数，而没有让她力保获得奖牌。谷爱凌选择冲击最高难度的动作，并获得了成功。谷爱凌把每一次学习都当成实现个人价值的机会，她能把学习当成一个快乐的过程，很少因为训练艰苦而萌生退意。我们教育孩子的时候，先要转变自己的家教理念，才能真正从行为上让孩子看到学习的乐趣。

让家教张弛有度

张扬带儿子去游乐园游玩，孩子被一个泡沫轴吸引了。于是张扬把孩子放进泡沫轴的中间，告诉孩子要手脚一起向前运动，泡沫轴才会滚动。孩子因手脚不协调，跌倒了好几次。张扬见孩子有点灰心，就帮孩子推动泡沫轴。孩子慢慢手脚协调了，能把泡沫轴推动出去很远，孩子兴奋地玩耍了很久。最后，累得躺在泡沫轴里了。

过了一会儿。张扬看孩子休息得差不多了。笑着对孩子说："这就没有力气了啊?"

"谁说的。"孩子不服气地站起身，继续玩泡沫轴。

张扬让孩子尽力尝试，当孩子有些灰心的时候，马上提供帮助，让孩子体会学习的乐趣。当孩子累了，允许孩子休息。孩子休息够了，又通过打趣的方式，激发孩子的斗志。如此一来，孩子在很轻松的氛围下，就学会了玩泡沫轴。我们在教育孩子的时候也应该这样张弛有度，而不是完全放手或总是打击。

让孩子展示自我

即使孩子小，也有展示自我的愿望。他们也想展示自己的想法、才艺、成绩，想得到对方的认可。因此我们就应该让孩子在学习的过程中得到展示，而不是压抑孩子的表达欲望。孩子才更可能把学习当成很有趣的事情，不用激励就自主学习。

一位妈妈给孩子购买的大语文学习材料上有寓言故事板块，故事下面要求孩子仿写寓言或创作读后感。

一天晚上，妈妈给孩子读了一篇叫《骄傲的犀牛》的寓言。

在一片没有大象的丛林里，住着一只身强体壮的犀牛。无论它走到丛林的任何地方，都没有动物敢阻拦它，因此它无比骄傲。居然告诉其他动物，自己要去城里转转。

一只去过城里的老鼠对犀牛说："我去过城里，被捕鼠器夹断了尾巴，所以劝您别去。人类能击败我们的东西可多了。"

"那是因为你尾巴太细，才被夹断。我是不会被打败的。"

一只去过城里的鸟对犀牛说："你到城里别横冲直撞的。我有一回撞在车窗上，撞得晕头转向。"

"车窗还能比大树结实吗？我倒是要去城里看看，有什么东西能阻拦住我。"犀牛说完，头也不回地走向城市。

在城市边缘，一些小朋友看到犀牛后，惊慌而逃。

犀牛心想："人类不过如此，都是一些胆小鬼。"

犀牛继续向前走，随后走进了一条死胡同，它面对着结实的墙壁，一头撞过去。墙纹丝不动。犀牛不服气，拼尽全力撞过去。自己晕倒在地，墙依旧是一动不动。

待它醒来后，发现自己被关在一个有大象、老虎的地方。大象对犀牛说："我都被人类抓住了，何况是你。"

犀牛很后悔没听老鼠和鸟的劝告。

妈妈问孩子，这则寓言说明了什么道理。孩子说，人不能骄傲自大。随后，妈妈接着问："为什么？"

"因为很多能战胜我们的东西我们不知道。"

"那是些什么东西呢？"

"墙壁和大象。"

"说得很对！你还悟出了什么道理？"

"人得听从别人的劝告，否则是会吃亏的。"

"孩子，你太聪明了。你能编这样的故事吗？"

"能！"孩子接着说，"一只威风凛凛的雄狮，认为自己是草原上最帅气的动物，而且有着最有魄力的嗓音，想要在草原上开演唱会。一只雄鹰告诉他："有些动物不会来看你的演唱会，因为你在他们眼中并不帅，歌唱也不是第一名。"

"它们是谁呢？"妈妈问。

"雄鹰自己，还有大象和长颈鹿。"

"为什么？"

"因为雄鹰飞起来的时候，狮子只是一个小黑点，大象的叫声不比狮子小，在长颈鹿眼里狮子小得像一只蜡笔。"

"不错，很有想象力！那要是海龟听见了狮子的歌声会怎么想呢？"

"一个不懂规矩的家伙，把我的鱼群都给吓跑了。"

"如果狮子还是开演唱会，它的结局会怎么样？"妈妈继续问。

"它的歌声引来了最勇猛的猎人。猎人把它抓到后，送进动物园。围观的游人都说，它是一只很帅的狮子，可是狮子不知道人们在说什么。好孤独啊！"

"孩子，你的寓言想象力丰富，而且开端和结尾也不错，妈妈给你一百分。"妈妈非常高兴地说。

孩子在妈妈的教导下，每次学语文都十分认真，并与妈妈探讨作文得高分的诀窍。妈妈给出的诀窍是：思路胜过技巧，因为没有思路，技巧无从依附；结构比词汇重要，故事的结构混乱，读者很难继续阅读，优美的词汇就没有作用了；情节丰富好过单调，故事情节丰富，更能吸引老师的阅读兴趣，而且篇幅饱满，不会因字数不足而丢分。

可见，快乐学习是自主学习的先导。如果家长能用以上方法来调动孩子自学的积极性，孩子厌学的问题就会迎刃而解，并且更高效地完成学习任务。

帮孩子学会用积极的心态看待错误

很多家长总认为，严厉管教能让孩子更深刻地认识到自己的错误，但其实太过严厉只会让孩子因恐惧而选择逃避，对自主学习起不到任何的作用。因此，家长应该改变自己对孩子错误的认知，并帮助孩子学会用积极的心态看待错误。

孩子会出现错误，意味着孩子还有进步的空间。同时，这个错误也是家长教育孩子的绝佳机会。在发现错误后，家长教给孩子解决问题的方法，孩子下次遇到同样的问题，就会主动去解决，而不是再次回避。

面对孩子的错误，还应该深入分析孩子犯错的原因。是由于父母的责打过重，还是孩子畏惧考试，发挥失常，没有复习好，抑或做了没有必要的拔高，等等。家长了解这些原因，给予孩子理解和帮助，孩子才不会把错误当成沉重的包袱，以积极的心态面对学习。

下面，我们再具体来看，家长可以通过哪些方法，帮助孩子用积极的心态来看待错误。

转变固定型思维

一些家长不宽容孩子犯错，主要由于家长是固定型思维的人。这样的人认为：错误中没有任何积极因素；人的智力和才能是与生俱来，不可改变的；有些现状是永远也无法改变的，所以才对孩子的错误火冒三丈。

家长想要让孩子主动学习，就应该向成长型思维转变。所谓成长型思维，就是认为一个人的智力和能力会通过努力不断提高；成长就是不断试错的过程，错误能促进人的成长。家长能这样看问题，孩子必然会受到影响，对错误的认识也会改变。

教孩子积极面对错误

有些孩子因错误、失败会一蹶不振，此时家长应该教会孩子积极面对错误，并能在错误中找出对自己成功有帮助的地方。

大亮在200米赛跑比赛中腿抽筋，没有坚持下来。他跟观看比赛的爸爸说："我觉得自己选择跑200米就是个错误，我的体力根本就不够用。"

"孩子，你知道你体能不够用的原因是什么吗？"

"前150米拼尽全力了。"

"这说明你体力分配的不好，而不是不够用。其实我看得出来你是有跑200米的天赋的。"

"爸爸，您不是在安慰我吧?"

"不是，你在前150米的时候，比第二名快了近20米，这说明你的启动跑和中途跑都很好。要是你在过弯道的时候，稍微降速，并做出步伐上的调整，你完全能跑完全程，并获得奖牌。"

"爸爸，您能给我做个示范吗?"大亮很急切地问。

"这个爸爸做不到，但是爸爸可以带你看田径世锦赛的视频，相信你一定能学会过弯道。"

大亮从视频中学会了跑弯道的技巧，并多次练习。下一次比赛，夺得了冠军。

大亮因为失败，否定了自己的体能，爸爸把错误归结到了体能分配上，准确找出了错误出现的原因，有利于改正错误。爸爸更是从大亮的不足中，看到了孩子在200米跑方面的天赋。

就200米跑来讲，能在前150米比第二名快接近20米，绝非易事。因为赛程短，其他运动员也不会给后程蓄力太多。可见，大亮有练习200米跑的优势。没有坚持完的最后50米都是直道，如果大亮能在弯道的时候，调整步态和节奏，最后冲刺跑，就不会因为奔跑姿势不正确损耗过多的体能，他完全可以坚持下来并获得好成绩。

爸爸把孩子的一次错误变成了观摩学习，并让孩子反复练习，最后收获硕果。这样的做法不仅让孩子对错误有了更深刻的认识，也从错误中找到了进步的力量。

告诉孩子成绩是可以靠努力提升的

一位老师对全班同学说，成绩是可以通过努力来提高的，并分享了一些名人通过努力考上知名学府的案例。学生的总成绩都有提高，家长也应该像这位老师一样去激励孩子。

让孩子坚信自己也是优秀的

很多家长在指责孩子的错误时，习惯于拿自己家的孩子与他人比较，这是很错误的做法。孩子要达到优秀的水平是需要一个过程的，如果孩子很努力还是没有达到家长的要求，家长可先夸奖他的学习方法很合理、学习态度很端正。孩子获得了正面的反馈，会对学习产生更大的兴趣。

提升孩子的坚韧性

孩子因犯错不愿意学习时，大多会第一时间征求父母的意见，父母应想办法提升孩子的坚韧性。如，给孩子讲"一万小时定律"（人们眼中的天才之所以卓越非凡，并非天资超人一等，而是付出了持续不断的努力。1万小时的锤炼是任何人从平凡变成世界级大师的必要条件），告诉孩子成功者在学习的一万个小时中，最用心的地方是改善自己的弱点和挑战从未达到过的高度。这虽然让他们犯了很多错误，但是正是这些错误让他们去不断完善技术，最后才能技艺精湛绝伦。

孩子知道挫败的意义后，坚韧性也会有所提高。

让孩子对犯错有颗平常心

家长面对孩子犯错的时候，不要表现得一脸焦虑，而是淡然视之，并教导孩子对错误要有一颗平常心。如果我们总对孩子苛求，孩子很可能因为过度自责，没有勇气面对失败，对学习反而不利。

孩子学会用积极的心态去看待错误，才能不在错误面前裹足不前，引导孩子把错误当成自己提高的积淀，才能让他更有勇气挑战难题和拓展新的学科。

提升理解力，别让成绩影响孩子的学习兴趣

　　许多老师在上课时会问："你们都听懂了吗？"这个时候大多数孩子都会说："听懂了。"可是一到考场上，有的孩子答题从容自如，有的却不会答题。一些不会答题的孩子就想：为什么我在课堂上听懂了，回家也自学了，可是一到考试就束手无策了呢？那些拿高分的同学，所学的知识也不比我多，我和他们的差距到底在哪？

　　有些孩子怀疑是自己记忆力不强、学习不专注，渐渐对学习失去了兴趣，这导致他们成绩更差，这样地一再下滑，会让孩子变得害怕或厌倦学习。

　　其实，决定孩子学习效率的不只是记忆力和注意力，还有理解力。据我观察，记忆力、注意力相当而成绩一般的大部分学生，大多数在理解力上存在一定问题；而成绩较好的孩子，大多数有很好的理解力，还有更大的上升空间。可见，理解力是学习能力

的顶层设计。

同样一节课，理解力强的孩子会跟上老师的思路，对内容的理解能达到80%以上，甚至从中学会老师的思维方式，将知识点框架化，记忆起来简单高效。

反之，一些理解力不好，但是学习很认真的孩子，大多只是记住了老师所讲的内容，但是不懂思维方式，回家后难免不会做作业。所以说，他们所谓的听懂了，不能算真正意义上的听懂了。

孩子在理解力方面是不是天生就有差距呢？其实不是的。孩子的理解能力主要是通过家长和老师后天培养而提高的。理解力包括以下3个层次：解码能力、贯通新旧知识的能力、深度认知的能力。

解码能力是指，通过书写、朗读来帮助孩子掌握新知识。例如，教孩子写"月"字。

贯通新旧知识的能力是指，把以前学习过的知识和孩子熟悉的事物结合起来，提升孩子的联想力，让孩子对旧的知识有更多认识。例如，让孩子思考一些带"月"字的词语，孩子可以想出"月亮""月饼""明月"等。

深度认知的能力是指，把旧知识运用到新的场景中，组合成新的知识。如，把月亮想象成玉盘、银钩等。

孩子掌握新的知识或认识新的事物是很不容易的。因此，我们想要提高孩子的学习成绩，就要从理解力的3大层次上入手。看孩子不懂的知识属于哪一个层面，再采用相应的办法解决。

解码能力

分辨孩子解码能力的强弱，有两种方法：

浏览孩子所学的课程和所记的课堂笔记，看看孩子到底对哪一处知识点不够了解。例如，孩子已经开始学习多音字，当你指着"方便面"这个词的时候，孩子很容易就读了出来，而你指着"便宜"这个词，他就没能读出来。这说明，他对你选择的多音字还不够理解。如果我们不提高孩子这个层面的理解力，他就不能很好地使用这个字。

让孩子朗读课文。如果孩子在朗读的时候支支吾吾，这说明他对一些知识点不够了解，才无法流畅地朗读。

我们发现孩子的解码能力出现问题以后，就可以针对问题做相应的训练。可以选择给孩子买多音字字帖、给孩子做朗读示范等。

贯通新旧知识的能力

有些孩子无法很好地贯通新旧知识。例如，学会了单词，却无法按照语法要求去组合成句子。面对这种情况，我们可以让孩子先回忆一下，自己以前学过哪些单词，它们是动词、名词还是形容词，在句子中应该出现在什么位置。先让他们按照自己的想法把句子写出来，再帮他检验出现的错误，并修改。

如果孩子先后学习了同一位作家的不同文学作品，可让孩子说说，两篇文章的风格有什么不同？为什么要学这篇文章？

孩子有这些方面的思考，会对知识点记忆得更牢，理解得更透彻。

深度认知能力是指，能对所学内容深刻地理解、灵活地运用，不只是停留在表面。我们可通过以下几种方法，去提升孩子深度理解的能力。

通过阅读提升孩子的理解能力

孩子的理解能力大多用在阅读理解上，所以我们应该通过扩大孩子的阅读量，提升孩子的理解能力，否则孩子很难理解所学知识的内容、象征意义、表现手法等。

例如，孩子看画家达·芬奇的名作《最后的晚餐》时，如果他不知道此画的背景故事，就不知道此画讲述的内容是什么、象征着什么。如果不知道达·芬奇学画的经历，就不知道它采用的表现手法是什么，必然导致对作品的误读。

给孩子提问的机会

有些孩子面对陌生的知识点、新事物会问为什么，如果家长不给他们提问的机会，他们大多会放弃提问；如果你耐心地解答孩子提出的问题，并鼓励他坚持独立思考的好习惯，对提升孩子深度理解的能力极有帮助。

我弟弟小的时候，经常向我提问。

有一天，弟弟问我："为什么总有人说'梦中捉鳖'，是不是鳖太珍贵了，只能在梦里捉到?"

"不是'梦中捉鳖'，是'瓮中捉鳖'。"

"那有什么区别呢?"

"瓮是一种盛水的陶器。鳖在它里面，就好像在锅里，我们抓它非常容易。"

"这个词用来形容什么好呢?"

"可形容完全有把握，必胜的事情。"

于是弟弟造句:"小英雄雨来把敌人带进了埋伏圈，我军打他们如同瓮中捉鳖。"

我给弟弟提问的机会，弟弟不仅理解了什么是瓮，明白了瓮中捉鳖的意思，还根据自己以前读过的故事造了一个十分准确的句子。不仅提升了深度理解的能力，贯通新旧知识的能力也得到了锻炼，这对孩子在考试中取得高分必然会有极大的帮助。

让孩子学会使用工具书

孩子在学习的过程中会遇到许许多多的问题，我们不能一一解答，就要教会孩子使用工具书。当孩子遇到不会的字、成语，要引导他使用汉语字典、成语词典。孩子在查字典的时候，还能认识更多的生字、生词，对字、词的用法也了解得更多。考试的时候，因为知识储备丰富，所以能灵活而准确地运用，不至于无从下笔。

如果是一些常识性问题，我们可以让孩子利用网络去寻找答案，并对答案进行归纳和总结。这个过程对提升孩子理解能力十分重要。

扩大孩子的知识面

孩子的理解能力和他的知识面有很大的关系。例如，孩子学习魏晋时期的诗歌，还应该对魏晋时期的思想、政治有所了解，否则很难理解诗歌要表达的意思。

让孩子经历更多事情

经历、经验能让孩子对同一篇作品有更深层次的理解。鲁迅年少的时候读向秀的《思旧赋》，无法体会作者写作时的心情，后来，经历了与朋友的离别，才知道那是一篇感情真挚的文学作品。

可见，提升理解力能让孩子的学习变得简单高效，还可充分调动孩子学习的兴趣，让孩子主动吸取更多的知识。

第四章
掌握正确的学习方法，助力孩子自主学习

建立知识体系，不因无效学习浪费精力

当下是知识爆炸的年代，每天都会有大量的新知识涌现，家长想要让孩子不盲目地学习，就需要帮孩子构建知识体系。

所谓知识体系，就是将独立、分散的知识按照合理的联系，整合成一套有利于学习的知识系统。其过程就如同建造房屋一样，零散的知识点就如同建筑原料、学习方法相当于建筑工具、按照一定体系制作的思维导图就好像建筑图纸。

想要构建知识体系首先要做的就是收集适合的知识资源，收集的资源越丰富，构建的知识体系越庞大。这个收集的过程，通常分为三个阶段：第一阶段是确认知识载体，第二阶段是挑选关键知识，第三阶段是知识存储。

知识载体包括生理性载体和非生理性载体两大部分。前者指大脑。例如，有些人记忆力强，读书可过目成诵，记忆的知识自然要比常人多。非生理性载体包括笔记、录音、纸质书等。孩子可通过知识载体快速找到所需的知识。随后就是知识的挑选阶段。例如，孩子考试时，会考察几个知识点，孩子就要做有针对性的复习。最后是知识储存。人类大脑的存储量有限，孩子可通过笔记、网盘去存储知识。

因为目前学生存储知识的主要方式是记笔记，我们就针对记笔记，来说说怎么记录能让学习更有体系。

人们常说"好记性不如烂笔头"。孩子在课堂上如果只是通过看黑板、听老师讲解去记忆知识点，那么通常情况下，两天之后就只能记住27.8%，而做课堂笔记则可以改变这种情况。

此外，做笔记还能帮孩子筛选关键知识、厘清老师讲课的思路。例如，老师在讲述一个新的知识点时，通常会把它和其他知识点结合起来。这时，孩子应紧跟老师思路，可通过一个新的知识点，学习到更多的内容。

记笔记并非对老师的话照抄照搬，而是用自己的语言记录关键点，等到运用的时候会得心应手。而且据一项科学研究发现，记笔记的孩子和不记笔记的孩子相比，前者记住的内容比后者高出7倍。

有些家长会问，记笔记会不会影响孩子全神贯注地听课。如果照抄照搬必然会，但是有选择性和创造性地记忆不会。下面，我们就来看看，家长该如何教孩子记笔记，从而提高学习效率。

孩子的笔记不能只记课堂笔记，还应该有课后反思，尤其是针对错题所做的梳理。现在，我们来分别看看，这两种笔记该怎么记录。

课堂笔记

一个高效的课堂笔记应该包括以下几个方面的内容：

1.提纲。例如，老师会在导学课上，对以后要讲的知识列提纲。这是孩子记笔记时不可忽略的。

2.重点。每门学科有重要的章节，每节课有核心内容。这些都是孩子必须要去记的。在考试复习的时候，可按重中之重、重点、一般的顺序去复习。

3.补充。有些知识点课本上没有，但是老师做了补充。这部分通常是知识点的延伸，也是拉开学生分数差距的部分。基础知识掌握得很好的学生应该记录这方面知识，基础知识差的同学也有必要记录这方面知识，但要把掌握课本知识作为重点。

4.疑点。对老师所讲的问题有疑问应该及时记录下来。例如，一些不懂的概念、不认可的观点等。课后可找老师询问、探讨，或者查找相关资料，一探究竟。

5.方法。记录老师解题的方法和技巧。要是写作课，则要记录写作的方法和技巧。要是不会记，可以参照一些课外辅导书。

6.弱项。老师所讲的内容中，孩子难免有理解困难、需要强化学习的地方。例如，在课堂上遇到一个似懂非懂的知识点，只做了一道练习题，那课后就应该针对这个知识点多做训练，以熟练掌握此知识点。

7.总结。老师讲完课后，大多会有总结。这不仅是对本节课重点进行浓缩，还是孩子复习时的知识框架，有利于孩子对知识的整体把握。

课后笔记

课后笔记，包括孩子对错题的反思和梳理，以及定期翻看错题本时新的心得体会。孩子应该在课后笔记中，发现自己在知识点、解题思路、题型等方面存在的问题。对自己在解题习惯、学习习惯方面存在的问题进行总结。可以根据自己的总结进行针对性的训练和复习，以求全面提高自己的自学能力。

笔记记录的内容很重要，但是没有很好的展现形式作为辅助也不行。例如，记录得没有条理性，复习的时候一看就头疼。为了帮孩子解决这个问题，我推荐两种非常实用的记笔记方法。

康奈尔笔记法

这种笔记法是由康奈尔大学的鲍克博士发明的。它不仅能让孩子的笔记系统化，还能让孩子主动参与到知识的创造中去。既能提高孩子的复习效率，还能帮孩子取得理想的学习效果。

该笔记法，分为线索、笔记、总结三大板块。线索板块位于笔记本页面的左侧，笔记居右，最下面是总结。

笔记区是三个板块中最大的一块。孩子可以以文字、图表等方式在这里记录内容，但是每个知识点和知识点之间应通过画线区分开，这样复习时不会混淆知识点。

总结区应该多写一些心得体会，这样有利于消化知识点。孩子下课后，应该先看总结区和线索区，有利于回忆起老师课上所讲的内容，加深记忆。

康奈尔笔记法的具体使用方法分为以下五个步骤：

1.记录。孩子在听课时，尽可能多地在笔记区记下重要概念、有意义的论据、精彩的内容等。

2.简化。课后，孩子要及时简化笔记的内容。以摘要的形式将笔记中的要点概括出来，然后写进线索区。

3.背诵。遮住笔记区的内容，只以线索区的内容做提示，用自己的语言复述老师所讲的内容。复述后，打开笔记区，看看自己有哪些遗漏或错误的地方。

4.思考。在总结区写下自己的心得体会。

5.复习。每周根据自己记录笔记的多少，花相应的时间去阅读。

目前，这种笔记法被许多人用来上课、复习、读书。下面，我们再来看一个十分适合用于阅读的笔记方法。

SQ3R法

SQ3R包括浏览、提问、阅读、复述、复习五个部分。我们来看看，每一部分在阅读时都该怎么做。

1.浏览。浏览目录中的章节标题、每章的主题，然后看序言或摘要，作者会告诉你这本书主要在讲什么。

2.提问。向自己提问"文章的重点是什么?"试着把标题作为一个问题写下来。例如，把本小节的标题变成问题就是"建立知识体系对学习有什么用?"

3.阅读。先不要做笔记，带着自己的提问集中精力阅读文章。在阅读过程中要注意以下几点。例如，关注你在浏览时发现的关键点，标题透露出的信息、篇章重点等。关注提问阶段提出的问题，带着查找答案的目的去读。关注每一段落中最重要的内容，弄清楚每一段的写作思路。

此后，要在段落中做标注。若是纸质书就在书页边缘记下笔记，或在内容部分划出重点句。在做标注前，要认真阅读整个段落。只有对整个段落都了解，才能找出关键词、中心思想、分论点。这样可避免标注过多，分不清主次。

4.复述。阅读完一段材料后，就应根据你提出的问题找到相应的答案，想想怎么复述最准确且容易记忆。

5.复习。阅读后及时复习可以更好地记住和理解材料。在复习时要精读笔记、总结要点并试着举例子，针对问题进行讨论。

知识是无限的，家长要是想让孩子在有限的时间内掌握更多的知识，就一定要教会孩子建立知识体系。孩子对知识的有效吸收，可以内化为学习的动力，使孩子爱上主动学习。

强项带动弱项，追求成绩的整体提高

所谓强项带动弱项，不是用强项去弥补弱项，而是根据孩子强项和弱项之间的关联，以强项发展带动弱项发展。

哈佛大学的加登纳教授，将人的学习能力归结为以下八种：逻辑数学、语言、音乐、空间、身体动作、人际、自然观察、内省。不同的孩子，从遗传方面看，拥有的学习能力各不相同。再从孩子的生活经历、家庭环境、家庭教育来看，孩子学习能力的发展水平也不一样。若是孩子的自然观察能力很强，我们则可以用它来带动语言能力弱项的发展，追求成绩的整体提高。

现在，我们就来看看可以采用的办法，以及如何分辨孩子的强弱项。

利用孩子的自身能力，强项带动弱项

每个孩子都有强项和弱项，但是决定孩子在某一科目上取得

高分的原因，是强项和弱项共同在起作用，只是有些强项或弱项会起到主导的作用。当某一个科目是孩子的强项在起主导作用的时候，孩子就会表现得很主动，而且有自信，就能在考场上充分地发挥，展示自己的能力，最后获得成功。

此时，我们要把孩子的学习引向需要弱项发挥的地方，并通过合理的引导，让孩子的弱项也得到提升，最后实现整体的发展。

晶晶有很强的动手能力，想象力也很丰富，但是不擅于表达自己的想法。在一次手工课上，她用老师提供的材料，制作了一个精美的花园，花园里面还有凉亭。老师看到后，夸奖她心灵手巧。晶晶十分喜悦。

老师随后问晶晶，是怎么想到这个创意的？制作时都利用了什么材料？如果制作的材料充足还能制作什么？

因为作品是晶晶精心设计的，又有成功的经验和体验做基础，所以她在回答老师问题时，表现出了比平时要强很多的胆量和语言组织能力。她说："我的创意来自和妈妈晨跑的公园，公园跑道中间就是一座巨大的花园。我在创意里加入凉亭，是想有人跑累了，可以进凉亭歇一歇，同时还能欣赏四周的花朵。我用的材料就是塑料棒、泡沫胶，还有水粉颜料。如果材料充足我会设计一个很宽的赛道。"

"为什么要设计很宽的赛道呢？"老师问。

"以后可以在那里举办亲子活动，家长和孩子就可以牵着手在同一条跑道里跑步了。"

晶晶语言表达能力这一弱项，在强项建立的自信上得到很好的发挥。我们在培养孩子学习能力的时候也应该采用这样的方式。例如，孩子在学习语文的时候理解能力强，记忆能力弱，我们可以让孩子在理解的前提下记忆，而不是记住了，再分析文章的意思。这样孩子记忆时有所依据，要远比死记硬背快。

此外，我们还可以借助强项的高效率，给弱项留有时间，对孩子的弱项进行有针对性的训练。让孩子的强项更强，弱项渐强，从而实现整体提高的目的。

通过同伴的互动，以强项带动弱项

孩子在和同伴交往的过程中，能充分展示自己的才能，从而获得满足感和成功的体验。这样的体验会提升孩子与同伴交往的欲望。但是在交往的过程中，孩子也会有困惑和失落的情况，可以通过同伴间的互动来解决。例如，在一些活动中，有些有弱项的孩子为了不影响同伴的发挥，就会主动提高自身的弱项。

正因如此，我们就应该根据孩子的强项和弱项，引导某方面发展弱的孩子去接触该方面发展强的孩子。如此一来，孩子的弱项就得到了弥补。

在孩子结伴学习的时候，我们要引导弱项的孩子主动向同伴学习，把任务完成好。这样一来，孩子的弱项会得到不断的提高。

吴博是一个既内向又胆小的小男孩。幼儿园里的许多游戏他都不敢玩，上课也不敢朗读课文。妈妈希望幼儿园的教师安排一个身体协调性好，而且性格开朗的孩子带一带他。于是老师让贝贝帮助一下吴博。

小朋友做"木头人"的游戏时，吴博坐在自己的座位上，不敢玩。贝贝就走过去，拉起他来，告诉他，我怎么做，你就怎么做。一段时间之后，吴博就学会了一些游戏的玩法，能和小伙伴们一起玩了。他不敢朗读课文，贝贝就鼓励他朗读。并在他朗读的时候，纠正他的发音。后来他不仅能大声朗读课文，还能组织小朋友们一起玩游戏。

案例说明，孩子借助他人的强项去带动自己弱项的发展，不仅能取得带动整体发展的效果，还能提升孩子人际交往的能力。因此家长应该给孩子找能帮助孩子进步的伙伴。

用强项对弱项进行多元带动

我们想要让孩子的学习成绩得到整体的提高。就应该把孩子的强、弱项和其学习的科目联系起来，为孩子用强项带动弱项提供丰富的实践机会。例如，孩子的音乐能力很强，其他方面比较弱，我们可以通过音乐提高孩子的记忆力和身体协调性。

准确判断强弱项，为孩子提供发展的空间

我们在判断孩子的强弱项时，务必要精准。一是要找到造成孩子强项强和弱项弱的真正原因，二是要准确掌握孩子强项和弱项发展的程度。

有时候孩子的强项和弱项是由一些客观因素造成的，其实该项未必是孩子真正的强项或弱项。

扬子是一个非常爱看书的小男孩，认识很多字，但是在幼儿园里却不愿意和小朋友交流。因此妈妈把语言能力视为孩子的弱项，给孩子报了作文班。不久后，作文老师对扬子的妈妈说："你家孩子有着超强的语言能力，每次跟我谈写作的时候，都有很好的想法，而且思想深度远远超过同龄的孩子。"

妈妈这才意识到，孩子在幼儿园里沉默很可能是与其他小朋友无话可聊，而不是语言能力不强，于是又给扬子报了绘画班。扬子升入小学后，班级的板报经常由他设计，并且得到了师生的一致好评。

案例中的妈妈如果没有发现孩子沉默的真正原因，就无法判断什么是孩子真正的强项，就不会再选择绘画去提高孩子的动手能力，最后让孩子在板报设计上充分展现自己的才华。

关于孩子强项和弱项的占比，有强少弱多、强弱均衡、弱多强少这几种类型。因此，家长在面对有不同强弱项的孩子时，要采用不同的培养方法。

如果孩子强项少弱项多，则应该找一些需要用到多方面能力的事情去提高他的整体能力。例如，一个孩子动作能力、空间能力、语言能力都不强，但是内省能力很好，我们可以让他选择球类运动。在运动中，他会反思自己的动作是否合理、距离感掌握的是否正确、该如何与队友沟通等。由此一来，一个强项就带动了诸多弱项的发展。

　　家长切记，以强项带动弱项的家教方式，绝不是用强项去弥补弱项，而是通过强项和弱项之间的连带关系，对孩子进行培养。这样可以使孩子各方面的能力都得到提高，最终使孩子成绩得到全面提高。

难点突破，不再害怕考试难题

　　浩宇和小伙伴经常一起练篮球，有一天他们组队和一篮球训练营里的学员打比赛。浩宇和他的小伙伴们身体条件要比训练营的孩子们好很多，可是却输得很惨。浩宇对小伙伴说："他们天天训练，比我们投篮准太多了，输是必然的。"

　　一位篮球教练听到浩宇的话以后，对浩宇说："你们投篮不准是因为你们总是用身体顶开防守者进行强投，导致投篮动作变形丧失准度。反观训练营的孩子，他们几乎都是空位投篮，或者摆脱开你们的防守，上篮得分。"

　　"是的，我们的防守给了他们太多空位投篮的机会。这是什么原因造成的呢？"

　　"这是因为你们不懂'挡拆'配合。"

　　"麻烦教练给我们讲一下。"

　　于是教练叫来两名学员，给浩宇和他的小伙伴演示'挡拆'配合。进攻球员的队友很好地帮他挡住了防守者，给进攻球员制造了空位投篮的机会。

浩宇和小伙伴学会技巧后，课后常常聚在一起演练。后来，浩宇和小伙伴们再和训练营的孩子打比赛，得分居然不相上下了。

这个案例说明，采用科学的方法去突破难点，要远比靠自己的摸索练习更有优势。因为专业指导给出的正确反馈是自我摸索所没有的。这就是难点突破的一大优势。

但是难点突破也并非找到一种解决方式后，反复练习就可以，它还包括提高表现、提供反馈、挑战更高难度的过程。例如，浩宇想要熟练地运用'挡拆'配合，进攻时需要提高注意力，加快步伐。就算成功了，他还会想更巧妙的办法。因为心中的目标是战胜对手，所以就需要比对手多些技能，学会的技能可能会越来越多，孩子再面对难题的时候，就不会害怕了。下面我们先来看，难点突破能给孩子带来的好处和训练时的注意事项。

好处

1.提高能力。难点突破能帮助孩子提高解题能力，提升智力水平。据研究发现，孩子多次练习一个能得到及时反馈的难点，就能够很快熟悉掌握新的技巧并成为习惯。例如，有些学习篮球的孩子喜欢下蹲蓄力，然后再投篮，很难摆脱防守者的防守，于是教练告诉他们高举高打。此后，还会专门训练他们的下肢力量，让他们把这一技术发挥得更好。

2.突破瓶颈。孩子学习一段时间后，经常会遇到学习的瓶颈期。在这段时期内，孩子的能力和思维水平好像都不会再有所提高。若是家长在孩子的这一阶段，给孩子制订一个攻克自己薄弱环节的计划，并督促孩子刻意练习，找专业的老师给详细的反馈，让孩通过反馈不断地演练。这种方法能让孩子突破瓶颈期，使思维和能力都会上升到新的高度。

3.提升学习的独立性。在音乐和棋类等领域，专项突破能让孩子对自己的表现有一个准确的评估，从而自主去弥补自身的不足。此外，突破难点，还能提高孩子反应的速度和思维的灵活性。难点突破虽然有诸多好处，但是在训练的时候不顾以下注意事项，很可能会适得其反。

注意事项

1.标准固定。难点突破应该用在得分标准很明确的领域，例如，数学、语文、英语、体育、棋类。否则漫无目的地突破难点，很可能造成脑力或体力的损耗。

2.突破难点不可偷懒。如果我们想让孩子快速突破难点，就应该让孩子付出最大限度的努力。当然，挑战极限是一件十分不愉快的事情，挑战极限会让人的心理没有安全感，并且对脑力和体力都是巨大的考验。但是它不仅能让孩子减少挫败感，还能让孩子再次面对难点的时候有更轻松的解决办法。

3.精确的计划。我们给孩子制订的计划一定要精确。精确的计划有利于孩子持续不断地看到自己每一步所取得的成绩。孩子学习的时候，我们应告诫他，每次只关注其中的一个目标，并在每一次实现目标后给予一定的奖励。例如，英语考试分为四级、六级，我们得逐级突破，孩子的学习也该如此。这样孩子每实现一个阶段目标，就会产生一种成就感，能增强他的学习动力。此外，之前突破的难点，会为之后突破难点打下良好的基础，以后孩子就不会因为难度太大而灰心丧气。

4.有效的反馈。有效反馈包括明确孩子的水平离目标还有多远，练习的时候有哪些不足，这些不足之处是怎么产生的。很多孩子自学不仅没有结果，甚至误入歧途，就是因为没有人给自己提供有效的反馈。因此，我们该为孩子找一个能给他提供有效反馈的老师。

我曾在一所美术班学习过素描。某天，一位家长领着孩子来学习绘画。美术老师问家长："孩子有绘画基础吗？"

"有，他自己对着画册画过两年多。"

"你带孩子的作品了吗？"

"带了。"家长从画夹子里拿出孩子的作品递给老师。

老师看了以后，皱着眉头说："你家孩子想学画画，得从头来。"

原来孩子是照着漫画书画的，线条没有虚实变化，画出的静物没有质感，只是外轮廓有一点像。

这样的自学方式，有些家长一定见过。孩子在没有反馈的情况下，甚至会觉得自己有绘画的基础和天赋，实际上却是错误的。要是任其发展下去，很可能积习难改。因此，孩子就算自学，最好也应该有权威老师给予有效反馈。

有些家长会问，要是没有老师给予孩子有效的反馈，孩子就没有突破难点的方法了吗？不是的，我们可以采用3F原则，即专注、反馈、纠正。

这个原则的发明者是美国著名政治家富兰克林。他在自传中说自己只在学校学习过两年，如果不是靠自学，根本没有能力参与美国《独立宣言》的起草工作。他在自学中就选择了难点突破的方式。他为了提高自己的写作水平，专注地看写作杂志，然后仿写里面高质量的文章。每次写完就与里面的文章对照，找出自己文章的不足，然后进行修改。写作能力得到了快速的提高。

同样的例子有很多，例如，唐代著名书法家孙过庭，他的草书被后世书家称颂，可他的书法却是自学的。他采用的方法也是3F原则。即，专注地看书法字帖，然后临摹，临摹后与原帖对照，发现不足，修改。此外，他还阅读了大量的书法理论书，提高了自己对书法作品的鉴赏能力。因此，虽是自学，但是所学的知识都是正确的，才能快速地提高。

孩子突破了难点，无论从自学的勇气和解题的技巧上都会有所提高。这对实现心中的目标是重要的保障。因此，家长在孩子突破难点时一定要给予有效的指导，使孩子的学习得到质的飞跃。

举一反三，思考让自学效率更高

很多孩子上考场以后，原本有些知识可以用来答题，可是偏偏用不上；一些原本会答的题，因为换了一种提问方式或题型，马上就不会答题了。这就是说，孩子缺少举一反三的能力，因此，自学效率十分低。我们家长想要解决孩子的这个问题，必须提高其思考的能力。

现在，我们就来看看，如何培养孩子思考的能力。

让孩子表达观点

有些孩子并非没有思考能力，而是家长告诉了他太多道理，且不许质疑。这导致孩子没有思考能力。因此我们应该让孩子表达自己的观点，才能调动孩子思考的积极性。有时孩子的观点乍一看好像是错的，但是这是他结合自身经验、运用逻辑思考的成果，家长不应强行否定，甚至不给孩子表达自己想法的权利。

训练孩子的思辨能力

孩子之所以一换题型就不会答，主要原因就是缺少思辨能力，所以家长应该让孩子学会审题，并且提高思辨能力。

针对性练习

我们为了提高孩子在学习上的思考能力，可以帮孩子做一些针对性的练习。例如，让孩子在预习中学会发现问题，然后在课上与老师讨论，这样可能会有意想不到的收获；孩子在做作业的时候，让孩子尝试用不同的方法去解答同一道题，可开阔孩子的思路；孩子考完试，不要只是对完答案就结束，而是让孩子把错题弄明白，否则下次提问的方式变了，他还是不会。

补充空白的知识

有时候，孩子不能对问题举一反三，并非不擅于思考，而是缺少相关知识，无法做到真正地去思考。例如，有一篇初二的阅读题，让学生回答作者写此文时的心境。不知道该作者生活经历的人，只能针对文章做分析，答案大概不会准确。

家长在孩子自学的时候能够发现孩子缺少的知识，就可以采用相应的办法，让他们学会灵活地运用知识。例如，教孩子"拣"这个生字，教科书上只有"挑拣"一个词，孩子们只记住这一个词，是很难对"拣"这个字做到灵活运用的。我们可以选择他不熟悉的同音字"捡"，通过对二者进行区分，来让孩子学会如何灵活使用"拣"这个字。

例如，先问孩子：把我掉在地上的书捡起来，把地上的纸屑捡起来，我捡起地上的钢笔，用的是"捡"还是"拣"？当孩子说是用"捡"的时候。问孩子，"捡"是什么意思？孩子会说是"拾起"的意思。

孩子学会用"捡"字，我们再说用到"拣"字的句子：我拣出了鸡蛋里的骨头，他做事总爱挑肥拣瘦，他专拣容易的事情做。

孩子通过听句子，理解了"拣"的意思，就是把一种东西从某种东西中挑选出来。不仅学会了用"拣"字，而且还不会与"捡"字混淆。

换种方式补空白

孩子在知识上的一些空白，与他的生活环境有关。家长给孩子讲一些风景类散文。孩子没去过此地，怎么思考也联想不出文中的美景。例如，你家住平原，跟孩子说层峦叠嶂，他很难理解这个词的意思，必然也不会用这个词。但是你用图片的方式展示，孩子则马上能感受到此地的美丽，以后若是写风景类作文，就能用上层峦叠嶂这个词。

把补充的内容归类

我们以写作为例。同样的事物可以用不同的词形容。例如，强壮、结实、健硕，都可以用来形容一个人身体很好。家长就应该帮孩子把他们归为一类。孩子描写一个强壮的人时，想不起强壮这个词，用健硕也能表现出这个人的身材特征。

家长培养孩子的思考能力应从主观和客观两个方面入手。孩子以后面对问题时，就会根据实际情况认真思考，最终找到适合自己的解决方法，并高效地解决问题。获得以少胜多的学习效果。

善用思维导图，帮助孩子厘清知识脉络

孩子上学后，会经常出现知识点记不住、课堂笔记乱、阅读抓不住重点、写作没有思路、解题思维混乱等问题。许多家长对此头疼不已。那么，有没有办法来解决这个问题呢？答案就是借助思维导图。

思维导图是一种有效的发散性思维工具，可以还原大脑产生思路和思考的过程，因此运用范围广泛，例如，一些公司利用思维导图做工程的实施方案、经费预算，我们则可以把思维导图运用到孩子的学习之中。

如今，美国、新加坡的小学都将思维导图作为必须掌握的学习工具。老师借助它梳理教学方案，帮助孩子厘清思路，锻炼孩子的学习能力。孩子可以借助不同类型的思维导图去写作、解题、制订复习计划。因此，把制作思维导图作为孩子的必备技能十分必要。

具体来说，对于语文学习，思维导图可以用来帮孩子预习课文、背诵诗词、划分段落层次。在数学方面，可以帮助孩子理解抽象的定理、公式，建立数学思维。在英语学习上，可以帮助孩子简单高效地记忆单词、掌握语法的应用规律、高效地写作等。

相比于死记硬背，思维导图条理清晰、层次分明，可以让孩子学习的内容变得简单明朗、重点突出，不仅能提高孩子归纳整理的能力，还能锻炼孩子的思维发散能力。此外，思维导图图文并茂，符合孩子的审美习惯，可以增加孩子学习的趣味性，让孩子乐于学习。

绘制思维导图的过程可分为以下五步：

1.画出中心图像。即在图纸的中心画出可代表你心中主体形象的图像，大小通常是纸张的1/9。

2.先从图像的中心开始，向四周画一些放射状的线条。然后在空白纸的中上处画一个可代表你目标的图像，这就是你思维导图的起点。用图像是因为图像比文字和数字更有利于激发孩子的想象力，能够最大限度地启发孩子的思维。

在制图的开始阶段，我建议家长使用鲜明的颜色来标注重点，明确结构，这样不仅能激发孩子的创造力，还能强化图像在孩子头脑中的印象。思维导图最少要用三种颜色，而且要创造颜色编码系统。颜色可以用来划分层次或标明主题，此外，还能强调重点。我们为了符合孩子的审美趣味，可以用弯曲的线条来标记，有利于孩子记忆。

这些线条每一条都可以用不同的颜色，然后在这些分支上标明关键词。如此一来，孩子想到相关概念时，关键词就立刻从大脑中跳出来了。

3.提取关键词。思维导图对关键词的要求有三点：简短精练、层次清晰、表意准确。千万不要把一整句话或一段文字放在分支上面。因为关键词是表达某个重要意思最简洁的词语。它可以是从文本中找出来的，也可以是我们归纳总结得来的。因为文本的意思是分层次的，所以关键词也是分层次的。我们若是把大段的文字写在分支上，既不会减轻大脑记忆的负担，又不利于大脑做出正确的判断和选择。

4.增加分支。大脑在短时间内的记忆量是7个左右，因此，一张思维导图的主要分支数目设为7最好，要是内容太多，可分为两张或更多思维导图。我们在绘制二级和三级分支时，要保证分支之间有关联。例如，包含关系、指示作用、因果关系等。另外，我们要善于提炼和总结，可以把某些意思接近的内容合并到一个分支中。同样，要是某个分支的内容太多，我们也可以将其拆分成几个分支。这样可达到整体均衡、布局美观的效果。

5.用想象力完善思维导图。我们可以借助自己的想象力来完善思维导图，让图涵盖的内容更丰富。例如，用一幅图表示上百个高频词汇，省去孩子反复翻看单词书的时间。而且分支之间有关联，记忆一个单词的时候很容易就能够联想起其他单词，让记忆变得更容易。这里我们以王维《使至塞上》中的诗句"大漠孤烟直，长河落日圆。萧关逢候骑，都护在燕然。"为例，我们从中可看到的关键词有"大漠""孤烟""长河""落日""萧关（关塞名称）""候骑（侦察骑兵）""都护""燕然（地名，诗中为战地前线）"。我们把这些关键词连线，再联想景物的形象，使臣的行走路线，询问的事项，很容易就能记住这首诗歌了。

然后引领孩子去理解全诗的意思：沙漠中孤烟直上云霄，黄河边上落日浑圆。到萧关时遇到侦察骑兵，得知主帅尚在前线还未归。全诗以旷远的景色入笔，实则表达了作者对边关战士的关心。

最后我们要带着孩子对全诗进行内容复述。孩子通过对关键词的联想，很快就能把这首诗背下来。因为这些关键词就是作者的写作线索，孩子一目了然。

思维导图还有很多类型，例如，树状图、鱼形图等。家长可根据孩子所学学科的特点、内容来教孩子制作思维导图。思维导图的制作会对孩子的自学起到事半功倍的效果。

效率优先，如何让孩子合理安排时间

有些家长认为让孩子学习的时间越长，孩子收获的知识就越多，于是就一再增加孩子的学习时间。然而，据医学研究发现，人脑在高速运转8个小时以后，反应速度会大幅度地下降，不利于吸收新知识。

一些初中生的学习时间要远远超过8个小时，他们自学的效率可想而知。因此，我们应该秉承效率优先的原则，去帮助孩子合理安排学习时间。那么，我们该如何去做呢？

选择最重要的资料去精读

家长帮助孩子安排时间时，有一点必须要牢记：孩子学习的精力是有限的，所以必须借助时间规划去提升孩子的学习效率。其中最简单的办法，就是让孩子选择最重要的资料去精读。

很多孩子在学习一门科目时，手里有很多本复习资料。在这些资料中一定会有知识点总结得最全的一本，孩子应该先把它精读一遍，这样知识掌握得会比较牢固。有余力的可以再去看看其他资料中不重复的地方，作为补充。这远比全面浏览，哪一本都印象模糊，更有利于答题，因为这样你考试时不会因为犹豫不决而答不完题。

帮孩子评估上升的空间

如果我想给孩子做一个合理的时间规划，就应该先评估一下孩子的上升空间，依据是孩子当下的分数。例如，孩子期中考试语文试卷的满分是100分，孩子现在只能得70分，你希望孩子期末考试时得90分。先要看孩子是在哪一部分丢分的，如果是考察记忆能力的知识点失分多，这个要求孩子就可能达到；要是在阅读理解和作文上失分多，则应该降低点要求。因为这两部分不是短时间内就能快速提高的，家长只有准确评估孩子的可上升空间，才能做出合理的时间规划。

调整

孩子按照家长制订的时间规划学习一段时间后，家长应该看看孩子提高的幅度是否符合自己的预期，并找出不符合的原因，适当调整计划。例如，孩子阅读了一个月的作文范文，可是还是不会写。问题很可能是出现在只有输入，没有输出上。家长应该要求孩子动笔去写作文，并帮助孩子修改，而不是加大他的阅读量。

小东一直不会描写人物。爸爸让他先读朱自清的散文和契诃夫的小说，然后临摹其中人物描写的段落。一个学期后，小东就能把一个人物描写得如在眼前，期末的作文成绩得到了全班的最高分。之后小东的爸爸就对小东的写作进行了调整，让儿子向文学大师学习，这是提高写作能力的一条捷径。

所以，我们看到孩子在学习上有不足的时候，就应该对他的学习方式做出调整。

此外，孩子在学习的过程中，还有可能出现一些意外的情况。例如，伤病、教改等。家长也应该对孩子的时间规划做出相应的调整，否则孩子很难完成预期的目标。

有些家长给孩子制订的学习计划项目多、耗时长。例如，课间休息的时候背单词，这对孩子提高学习效率毫无帮助。课间不休息，必然会影响听课的效果。可听课才是获取高分的关键，所以家长应该取消这个争分夺秒的计划。

孩子考试的成绩和学习的动力都与家长制订的时间规划有密切的关系。好的时间规划能让孩子快速提高，他会更愿意执行计划，并主动提升计划的灵活性，让自己获得更大的满足。做计划成了孩子的一种习惯，必然会让孩子受益终身。

番茄工作法，科学规划让孩子学习更专注

番茄工作法是一种能让孩子学习变得效率更高的时间规划方法，可以解决孩子学习磨蹭、效率低下的问题，让孩子的成绩得到极大的提高。使用方式简单来说就是：25分钟的专注工作时间+5分钟的休息时间。

让孩子用25分钟做两篇阅读理解题，中途不允许吃零食、玩手机或看其他题，直到计时器响起，立刻让孩子停下来，休息5分钟。要是孩子的年龄比较大，可把这种学习模式使用2～3次。

一定有人会问，为什么是25分钟？因为25分钟是一个人专注与注意力分散之间的临界点。如果一个孩子做作业的时候，家长多次干扰，孩子的注意力必然会分散，恢复专注需要一段时间。此时学习容易出错，之后再修改也需要时间，必然会严重影响孩子的学习效率。

有些家长会说，孩子集中精力的时间很难达到25分钟。其实

家长可根据孩子专注的能力来调整时长。如果我们能把给孩子制订的学习规划结合番茄工作法使用，很可能达到事半功倍的效果。

下面我们来看看，该如何把学习规划和番茄工作法结合使用。

第一步：列出任务清单

把孩子今天要自学的科目列一份清单。不必标明科目的重要性，也不必划出优先级，更无须在内容和数量上做限定，只需把孩子该学的内容添加进去。这种策略可以保证孩子一直都在全力以赴地学习，而且不会偏科。

第二步：只做一件事

让孩子在25分钟内只做一件事，但是过了这25分钟则可以重新选择要做的事。因为下一轮25分钟，孩子的精力会有所下降，此时可把要学的内容标出优先级，或让孩子挑选自己最喜欢学习的内容去学习。因为孩子面对重要的和喜欢的事情会专注度更高，可弥补精力不足的情况。

第三步：休息

有些孩子会在休息的五分钟内玩游戏、看动画片，这种参与度极高的休息方式，很难让孩子的思维在五分钟后刹住车，等他再开始学习的时候，精神很难集中到书本上，而且这种休息方式无法对孩子起到放松的作用，很难让孩子恢复状态。此外，因为休息的时间只有短短的五分钟，在这段时间里你应该让孩子避免高强度的脑力活动。哪怕孩子完成的任务已经超出了你的预期，也要制止他做这类活动，引导他做伸展运动、眼保健操，也可以让他去喝一杯水，放松一下紧张的心情。

第四步：补充能量

专注学习是剧烈的脑力劳动，会消耗掉孩子巨大的能量。我们可以在孩子休息的时候给他补充能量。例如，让他吃一块巧克力或喝一杯可乐。不必担心这些食物会让孩子身体发胖，它们的能量在200大卡（1大卡=1000卡路里）左右，只能补充上孩子耗费的能量。孩子能量得到了补充，学习时才能更专注。

第五步：记录和总结

孩子完成学习任务后，家长可给他设计一个学习统计表，让孩子统计自己在不同时间段内学习了多少知识，并总结自己的心得体会。这有利于改善学习方法，提高学习效率。

第六步：找出学习的黄金时间

孩子的学习记录，可以反映出孩子学习的黄金时间是哪一段。据科学的研究，人类的大脑运动是有内在规律的，且不同的人运动的规律不一样。如，人的学习能力在一天之中的不同时间段会有差别。大多人清晨记忆力最好，下午专注度最高。我们就应该在大脑学习能力最强的时候，去努力学习，这样才能对时间进行高效利用。

此外，我们还要了解孩子的作息习惯，根据作息安排学习时间。

每个孩子都有自己分配时间的特点和习惯，我们家长就应该了解孩子的特点和习惯，然后把最重要的内容安排在最佳的时间里面。

最后，我再说说，我们该在哪些时间段，让孩子采用番茄工作法来学习。

利用早晨的时间。如果孩子早晨五点醒来，到上学前至少应该有一个小时的闲暇时间，这段时间内他精力充沛，很适合学习一些需要记忆的东西。

利用夜晚时间。夜晚是孩子学习最长的时间段。孩子可以把白天在学校学习的内容进行理解消化。尤其是高年级的孩子，课堂上的知识有一些来不及理解，需要利用晚上时间去理解和巩固。而且就人的抗遗忘能力来说，晚上复习白天的内容也是效果最好的，此外，人的大脑在晚间也更适合从事分析判断的活动。

家长切记，科学利用时间，才能让孩子的学习效率得到快速的提高。孩子更愿意接受省时省力的学习方法，尤其是他靠这种方法获得了一定的成绩后，就有可能主动去挑战更高的目标。此时，家长就无须督促孩子去学习了。

优化学习顺序，让学习效率最大化

我的一位同事，有一年先后参加了司法考试和注册会计师考试，复习时堪称废寝忘食。她参加完司法考试后，我询问她考试发挥如何。

"别提了，答了半个小时题以后就睡着了。后来是监考老师提醒我，考试时间还有半个小时，考生可以交卷提前离开考场了。"

"老师可能是以为你不会才睡觉，所以没早些把你喊醒。"

"要是今年注册会计师考试没通过，来年复习，我再也不双管齐下了。"

我们在培养孩子自学能力的时候也经常犯双管齐下的毛病，目的是想让孩子多收获一些知识。且不说，学多了不容易消化，单从学科的特点来说，语文偏重于记忆，数学偏重于计算。在学习完语文后，需要反复背诵去加深印象，如果把重复的时间给了数学，孩子对语文知识掌握得就不够牢固。过几天就忘了，又得重新记忆。孩子貌似非常努力，其实却是低水平勤奋，因为他从未真正专注地去解决一个问题。

为此，家长应该优化孩子的学习顺序，让他的学习效率最大化。现在，我们来看如何帮孩子优化学习顺序。

确定学习任务的优先级

有些家长为了让孩子全面发展，每天给孩子安排的学习任务科目多、题量大，孩子还没开始学，看着任务量就乱了阵脚。此外，家长给孩子的这些科目都设定了等同的时间，导致有些科目孩子只能草草收尾，总是遗漏知识点。

这样的学习方法显然是不对的。家长要把确定孩子学习的优先级放在学习的首要位置，最好的办法就是，先让孩子把需要完成的任务写下来。如，背英语单词、做数学题、背诵古诗词等，让孩子自己进行一个优先级的排序。在这个过程中，家长可以引导孩子排序，但是千万不要越俎代庖，因为你并不了解孩子最想学什么、最应该学什么。但是你可以通过孩子的成绩单建议孩子把最需要提高的科目放在第一位。例如，孩子在语文方面短板明显，这个内容就是我们应该优先让孩子去学的。待孩子把最为重要的事情做完以后，再做第二重要的事情，以此类推，就不会再手忙脚乱了。

把所学的内容分层次

孩子所学的每一门知识都有重点、次重点以及知道即可的内容，家长应该按照内容的重要程度来给孩子的内容分层次。如果临近考试，就只看重点的内容，抓大放小；如果复习时间充足，就按照重要的程度来看。关于层次的划分可用五角星来区分，例如，最重要的知识5颗星，次重要4颗，知道即可的3颗。

给学习内容归类

孩子的学习内容，我们需要帮孩子归类，可以通过以点带面的方式简化层级中的内容，让孩子学习起来更加轻松。例如，我们让孩子背诵古诗，可以让孩子背某一派代表诗人的代表作并了解风格特色，而不是把这一派中所有诗人的作品都记下来。如果孩子遇到关于诗歌风格特色的题，按照代表诗人的风格答题，也能得分。其他科目的学习也该这样做。

一位书法老师教学员学习一本字帖，没有让学员临摹字帖上的所有字，而是按照笔画给字归类。每天就让孩子练习写四个字，例如，让孩子练习"军、丰、千、木"这四个字的原因是，这几个字的主笔都是竖。学员能把千字的竖写好，写木字的竖也不会太难。此外，结合其他笔画，是让孩子了解各个笔画之间的组合方式和书写技巧，并提前预习其他笔画的写法。孩子通过书写"军、丰、千、木"四个字，汉字笔画中的横竖撇捺都得到了训练，孩子这样学习岂能不快。

从案例可以看出，分类的主要依据就是要抓住相关知识之间的连带关系，最后达到以少胜多的效果。此外，我们给知识分类了以后，还可以按照重要性去分层级学习。

严格按照顺序去执行

帮孩子梳理好孩子学习的顺序只是孩子学习任务开始的第一步，要想取得良好的成绩，关键是孩子的执行力是否够强。我们为了提高孩子的执行力，应该让孩子在学习之前把要学的内容按顺序写下来，而不是由家长去规定。因为孩子自己写下的任务量，更符合他自己的能力，他完成的时候因为没有压力更容易完成。

除了学习内容要按照顺序写出来，孩子还应该把所学知识按难易程度排序，通常是先易后难。如果一上来就让孩子学习很难的知识，这会打消孩子学习的积极性。当孩子做难题的时候，我们要给孩子鼓励和指导，帮助孩子突破难点，过渡到新的学习阶段。

合理的精力分配

本小节开头的案例，大家已经看到了精力分配的重要性。我们给孩子制订学习顺序的时候，也需要注重孩子的精力分配。首先，是弄清楚孩子现在阶段最需要学习的内容是什么。其次，针对学科特点，选好孩子学习的时间。如，对于大多数学生来说，早晨记单词十分高效，就应该让孩子学英语，而不是做大量的数学题。

此外，我们不要要求孩子必须做其他大部分孩子都做的事情。以晨跑为例，许多人都认为晨跑可以激发孩子的活力，让孩子学习时精力充沛，可实际上并非如此。清晨，有些孩子睡眼惺忪，跑步不仅无法激发孩子的活力，还会让孩子因为疲劳，在课堂上昏昏欲睡，所以我们还要按照孩子的特点去分配他们的精力。

　　孩子每天要学习很多科目的知识，这些科目有主科、副科之分，本身已经为孩子的学习排序了。此外，还有马上要测试的科目、过一段时间才会测试的科目之分。我们只有帮孩子制订一个清晰的学习顺序，孩子才能有条不紊而且高效地学习。

差异化使用时间，让孩子与众不同

孩子之间的差距究竟是怎么拉开的？这是许多家长都在思考的问题。

影响孩子成长的因素实在是太多了。从大的方面讲，这些因素可以分为先天因素和后天因素。先天因素又可以分为父系的因素和母系的因素，至少包括智商、情商、德商；后天因素更为复杂，可以分为家庭环境、学校环境和社会环境。家庭环境，大至家庭氛围，小到父亲的嗜好、母亲的穿着打扮。学校环境，大至校风，小到孩子的邻桌。社会环境，既可以大至政治、经济、文化、时代等大范畴，也可以小到街坊邻居和小区环境。

这样来看，人与人的差距的形成问题无比复杂。但是，如果我们学会了抓重点的本领，那么这个问题也可以简单解答，答案就是差异化的时间决定人与人的差距。

有些人会说，其实空间对孩子的成长也至关重要。例如，有些家长买学区房，就是给孩子打造一个良好的学习空间。可是随着互联网时代的到来，人与人之间身处的空间因素正在被消解，环境因素越来越同质化。当我们研究一个人成长的时空条件时，时间因素更加引人注目。对于大多数的人来说，他们成长的空间环境大同小异，但是怎么度过的时间却千差万别，孩子使用时间的差异化正在影响他们的未来。

孩子的差异化时间

贝贝四岁半了，上幼儿园小班，但是知道很多东西。他能够写很多汉字，还能背诵几十首唐诗。小班的老师都很喜欢他。淘淘与贝贝是同班同学，年纪一样，却什么也不会，连吃饭有的时候也需要老师来喂。

其实，两个孩子在幼儿园学的东西是一样的，但是孩子的表现却截然不同，为什么呢？原因很简单，课堂外的教育不同。贝贝课堂外虚心好学，淘淘可能是玩耍度日，这两种孩子的家长给孩子安排的方式大致如下。

优秀孩子的家长

1.完成课堂作业。学生的任务就是学习，一个善于利用时间的家长，会让孩子在第一时间完成作业。孩子完成了学校布置的任务后，剩下的就是自己的时间了，可以学习其他知识。

2.做自己喜欢的事情。每个孩子都有属于自己的兴趣爱好，有些家长善于把孩子的时间用到最大化，让孩子在完成学习任务的同时，满足孩子自己的爱好。

3.温故知新。学习是一个温故而知新的过程，人的大脑对知识的理解记忆不是一蹴而就的，需要多次复习。优秀的家长明白这一点，他们会利用孩子的差异化时间来帮孩子复习学到的知识。

4.放松心情。爱玩是孩子的天性，在没有学习负担的情况下玩耍，孩子的心情才会格外放松，娱乐的体验感也会更好。优秀的家长先让孩子完成作业，然后再尽情玩耍。

一般孩子的家长

1.对于大多数孩子来说，学习就是魔鬼。因为爱玩才是他们的天性，家长允许他们放飞自我。

2.认为闲暇的时间就是用来玩耍的，这是一些家长教育孩子的思维方式，其实这是不对的。尤其对孩子的自主学习来说，家长对孩子的这些时间应该有计划性，而不是让他全部浪费掉。

3.不管控孩子玩游戏的时间。有些家长觉得孩子玩游戏的时候最安静，好管理，于是不约束孩子玩游戏的时间，孩子慢慢地玩游戏上了瘾，对学习更不感兴趣了。

4.作业可以明天再补。许多孩子第二天交作业的方式，就是照抄照搬别人的作业，家长完全不知道。这样的孩子怎么可能有自主学习的能力呢。

那么，我们该如何帮孩子差异化地利用好时间呢？

1.查看作业的完成度。

老师留下的作业，对孩子的学习很有帮助，所以家长要关注孩子功课的完成度，让孩子明白认真完成作业能给学习带来的好处，从而让孩子更喜欢学习。

2.运动。

学习需要强健的体魄支持，在孩子差异化的时间里，定期抽出时间让孩子做运动，还能提高孩子反应的灵活性，对学习极有帮助。

3.制订计划。

计划可以帮助孩子更好地支配时间，在有限的时间里学习更多的知识。孩子在学校上课时，学校有明确的教学目标，但现在偶有上网课的现象，很难达到教学的目标。家长则应该给孩子设置计划，并让孩子严格执行，孩子才能与众不同。

4.帮孩子寻找克服困难的办法。

例如，孩子上网课不适应，家长为了让孩子快速适应学习环境的变化，就应该耐心地跟孩子一起寻找克服困难的办法。办法总比困难多，即使低年级学生，如果家长用心督导，就会发现网课跟面授的差别并不大。虽然线下授课永远不可能被完全取代，但是网课将是发展趋势。孩子一时不适应上网课，家长也不能一遇到困难就轻易放弃，而是帮助孩子积极找方法。

让孩子学会利用课余时间，这会让孩子受益终生。

第五章
制定目标，让孩子的自主学习更有方向性

根据目标为孩子制订合理的学习计划

一位家长对孩子说，你的总成绩要是能再提高30分，进重点高中就稳妥了，所以我希望你用一个学期来实现。可有一天深夜，他发现孩子在看小说，他就孩子不努力的原因咨询了一位教育专家。

教育专家说："你虽然给孩子定了一个目标，但是还不够精细，孩子没有一个合适的学习计划，就很难完全按照你期望的状态去学习。"

"我只知道学习计划应该周密，还没听说过学习目标也要精细的说法。你能给我说说它和提高学习成绩之间的关系吗？"

教育专家给家长说完二者之间的关系后，家长才意识到是自己错了。

我们来看看，一个合理的目标该是什么样子的，以及如何围绕目标来为孩子制订学习计划。

目标要具体

有些家长认为对孩子提出了提分的要求和时间，就是一个很具体的目标了，其实这是远远不够的。因为这个目标缺少行动上的指向，孩子不知道该采用什么样的办法来提高。所以，家长在设定学习目标的时候，还应该加入具体做法。例如，每天做一篇阅读理解，写一篇作文，背二十个单词等。孩子知道每日要完成的学习量以后，就会先完成学习任务，再去看课外书或玩游戏了。

目标要可衡量

一个孩子究竟该掌握多少知识才算够用，这是无法衡量的。因此一定要有衡量的标准做参照，如孩子的年龄、学校考试的难度、掌握单词的难度等。如此，你才能知道自己给孩子规划的时间是否合理。

评估任务的难易程度

有些家长让孩子每周读5本书，却没有说该看什么书。这很难评估任务的难易程度。例如，孩子看漫画书，5本两天就读完了；要是科普读物，可能两周也未必能读完。这样脱离孩子阅读兴趣和知识难度去给孩子制订学习计划，大多会造成两种后果：孩子每天只选择看漫画书，然后余下大量的时间去玩；孩子一目十行也看不完，于是在家长面前谎称看完了。因此，家长给孩子提出目标的时候，先要看看孩子学习任务的难易程度，再提出合理的要求，让孩子不去敷衍地学习。

一个目标要兼顾其他目标

家长给孩子设立的一个目标不应该是一个孤立的点，而应该是与其他目标有着诸多的联系，这样的目标才价值更大，对孩子更具有吸引力。例如，你希望孩子把作文写好，不只是希望他期末的时候获得一个好分数，而是希望在中考时，他能够通过语文成绩获得更高的总分，从而考上重点高中。所以在给孩子设定小目标的时候，就应该把你的最终目标告诉孩子。然后，我们可以根据目标之间的关联性给孩子制订学习计划，这样的计划才会更有利于孩子接受和执行。

目标要有精准的时间限定

如果目标没有精准的时间限制，孩子很可能变得拖延懒散，无法跟上该有的学习进度。制定目标还要考虑到知识之间的关联性，孩子如果缺少一些知识，是无法使用新的知识的。例如，孩子连乘法和除法都不会，是无法去解答应用题的。此时，给他制订学习计划，他也无法完成。所以我们给孩子制定目标的时候，一定要有确定的期限，循序渐进，孩子的学习才能连贯，从而实现目标。

规划要符合学科的特殊性

每一门学科都有特殊性，所以家长围绕目标给孩子做学习规划的时候，就要围绕学科的特殊性去进行。例如，学习体育项目，不同的项目有不同的训练方式和装备，如果使用错了，孩子很难实现目标。

姚远是校长跑队的队员，每次长跑比赛都因无法战胜队友安东，而获得亚军。他爸爸认为是他穿的鞋不好，给他买了一双钉鞋，亲自训练他跑步。当他跑完3圈以后，摔倒在了跑道上，血水从钉鞋里流出来，原来钉鞋把他的脚磨破了。爸爸带他去医务室包扎。医生知道他受伤的原因后，告诉他爸爸："你应该给孩子买一双慢跑鞋，钉鞋柔软度差，只适合短跑。"

案例中的爸爸给孩子用错了装备，导致孩子训练受阻。如果没有医生的建议，他可能依旧让儿子穿钉鞋练习长跑，这样帮孩子夺冠的目标就永远也实现不了。所以目标必须有科学的规划来支撑才能实现。

可见，目标是可以精确化和细化的。我们只有精心帮孩子制定目标，才能给孩子制订合理的学习规划，并提供有效的指导方法，孩子才会更乐于执行。

分解目标，通过完成小目标让孩子获得学习动力

　　我们要提升孩子的学习动力，离不开给孩子设定目标。可是这个目标究竟该如何达成，是家长需要深思的问题。许多家长认为目标越高远，孩子学习的动力越大，于是给孩子制定了超高的目标。还有一些家境很好的家长，认为孩子没有拼命努力的必要，对孩子的成绩只要求及格，可是孩子最终的结果，都让他们大失所望。

　　为此，我们应该把目标分解。这种分解主要包括两个方面，一是降低学习任务的数量，二是降低学习任务的难度。我们为什么要这样做呢？下面的故事可以说明这样做的必要。

　　苹果熟了，爸爸让宁宁一次性把树顶上的苹果全摘下来，宁宁尝试了几次都没能爬上树顶。他认为自己不可能完成这样的任务，且不说自己的力量未必够，万一把树枝压断了，自己会摔伤，

苹果会摔烂，损失太大了，于是他选择了放弃。

爸爸降低了难度，让宁宁摘那些伸手就能够得到的苹果。这样的苹果太多了，宁宁来来回回往仓库送苹果。时间一久，他开始觉得摘苹果是十分无聊的事情，来来回回搬运更是让人厌烦，于是又放弃了。

爸爸见状，让宁宁摘那些需要踮脚才能够到的苹果。宁宁摘到了一定高度的苹果，内心充满了成功的喜悦。这一次，他摘光了能踮脚才能够到的苹果。

家长给孩子定太高的目标，就像让孩子一次性摘光苹果树顶端的苹果，不仅会让孩子力所不及，而且有很高的危险系数，孩子也会因失去了摘苹果的积极性而最终放弃。触手可及的苹果，由于得到太容易，也不能成为孩子的动力。

有人说，轻易得到的不叫理想。目标也是如此，它需要一个追求的过程。所以，反而是踮脚可得的苹果，最能调动孩子的积极性。

孩子的学习也是如此，应该给孩子设定踮脚就能够得到的目标。孩子会随着这些目标的实现，不断增长能力，最后一步步实现最终目标。此外，我们还应该注重目标的完成质量，所以应该降低孩子学习的任务量，否则由于学的内容太多，孩子很可能消化不了，考试时也不能灵活应用，完成的意义就不大了。

下面，我们具体说说，我们给孩子制定目标时的分解方法和注意事项。

帮助孩子分解目标

孩子的一生如同长跑，最终目标要远远高于摘苹果树最顶端的果实。家长要根据孩子的具体情况，去帮他分解目标，最后他才能取得和自己相配的成绩。

当孩子站上起跑线上的那一刻，每个家长都希望自己的孩子能夺冠。可随着比赛的进行，孩子之间必然会拉开距离，这和对手的强弱、自身的状况、比赛的天气情况都有关系。如果你急切想让孩子夺冠，他可能无法立即实现，甚至用一生也无法实现，反而还会因为超负荷而受伤。因此，家长要帮助孩子分解目标，并保持只要孩子进步就高兴的心态。

曾看过有一篇文章《只追前一名》，文章的主人公是一个叫罗娟的女孩。上小学的时候，她身体纤弱，所以每次赛跑比赛都是最后一名，这让她无比渴望夺冠。她想向老师和同学证明自己在体育方面也是很优秀的，于是加大强度锻炼跑步。

一个下雨天，她跑得满头大汗，淋了雨，感冒了，几天不能上学。

妈妈安慰她说："你现在的身体素质，跑在最后不丢人。体育不是你的天赋，你也不必非得追求第一，在其他方面成绩好，也能证明你是优秀的人。"

"那我就放弃练习赛跑吗？"

"不是。在比赛时，当你每次超越一个对手，都享受喜悦，如若最后达到了自己的极限不能再超越，可以选择放弃，否则心中

制定目标，让孩子的自主学习更有方向性

永远会有挫败感。"

罗娟按照妈妈的话去做。每次比赛都努力追赶自己前面的人，小学毕业时，跑步成绩已到了班级的中游水平了。在学习上，她也秉承这个理念，最后考上了北京师范大学的中文系。

她说："我虽然没考上北大，但北京师范大学就是她最理想的学校，因为数学成绩怎么努力都难以再提高了。"

每个人的天赋不一样，所以并不是只要努力就能突飞猛进，就能夺得冠军或者考进北大。因此，我们应该给孩子分解目标，孩子一步一步进步，最终总会有很大的提高。罗娟每次前进一小步，最后就跑到了班里的中游水平。

此外，给孩子制定目标的时候，还应该考虑目标的难度。因为难度不同，目标的分解方式也不一样。例如，一些有艺术特长的孩子，家长在孩子的文化课学习上可降低一点难度。这能让孩子有足够长的时间去学习艺术，孩子才能避免欲速不达的结果，并取得和自己实力相符的成绩。

了解孩子的自身条件

家长给孩子制订学习规划的一个重要依据就是孩子的自身条件，包括天赋、记忆能力、专注程度、学习基础、爱好、学校的师资力量、和目标院校的差距等。如果不了解这些条件，给孩子制定的目标，可能不是过高就是过低。

尊重孩子的选择

家长了解孩子的自身条件后，也不要按照自己的意愿给孩子制定目标，而是先听听属于孩子自己的想法。孩子越大对自己所学内容的选择越冷静，所以家长要尊重孩子的选择，才能帮他设计出一个符合他要求的目标。

不可要求过高

小欣是一名初三女生，成绩在全班位于中下游。父母给她制定了考进省重点高中的目标。小欣发奋学习，在初三下学期的期中考试中，获得了全班第九名。这样的进步速度，已经很罕见了，可是妈妈却要求她要考进前三名，这样才有可能考进省重点高中，否则第九跟第二十九没什么区别。小欣最后考进了市重点高中，妈妈对她十分失望。

小欣获得全班第九的成绩已经是竭尽全力了，她妈妈却让她在两个多月的时间内提高到前三名，这样的目标就不切合实际。家长要根据孩子的基础、能力、可利用的赶超时间等去制定目标，孩子才有可能达到。

与孩子一同坚持

有些家长给孩子制定完目标后，就袖手旁观，甚至开始玩游戏、刷视频干扰孩子的学习。一旦孩子失败了，他们就把责任全部推在孩子身上，怪孩子能力不足，学习不够专注，甚至建议孩子换个目标。其实，孩子要实现家长制定的目标离不开家长的帮助。例如，有些家长为了让孩子实现目标，不仅陪孩子一起学习，还带孩子锻炼身体，让孩子有充沛的精力去面对考试，这就是与孩子一起坚持学习。这会让孩子觉得你一直关注他的成长，从而发奋学习。

不要用自己的意愿要求孩子

一位曾是学霸的爸爸让女儿每周六写四篇作文。年仅10岁的女儿经常熬夜写作，如果作文水平不符合爸爸的要求还会被责打。有天晚上，妈妈因为丈夫打孩子，与丈夫发生激烈的争吵，这严重影响了孩子学习的状态。

让一个10岁的孩子每天写四篇作文，还得有一定质量，这样的任务量实在是太重了，导致孩子经常熬夜。这样的做法对孩子的健康十分不利，孩子还会因超负荷地学习，产生厌学情绪。

此外，这位爸爸的方法是错的。一方面，写作未必是孩子的特长，强化训练未必会取得预期的效果。另一方面，孩子认识的字词有限。还没有积累一定量的字词就写作，相当于无米之炊，不利于孩子成绩的提高。因此，家长不要把自己的意愿强加给孩子。

改变自己的错误思维

一些家长习惯于一元、二元的思维模式。认为孩子不能上最好的初中，就不能考上重点高中，不能上重点高中就考不上重点大学，毕业后找不到一份满意的工作。这样一想就提高了对孩子的要求。此外，有些家长还有严重的攀比心理，认为孩子成绩好，是自己的荣耀。但总是拿孩子的短处去和别人比，而忽视了孩子的优势，从而让自己充满了不满和愤怒的情绪。这样的情绪会影响孩子的学习。因此，必须改变自己错误的思维方式。

接受孩子的失败

我们要接受孩子无法实现目标的现实。就我们自己来说，也都有无法做到的事情。孩子的出路不只是学习这一条，家长可以让孩子去学习其他的东西，孩子可能会更喜欢学习。

其实学习就是一个不断调整和完善的过程。家长给孩子制定的目标，很可能无法实现，所以我们要通过分解、更改等方式去优化目标，最后孩子通过长期努力，才能得到理想的结果。

当目标被耽搁怎么办

我们给孩子制定的目标被搁浅是常有的事。例如，孩子会采用逃避、磨蹭、拖延等行为，把本来一周就能完成的事，弄得一个多月也完不成。有些家长会因为孩子的学习态度不端正对孩子大发雷霆，甚至停止对孩子的付出。我的一个同事去学校接放学的女儿去学钢琴，女儿半路说要上厕所，好久都没有从厕所出来。同事担心女儿出事，冲进厕所，却发现女儿正在玩游戏。待女儿报的钢琴班结束后，同事没有再续费，她觉得女儿不适合学钢琴。

其实孩子不愿意学习的原因并非如家长所想的那样，只是很多家长不去分析孩子厌学的真正原因，就觉得孩子不是读书那块料。

现在我们就来看看孩子不爱读书的原因以及解决办法。

担心自己出丑

有些孩子不愿意学习的原因，并非懒惰和不喜欢所学的东西，而是有过出丑的经历，担心自己因表现太差再次出丑，因而回避学习。还有一些孩子，对自己的要求很高，总是担心自己出错，会遭到他人的指责和取笑，因而不去学习。如此一来，孩子得不到该有的训练，自然就无法实现家长规定的目标。家长遇到这种情况，首先要做的就是帮孩子调整心态，然后提高孩子的学习能力，而不是放弃。

大发的父母为了让大发有更好的学习环境，从农村搬到城市。

开学的第一天，语文老师看着坐在第一排的大发，让他坐下自我介绍。他刚一开口说自己来自哪里，下面的同学就被他浓重的乡音给逗乐了。尤其他说，我叫颜发（研发）时，同学的笑声达到了顶点。还有学生打趣说："多么理想远大的名字啊！"

从那以后，大发上课的时候，最怕老师叫他回答问题。尤其是语文课，有时候，回答的问题很长，有些同学听到他的声音后，忍不住笑。为了避免尴尬，月考的时候，他故意没答一道数学大题。因为成绩排名下降，被调到了第三排。

不久后，学校开家长会。大发的妈妈来到学校。发现大发的座位变了。马上就想到他可能成绩下降或违反纪律了。大声问："你怎么坐到了第三排。你原本是全班第三的学生啊。"

"数学有一道大题，忘答了。"

"这种错误你都能犯，对得住我和你爸为你的学习搬家吗？"

大发看妈妈生气了，低声说："妈，其实我是故意没有答的。"

"为什么？"

"我普通话不好，一回答问题，同学们就笑我。我为了避免老师提问，才没答一道题。让自己退后两排，这个位置也不影响听课。"

"孩子，就是因为我们普通话不好，才更应该珍惜老师提问你的机会，并努力去改正，要不你以后可怎么跟同学交流啊。"

"妈妈，我一定好好练习普通话。"大发承诺说。

妈妈把大发没考好的原因告诉了班主任。第二天，班主任上课时对同学们说："颜发同学的普通话不太好，我希望大家以后帮他纠正，你们能做到吗?"

"能。"其他同学异口同声地回答。

以后，班主任每次上课都会提问颜发。当他发音有错误的时候，同学们就给他纠正。一个学期过去后，大发的普通话水平得到了极大的提高，而且期末成绩拿了全班第一。

大发因为普通话差，故意不答数学大题，坐到第三排。这种强烈的自尊心，从侧面反映出大发希望自己想说一口标准普通话的愿望。他只是让自己往后坐两排，原因是坐在那里也不影响听课，还反映出他依旧喜欢学习的心理。妈妈知道他换座的真正原因后，告诉他正是因为有短板，才应该通过训练来提高的道理。班主任知道他没考好的原因后，动员班上的其他学生来帮助大发。这对大发学习普通话不仅有极大的帮助，还有利于大发和同学建立友谊。所以，大发才能在友好的氛围下继续学习，并取得全班第一名的好成绩。

可见，孩子不爱学习有时跟学习无关，而是因为其他的事情，让他看上去貌似对学习缺少热情。如果家长能了解孩子不爱学习的真正原因，并激励他好好学习，则能减少孩子学习目标被搁浅的概率。

心态慌乱

小刚在一次语文考试中，只做了几道选择题，就觉得题出得太偏，自己就算把后面的题都答上来，也不可能得到高分了。他跳过中间部分的题，看了一下作文的题目，更是觉得出题很偏，于是彻底泄气了，趴在桌子上睡觉。监考老师提醒大家，还有半个小时考试结束，现在可以交卷子了，小刚马上站起身去交卷子。

开家长会的时候，小刚的爸爸看到了小刚的试卷，说："这些选择题，只是考察了你的逻辑推理能力，不是记忆力，并不难，你只是没有好好审题而已。阅读理解、古文翻译都不难，你应该认真答题。至于作文，题目你也不是无话可说，只要写，总比空白强吧。再说，你觉得难，别人也会觉得难，这个时候谁有耐心做题，谁就会多得分，有更好的名次，不是只有得分高才会有好名次。"

小刚认为爸爸说得对，以后无论遇到多么难的试卷都坚持答完题，他还发现，有些题只是一看上去很难，仔细想想并不难。

我们也会通过对眼前事物的感觉来判断难易程度，更何况是孩子。当孩子认为一件事情很困难，难以战胜的时候，大脑就不会积极思考，反而让本来可以解决的问题，显得更加难了。此外，孩子的知识有限，答题的方法也单一。这个时候，家长应该教会他更多的解题方法和答题技巧。例如，答题秉承先易后难的顺序去答。要是选择和阅读理解都不会，可先抓阅读理解，后做选择。从分值上看，这叫抓大放小。从时间上看，最后做选择题，时间仓促时，答案可一挥而就。

孩子随着掌握的答题方法和技巧的增加，在考试中就会沉着应战了。

知识点有遗漏

有些孩子考试成绩达不到目标要求的原因并非不努力，而是知识点有遗漏，可是孩子并不知道该怎么补充自己的不足。这个时候，家长就应该想办法帮孩子补充遗漏。例如，孩子英语读不好，可能是没有好好学音标。家长则可以给孩子补习音标，而不是一遍一遍地纠正孩子的读音，这样不能从根本上解决问题。

没有形成良好的学习习惯

有些孩子学习懒散，是因为没有形成良好的学习习惯。家长可在孩子写作业的时候，规定孩子完成作业的时间和质量，并严格执行，从而让孩子养成做事快速、认真的习惯。这有利于目标的实现。

缺少参与感

许多孩子不喜欢写作业的原因，是因为不喜欢家长总是用命令和催促的方式。这会让孩子觉得自己在完成家长安排的任务，缺少了参与感，难免有抵触情绪，导致拖延和磨蹭。因此家长在孩子写作业的时候，应该多给孩子提供解题方法，而不是一味地提要求，这样孩子才会因为有学习的主动权，更愿意写作业。

家长不能倾听孩子的意见

我们给孩子制定目标，如果不倾听孩子的意见，目标定得可能过高或过低。我们面对能力弱的孩子可降低他的任务量，免得他因为无法完成而放弃。对于能力强的孩子，可以加大他的任务量，以免孩子因问题太容易解决而觉得无聊。要是我们不尊重孩子的意见，必然会影响孩子学习的兴趣。

条理性太差

有些孩子学习磨蹭的主要原因是条理性差，所以经常找不到自己的书本和学习用具放在了哪里，这就需要家长教会孩子如何整理自己的物品。孩子学会了整理物品，学习时就不会浪费太多的时间了。

我们只有理解孩子目标搁浅的原因，才不会对孩子采用指责和放弃的态度，而是想方设法调整孩子的心态，提高孩子的学习技巧，让孩子更有把握实现目标。这样孩子才会主动学习。

为了让孩子自主学习，随时调整目标

孩子学习时的身心状况、所学内容、学习时间等要素一直都在变化，所以家长给孩子制定的目标，也应该随时进行调整。这样孩子才会自主学习，而不是把学习当成沉重的压力。下面，我们来看，该如何调整目标。

调整时间

时间是制定目标时的参考要素之一。

孩子若是出现以下几种情况，家长则应该给孩子调整时间。一是原有的目标在规定的时间内无法实现；二是学习的情况和任务有变化；三是高估了孩子的自学能力；四是孩子不了解自己学习的最佳时间是哪一段。在以上四种情况中，孩子最易犯的错误就是高估了自己在某一科目上的学习能力。

中考还有一个月就到了，鲁明居然还没有看政治。他想政治只有一本书，自己每天抽出两个小时看上20页，10天就看完了。而且政治背得晚，不容易忘，更有利于考试。很快，鲁明的复习时间只剩下半个月了，他开始背政治。可是他也不敢放下其他的科目，因为他发现，其他科目的很多知识点都忘了。最后，他就匆匆地读了一遍政治书，连一套模拟试卷都没来得及做。

中考时，鲁明对政治的一些知识点记忆不牢，所以答题时总是犹犹豫豫，竟然没答完卷，最后因政治成绩过低没考上重点高中。

同学们都笑他说："别人考不上重点高中，不是数学不行，就是英语差，政治差的可太少了。"

初中的政治更注重于记忆，如果认认真真去背不会失分过多。鲁明选择复读后，爸爸有针对性地调整了他学习政治的时间。让他在考前的两个月内，每天看两个小时政治。

初中政治从内容的角度来说，并不难，但是从记忆的角度来看，不经过多轮复习是很难记牢的。鲁明犯了一个错误，就是高估了自己学习政治的能力。试想，如果爸爸不改变他学习的时间，他很可能再次失败，并对学习政治失去兴趣。但是爸爸调整了他实现目标的时间，他学习起来则轻松高效，这样他才能主动去学习政治。

至于其他学科，我们也应该根据学科的特点，去调整实现目标的时长。例如，语文注重积累，家长则不要只给孩子一个很短的突击的时间，却要求拿高分。孩子一旦做不到，就会因失望而失去学习的积极性。

制定目标，让孩子的自主学习更有方向性

调整任务

任务过重是导致许多孩子无法实现目标的主要原因。如学习的科目过多、参考资料过多，更可怕的是，资料多却质量不高，孩子越是努力越是与目标背道而驰。因此，家长最好选择老师推荐的教辅书或者符合孩子考试出题标准的参考书。

调整顺序

调整顺序包括三大方面：孩子最佳学习时间的调整、学习科目的调整、学习知识顺序的调整。

关于孩子学习的最佳时间，我以写作为例。许多作家喜欢在夜间写作，因为没有杂事干扰，有利于思考。家长也可以把孩子的写作时间安排到夜间，至于学习科目的调整，不可让孩子一整天只学习一门课程，也不要一整天都是理科或都是文科。最好不要让孩子在夜间学习体育类的项目，因为过于疲劳会影响休息，不利于第二天在课堂上的学习。

在学习知识的顺序方面，我以古文翻译为例。传统的教学方法，是先通读全文，再查找不懂的字词，最后翻译全文。其实我们可以先读译文，再看原文。如此一来，孩子看到原文时，就能联想到使用场景，有利于提高记忆的效率。

调整目标

有些家长听到调整目标以后，马上会想到降低目标。其实二者是不一样的，调整的目的是与原目标殊途同归，却要比原目标更符合孩子的自身条件。例如，你希望孩子将来进入名牌大学，这个目标不可改，但是给孩子所选的专业是可改的。此外，孩子随着年龄的增长，会对原定目标产生新的评价和认识，可能会认为当下目标不合理，无法实现。家长就应该根据孩子的需求去进行调整。

小静英语成绩很差。妈妈请了家教老师为其辅导英语，希望她能靠文化课考上重点高中，可是她进步缓慢。有一天，小静与妈妈说："我想学美术，因为我同桌正在学美术，他说我们市的第二高级中学有美术特长班，对考生的文化课要求不高，而且那里的美术生每年都有考上了重点大学的。"

妈妈认为小静的想法是对的，并帮她找美术老师，小静最后考进了西安美术学院。

尽管人们总说"有志者事竟成"，但实际上，并非完全如此。有些学科孩子难以学好，但是这并不代表他不优秀。例如，我国的一位历史学家，高考数学就只得了15分。家长更应该相信的是"术业有专攻"，尽快帮孩子调整学习的方向。

调整学习的侧重点

家长调整孩子的学习目标，主要是为了让孩子学习有所侧重，更有利于发展，所以就要学会取舍。例如，选择了美术就必然要缩短学习文化课的时间，想要追求质量就得一定程度上放弃数量等，否则既浪费金钱，又耗费孩子的精力，必然会影响孩子实现目标的速度。

孩子很小的时候，理解力不强，这个时候应该注重孩子学习的宽度。古人说"操千曲而后晓声"，当孩子对一门学科有了很多的了解，鉴赏能力自然会有所提高，这个时候，孩子自然而然会追求深度。此时家长给予适当的引导，孩子进步自然快速。反之，如果孩子不解其意，过一段时间就会产生厌学情绪。

调整方式

有些家长只是调整了孩子的学习目标，但是不调整学习的方式也很难实现目标。例如，许多家长认为学习英语就是要下苦功，命令孩子每天背大量单词，完全不想新的学习方式。这样不但无法让孩子的学习变得更高效，还会让孩子早早进入了疲劳期。因此，家长在调整目标的时候，就应该想到调整方式，如果二者不匹配，目标则很难实现。

随时调整

当下是一个知识快速迭代的时代，家长为孩子选择的学习目标，很可能已经被时代所淘汰了。例如，以前让孩子参加小记者的培训班，必须学会使用摄像机，如今，用手机就可以了。让孩子的学习目标更符合时代的需求，这样更有利于孩子发展。

我们要把孩子的目标看成一个动态的过程，它要随着孩子认识的提高、时代的需求等，不断做出调整，才能充分调动孩子学习的积极性，让孩子不再把学习当成沉重的负担。

允许孩子更换目标，让孩子的学习动力更强

去年过年的时候，我带侄子去游乐场玩，发现他非常爱玩陀螺。今年过年，我给他买了一个带发射枪的陀螺，一次性能发出三个陀螺。没想到他只是玩了一会儿，就拿起手机去玩一款冒险游戏去了，而且还给我讲自己还需要什么装备。

孩子在选定学习目标上，也是如此，会经常更换。例如，今天喜欢学钢琴，可是几天后，因为弹不成曲子，感到十分枯燥，要换滑冰。摔了几个跟头后，又觉得太危险，想学习棋类。这样的行为让许多家长头疼不已。

其实这种心理很正常。对于孩子来说，什么才是更好的，他们更看重的不是价值，而是自己的感觉和喜好。

刘军的孩子一周岁了。爷爷奶奶用"抓周"的方法，来看看

孩子未来可能从事的职业。桌面放着袖珍的麦克风、机枪、摄像机、汽车、轮船，还有一个正常的算盘和百元钞票。孩子左手拿起算盘，右手拿起钞票。

爷爷奶奶乐得直说："我大孙子将来是要当银行家啊！"

刘军居然有些失落地说："我以为他会抓麦克风呢，毕竟是我这个歌手的儿子呀。"

"就你一直用的那个麦克风金贵，拿出来放桌上，让孩子再抓一遍。"媳妇说。

刘军拿出自己价值不菲的金色麦克风放上桌子后，儿子马上扔掉算盘和钞票，去拿麦克风。

案例中的孩子，面对大小不同的东西时，选择大的。家长加入了一直使用的麦克风，孩子马上选了大的且颜色鲜艳的麦克风。这就是孩子对好的认识，它与我们成人对好的认识完全不一样，所以我们要允许孩子更换目标，但是如果让孩子对每件事都浅尝辄止，孩子将一事无成。现在，我们来看看如何在允许孩子兴趣转变的前提下，让孩子有更强的学习动力。

尊重孩子的感受

年龄越小的孩子，自我感受的影响力越大。家长不要对孩子的一些不恰当行为进行制止，就算是禁止也应该以教导的方式去劝说，而不是以力量去制止，因为这样反而会看不出孩子真正的爱好。

仲夏的一天，李梅带着孩子去商场买玩具。恰巧碰到该商场周年庆，商场前面的音乐喷泉随着音乐声，喷出很高的水柱。几个孩子情不自禁地冲进水柱里跳舞，李梅的孩子见状也跑进喷泉里，学其他孩子跳舞。可是刚跳了几下，就跌倒了。李梅将孩子拉出来，孩子还想进去学跳舞。她强拉着孩子走进商场，完全不顾孩子的哭闹。

孩子喜欢音乐和舞蹈，家长可以让孩子玩一会儿。孩子跌倒了，应该看看孩子伤到了哪里，而不是因为担心孩子的安全，将孩子强行拉进商场。孩子很可能因这次不好的感受，不再喜欢音乐和舞蹈。家长也因此错过了观察孩子爱好的机会，扼杀了孩子学习的动力。

摆正自己的角色

法律上把父母的角色定义为：孩子的监护人、抚养人和与孩子平等的人。也就是说，父母应该尊重孩子对目标的选择，而不是让孩子的所作所为一定要符合自己的要求，这样只会让孩子有压迫感，不利于孩子自学。

多让孩子做一些尝试

如果家里经济条件尚可，应该让孩子多做一些尝试，这有利于让孩子找到自己真正感兴趣的事情。但是这种尝试也不是让孩子随心所欲地尝试，应该在尝试的过程中，看到孩子的天赋所在，家长再引导孩子挑选。如果孩子因为胆子小，不敢尝试新的事物，家长应该引导孩子去尝试，以免埋没孩子的兴趣。

孩子在尝试的过程中，我们可以根据他的身体条件、反应速度、专注时间来判断孩子会喜欢什么，能把什么学好，有意识地培养孩子此方面的爱好，这样会激发孩子学习的无限热情。

高明夫妇带孩子晨晨去海南旅游。在游乐园，高明买了三张降落伞的票。晨晨十分兴奋。

"儿子，你不害怕在天上飞吗？"妈妈问。

"我看动画片的时候，就想到天上飞了，像小精灵一样。"

"到了天上，不许哭，哭就不是男子汉了。"

"我是不会哭的。"

其实所谓的降落伞，只是降落伞形状的大气垫，下面有能坐三个人的座位，用直升机把降落伞和游客带到高空，在海上飞一段距离。晨晨从坐上座位到空中飞行，都没有一点害怕的表情。

一家人从降落伞上下来后，高明又买了三张潜水的票。在海里，海水进入了晨晨的潜水镜，高明让晨晨先上船。晨晨大声喊："我是不会放弃的。"

高明帮晨晨处理完潜水镜，晨晨继续玩到导游叫大家上船。

一家人旅游回来后，高明给晨晨报了游泳班。晨晨很快就学会了，而且表现出了极强的学习热情。冬天时，高明又带晨晨学滑雪，晨晨也很快就学会了。

晨晨潜水镜进水依旧不放弃，并在海里玩了很长时间。可见，他喜欢游泳，且有很好的耐力，所以爸爸让他学游泳，他才能很快掌握，并且十分喜欢。至于学滑雪，从晨晨在降落伞上的表现可以看出，他不恐高，而且胆子大，这正是学滑雪需要具备的心理素质。因此，爸爸让他学滑雪，他也很快就掌握了。

可见，激发孩子的学习兴趣，还离不开家长对孩子兴趣的观察。如果家长无法真正发现孩子的兴趣所在，就会把孩子的兴趣扼杀在摇篮里，可能还得面对孩子在目标选择上多变的情况。

少一些担心，多一些支持

孩子学习一些新事物，难免会有一些危险。例如，学滑雪有可能会遭遇风寒，家长让孩子穿很厚、不利于活动的衣服，这会降低孩子学习的体验。因此家长应对孩子少一些担心，多一些支持。例如，给孩子买轻盈保暖的滑雪服和护具，或允许孩子挑选自己需要的装备。这样孩子才会爱上所学的项目，并努力去学习。

少评论，多鼓励

有些家长不喜欢孩子选择的新目标，于是对孩子评头论足。例如，孩子想要学习轮滑，家长从实用的角度指责孩子选择的东西毫无价值，于是孩子放弃了学轮滑的想法。其实，孩子学习的主要目的是体验快乐，而不是追求实用性，家长应站在孩子的角度多给孩子一些鼓励和支持。

此外，我们还应该在孩子选择的目标中，看到更多对孩子成长有价值的东西。例如，轮滑可以锻炼孩子的身体、磨炼孩子的耐性、提高孩子的反应速度。这对孩子的学习来说，都是十分必要的东西。著名作家村上春树一直坚持长跑，并把长跑锻炼出来的韧性，用到了写作上，写出了很多深受读者欢迎的作品。

合理安排时间

我们发现孩子真正感兴趣的事情后，也不要因急于让孩子出成绩，就加长孩子学习的时间。孩子若是很疲惫，难免会有抵触情绪，会影响学习效果。

家长切记，孩子在目标上的反复尝试并非心浮气躁的表现，而是通过尝试在寻找自己真正喜欢的东西。如果我们帮孩子找到他真正想要实现的目标，孩子学习的动力会更加持久，而且内心充满喜悦。

让孩子走出舒适区，定更长远的目标

　　家长若是想通过给孩子制定目标来促使孩子不断成长，就一定要想办法帮孩子走出舒适区。

　　所谓舒适区，是指心理学上对事物的一种认知状态。每天过着习以为常的生活，学一些没有任何挑战性的知识，活得毫无压力，这是人们认知事物的最低阶段。再高一层是学习区，指人在一定的压力下学习、工作、生活。最高层为恐慌区，是指情况超出了一个人的能力承受范围，让他感到心理严重不适。如果我们把孩子的目标一直定在舒适区，孩子很难真正成长，很难实现你给他设定的长远目标。

　　一位爸爸去小学看儿子，正赶上儿子在上篮球课。儿子给几个小伙伴打替补坐在场下，场上对抗十分激烈。儿子也表现出了跃跃欲试的神情，可是迟迟不肯跟体育老师要求上场。眼看比赛就剩3分钟了，他才跟体育老师说，自己想要上场替换一名快要跑不动了的同学。

可是那位同学此时却对他说："我们已经领先了十几分，你现在才上场，不配分享胜利。"于是自己坚持打完比赛。

爸爸问儿子："你为什么不早一些上场？"

"我害怕输。"

"你若打球怕输，技巧就不能得到真正的提高，而且以后你的小伙伴可能都不会愿意跟你一起玩。"

此后，儿子打篮球赛的时候，不再因为害怕失败而坐在场下，反倒是主动要求上场，帮助球队得分，受到了小伙伴的欢迎。

案例中的儿子因为担心失败，而不愿意走出舒适区。若是换成学习，这样的性格面对不会的新知识，也可能因为畏难，无法好好掌握，可能连一个阶段性的目标都很难实现。所以我们为了孩子长远的发展，应先分析可能造成孩子不愿意走出舒适区的原因，再采用相应的办法去解决。

对结果的恐惧

很多孩子，尤其是经常被家长指责的孩子会很容易对未知的结果恐惧，正是这种恐惧导致他们对一些事缩手缩脚，没有得到该有的锻炼。所以对一些未知的事情，不能预判出结果。例如，打球的时候担心输比赛，学习的时候害怕难题，社交上惧怕结交新的同学等。家长如果不帮他们走出舒适区，他们就看不到新事物能给自己带来的成长，面对家长制定的目标可能会无所适从。

不敢面对家长焦虑

有些家长给孩子制定的目标功利性特别强。例如，孩子学习写作才几天，他就要求孩子写出文辞优美、语言流畅的作文来，否则就会斥责。有些孩子担心无法实现家长的要求，就主动退缩了，让家长不知道该如何给孩子制定目标了。

为此，家长应该采用以下方法来引导孩子走出舒适区，寻找更长远的目标。

心理疏导

孩子刚走出舒适区，很可能会遭遇失败，因而情绪低落，想要放弃。这个时候，家长一定要给孩子进行及时的心理辅导。如，告诉孩子这是成长的必经阶段，或者通过讲故事的方式，告诉孩子坚持能给他带来的好处。

一个数学成绩很差的孩子，自认为反应迟钝，想要放弃学习数学。爸爸见状，就给他讲起了故事《鹰的重生》。内容如下：

鹰是鸟类中的长寿冠军，可以活到70岁，但是40岁左右的时候，它的爪子、鸟喙、羽毛都会老化，捕猎困难。它就自己拔掉羽翼、爪子、鸟喙，等它们重生。这段等待的时间，鹰无法进食，很可能会有生命危险，但是一旦成功，后30年又能像以前一样捕猎了。

"爸爸，你是说，我目前的数学成绩就像老鹰的爪牙一样。只要敢于突破，还能提高是吗？"

"是的，但是你应该先去补基本功，这对你来说也算新内容。"

孩子在爸爸的心理疏导下，对数学重新建立了学习的信心。成绩慢慢达到了班上的中上水平。

让孩子看到走出舒适区的成就感

一位家长用手机向孩子展示蝴蝶的蜕变，并告诉孩子，如果他努力学习，也会给他人带来喜悦。此外，他还向孩子展现其他小朋友通过努力得到优异成果的视频。如，能模仿杰克逊跳舞的小男孩、会设计遥控飞机的小女孩等。这就是让孩子看到，走出舒适区能带来的成就感，可激发孩子学习的斗志。如果给孩子展示的视频与孩子学习的科目有关，还能促进孩子提高技巧。

给孩子足够的耐心

孩子走出舒适区的过程如同蜕变。家长在漫长的等待中，要拿出足够的耐心，并想办法提升孩子进步的速度。例如，孩子学一门新课程，重复多次，也难免出错。家长不要以自己的认知水平为标准去责怪孩子，而是要了解孩子提高认知能力的方式就是重复和试错。此外，要多去了解孩子的课程的体系，不要以自己的见解给孩子下评判。例如，孩子学习美术，要很长时间才能画出一个看上去很饱满的球体。有些家长会觉得孩子的进度太慢，从而失去了对孩子的耐心，这必然不利于孩子走出舒适区。

允许孩子坚持自己的目标

孩子敢于坚持自己的目标，是敢于走出舒适区的重要体现，因为这意味着他没有太多的经验可以借鉴，需要自己更多地摸索，很可能遭遇更多的失败，但是他会因为忠于自己的选择，而感到真正的快乐。

此外，敢于坚持自己的目标，还包括不认可他人所说的道理。例如，一些作文虽然写作辞藻不够华美，但是能表达新的观点并让大家信服，也能获得很高的分数，不必因为文辞不够优美而失去自信。

家长只有给孩子制定高于舒适区的目标，孩子才能不断成长。但是家长必须关注孩子的成长规律，才能让孩子的成长速度和目标相匹配，从而健康地成长。

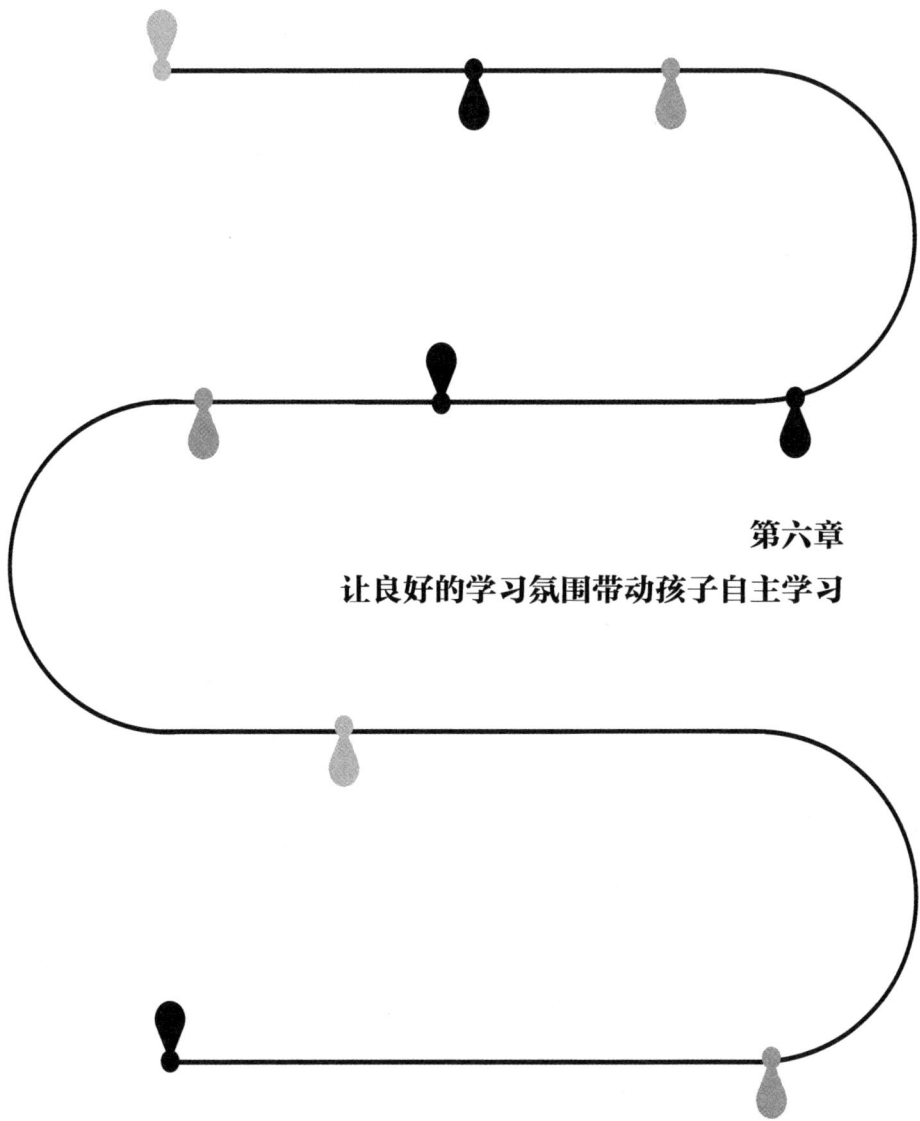

第六章
让良好的学习氛围带动孩子自主学习

给孩子打造有利于自学的家庭氛围

有一天，我在一旅游景点附近的饭店吃饭。饭店老板娘拿着好几张账单递给上二年级的女儿，让女儿拿计算器核算金额。女儿叹气说："怎么越来越多啊，这要算到什么时候才能算完！"

这种情景相信许多人都见过。也听过类似孩子父母的观点，例如，孩子念书的最终目的就是为了赚钱，我这是在提前培养。其实这并不是培养，孩子家长没有让孩子学到他自己想学的东西。

家庭氛围对一个孩子的自学和成长非常重要。家庭氛围从当前讲，会影响孩子的学习成绩。从长远讲，会影响孩子的思维模式和性格。而家长的思维模式和性格也会对孩子的自学造成一定的影响。

不同的家庭有不同的家庭氛围，难以细说。在这里我把家长主要分为三大类型：专制型、放任型、民主型。

专制型家长在几种类型的家长中占的比重比较大。这类家长习惯用比较严厉的方式管教孩子，孩子的学习以及其他事情都会受到父母的严格管控。父母通常会在孩子的学习方面提出具体要求，一旦孩子未能达到要求，父母轻则斥责，重则体罚。

在这种家庭氛围下成长的孩子，自控能力并不强，而且缺乏独立思考能力。一旦离开父母的管控，可能会变得很放纵，不会主动去学习。

放任型家长的表现有以下两种：一是根据自己的需求去培养孩子。就像文章开头的母亲一样；对孩子的学习没有规划。二是对孩子学习和生活中的管教过于宽松。凡事顺从和迁就孩子。于是，就把孩子培养成了一个"巨婴"。孩子不仅没有自学能力，还连起码的规则意识都没有。自控能力与独立性都很差。

民主型的家长是最有利于孩子自学的，他们在孩子的生活中扮演榜样和朋友的角色。孩子因为与父母关系良好，所以有学习方面的事情会与家长沟通，家长也会给他们细心的指导和全力的帮助。所以，这种类型家长培养的孩子的自学能力最强，而且独立意识也很强。他们性格和善，有利于交流学习。

有些家长说，自己与孩子之间有代沟，难以建立民主型的家庭氛围。再则，自己的父辈就是专制型的，受其影响太深，自己想改变太不容易了。其实，家长想要转变类型，可以通过以下办法去实现。

适时放手

民主并非宽松，而是适时放手。例如，先对孩子提出学习上的要求，然后放手，让孩子通过自己的努力变得成功。这有利于孩子养成自学的习惯。

一个孩子学习骑单车，起初只骑几米远，就会向一侧歪倒。只能单脚站在路上，然后再试着重新往前骑行。此时，爸爸会在后面保护他，给他提出要求。之后爸爸教他上车的技巧，以及控制车速时应该怎样刹车。待孩子可以骑行很长一段路后，爸爸则让他自己锻炼。慢慢地孩子就学会了骑单车。

这就是适时放手的做法。当孩子对学习方法不了解时，家长提出严格的要求。待孩子已经掌握了骑行的技巧时，则放手让孩子自行练习，充分体会自学的成就感。

要改变习惯和性格

一些家长无法建立民主型的家庭氛围，问题大多出在习惯与性格两个方面。家长的习惯大多来自对原生家庭的传承，所以当下的一些家长依旧继承了父辈专制的习惯。一些没有继承的，却走向了放纵的极端。这对培养孩子自学能力是不利的，所以这些家长要先改变习惯。

家长性格可分为：民主型、保守型、自我中心型。在这几种性格的家长中，保守型的家长和自我中心型的家长都容易专制。只是前者因保守，对孩子学习的要求一成不变，很难转化成孩子学习的动力。后者容易按照自己的想法去变化对孩子的要求，让孩子无所适从。所以这两种家长的性格要向民主型转变，才能有利于孩子学习。

和善与坚定并行

孩子小，在学习方面自控能力差，但是他能听明白许多道理。当家长面对孩子不学习时，应该先讲道理。例如，孩子玩手机时间过长，家长没有必要非得抢过来，放在孩子拿不到的地方。你可以给孩子讲手机的利与弊，孩子也懂趋利避害，但是好玩是孩子的天性，父母可以与孩子一起制订玩手机游戏的规则。例如，一周玩几次、每次多长时间。如果违反规定有什么惩罚，并且坚定地执行。对待学习也可采用此法，这种方法简称"民主议事"。议论的过程是和善的，但是执行必须坚定，这有利于培养孩子的责任意识。责任才是孩子学习的关键推动力。

边界清晰

所谓边界清晰，就是要给孩子足够的独立思考和学习的空间。把孩子看成和自己平等的人，但是又不能在孩子犯错误的时候不闻不问，可以适当批评，让孩子明白是非。

环境造就人，家庭氛围就是孩子成长中接触最多的环境。家长积极的影响，不仅能让孩子喜欢学习，还能收获健全的人格，给学习提供更多的助力。

用图书馆的学习氛围激发孩子的学习兴趣

孩子在家看书，很容易心浮气躁和焦虑。没有人陪伴，一个人太孤独，缺少交流和互动看不进去。家里有人，又总是受干扰。此外，导致无法专心学习的事情太多了，孩子只要稍不留神就会精神溜号。

有些家长说"心静自然凉"，希望孩子提升定力，其实这是强人所难。就拿我们自己来说。疫情期间，一些人居家办公，打字的时候也很难控制住自己不听音乐或去做其他事，更何况是好奇心极强的孩子了，所以有些家长选择带孩子去图书馆。

在图书馆，我们会发现，即便是一个不爱学习的孩子，都会降低自己的音量、停止玩耍，并找一本自己喜欢的书去读，久而久之，就养成喜欢学习的习惯。这就是环境对人的影响。可是现在，许多图书馆都关闭了。家长可以通过给孩子营造类似图书馆的学习氛围，激发孩子的学习兴趣。那么，我们究竟该如何做呢？

不要做干扰孩子的事情

小东在房间里学东西。妈妈和好友在客厅里闲聊。因为妈妈和好友们说话的声音很高，小东就戴上了耳机学习。过了一会儿，妈妈可能是想彰显小东懂事，便叫小东帮她洗水果。见小东迟迟不动弹，就过来数落小东不懂事。

"我戴耳机没听见。"

"那就现在去啊。"

小东只能放下书本，去洗水果。小东把水果送到妈妈的好友们面前时，几个阿姨都夸小东懂事，然后询问他的学习成绩、兴趣爱好。小东想马上离开，但是碍于妈妈的面子，只能和几个阿姨聊天。等几个阿姨走后，都晚上十一点了。小东只能熬夜看没看完的知识。第二天上课的时候昏昏欲睡。

类似小东妈妈的家长有很多。他们认为自己在客厅聊天，不会影响到孩子的学习，实则不然。此外，还有一些家长总以为，家里来了客人，孩子不出来打声招呼是很不懂事的行为，所以主动去干扰孩子的学习。这样的行为必然会影响孩子学习的专注度。因此，家长在孩子学东西的时候，要尽量减少干扰孩子的行为。

打造温馨的环境

一些家长看到温馨一词，首先想到的是孩子房屋的采光、色彩、装饰物等，其实这只是温馨的一小部分，它还包括家长的情绪、共情力、价值观等。尤其是共情力，家长若是不能站在孩子的角度去思考问题，而是一再指责和说教，不仅会影响孩子的注意力，还会干扰孩子的情绪。孩子若是情绪浮动很大，就很难专心致志地看书了。

一个孩子最喜欢看漫画书，可是妈妈认为漫画书对其学习没有一点帮助。不如学习国学，例如，《千字文》《三字经》等。孩子背诵《三字经》的时候说："我写作文时从来没用过这么短的句子，学它就是浪费时间。"

可是家长就是让孩子背诵。孩子不仅不背诵，还把书扔进了垃圾桶。

对于妈妈来说，《三字经》是很好的育儿读物，但是孩子并不认为它好，并说出了不认可的理由。要是有共情力的家长会给孩子解释《三字经》的意思，并告诉孩子使用的方法。如果孩子还是不愿意学，则没必要强迫。因为这毕竟不是孩子必须掌握的知识，学习只会引起孩子的反感。

反之，如果家长有共情力。可能会帮孩子找一个漫画版的《三字经》。这样的读物市面上很常见，不仅有图画，还有拼音，以及相关的小故事，孩子自然会喜欢读。如果孩子依旧不喜欢，则要尊重孩子阅读上的爱好，毕竟很多经典的文学作品都是通过漫画的形式展示的。例如，《小王子》《爱丽丝漫游奇境记》等，能丰富孩子的想象力。

要是家长没有共情力，不仅无法通过交流让孩子爱上学习，还可能会引发孩子对学习的抵触情绪，更不利于孩子学习。

为孩子准备独立的房间

如果我们不想打扰孩子学习，就应该给孩子准备一个独立的房间。房间的内饰可以仿造图书馆去布置。例如，按照孩子的身体条件，给孩子配备合适的桌椅。孩子看书时很舒服，才不容易分神。配备合适的光源。因为暖光灯比日光灯的光线柔和，所以孩子看书眼睛不容易疲劳。此外，暖光能让房间的氛围看上去安静舒适，能让孩子静下心来学习。给孩子配备一个书架，或者带有书架的学习桌，可以让孩子将学习的书摆放得更有条理性，提高孩子的学习效率。不要在房间里放入太多孩子喜欢的东西，因为这些东西会影响孩子的注意力。孩子的房间像图书馆那样既温馨又朴素就可以了。

陪孩子一起学习

不爱看书的孩子进入图书馆也会找本书看，那是因为身边的人都在看书，孩子喜欢模仿，也会拿本书看。现在，孩子看书的场地变成了家里，要是家长拿本书看，孩子也会受到影响，愿意看书。

不要催促孩子

有些家长看到孩子看书时磨磨蹭蹭，就忍不住催促孩子。其实孩子做事的节奏跟我们不一样，我们不能强求他们马上进入状态。

兼顾效率

家长给孩子打造好学习环境后，还应要求孩子提高学习的效率。孩子集中精力高效率地看书，收获的知识才会更多。

家长帮孩子营造了有利于学习的氛围，孩子才可能心无旁骛地学习，而且慢慢会养成专注的好习惯。专注是学习的必要保证，会助孩子实现更高的目标。

带孩子去科技馆，让好奇心引领孩子探寻知识

我们想要提升孩子的学习热情，带孩子去科技馆也是一个很好的办法。孩子会对丰富多样的科技产品产生好奇心。我们可借此来调动他们对科学探索的兴趣。那么，具体应该怎么做呢？

尊重孩子的每一个提问

孩子在家也总是喜欢问问题，是因为他不懂的事情太多了。这个时候家长千万不要表现得十分不耐烦。而是要借此机会让孩子多动脑思考和学习相关的知识，这样刚好能满足孩子的好奇心。

我们尊重孩子的提问，因为这些提问里藏着他想知道或研究的事物。我们可以通过解答让他们直接获取知识，也可以告诉他们获取知识的办法，调动他们自主学习的热情。

把大自然当成一个科技馆

大自然的许多现象都会引起孩子的好奇心，这个时候家长可以把大自然当成科技馆。自己扮演讲解员的角色。例如，孩子问天为什么是蓝的？月亮为什么有时圆，有时缺？青蛙没有鳍，为什么能长时间在水里游泳？

对于很小的孩子来说，这些现象就能调动起他们的好奇心，从而知道大自然的奥妙。

把科学运用到生活中

现在，孩子了解科学知识的渠道太多了。例如，电影、电视、书本等。如果他们知道科学对生活的帮助，会更喜欢探索科学。

有一本图书叫《细菌世界历险记》，以故事的手法讲述了容易产生细菌的环境、细菌的种类以及细菌顽强的生命力。一个孩子读了以后，会去清理家中的洗手池。生活给了孩子尝试使用科学的机会，这也会调动孩子对科学的好奇。

让孩子看到科学的作用

一个孩子梳头的时候，头发飘了起来。这让她大吃一惊。急着问妈妈这是什么原因。妈妈告诉她是梳子和头发的摩擦产生了静电，才会如此。

"怎么才能让静电消失呢？"孩子问。

"用喷壶给梳子喷点水，就能防止静电产生。"

孩子给梳子喷完水后，尝试梳头，头发果真没有再飘起来。

这让孩子觉得科学十分神奇，从而喜欢上了科学。

给孩子一个正确的引导过程

有些家长无法回答孩子的发问，采用了沉默或敷衍了事的方法。这相当于往孩子刚燃起的求知欲上浇水，孩子很可能会因为你的态度，不再向你发问。

正确的引导方法应该像拉姆塞的爸爸一样。自己不懂的知识让孩子查找相关资料。要是资料上没记载，让孩子自己研究。如此才能把孩子的好奇心转化为求知欲。

新鲜事物的刺激

家长为了让孩子保持旺盛的求知欲，可以带孩子去科技馆体验不同的事物。例如，新的机器人、新的游戏等。孩子对新鲜事物的好奇能促使他探索新的知识。

鼓励孩子多实践

有些家长面对孩子提出的科技问题，只会让孩子去查阅书本，可是有些知识书本上根本就没有。因此家长还要鼓励孩子多实践，这样才能更好地培养孩子的钻研精神。

家长调动孩子学习的积极性的过程就如同挖掘宝藏。家长需要精心探索，若浮躁、粗暴，很可能扼杀孩子的求知欲，这会影响孩子创造力的形成。

参加学习小组，吸取他人所长

　　"小组合作学习"是一种全新的教学模式。它可以通过成员之间的互相影响，提升学习兴趣，吸取他人所长。尤其是能提升中等生和后进生的信心，有利于孩子的长久发展。家长为了让孩子有一个良好的学习氛围，应该让孩子参加学习小组。

　　下面我们就来看看，学习小组在提升孩子自主学习能力方面的优势。

组建方式

　　小组成员要依据学习能力、知识构成、智力状况、心理素质、性别、兴趣爱好等方面进行综合评定，然后根据优势互补的方式进行分组，每一小组4人，优等生、学困生各一名，中等生两名。小组组成后，由老师明确每一个成员的责任，要突出每一个成员的长处。例如，学习好的学生不能只对自己的学习负责，还有帮其他学生进步的责任。兴趣爱好广泛的孩子，也应带领其他学生放松身心。

为了防止群龙无首的现象，老师要在成员中选拔小组长。这个小组长一定要是责任心、号召力和协调能力都很强的学生，让他去与老师联系，并协助老师管理成员。其他三名成员分别担当副组长、纪律委员、发言人。组内分工落实后，老师要是发现某位成员不适合，可根据大家学习的情况进行调换，以提升孩子学习的积极性和责任感。

培训工作

老师会定期对小组进行培训。在培训过程中每个成员应该做到以下几点：

第一，能把自己学习的心得体会，用清晰的语言表达出来，并与其他成员交流；第二，认真聆听其他成员的意见，在别人的意见中得到启发，收获更多的知识和学习方法，养成善于归纳总结的好习惯；第三，学会质疑，能很好地表达个人观点；第四，对别人的观点能够更正、补充，使其更加完善；第五，吸取他人所长兼容并包，以开放的心态学习。

此外，培训工作还会按照学生的年龄段，安排不同的培训项目。例如，低年龄段训练听和说的能力，中年龄段注重理解力的培训，高年龄段锻炼独立思考的能力。

小组合作的学习时机

小组合作学习是否高效，与合作时机密切相关，这要由老师合理把握。例如，小组成员掌握了一定的学习方法，但是遇到了一个他们解决不了的难题时，老师则应该通过小组合作的方式来解决。孩子们面对一个开放性问题时，意见有分歧，老师应该通过小组合作，让孩子们拥有更多的见解。对知识进行整理复习时，老师可通过小组合作的方式，来提升孩子们的学习效率。进行发散思维训练时，也可以采用小组合作的方式，让学生们集思广益，共同提高。切忌让小组中的优等生一直发言，这样有些成员难免会有依赖性，反而不利于学习。在诸多合作中，为了防止优等生一直发言的现象，老师要鼓励其他成员发言，并帮助他们建立自信，让他们相信自己一定会赶上优等生。

有效的反馈

学生想要让学习更加高效没有及时的反馈是不行的。因此，学习小组采用学生自评、小组互评、教师评价的方式，进行反馈。学生自评，是由学生说出自己的不足和改进的办法，这对其他学生来说也有借鉴意义。小组互评在学生自评以后进行，每组成员之间进行互评。因为他人的评价更客观，有利于孩子及时改正自己身上的不足。教师评价应以鼓励为主，指导为辅，它对学生学习有着不可替代的作用，它能使学生对学习的自信心得以增强，并主动去改正自己的不足。

让良好的学习氛围带动孩子自主学习

孩子的学习离不开交流。交流使孩子快速掌握别人的学习方法和思路，解决问题不仅灵活，而且高效。要是总是自己摸索，有时难免走进思维的死角，进度缓慢，从而影响学习的动力。

鼓励孩子寻找学习伙伴，孩子学习效率更高

说起孩子的自主学习，大多时候，都是孩子自己默默地坐在电脑桌前的场景。虽然一个人学习有不受外界干扰的优势，但是学习对于许多孩子来说，是一件压力重重的事情。比起父母的陪伴，他们更愿意找一个志同道合的伙伴一起学习。

对于孩子来说，伙伴不像父母那样权威，会催促和指责自己，也不会因为对自己所学知识不了解而乱指毛病，让自己紧张，影响学习进度。此外，伙伴之间有共同语言，沟通时可起到减压的作用，让孩子的学习状态更轻松，可以提高学习效率。

但是我们在帮孩子挑选学习伙伴的时候，还是有几点事项要注意。

伙伴要适合

孩子拥有一个合适的学习伙伴，能提高学习的积极性，养成

良好的学习习惯。反之，如果不适合，就可能让孩子变得贪玩、厌学，反而影响学习成绩。

找一个可以相互促进的伙伴

王亮是一个6岁的孩子。有一天他在网上做老师留的作业，题目是：说说自己的理想。

"又是说说理想，真老套。"王亮抱怨说。

"那你是写还是不写啊？"妈妈问。

"当然得写。"王亮笑着说。

过一会儿，妈妈看见王亮写下"种太阳"三个大字。妈妈没有批评王亮这种敷衍了事的态度。她想孩子毕竟才6岁，根本就不知道什么叫理想。

可是，不久后，老师在线上分享了优秀作文，是于淼小朋友写的。内容是：我希望全世界的病毒都能聚集在一起，组成一个哥斯拉那样能看得见的小怪兽，然后由警察用冰封枪把它冷冻上，让它吸收不到能量，慢慢死去。

一位家长评论说，孩子想到了疫情在多地暴发的事情，想要集中解决，这种大情怀十分难得。

王亮也看到于淼的作文了，于是主动更改了自己的作文。他写道：我希望疫苗像根薯条，大家只吃一根就能防御病毒。这样就不用去防疫站打三针疫苗了，也不必担心病毒会变异。

妈妈发现，于淼对儿子的促进作用，远比自己的要求和批评重要。因为孩子也有攀比心理，通过在学习上攀比，借鉴其他孩

不上补习班，孩子也能自主学习

子的思路，使孩子得到更好的提高。因此家长应该给孩子找一个可以相互促进的伙伴。

可互补

许多孩子偏科，因此家长要给孩子找一个可互补的伙伴。这样当孩子面对不擅长的科目情绪低落时，伙伴会以积极的心态鼓励他提高，并给他提供办法。反之，两个孩子很有可能一起抱怨，消极的情绪会相互传染，不利于共同进步。

有反馈

孩子学习上的不足，有时需要伙伴的反馈才能看清楚。因此，我们要给孩子找一个肯指出自己缺点的朋友。例如，孩子学习不够专注，有朋友的提醒，就会有所改善。

主动探讨问题

再优秀的孩子，也总会有不会的问题。此时孩子身边如果有伙伴，要告诉孩子不要因为害羞而不好意开口去问。伙伴帮助你其实对他来说也是一次学习的机会，还能增进彼此的友谊，更有利于以后的共同学习。

要有规矩

孩子之间定规矩，会起到互相监督、互相竞争的作用。例如，两个孩子约定每天要背完50个单词才能一起玩耍。他们就会为了这个规矩而努力，而不会因为没有规矩，没有凝聚力，各自为学。

独自学习有时会让孩子感到无聊、无助，难以集中注意力。而学习目标一致的孩子坐在一起，则非常容易进入学习状态，为高效率的学习提供保障。

第七章

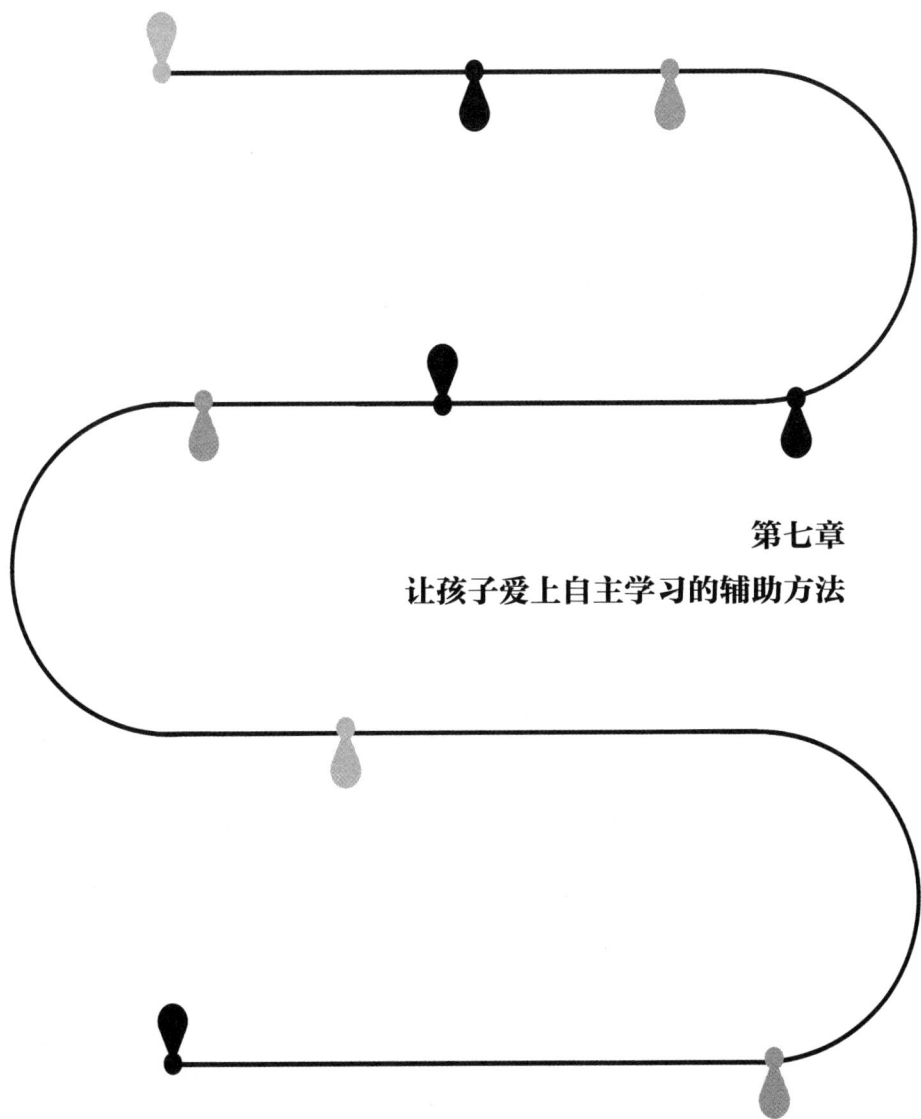

让孩子爱上自主学习的辅助方法

带孩子参加知识竞赛，激发孩子的学习热情

王东每次看《中国诗词大会》的时候，就会想起他为激发女儿彤彤的读书兴趣，给她举办的知识竞赛。其实那也不算什么竞赛，就是把街坊邻居的孩子召集到家中来。由他来给他们提问题，谁回答的问题多而且准确，就能获得他准备好的奖品。

孩子们为了奖品争先恐后，跃跃欲试。王东先出了一个灯谜，彤彤很快就猜出答案了，但是随后王东出的科学小常识，彤彤没有回答上来。王东知道她心里一定很难过，就考了他们一道历史常识题，因为不难几个孩子都会。最后，王东让几个孩子说唐宋八大家都有谁。

这下没有一个孩子能完全答对了。王东只能按照他们说对的个数给分了。彤彤说对了4个，和她同龄的几个小伙伴答对5个，倒是年龄最小的男孩答对了7个。

王东把最高奖一支钢笔给了年龄最小的男孩，余下孩子每人一个笔记本。彤彤非常不服气，此后看书都十分仔细。在后来的

一次比赛中，也获得了一支钢笔。

　　王东举办的知识竞赛只设置了一个知识问答环节，与真正的知识竞赛相比，减少了知识比拼环节，但是对孩子的益处并非只有激起孩子看书的兴趣，还有以下诸多好处。

养成良好的看书习惯

　　案例中彤彤以前看书囫囵吞枣，所以第一次竞赛失败了，此后她看书则变得精细了。这就是养成了看书的好习惯。关于看书的好习惯还有很多。例如，全面，就是每一处都兼顾，因为孩子忽视的知识点考试的时候很可能出大题。再就是要做读书笔记，把最重要的地方摘抄下来，以防背诵的太多，记不住或记混，不利于答题。

提升记忆力

　　竞赛能帮助孩子提高阅读时的注意力，因而提高记忆的效率。此外，竞赛考得知识面很广，需要孩子记住很多知识，孩子为了记住这些知识，也会选择最适合自己的记忆方法，来提高记忆的效率。

提高反应速度

　　许多知识竞赛里都有抢答环节，孩子反应慢，就算会答也会失败。这就要求孩子锻炼反应速度，竞赛使孩子的反应速度得到提高。

提升判断力

在知识竞赛中，有些题并非一定要知道答案才能判断答案，其实擅于推断也能选对答案。例如，我们可以根据诗歌的风格来推断出自哪位诗人的手笔。

扩展知识面

有些知识竞赛，考察的内容可以用包罗万象来形容。这就要求孩子上通天文、下知地理，还要懂风土人情。就算在考察单一知识的知识竞赛中，孩子也要扩展知识面。例如，《开门大吉》是档听旋律猜歌名的节目，播放的旋律横跨几个时代。孩子想要获胜，就不能只知道当下的歌曲。

锻炼语言表达能力

在比赛中，选手要准确表达自己的意思，才能得分。获奖了，还要能够流利地说出获奖感言。整个比赛过程都在锻炼孩子的语言表达能力。

提升学习的兴趣

有些知识完全不能调动孩子的学习兴趣，但是换成知识竞赛的形式，孩子就会积极参与。例如，一所学校举办了一场交通规则知识竞赛，吸引了许多学生参加。以前老师给孩子们讲安全方面的知识，孩子们昏昏欲睡，根本无法达到提高孩子安全意识的目的。

关于知识竞赛的好处还有很多，就不一一列举了。就家长最关心的问题——孩子的成绩来讲，竞赛就是一次有声的考试。孩子在考试中要具备的素质，在知识竞赛中都能得到提高。因此，家长要鼓励孩子参加知识竞赛。

让孩子学会独立自主，主动选择学习

我们如果从自主学习的角度来讲，让孩子学会独立自主，远远胜过当第一。为什么这么说呢？因为独立自主是指孩子在思考、学习、运动等活动中不依赖和追随别人，能够独立地完成某件事情或进行某项活动。独立自主是一个人人格健全的表现之一，它对孩子的学习、生活以及成年后的事业和家庭都有非常重要的影响。

孩子的独立性主要体现在学习和生活两个方面。其实生活也是一种学习，要是孩子不会生活，只会学习，学习也将受到生活的影响。

一位家庭环境很好的孩子，上初中后，住进了寄读学校。因为嫌宿舍的环境不好，让父母给他换单人宿舍，父母找学校的领导商量，没有得到校领导的同意。孩子于是和家长恼气，不去学校学习。

生活中像案例这样的事情太多了，都是孩子缺少独立自主能力造成的。案例中的孩子如果独立自主能力强，应该知道怎么去克服宿舍条件不好的情况，而不是与父母怄气，不去上学。这样的孩子就算成绩很好，等他以后进入职场，也未必能把工作做好。

一个没有独立自主能力的人，在选择行业时也会迷茫无助，让所学的知识没有用武之地。为此，我们培养孩子独立自主的能力，对孩子的自主学习来讲尤其重要。下面，我们来看，培养孩子独立自主能力的方法。

了解问题的实质原因

当孩子遇到问题的时候，先让孩子说清楚问题是什么，然后帮孩子分析问题产生的实质原因。这样他会对问题有更加清楚的了解。这是解决问题的前提条件。

让孩子自己想解决办法

孩子对问题束手无策的时候，家长不要急于给出答案，而是要引导孩子思考解决问题的办法和途径。也许孩子好久才想出一个办法，但是办法却不够聪明，家长这时也不要去指正，而是要让孩子去尝试。孩子在尝试的过程中会发现更多的办法，这对锻炼孩子的独立思考能力来说非常的重要。

方法对比

孩子面对同一个问题会想出几个方法，我们可以让孩子给这些方法列一个清单。让孩子总结这些方法的优缺点，然后做出决策。孩子经过了比较阶段，对于解决问题的思路会有一定的了解。

尝试

一个办法到底好不好，纸上谈兵是不行的，必须让孩子亲自去尝试。孩子尝试后，方法可不可行，带来的后果能不能承担，自己就会一清二楚。要是不行，就换一种方法去尝试。例如，一个孩子用只背英语作文的方式去应对阅读理解，后来发现没有专项训练，错误率极高，于是自觉专门训练了阅读理解题。

孩子采用以上方法多次解决问题后，慢慢就会养成一种习惯，就是遇到事情不会再找他人，而是能够自己独自去解决了。

孩子在自学的过程中会遇到很多问题。例如，不会的题没有人可以询问、没有伙伴陪伴、缺少学习工具等。一个有独立自主能力的孩子，就不会因为这些问题而影响学习。例如，遇到不会的题可以在网上查找答案；没有学习工具，可以找能代替的东西。

一个有独立自主能力的人才会在学习中根据自己的需要，有目的地学习知识，从而提高知识的使用率，也更容易得到好成绩。

鼓励和批评要适当，才能不影响学习的动力

当下，有些家长崇尚鼓励教育，觉得这样会让孩子充满自信。其主要原因之一，是看到了批评教育对孩子造成的沉重打击。例如，许多心理脆弱的孩子会因此一蹶不振。但是任何事情都有两面性。孩子小的时候不谙世事，会经常犯错，如果父母只是鼓励却不批评，孩子就不会悔改，难免会给自身带来伤害。所以，我们既要鼓励孩子，也要批评孩子。最为关键的是要适当。我们先就大多数家长常用的批评来说，何谓适当。再来说，家长如何鼓励孩子适当。

批评要分清犯错的原因

就孩子犯错的原因来看，可分为两大类：有意犯错、无意犯错。有意犯错是能力足够却犯错。无意犯错是能力不足或暂不了解当下所做的事。要是孩子无意犯错，家长不要求全责备，而是

要给予原谅。例如，说："没关系，下一次你就会做好的。"

要是孩子有意犯错，这在学习上属于态度问题。这个时候家长则应该对孩子进行批评。

但是批评不等于责打，它也可以是态度温和的，让孩子知道自己错在哪了，并指出改进的办法。若是责打，孩子很可能会失去自信或者变得叛逆，甚至放弃学习。

许多家长的批评方式并不是对孩子的指正，而是自己怒气和不满的宣泄，所以给孩子带来的只是伤害。

因此，我们对孩子进行批评时，一定要分析清楚原因，再辅以解决的办法，孩子才能愿意接受，并通过改正有所提高。

鼓励要分清对象

有些家长认为鼓励就是表扬，其实它们针对的对象是不同的。鼓励是针对态度和过程的，表扬是针对成绩和结果的。如果我们用错了，会产生与我们想象的完全不同的结果。美国著名心理学教授卡罗尔做过一个实验，就是表扬一些五年级的学生说他们聪明，在实验中这些孩子会认为成功与天赋有关，与努力无关，所以不愿意挑战困难，一失败就心灰意冷。所以家长一定要分清鼓励针对的对象。

此外，家长的鼓励也不要太空泛。例如，孩子的作文写得很棒。我们在夸奖孩子写作用心的时候，应该告诉孩子，他是细节写得好，还是语言流畅，这样孩子才会明确自己要努力的方向。

"金无足赤，人无完人"，何况还是处于成长阶段的孩子，所以我们对孩子的批评和鼓励应该采取适当的原则。这只是调动孩子学习积极性的外力，要想让孩子真正不怕学习中的困难，我们还要教会孩子正确看待指责。如果孩子理解父母的指责大多是因盼望自己快速成长而来，或者知道自己的行为会给自己带来严重的伤害，因而家长给予了严厉的斥责，孩子就能悔改了。孩子理解父母指责自己的原因，就能坦然面对指责了。

　　批评与鼓励在孩子的学习中，任何一方面都不可缺失。有时还可以综合利用。如，在鼓励孩子的时候，指出孩子不足的方面，能让孩子更全面地成长。

引导孩子正确看待成败，不因心态影响自学

不久前，一位家长跟我提起她的孩子，说孩子平时学习努力、认真，每科都想做班上的第一名。有些科目已经是第一名了，却还在追求更高的分数，有"完美主义"的情结。但是孩子脾气不太好，尤其是周边的人指出他的不足之处时，他会愤怒或哭喊，真是玻璃心，一点也经不起失败和挫折。

其实，这样的现象在孩子身上十分常见，尤其那些被溺爱的孩子更普遍存在这种现象。家长想要改变孩子的这种行为，就要分析孩子心理脆弱的原因，并想办法提高孩子的心理承受能力。

家长的溺爱

很多家长溺爱孩子，不希望孩子受到一点委屈，总是给孩子最好的东西，常常夸奖孩子，让孩子长期处在安全的环境下。所以当孩子遭受挫折时，会一下子受不了。

让孩子爱上自主学习的辅助方法

浩博5岁时，就会背很多成语和单词，是家人和邻居口中的神童。浩博的爸爸妈妈引以为豪，很少训斥浩博，对浩博百依百顺，尽可能满足浩博的一切愿望。浩博参加了一个小主持班，班级举行小主持人大赛的时候，浩博因为忘词，被观看的小朋友奚落。下台后，浩博接受不了自己的失败，陷入了过度的自责和焦虑中。

孩子之所以会因为受挫过度自责焦虑，主要原因就是以前很少遭受失败和指责，这种落差感导致孩子一时难以接受。

给孩子的压力过多

家长望子成龙，所以给孩子设定了超出他能力的目标，并施加太多的压力要求他完成。孩子但凡犯一点错，都会担心自己因满足不了父母的要求而受到责罚，所以孩子在失败面前总是不知所措。

缺乏安全感

家长很少关注孩子，这让孩子变得极度没有安全感，因此在挫折面前，孩子想通过哭闹来表达自己的恐慌和无助。

我们想要解决孩子的上述问题，可以参考以下方法。

让孩子正确看待失败

先让孩子从时间的角度看待失败。人们常说水到渠成，不成是时间和努力都不够，所以可以过一段时间再看效果。经过一段时间的沉淀，可能就会成功了。再告诉孩子失败是一个相对的概念，你觉得自己不好，是对自己的要求太高了，并不代表你不好，要学会接受不完美。孩子能够正确看待失败，就不会因失败而影响学习状态。

正确看待人际关系

上述案例中的浩博之所以哭泣，一个主要原因就是没有正确看待人际关系。嘲笑自己的小朋友并不是自己的亲朋好友，嘲笑自己也情有可原。此外，很多小朋友没有上台经验，不能体会浩博的紧张，所以不必因他们的态度而有挫败感，最重要的是要努力学习，争取下次有良好的表现。

提升心理弹性

所谓心理弹性是指一个人面对挫折和失败时，能够承受的压力范围和摆脱困境的一种能力，又叫抗压能力。可以用弹簧来比喻，当弹簧受力后，要是能快速地恢复，说明弹性很好，要是不能恢复，则无法使用。因此，我们必须提高孩子的心理弹性。

据观察，心理弹性强的孩子就算身处困境，也能发挥主观能动性，找到对自己有益的东西，从而积极地面对，并化解学习或生活中遇到的难题，快速成长。那么，我们怎样才能提高孩子的心理弹性呢？家长可以借助以下几个方法去实现。

提升孩子的情绪管理能力

家长要提升孩子情绪管理的能力，先要引导孩子正确地表达自己的情绪，不是通过哭闹来解决问题，而是要表达内心的真实想法和诉求。如，孩子受到了不愿意接受的评价，家长要引导孩子分析别人评价自己的原因。有些人认为别人不够好，是因为没有发现别人的长处，所以不必过于计较。

帮助孩子形成正确的成败观

孩子成长的路上不可能总是顺风顺水，家长要让孩子明白不如意的事情会经常发生，甚至可以给孩子设置难度不大的障碍。例如，把孩子想要玩的玩具放在比较高的位置，让孩子够不到，看看孩子的反应，然后引导孩子想办法去取玩具。让孩子在尝试中认识成败，可增强孩子的抗压能力。

放手让孩子去尝试

家长对孩子要舍得放手，孩子只有经过锻炼才能提升韧性和独立性。例如，鳄鱼妈妈会把长大的鳄鱼赶出自己的领地，让它们独立觅食。这样小鳄鱼的捕食能力和抗挫能力才会得到快速的提升。

不是放任不管，而是适当帮助

让孩子大胆尝试，不是说放任不管，而是要尊重孩子的想法，让孩子按自己的想法去做。当孩子急需帮助的时候，家长不要袖手旁观，要给予必要的帮助，这样才会让孩子更有安全感，敢于独自面对学习和生活上的挑战。

我们引导孩子正确看待成败，应该从孩子学习和生活中的方方面面做起，并且从小做起。孩子小时候就具备良好的心理素质，这是获得优异成绩的基础。优异的成绩也会增加孩子解决问题的信心，这对孩子的成长来说是一种良性循环，会让孩子受益一生。

培养孩子的责任感，让孩子对自己的学习负责

如果我们想让孩子持久地学习，最关键的就是让孩子拥有持久的学习动机，这就需要培养孩子的责任感。培养孩子责任感的前期阶段是夸赞、奖励和兴趣爱好，后一个阶段是学习动机。

学习动机支配着学习者的学习行为，它的强弱能够说明学习者是否想要学习、乐意学什么以及学习的努力程度。心理学家还特别指出，所谓动机一般由内驱力和诱因两个方面的基本因素构成。内驱力是指有机体因为自身需要而产生的一种内部推动力，诱因是指有机体外部可以满足其需要的物体、情境、活动。

下面，我将结合自家孩子的成长过程，分享培养孩子持久学习动机的经验。

从我儿子的成长经历来看，小孩子起初的学习动机是内部、外部兼有的。好奇心就是他的内驱力，而家人、老师的口头夸奖和物质奖励则是孩子常见的外部学习动机。因为小孩子的好奇心

多且短暂，很难长久维持，所以主要依靠外部的夸赞和奖励来维持学习动机。

物质奖励是今天很多家长都在使用的激发孩子学习动机的方法。一位小学五年级的学生告诉我："我爸爸说如果这次期末考试我考到前三名，就奖励我去香港迪士尼乐园玩。"在我看来，这样的奖励并没有什么不妥，问题是家长需要了解，这些外部的刺激随着孩子的长大作用将逐渐变小。靠物质奖励去学习的孩子，一旦达到了目的，学习动机便会下降。此外，他们为了达到目标，往往会采取避免失败的做法，或是选择没有挑战性的任务，所以夸赞、奖励只是对激发学龄前儿童的学习动机比较有效。

兴趣爱好对孩子学习动机的影响，在他们上小学以前就已经表现出来了。当然，孩子上小学以后，他们的学习动机更多地受兴趣爱好牵引。兴趣爱好是一种内部学习动机，而且维持的时间比夸赞、奖励要长。一般情况下兴趣爱好对学习动机的维持时间会在几个月至一两年之间。当然，很多人也有陪伴一生的兴趣爱好。

爱因斯坦曾经说过："兴趣是最好的老师。"就是说一个人一旦对某个事物产生了浓厚的兴趣，就会主动去求知、探索、实践，并在求知、探索、实践中得到愉快的体验。不过，一个人一生可能会对很多事情产生兴趣，例如绘画、文学、体育、地理、医学、化学、书法、篆刻、历史等。所以孩子完全靠兴趣爱好去学习不仅持久不了，而且常常会产生"偏科"现象。

因此，让孩子选择持久学习的关键，就是培养孩子的责任感。责任感是一个人自我意识苏醒的表现，是他自觉主动地做好自己的事情的一种精神状态。

当一个孩子某天早晨醒来，突然意识到他们每天的学习其实就是为了自己，他们就找到了永恒的学习动机。曾经的学习动机要么靠边站，要么被责任感吸收进来了。

一个对自己负责任的孩子，会对学习充满热情。有兴趣的他们会学，没有兴趣，但是有需要的他们也会学；主要视自己的需要而定。

托尔斯泰曾说："一个人若是没有学习热情，他将一事无成，而热情的基点正是责任心。"

所以，家长培养孩子自学能力的终极目标，就是把孩子的学习动机从外在的夸赞与奖励、内在的兴趣和爱好，转化到责任感之中。

下面，我们来看，如何培养孩子的责任感。

第一，孩子的责任感不能通过说教去培养。当一名家长跟孩子说"你做事情要负责任"时，他们会把责任理解为对别人负责。要是说"活出你自己"，他们能做到的其实就是任性。所以应该以身作则，但是要加入说教。否则孩子会误以为某些事情，他要到成年后才需要去做。

第二，培养孩子责任感最有效的办法是从小让孩子做自己力所能及的事情，包括他们自己的事情、家庭中的部分公共事务、社会上的部分公共事务。但是目前溺爱孩子的家庭比较多，父母觉得现在孩子学习太辛苦，甚者比自己工作还辛苦，一心想着包办孩子的一切，让孩子除了学习读书、吃饭睡觉、锻炼身体之外什么都不做。其实，这种教育方式是在害孩子。让孩子从小就开始做他们力所能及的事情，是我们培养孩子责任心的必由之路，也是培养孩子主动学习的基础。

第三，不要只给孩子物质奖励，一定要从小向孩子传递责任感。孩子12岁以前，家长给孩子传递的责任感主要是让他们对自己的行为结果负责。我这里用的是传递一词，而不是灌输，是在强调家长的身教重于言传，家长自己要做一个对行为后果负责的人，时时处处做孩子的榜样。家长要鼓励孩子去做自己想做且能做的事情。当孩子没有做好时要鼓励他们继续尝试，当事情的结果不如人愿时要让孩子坦然面对。其实向孩子传递责任感，从另一种角度讲，也是在告诉他们需要承担做不好某些事情的结果，例如，学习不努力就要承担成绩不好的结果，玩太多电子游戏就要承担成绩下降和视力变差的结果。家长只有向孩子传递了责任感，孩子才会在兴趣爱好之外逐步拥有强劲的学习动力。

只要我们家长懂得以上办法，很大程度上就能帮助孩子拥有为自己行为结果担责的责任感。以上办法势必会成为学习的持久动力，影响孩子的一生。

目录
Contents

林小东的战争

1

林小东一年之内已经是第三次失业了。这对性格原本就刚烈的他来说,无疑是沉重打击。他在第三次失业后,在家里呆了好几个月,仍然没有去找新工作。每天他是吃饱了睡,睡醒了吃,过着浑浑噩噩的生活。可他越待越不自信,感觉迷茫,没有对未来生活的憧憬了。这可急坏了他的父母。

那天他母亲再次感叹地说:"你一个大小伙子,总待在家里也不是办法呀!"

林小东知道母亲不想让他待在家里,为他没有工作着急,发愁。他想母亲着急上火也是有道理的。他都是二十好几岁的人了,不能总让父母养着,在家吃闲饭,还得出去找份工作,自食其力才行。

林小东不想再到车间去当工人了。他认为在车间干活受约束,不自由不说,还容易犯错误被辞退,不如找份保安的工作。他认为保安这职业穿着干净不说,还不用出体力,不用动脑筋,就能挣到工资。再说这一职业也比较适合他的性格,一般情况下或许不会被辞退。

现在林小东真是有点担心找到工作后,干了没多久,再次失业。他已经承受不起再次失业的打击了。所以他想找份保安的工作。

虽然保安这职业工资不高,可想当保安的人也不少。当保安也是有条件要求的,不是什么人想当就能当上的。所谓的保安说白了也就是看门、护院的人。工作职责也就是看着单位的东西别丢失了,维护单位秩序。也有把保安叫门卫的。不管叫保安也好,还是叫门卫也罢,总之工作性质是相同的,这一工作的职责就是不让单位物品受到损失，带有防卫与保护性质。保安必须有制服来犯者的能力。所以单位在招聘保安时，首先就要看应聘者的身高与体魄。当然要是具有像少林寺和尚那样高超的武功就更好了。可具有那样高超武功的人也就不会当保安，而去给有钱的大老板当私人保镖了。保镖与保安还是有区别的，只是工作性质相似。普通保安一般身高要求在一米七之上，而还有一些单位要求身高在一米八之上的。

林小东身高只有一米六八，不但身高不符合当保安的标准，人还比较瘦，就算是应聘普通保安也不够条件。他先后去过几家单位应聘，都没有应聘上。他越是应聘不上，就越想当保安。他便去找在镇政府招商办的表姑帮忙介绍工作。

林小东的表姑叫孙德艳。

孙德艳是镇政府招商办的主任。虽然她认识的公司老板比较多，给林小东介绍个工作并不算是难事，可她并不想帮林小东介绍工作。因为她知道林小东是个游手好闲、工作中不思进取的人。她知道林小东不会是个好员工。但她也没有直接拒绝，怕伤了亲人之间的感情。她采取拖延策略，嘴上答应了，就是不见行动与结果。

林小东软磨硬泡了一段时间后，渐渐发现了孙德艳的策略，便让父母前去说情。林小东的父亲林正天和母亲张月蓝都是乡下人，以种地为生，憨厚，老实，不愿意求人。他们都不想去找孙德艳。可林小东威胁着说："你们不去找表姑帮忙，我就找不到工作，我找不到工作就只好在家待着。你们要是愿意一直养着我，那你们就养着。我是无所谓，不干活更好。不过，这可不是我不去干活，而是我没活可干。"

林正天和张月蓝思量来考虑去，认为林小东总待在家里也不是办法，还得让他出去工作。并不是他们养不起林小东，而是觉着林小东在家待着丢人。林小东都是二十好几岁的人了，整天待在家里，不出去工作，恐怕连对象都找不到，这样下去还不得打一辈子光棍呀。当然打光棍是小事，那也只是丢脸面的事情，可他们更怕林小东在家待着不学好，万一哪天心血来潮了，一时冲动，走上了犯罪之路，那可怎么办呀！他们左衡量、右思考后，还是厚着脸皮去找孙德艳了。

孙德艳很直接地说："我不赞成小东去当保安。看门这个活工资不高，也没前途。他应该趁着年轻，找个有技术的工作才行。"

林正天说："小东就想当保安，你就帮着介绍一个吧。"

孙德艳认为林小东不像当保安的人，也不符合从事保安这一职业的要求。林小东又矮又瘦的，哪个单位会招聘这样的人来当保安呢？这不分明是让她走后门吗。可话又说回来了，如果林小东身高过关了，那还用得着来找她帮忙吗？

张月蓝一个劲地说："他姑，你就帮一下吧。不就是找个当保安的工作吗，你当官，认识的老板多，来求你办事的老板也多，你说句话，那些老板肯定会给面子的。"

孙德艳看着林正天和张月蓝轻微叹息了一声，无可奈何地说："行吧，这个忙我帮。但也要等机会，没有机会也不行。"

张月蓝说："那要等多久？"

孙德艳说："这可说不准。"

林正天说："那好吧。"

张月蓝心里有点不高兴。因为她不知道会等多久，她想尽快让林小东出去工作，她一天都不想让林小东待在家里。待在家里就脱离了社会了，年轻人不接触社会怎么行呢？作为母亲，她为儿子的前程着急。

林正天也不是不着急，可着急也没办法，求人办事，不能追得过急，也得给对方运作的时间才行。

林正天和张月蓝回到家，林小东便追问事情结果。张月蓝说："你表姑答应帮忙了。"

林小东说："那我什么时间能去上班？"

张月蓝说："你表姑让等机会。"

林小东一听还让他等，就着急了。他认为孙德艳还是拖着不办，便不满意地说："你们催促我表姑快点办呀！我去找她，她也这么说。可我都等这么久了，还是没有着落呀！只是找个当保安的活，又不是找当官的职位，哪有那么难呀！"

林正天本来就不愿意去求孙德艳办这件事，他觉得求人办这事有损自尊与人格。当他厚着老脸去求了孙德艳后，看林小东还不满意，就非常生气。他恼怒地说："你还要不要脸，这么大的人了，找个保安的工作，还得去求人，你不觉得丢人吗？"

林小东哪能允许林正天这么说他呀。这不分明在贬低他，侮辱他吗？他反驳地说："这也怨你呀！谁让你生我时生得这么小呢。你要是把我生得大点，个子高点，你看我能不能找到当保安的工作。"

林正天没想到林小东会这么说，这哪里是儿子在与爹说话呀，这不是儿子在责备爹吗，这不是儿子在教育爹吗？他说："这事你得去找你妈，你要是怨也得去怨你妈，怨你妈的肚子太小，没让你长开。你妈的肚子要是大点，也许你在肚子里发育得就会大点，生出来个子也可能就不会这么矮了。"

张月蓝反驳道："你这话说得不对。你种子不好，还怪地里不长庄稼！"

林小东说："要么在我小时候，你们给我吃得不好，营养没有跟上，才这么矮、这么瘦的。"张月蓝说："你小时候可没少给你吃奶呀。跟你一起出生的孩子都停奶了，你还在吃奶呢。那些比你先停奶的孩子长得也都比你高呀。"

林小东笑了："不会是因为我吃奶吃多了吧？"

林正天说："你个子矮跟吃奶没关系，这跟你妈的肚子有关系。"

张月蓝说："你种子不好，还怪别人。你看小草能成为大树吗？黄豆能成为玉米吗？"

林正天不服气地说："我个子矮吗？我一米八六的大个子，在亲人中还有比我高的吗？可小东才一米六八，你能说他像我吗？我觉着他都不像是我的儿子。如果他像我，就算长不到一米八六的身高，怎么着也得长到一米七几吧。"

张月蓝听林正天这么一说，就急了。因为这话有侮辱她人格的意思，好像她与别的男人有婚外情似的。她生气地说："那你说，小东不是你儿子会是谁的儿子？"

林正天也来了脾气说：“我看像张瘸子的儿子，他的个头与性格都像张瘸子。”

林小东听林正天这么一说，真就蒙了。他知道母亲在与父亲结婚之前，还同张瘸子有过一段恋爱的经历。但那都是从别人嘴里说出来的。可今天是从父亲嘴里说出来的，并且父亲怀疑他是张瘸子的儿子，这也太意外了。天下哪有父亲无缘无故会说儿子是别人的呢。他斜着眼睛看着林正天疑惑地说：“你是说我是张瘸子的儿子？”

林正天没有接话。

张月蓝生气地说：“老不死的，你也真行，这种话你也能说出口。”

林正天觉着刚才说的话不对，有点过头了，沉默着。

林小东说：“如果我不是你儿子，你就走，别待在这儿。”

林正天反驳着说：“要走的是你，不是我。这是林家，张瘸子的儿子怎么能待在林家呢？林家没有义务养他的儿子。”

张月蓝说：“老不死的，你在胡说八道什么呀！”

林小东无话可说了。他脑子里闪现出张瘸子的身影，他认识张瘸子。张瘸子是他姥娘家村子里的人，林小东听人说起过张瘸子与母亲的事，但他没想到张瘸子会跟自己联系在一起。他脑子里嗡嗡的，总想着张瘸子。他出了屋，骑上摩托车，去找张瘸子了。

林家庄与张庄相距只有十几里的路程。两村之间是宽阔的水泥路，路面平坦而笔直。林小东把摩托车开得飞快，眨眼之间就来到了张家庄。

张瘸子正推着一独轮车废品吃力地往前走着。林小东骑的摩托车猛地停到了他身边，张瘸子被这突然的急刹车声吓了一跳。他放下手中的车把，扭过头，不解地看着林小东。

林小东骑在摩托车上，侧过脸，表情严肃地看着张瘸子。他们两个人谁也没有说话，也不知说什么，只是那么对视着。

张瘸子觉着林小东的眼神不正常，他不知道林小东为什么会用这种眼神看着他。当然他知道林小东是张月蓝的儿子，他看到林小东就会想起张月蓝来。

林小东看了一会儿，便发动了摩托车，骑着加速远去了。他没有回家，而是来到了姥娘家。姥娘与舅舅住在一起，虽然姥娘已经是八十多岁的人了，可眼不聋耳不花。她看林小东来了，脸上露出了慈祥的笑容。林小东往姥娘身边一坐说："姥娘，我问您点事呗？"

姥娘说："你说吧。"

林小东说："我妈与张瘸子两个人生过孩子吗？"

姥娘一听就生气地说："你这孩子，怎么能这么问呢？"

林小东又说："听说我妈年轻时喜欢过张瘸子，这是真的吗？"

姥娘不吱声了。因为她没法回答，也不想回答。

这时林小东的舅舅张月军从外面走进屋了。张月军已经听到林小东刚才说的话了，但他没有接话。他认为这都是过去的事情了，没有必要再重新提起了。

林小东看张月军进屋了，便问："舅，我妈真的喜欢过张瘸子吗？"

张月军回避地说："你问这干什么？"

林小东说："舅，你就说是，还是不是。"

张月军看林小东有打破砂锅问到底的意思，认为不说也不行，便说："你妈年轻时确实是喜欢过张瘸子，可他们后来就没有来往了。"

林小东说："那我爸是谁呀？"

张月军听林小东这么一问，还真就惊住了。他说："你爸就是爸呀。"

林小东说："我是说我爸会是张瘸子吗？"

张月军责备地说："你在胡说什么呀，这怎么可能呢。你听谁说的？这不是在胡说八道吗。"

林小东说："人家都说我长得像张瘸子，而不像林正天。也就是说我有可能是张瘸子的儿子，张瘸子有可能就是我爸，我爸有可能不是林正天。也就是说我有可能不是林正天的儿子。"

张月军说："谁说的？我去找他去。这不是在侮辱你妈吗？张瘸子是什么东西，你妈怎么可能与他生孩子呢。"

林小东说："舅，你跟我说实话，我爸是谁？"

张月军火了说："你爸就是你爸。你爸就是林正天！林正天就是你爸！你就是林正天的儿子。你听清楚了吗？"

林小东仍然不解地说："那我爸怎么会身高一米八六，我才一米六八呢？我们两个人的身高差距也太大了吧，可我与张瘸子的身高就差不多。"

张月军说："哪有用身高来鉴别父子关系的呀！"

林小东觉着张月军说的话有道理，便不多问了。其实他也不希望张瘸子就是他爸。因为他不想有个瘸子爸，更不想有个收废品的爸，那样他会觉着更丢人。

2

张瘸子原本并不瘸，很健康，腿脚行走也利落。他本名叫张三幸，是父母的独生子。在那个多子女的年代里，每家兄弟姐妹都很多，独子家庭却很少。张三幸家就排在特别家庭行列中，他家也是比较独特，与众不同的。他母亲在他年幼时就已经去世了，他与父亲相依为命。他中学毕业便参军去了部队，一米六八的身高，刚达到参军要求的标准。虽然他个子矮，但做事利落、勇敢，有股冲劲。他在全连队中是出了名的倔脾气。有一次，张三幸与一个东北兵闹不和，两人发生了肢体冲突，他因个矮，力小，吃了亏，恼怒之时，拿起枪就要开火。那个东北兵被吓得急忙跑开了，躲藏起来。

部队首长知道后，关了他的禁闭。在关完他的禁闭后，才找他谈话。首长指责说："对战友开枪算什么本事，有本事上前线去打敌人，立个功什么的，还能为部队争光。你对战友开枪只能给部队增添麻烦。"

张三幸说："上前线有什么可怕的！大不了一死。"

首长说："让你上前线时你可别哭。"

张三幸心想，和平年代，到哪去打仗呀，便满不在乎地说："哭啥！如果真能上战场，我还高兴呢。说不定我能干掉多少敌人呢。我想杀死敌人时的场景一定会非常壮观，心情也会很好。"

首长说："当兵就是要保家卫国嘛。"

张三幸说："那当然了。"

部队首长这时已经接到上级通知，部队将要开往云南前线了。张三幸所属部队将作为对越自卫反击战的先头部队。但这个通知还没有向部队全面传达，这是部队军事机密。部队首长看着张三幸，心想也许这是个好兵，战场上枪林弹雨，还真就需要不怕死的兵。

一九七九年中国对越南的自卫反击战打响了。张三幸所属部队被调往前线，成为第一批投入战争的先头部队。张三幸这时才知道打仗可不是说着玩的，战场上炮火无情，子弹没长眼睛，是要死人的。

因为张三幸他们部队是先头部队，对战场上的敌情掌握不够精确，轻视了敌人的火力，战斗非常激烈，许多战友都牺牲了。那位与他闹矛盾的东北战友牺牲了，找他谈话的首长也牺牲了。张三幸所在的连队在一次阻击敌人的守卫战中，坚持了两天两夜后，才被支援的兄弟部队换下来。他在这次战斗中左腿受了伤，进行了截肢，从此，他成为了瘸子。

在那次对越南的卫国战争中，军人用热血赢得了胜利与尊严，保卫了祖国的安宁。国家与人民没有忘记从战场上凯旋归来的英雄军人。

张三幸复员回到村里后，村领导对他很关照，安排他在村里的小学校当门卫，每月都发工资。可张三幸性子直爽，说话不计后果，总得罪人。他与学校领导不合，一气之下，自己就不干了。他用收废品的收入来维持生活。因为他是瘸子，又是独身一人，加上当过兵、上过前线的经历，方圆几十里村庄的人都知道他。

张三幸的父亲在一次刷墙时，被石料伤着了眼睛，双目失明了。张三幸每天除了收废品，还要照顾父亲的生活。

张三幸虽然没有结过婚，但他也渴望女人。他曾经与张月蓝有过亲密交往，但那是一场花开花落没有果实的结局。

虽然青春早已逝去，但在张三幸的心中，依然存有张月蓝的影子。他看到林小东时，就不禁会想起张月蓝。他想如果当初与张月蓝结婚了，孩子是不是也应该长这么大了呢？林小东的表情再次搅动起张三幸感情的湖面。

张三幸的情感之水被再次搅动起来。

张三幸回到家中，把小推车往院里一放，便进了自己的屋里。他躺在床上，吸着烟，想着心事，他眼前重现出林小东的眼神。那眼神让他不安起来。他又想起了张月蓝。

张三幸与张月蓝确实有过一段相爱的经历。二人相爱时，张三幸还没有当兵去部队呢。那时张月蓝的家人认为张三幸家境太穷，都执反对意见。张三幸为了证明自己可以改变现状，有能力过上幸福生活，才下决心当兵去部队的。他本想到部队锻炼一下，复员后能找份好工作。可他怎么也没有想到能上前线去了。他从部队回来不仅没有找到好工作，还成了残疾人，便拒绝与张月蓝交往了。他不想让张月蓝跟着自己受苦。

张月蓝并没有因为张三幸成为残疾人，就中断了交往，她反而认为张三幸更值得爱了。因为张三幸是上前线受的伤，他是为了国家，才成为这样的。但她的家人绝对不允许她和一个瘸子交往。张三幸健康时家人都不同意，现在成为瘸子了，就更不同意了。

张月蓝与张三幸之间出现了一条悬崖，悬崖把他们分开，只能隔崖而望，谁都无法跨越。张月蓝后来嫁给了林家村的林正天了。

林正天知道张三幸这个人，张三幸也知道林正天，但两个人没有来往，也没有说过话。他们彼此只是在心里关注着对方。因为他们之间有一个女人做引线，这个女人就是张月蓝。张月蓝是林正天现在同枕共眠的女人，也是张三幸从前爱过的女人。林正天与张三幸都因张月蓝而伤情，感怀。

张三幸当然知道那都是过去的生活往事了。

他在屋中待了一会，体力得到了恢复，就想到街上走一走。他平时就不愿意待在屋中，一个人待在屋中有与世隔绝的感受。虽然他是独身生活，可他怕孤独。他经常在街上闲逛。他才来到街上，张月军就迎面走过来了。

张月军平时与张三幸没有来往。刚才让林小东那么一问，张月军觉着受到了极大侮辱似的。他用眼睛狠狠地瞪着张三幸。

张三幸没想到张月军会用眼睛瞪他，心想自己也没有招惹张月军呀，他为什么瞪自己呢？这不是欺负人吗。虽然张三幸腿脚不好，可自尊心很强，也要面子。他便说："眼睛是用来看路的，不是用来瞪人的。"

张月军说："我瞪的不是好人。"

张三幸说："你有眼无珠。"

张月军说："你真不要脸，事情都过去那么多年了，你还想着我妹妹。"

张三幸说："我还想你老婆呢！"

张月军说："你想谁都是白搭，也只能是光棍一条。"

张三幸说："没准你老婆还想我呢！"

张月军气愤地朝张三幸走过去。张三幸并不惧怕，迎着走了过去。他们两个人的争吵引起了周围人的注意，大家同是一个村的，知道两家人有过节，可也不希望看到两个人打起来，便过来劝架。张月军说："你们评一评理，哪有这么不要脸的人，他居然说小东是他的儿子。这也太不要脸了吧！"

张三幸听张月军这么一说，如同五雷轰顶，差点晕过去。这是从哪刮来的风呀，他从来也没有说过林小东是他儿子呀！他这才明白刚才林小东为什么会用那种眼神看他了，也才明白张月军为什么恨他了。

周围看热闹的人对张三幸与张月蓝过去的事情也多少了解一些，可谁也没想到会有这种事情，谁也没想到张三幸会有这种想法。众人不好插言，只能听张月军与张三幸两个人说了。

张三幸说："你胡说什么呀？我什么时候说林小东是我儿子了？"

张月军说："你别不承认，小东刚才还来问我呢？"

张三幸质问："林小东说他是我儿子了？"

张月军听张三幸这么一说，就更生气了。他用手指着张三幸愤怒地说："你真不要脸，就你这瘸了吧唧的样，这辈子也不会有老婆，更不会有儿子。"

张三幸不服气地说："老子要不是为了月蓝着想，早就生儿子了。你也会成为我儿子的舅舅了。"

张月军认为张三幸是在故意侮辱他，也在侮辱张月蓝。他挥起拳头，对着张三幸的胸脯打了过去。张三幸哪能受这种委屈，迎着张月军就扑了过去。张月军与张三幸厮打在一起。

有人打电话报了警，还有人去找村领导了。村领导及时赶到事发现场，把张月军和张三幸带到了村委办公室。警车也来了。

张月军的老婆急忙给张月蓝打电话，语速急促地把张月军与张三幸打架的事告诉给了张月蓝。

张月蓝一听发生这种事情，就着急了。她一边准备出门，一边继续与林正天争吵着。她委屈地说："你娶我时，我是不是黄花闺女你还不知道吗？"

林正天说："我怎么会知道呢？"

张月蓝说："入洞房时你没发现有血吗？"

林正天说："我没注意。"

张月蓝说："你胡说！当时还是用你的短裤擦的血呢。"

林正天回忆着，隐隐约约地记着是那么回事。但他总觉着林小东不像是他的儿子。因为林小东个子太小，另外林小东也太懒。他很勤快，哪能生出这么个懒儿子呢。

张月蓝换了件干净衣服，就急匆匆地出了屋。她小跑着来到街上，坐上两轮出租摩托车，便朝张家庄而去。

张三幸一看到张月蓝神情就不自然，有点紧张。毕竟两个人在内心深处还有着好感与牵挂。他想回避，可屋中人很多，没有回避的地方。

张月军一看张月蓝来了，就更生气了。他认为这都是张月蓝不听劝留下的麻烦。他说："幸亏当初你没有嫁给他，他这人真不要脸。"

张月蓝说："谁也不怨，这事怨我，如果没有我，这事也不会发生。"

警察与村干部都认为张月蓝这话说得没错，如果没有张月蓝怎么会发生这种事情呢。可事情已经发生了，就要想办法解决呀。村干部和警察都想不出解决的好办法。他们劝说与讲道理，张月军和张三幸都不听。警察与村干部都认为要想把这件事从根本上解决了，还得由张月蓝来办。解铃还须系铃人嘛，既然事情是因张月蓝引起的，那么张月蓝来处理就会更好，更有力度。

张三幸起身，推开众人，一瘸一拐地走了。

张月蓝知道张三幸不愿面对她。她看着张三幸远去的背影有些心酸，有点难过，多了同情。张三幸毕竟是她爱过的男人呀。

张月军看张三幸走了，自己坐在那显得有些尴尬了，也站起身，准备离开。

警察对张月军说："你要发扬点风格，不要因为个人小事与残疾军人计较得失。他是在前线打过敌人的退伍军人，是为了国家、为了人民流过血的人。我们要尊重他，爱护他，关心他，帮助他。"

村干部也插言说："市里、区里、镇里过年过节不但送礼品，还派人来看望他呢。不管他做得对也好，不对也好，你就不要与他计较了。"

张月军迟缓了一下，想说话，但没有说，就走了。

张月蓝听到村干部与警察说的话心里暖暖的。她认为这也是众人对张三幸的一种肯定与认可。张三幸并不是张月军说的那种人。当然她也知道张月军是为了她好。她要是真嫁给了张三幸，这辈子生活也不一定幸福。可她心里还真就喜欢张三幸。她心情很复杂，跟在张月军的身后出了村委办公室。

张月军回到家，坐在沙发上，对着随后进来的张月蓝说："张三幸真是把我气坏了，哪有像他这么不要脸的人。"

张月蓝知道张月军看不起张三幸。张月军嫌张三幸脾气倔，不会说话，年轻时就反对她与张三幸交往。张月军也是张月蓝没能嫁给张三幸的阻力因素之一，她缓缓地说："他怎么又惹着你了？"

张月军说："他都快把我气死了。"

张月军的老婆说："你哥可真是为了你，不然也不会与张三幸打架。"

张月蓝说："哥，你也别生气了。事情都过去那么多年了，还有什么看不开的呢。只要往开了看，心情就会好的。"

张月军说："我能不生气吗，都发生这样的事情了，我还能不生气。"

张月蓝不解地说："发生什么事情了？"

张月军说："你不知道？"

张月蓝不明白发生了什么事情，看着张月军说："我真不知道发生什么事情了。"

张月军说："小东没有问你吗？"

张月蓝说："问我什么？"

张月军扭过头，看着坐在床上的老娘说："小东都来问妈了，小东问他是不是张三幸的儿子。"

张月蓝听到这话脑子都要炸开了。她万万没有想到林小东会来问这种事情，这也太丢人了吧，这也太不理智了吧。

张月军的老婆说："月蓝，我和你哥在张家庄这么多年都抬不起头来。"

张月蓝满不在乎地说："有啥抬不起头的。"

张月军老婆说："这多丢人呢。"

张月蓝说："这都怪林正天这个老不死的，他要是不胡说，也就什么事情都没有了。他的一句没心没肺的话，引出这么多事情来。"

张月军老婆愣愣地看着张月蓝说："你怎么还替张三幸说话呢？"

张月蓝说："就是怪林正天，他怀疑这怀疑那的，才出现这么多事情。不然哪会有这么多麻烦事。"

张月军老婆语重心长地说："月蓝，你跟嫂子说实话，小东是不是张瘸子的？"

张月蓝气得差点晕了过去。她说："我与张三幸连嘴都没亲过，怎么会生孩子呢？"

张月军老婆说："小东可真不像是林正天的儿子，他个子这么矮，林正天又那么高，他们根本就不像是父子。"

张月蓝真是没法解释了。

张月军正收地瓜呢，没时间闲聊，起身到地里干活去了。

张月蓝的母亲一直没说话。她看屋里没外人了，才责备地说："月蓝呀，咱们家人的脸都让你丢尽了。"

张月蓝看了一眼母亲，没说话，出了屋。她想这次事情的发生与张三幸没有关系，还给张三幸添了麻烦，让他受了委屈，这是自己的责任。她认为应该找张三幸解释一下，安慰一下他受伤的心。她没有回家，而是去了张三幸家。

3

村干部对警察说："会发生这种事情吗？"

警察说："这事可不能乱说，要有根据才行。"

村干部说："像这种私生子的事情，证据还真不好找。"

警察不以为然地说："好办。只要做一下DNA鉴定就知道了。"

村干部说："那要花好多钱吧？"

警察说："不多，也就几千吧。"

村干部说："那就让他们做一次呗。"

警察与村干部想得也过于简单了。在这件事上，无论是林正天，还是张三幸，都没有想采取这种方法来解决。张三幸不做鉴定是因为与张月蓝心里都清楚，这是不可能发生的事情，无中生有，简直就是笑话。他们虽然相好过，但也只是拉了拉手，连嘴都没有亲过，怎么会生孩子呢。而林正天也只是说一说，他也不会去做DNA鉴定的。因为要花许多钱，再说万一林小东真不是他儿子，那他不是丢尽脸面了吗。如果林小东真不是他的儿子，他还会怎么样呢？所以警察与村干部想用DNA方法来解决这件事是不可取的，也是办不到的。

4

孙德艳在林正天与张月蓝走后，还真就把给林小东介绍当保安的事放在了心上。她想还是为林小东找一个保安的工作吧，找到后关于林小东能不能干、能不能干好，就与她无关了。她在大脑中搜索着，掂量着，心想："找谁呢？哪家公司需要保安呢？"

青岛德美精确机械有限公司副总经理付德华拉开门，走了进来。付德华一进门，便坐到椅子上说："你这儿今天还挺清静的。"

孙德艳开玩笑地说："你们被抢走的狗找到了吗？"

付德华说："到哪去找呀？"

孙德艳说："丢就丢了吧。不就是丢了几条狗吗？做这种事情的人没大本事，都是小偷小摸的，也就是想吃点狗肉吧。"

付德华说："丢狗是小事，关键这种事情影响不好呀！弄得工人上班时都议论纷纷，让我这个总经理多没面子。"

孙德艳说："我已经与派出所沟通过了，派出所同意加强对工业园区的巡逻力度。"

付德华说："我也找过派出所了，他们说像这种偷狗的事情没法立案。让我们自己加强防范措施。"

孙德艳说："派出所说得对呀，他们不可能专门管偷鸡摸狗的事情。你们自己加强防范是非常必要的。"

付德华看孙德艳与派出所是一个语气，观点相同，便说："我准备成立保安队。有了保安队，可能那些人就不敢来偷狗了。"

孙德艳一听惊喜，做出恍然大悟的样子说："你们公司没有保安吗？"

付德华说："没有。"

孙德艳说："像你们这么大的外资公司，没有保安队怎么可以呢，从形象来说就对公司发展不利。你看工业园区内的外资企业中，还有哪个公司没有保安队的。别说你们是年产值过亿的大公司了，就连那些小公司都有保安。再说招聘保安也用不了多少钱，你也别太小气了，快成立保安队吧，免得今天丢狗，明天丢猫，怪闹心的。"

付德华说："公司刚从市区搬过来，有许多事情要做，这不还没来得及吗。"

孙德艳说："那就抓紧招聘保安吧，不然还得丢狗。要是只丢狗还不要紧，大不了不养了，可要是丢别的物资呢。"

付德华说："我也这么想。"

孙德艳说："那就快点办吧。"

付德华说："肯定要尽快办。"

孙德艳说："我给你介绍个保安吧？"

付德华说："好啊！哪里人？年龄多大？"

孙德艳说："青岛本地人，他就住在你们公司附近的村子里。今年二十六七岁。"

付德华说："没结婚吧？"

孙德艳说："对象还没有呢。"

付德华说："好，你让他去找我吧。"

孙德艳说："人虽然是我介绍的，但他在工作中如果有不对的地方，你尽管批评，若不适合就辞退。千万别因为是我介绍的放纵他。"

付德华说："孙主任介绍的人，工作上应该没有问题。"

孙德艳听付德华这么说，还真就有点不好意思，心虚了。她了解林小东的工作态度。她认为林小东在工作中还真可能会有问题，凭她的感觉，林小东不会是个好员工。她说："付总，你可别这么说，你要这么说，我就不介绍了。"

付德华说："你让他来吧，我正好需要人呢。他是本地人，也正是我招聘的对象。因为来抢狗的都不是什么江洋大盗，江洋大盗也不会干这种偷鸡摸狗的事情。干这种事情的人，也就是地痞之流。当地人不会怕地痞的，当地人会对地痞有震慑作用。"

孙德艳听付德华这么一说，也有点底气了。她认为林小东这点能力与魄力或许会有的。她在付德华离开后，便给林正天打电话，让林小东去找付德华应聘保安。

5

林正天得知林小东工作有了着落，如同一块石头落在地上，很高兴。他放下电话，便骑上大金鹿牌自行车，直奔张家庄。他去找林小东和张月蓝。张月蓝去张家庄后，林正天就想去张家庄，他想看一看发生了什么事情。可他没有理由去，孙德艳这个电话给他提供了去张家庄的理由。

林正天骑的大金鹿牌自行车还是二十多年前结婚时买的，当时大金鹿牌自行车就如同现在家庭中的小轿车一样是不可缺少的交通工具。可随着时代变迁，社会的飞速发展，现在的人们已经不怎么需要自行车了。可林正天还是不舍得把这破旧的自行车当成废品卖掉，还存留着。虽然自行车已经是锈迹斑斑了，可骑起来运行速度不减当年。林正天使劲用力地蹬着脚踏板，自行车飞快地向前行进。他不一会就来到了张家庄。他来到张月军家时，张月军已经下地干活去了。而张月蓝和林小东也没有在屋里，只有老岳母一个人在屋里。

老岳母看林正天满头大汗，气喘吁吁地闯进屋，便问："发生什么事情了吗？"

林正天说："娘，月蓝没来吗？"

老岳母说："她走了。"

林正天又问："小东没来吗？"

老岳母说："小东早就走了。"

林正天问："月军呢？"

老岳母想了一下说："刚才好像村干部找过他。"

林正天猜测可能他们三个人都让村干部找到村委办公室去了，便匆匆地赶到村委办公室。但村委办公室没有他们的影子。

张家庄村委办公室的工作人员中有人认识林正天，便说："这不就是张月蓝的男人吗。"

大家朝屋外望去。

林正天看张月蓝不在村委办公室，便骑着自行车离开了。他走在路上，心里推测张月蓝会去哪里？他心想不会去找张瘸子吧？他这么一猜测，便朝张瘸子家而去。

6

张三幸怎么也没有想到会发生这种事情，确实挺窝火的。他侧身躺在床上，吸着烟。张月蓝推开门，走进来了。他一看到张月蓝表情就不自然了，有些紧张，一时不知道说什么好，便质问："你来干什么？"

张月蓝说："这事不怨你，都是林正天引起的。"

张三幸说："这是怎么回事？都把我弄蒙了。"

张月蓝叹息了一声，然后说："林正天是个信口开河的人。他只是随便说说的，没想到会引起这么多事情。"

张三幸说："林正天怎么能说这种事情呢？这种事情怎么可以随便说呢？"

张月蓝说："他这人说话直来直去的，从不计后果。"

张三幸说："这可好，他一句话，引起这么多事情，又是村干部，又是警察的，这回好了，把几十年前的事情都翻出来了。"

张月蓝说："你别往心里去。"

张三幸听张月蓝这么一说，心情好多了，豁然开朗地说："我倒是没啥，可这事对你也不好呀。"

张月蓝说："林正天就是这么个人，有啥办法呢。"

张三幸突然意识到了什么，一改话题，催促地说："你快走吧，别待在我这儿，要是让熟人看见了，又不知道会引起多少麻烦事情呢。"

张月蓝也没有想在张三幸这儿长待的意思。她坐在那心就突突地狂跳，好像要有什么事情发生似的。她起身正要离开的时候，林正天突然闯了进来。

林正天一看张月蓝果真在张三幸的屋里，并且屋中就张三幸和张月蓝两个人，这两个人过去还有过轰轰烈烈的恋爱史，立刻就火了，大声质问："你们在干什么？"

张三幸看了一眼林正天知道麻烦又来了，无奈地把脸扭到一边，没有理会林正天。他知道自己说的话林正天不会相信，他说了也是白说。那么，他还不如不说呢。

张月蓝没想到林正天会来，可来了她也不怕。她对林正天有怨气，语气生硬地说："你说我们干什么？我们干什么你也管不着。"

林正天一听张月蓝这么说，就更加生气地说："如果你们干不正当的事，我就得管！"

张月蓝说："你算什么？"

林正天说："我是你男人，你是我女人，你跟别的男人偷情就不行。"

张月蓝说："你别胡说八道好不好。"

林正天说："我是胡说吗？"

张月蓝说："你不是胡说，这是干什么？"

林正天说："你不是在这里吗？"

张月蓝说："我在这里就偷情了？"

林正天说："你们过去谈过恋爱。谈过恋爱的人在一起，容易旧情复发，更容易发生偷情的不轨行为。"

张月蓝说："你别瞎说好不好？你可要对你说过的话负责任。"

林正天说："我当然负责了，你们在一起让我看到了，别不承认。"

张月蓝说："那你看到什么了？"

林正天说："我看到你们在一起了。"

张月蓝说："在一起怎么了？"

林正天说："在一起就不行！"

屋外陆续围拢过来许多看热闹的人。都是村里的人，大家都知道张月蓝与张三幸年轻时的那段爱情故事。但大家没想到事情都过去几十年了，还能翻出来，找到新意与内涵。更没想到几十年后，张月蓝与张三幸还会藕断丝连。大家不插言，也没法插言，只是听着，看着，在心里琢磨着。

张月蓝也不怕丢人了。她觉着林正天把这事张扬得丢人都已经丢到家了，她也就不在乎了。她提高了嗓音说："你是看到我在他身上了，还是他在我身上了？还是我们没有穿衣服，光着身子了？"

林正天没想到张月蓝会这么赤裸裸地质问，他答不上来，因为他没有看到这种情形。他更不想把话说得这么露骨。

张月蓝说："穿着衣服能干什么？做那种事情能穿衣服吗？"

林正天不说话了。

张三幸觉着丢人，起身离开了，好像这事情与他无关一样。

林正天不明白为什么张月蓝会向着张三幸说话，他不明白张三幸为什么会一句话都不说。他认为眼前的情况对自己不利，便不再与张月蓝争论了，转身从屋里出来，骑上大金鹿自行车回家了。

张月蓝一个人待在张瘸子的屋里，好像是屋子的主人似的。可她不是。她曾经是想当这屋子的主人，可没有成为现实。她认为张三幸是个有责任心的男人，张三幸身上的优点要比林正天多。可她的这种想法也只能放在心中，也只能让这种感情随着时间而逝去。她从张三幸家出来时，看到张三幸正蹲在屋西边一棵大树下吸烟。她知道张三幸年轻时是不吸烟的，张三幸吸烟的习惯是后来养成的。她认为是生活的压力，让张三幸养成了吸烟的习惯，吸烟能让张瘸子减少苦闷与寂寞。

张三幸扭过头，看着张月蓝缓慢地说："回家就别吵了，都过大半辈子了，有啥可吵的。身正不怕影子歪。"

张月蓝听到张三幸这句话心里暖暖的，有些感动。她看了一眼张三幸，没有说话，继续朝村边的大街走去。

街边有电动出租三轮车。张月蓝坐上去，电动三轮车朝林家庄开去。张月蓝坐在车上，风吹乱了她的头发，也吹动了心。她回想着张三幸刚才说的那句话，也想着林正天，两个男人都触动了她的情感世界。她在比较着这两个男人的优点与缺点。她这么想着，心思有点乱。电动三轮车开得飞快，路又好，一会就到家了。她到家时林正天蹬着大金鹿自行车才进院里。她进屋往床边一坐，嘲讽地说："你比较适合当特务。"

林正天没有吱声，不想再争论下去了。

张月蓝说："真是看不出来，你还学会跟踪我了呢。"

林正天解释说："我跟踪你干什么？我是去找小东，他表姑把工作找好了，让小东去上班呢。我想让小东快点去上班，怕拖得时间久了有变化。这份保安工作好不容易才找到，要是到眼前失去了，多可惜。"

张月蓝说:"那你还不快去找小东。"

7

林小东从张月军家出来后,遇上了黄玉强,黄玉强是林小东过去在拉链厂工作时的同事。黄玉强才办理了离职手续,无事可做,在街上闲逛。林小东说:"你在这儿干什么?"

黄玉强说:"待在家里不行呀,老爸老妈总催促我去找工作。"

林小东说:"你什么时间辞职的?"

黄玉强想了一下说:"有一个星期了吧。"

林小东说:"才这么几天,你爸妈就让你找工作呀。"

黄玉强说:"可不吗。"

林小东说:"那你老爸老妈也太不讲情面了吧。"

黄玉强说:"我也觉着他们对我太残酷了。我都怀疑我是不是他们亲生的呢。"

林小东一惊,心中发出隐隐的痛。他说:"你怎么会这么想呢?"

黄玉强只是发牢骚,随口说一说,并不是认真的。他没有回答,而是反问:"你爸妈没有让你出去找工作吗?"

林小东说:"让了,但只是说一说,没有你爸妈那么严。"

黄玉强说:"你还没找到活吗?"

林小东说:"我不想到车间当工人了。当工人太没意思了,跟奴隶似的。"

黄玉强说:"那你想找个什么工作?"

林小东说:"我想找个保安的工作。"

黄玉强一惊地说:"看门呀?当门卫多没意思。年轻轻的就去看大门多没劲呀,再说工资也不高呀。"

林小东说:"车间的活我干够了,不想到车间干了。"

黄玉强认真地看了一眼林小东,然后说:"别说,你还真就适合当门卫。"

林小东说："为什么？"

黄玉强说："不为什么，反正你像个看门的。"

林小东说："你也别笑话我了，咱们去打台球吧。"

黄玉强说："好。咱们谁输了，谁请客喝酒。"

林小东虽然干工作不行，可打台球的技术还是不错的。因为他没事时就会去打台球。黄玉强输了，便请林小东到小饭店里喝酒去了。

黄玉强的酒量比林小东大。林小东和黄玉强正喝着酒，黄玉强的女朋友打电话找他，他便匆匆地走了。

林小东带着酒气回到家里。

林正天说："你表姑把工作给你联系好了，你去看一看吧。"

林小东说："什么单位？"

林正天说："你表姑说了，可我没记住。你去问一问你表姑吧。"

林小东不满意地看了一眼林正天，随口说："你连这个都记不住，还能干什么。"然后出了屋，他骑上摩托车，去找孙德艳了。

孙德艳才从外面回到办公室，林小东就进来了。她看林小东喝酒了，反感地说："你又喝酒了，喝酒会误事的。"

林小东说："只喝了一点。"

孙德艳说："工作给你联系了，公司能不能用你还不一定，你去青岛德美精确机械有限公司应聘吧。"

林小东说："姑，你说的话肯定管用。"

孙德艳说："那可不一定，公司是会给我面子，但你不适合，不好好干，公司也会不用你的。老板有钱，也不会把我这个镇招商办主任放在眼里。你可别认为我是万能的，如果我是万能的，你也就不用在家呆这么久了。你可要珍惜这次机会。"

林小东说："那我去找谁呢？"

孙德艳说："你去找付总就行了。付总要是认为你行，就行。他要是认为你不行，我也没办法。你不用提我，应该说的我都说了。再说就多余了，也是没必要的。"

林小东说："我明白了。"

孙德艳说:"他们公司总丢狗,遇到来偷狗的人你敢管吗?"

林小东说:"姑,你也太小瞧我了,我是怕事的人吗。我去了什么都不会丢。"

孙德艳看了一眼林小东,认为林小东不怕事,还有点莽撞。她担心林小东会不要命地去尽职尽责,发生人身意外,就叮嘱说:"虽然保护公司财产是保安人员工作的职责,但你也不能不要命,要见机行事,千万别伤着自己。"

林小东说:"偷狗的人能有什么本事?有本事的人谁会去偷狗?"

孙德艳办公室里进来了好几个人,她急忙说:"那就这样吧。"

林小东从孙德艳的办公室出来,便回家了。他回家时,路上正好经过青岛德美精确机械有限公司门前。他骑着摩托车,侧过身,看着公司大院,心潮澎湃。

8

青岛德美精确机械有限公司是一家德国外资公司,而这家公司是设在美国工业园区中。美国工业园区是留美归国华人创办的,虽然德美精确机械有限公司和美国工业园区都是留学归国华人创建的,但因为他们都加入了外国国籍,便属于外资企业。

外资企业在政策上能得到优惠。

青岛德美精确机械有限公司主要经营业务是向国外出口机械设备,董事长常年生活在美国,公司在国内的主要工作由三位副总经理分别主管。

付德华是主管行政的副总经理。虽然他是副总经理,可也是公司行政一把手。他负责保安招聘工作。在此之前,公司没有保安,也没有专职看大门的人。公司看门的工作一直是由刘师傅来负责。

刘师傅年近六十了,他儿子是公司技术部主任,他和老伴住在公司的传达室里。这样一来他自己省下了房租,也为公司节约了看门工作的资金。当然刘师傅的工作并不是给公司看大门,而是负责公司食堂工作。本来刘师傅在看大门与食堂这两项工作之间奔忙,还比较顺利，也能应付得了。可近来接二连三发生了在半夜时，有不明身份人员来公司抢狗的事情，刘师傅就提出不在传达室住了。

付德华答应在公司院内给刘师傅另外找个住处，他认为不能让刘师傅继续住在传达室了，因为丢狗是小事，万一刘师傅人身安全出了问题，那可就是大事了。要是真弄出个人命来，他也就别想当这个副总经理了。

付德华与另外两位副总经理开会商议，决定公司成立保安队。他们认为保安队工作应该分为白班与夜班两个班次。白班两个人，夜班三个人，每天有一个人轮换休息。这样安排，保安队有六个人就可以了。人员向社会公开招聘。

付德华想招聘本地年轻人当保安。他认为本地年轻人自信心强，有胆量管事。可本地年轻人来应聘的几乎就没有，多数应聘者都是外地的，他知道本地年轻人不愿意当保安。最终他决定留用的六人中，有四个是外地人，两个是本地人。在这两个本地人中就有林小东。

付德华一看林小东的身高，就皱起了眉头。他看林小东又矮又小的敢管事吗？就算敢管事可有能力来管吗？他后悔没见到人就答应孙德艳了。可是孙德艳说出来了，直接拒绝也不好呀。但他又一想本地年轻人还真就没有来应聘保安的，也只有这两个依靠关系介绍来的。这么一想，他心里就平衡了。

付德华在办公室里给这六个新保安开了会，让他们自己相互做了介绍。然后他又任命王涛浪为队长。他任命王涛浪为保安队长是看重王涛浪当过兵，身体素质好。开完会后他领着六个保安从办公室出来，熟悉公司环境。他走到办公楼南面的狗棚子前止住了。

狗棚子里的那两条大狼狗冲着保安狂叫。

付德华走向前，挥了挥手，狼狗就不叫了。狼狗摇着尾巴，用前爪扑打着铁笼子。付德华说："这两条狗是朋友刚送给我的。你们来了，就不会丢了。"

王涛浪表决心地说："付总，你放心，谁要来偷狗，我就跟他拼了。"

付德华看了一眼王涛浪，觉着王涛浪处事有点莽撞，考虑不周全，便说："小偷人要是少，你们把小偷撵走就行了。小偷要是人多，你们要学会报警，让警察来处理这事情，千万别伤着你们。"

林小东说："小偷没那么厉害吧？那么厉害还叫小偷吗，那不成为强盗了。"

付德华认真地看了一眼林小东。林小东在这六名保安中个子最矮，人也最瘦。但他发现这小个子最有个性。他说："小偷来了，你怕不怕？"

林小东说："付总，你也太小看我了。你别看我个子小，个子高的也不一定行。怕就不当保安了，当保安就不能怕事。"

付德华看了看其他几个人。

其他几个人对林小东这句话都有意见。他们心想林小东鼓吹自己就鼓吹吧，可也不能贬低别人呀。照林小东这么说个子小还成为当保安的优点了呢。但看一看又有哪个公司愿意招聘小个子当保安的。

付德华也认为林小东说话不着听。他带领着这六名保安围着公司大院走了一圈，向他们介绍了一下公司的情况。因为公司从前没有保安，突然出现了六名保安，员工都觉着新奇，便站在不远处朝这六名保安张望。付德华觉着很有面子，走路时信心十足。

保安在付德华带领下围绕公司大院转了一圈后，便离开了公司。因为晚上保安才开始正式上岗，付德华让他们回去做上岗前的准备。

林小东心情不错，一出公司大院，便邀请新同事到家中做客，喝酒。大家都是新同事，又都是新到一个单位，心情都很好，热情高，没有推辞，便一起去了林小东家。

林正天非常热情。

张月蓝心想班还没上呢，就请人到家里吃饭，这不是钱还没挣到手，就先把钱花出去了吗？虽然她心里不高兴，有点生气，但还是一脸笑容地在厨房里忙着做菜。

刘润然是新招聘六名保安中的一位。他在到德美精确机械有限公司当保安之前，还在青岛的几家大型超市工作过。当然他的工作也都是保安，只是商场称保安为防损员。他来到林小东家发现林正天与林小东根本就不像父子。

林小东心情好，酒喝得也多了。他说："咱们当保安了，就要团结，像在部队一样，不然保安这活就没个干了。"

刘润然说："保安不团结不行。"

王涛浪说："咱们别喝了，晚上还得上夜班呢。"

林小东说："上夜班有什么呀？喝多了睡觉嘛。"

王涛浪说："睡觉可不行，你没听说公司总丢狗吗。"

林小东说："那么大的狗，又那么凶猛，怎么会让人偷走呢，真就纳闷儿了。"

刘润然说："偷狗的人本事可大了，别说是这种狗，比这更凶猛的狗，他们都能偷走。"

林小东说："丢狗就对了，不丢公司能招聘咱们吗？"

众人都认为林小东说的这句话在理。可现在大家都不希望公司继续发生丢狗的事情了，因为他们的职责就是保护公司财产安全，当然也得保护好那两条大狼狗。他们酒喝得差不多了，各个起身纷纷离去。

林小东把大家送到门口，就回屋睡觉去了。晚上七点钟的班，因为是第一天上岗，他们四点钟就得到公司。他心想还能睡上三个小时。

刘润然说："林小东喝得有点多了，不会不来吧？"

王涛浪说："这小子挺贪酒的，到时候打电话叫他吧。"

刘润然说："林小东他爸那么高，他怎么会这么矮呢？都不像是父子。"

王涛浪说："这话你可别当着林小东的面说，让他听到了，还不得跟你拼命呀。"

刘润然说："就他那小样，还值得打呀。"

王涛浪说："你还有事吗？你要是没事咱们就直接去公司吧？"

刘润然说："付总不是让咱们四点到吗？现在才一点多，太早了吧？去早也不多给工资，去这么早干什么？"

王涛浪说："熟悉一下情况呀。"

刘润然说："你是队长，你思想觉悟高，你去吧！我得回家休息一会。"

王涛浪一个人住在租的房子里没事做，挺寂寞无聊的，就直接去公司了。

刘师傅已经把传达室里的生活用品搬走了，就等这批新保安来接班了。安保来了，他就可以离开了，他不用来传达室了，也少了一份责任。他看到王涛浪说："不是让你们四点钟来吗？你怎么来得这么早？"

王涛浪说："呆着也没事做，就早点来了。"

刘师傅说："付总就会选人。你这当队长的，就是比他们考虑得多。"

王涛浪说："哪能呢。"

刘师傅泡上茶，王涛浪拿出烟，两个人喝着茶，吸着烟，边喝茶，边聊着。时间不觉地就过去了。

刘润然来时林小东还没来。

王涛浪看一眼时间，有点着急了，总不能第一天上班就迟到吧。他急忙拿起手机给林小东打电话。林小东的手机响了，但过了好一会才接。王涛说："上班了，你还不来呀？"

林小东懒洋洋地说："这就来了。"

王涛浪挂断电话对刘师傅说："这小子肯定睡着了，不叫他，他就来晚了。"

刘师傅说："就那个小个子吗？"

刘润然说："他爸那么高，他那么矮，真是怪了。"

刘师傅说："有这样的。父亲高个子，儿子不一定就长得高。"

王涛浪对刘润然说："你说话小心点，别让他听见了。如果让他听见了，肯定会生气，你们别打起来。"

刘润然藐视地说："就他那样，还敢打人呀。"

刘师傅笑着说："开玩笑就是开玩笑，谁也不会当真。"

屋外传来了摩托车声音。屋里人不约而同地转过脸去，把目光投向了窗外。林小东骑着摩托车已经进大院了。

林小东把摩托车停在传达室后面的角落里，进了屋。他才到屋里，门还没关呢，付德华就跟进来了。林小东用手揉了揉眼睛，提了提精神，怕让付德华看出他的倦意。

付德华进屋扫视了一眼屋中的人说："刘师傅在这看了这么久的门，除了丢狗，什么也没丢过。他上了年龄，不能看门了。他的主要工作是食堂，看门只是兼职。你们来了，狗就不会丢了。因为你们年轻，又是专职门卫。你们的工作职责就是看护好公司的物品。"

林小东皱了皱眉，觉着付德华说的话不好听，有贬低他们的意思。如果付德华说他们是保安或者门卫他能接受，但说看门就有点不能接受。

刘师傅看下面的事情与自己无关了，便对付德华说："付总，如果没事，我就去食堂了。"

付德华看了一眼刘师傅，轻微地点了一下头。

刘师傅离开了传达室。

付德华说："今天晚上你们是第一天上班，一定要精神点，不准睡觉，一小时巡一次逻。前后两个门，前门两个人值班，后门一个人，你们自己分。前门与后门不能断了联系，你们有事要打电话联系。发生事情要及时协助，共同面对。"

下班的时间到了，付德华离开了传达室，开着他的别克轿车回青岛市区了。

林小东说："胡说八道！有那么严重吗，干脆找武警来看门算了。"

王涛浪对林小东和刘润然说："你们看谁去后门？"

林小东和刘润然都不想去后门值班。因为后门晚上下班后就上锁了，没人经过，一个人在那值班寂寞。

王涛浪也不想去后门，可第一天上班，相互生分，不好命令他们去，便自己去后门值班了。

前门是一条主路，又是在夏季，街上人来人往，很热闹。

　　林小东和刘润然站在公司大院门口，看着街上往来的人群，时不时朝着路过的打工妹吹口哨。打工妹不理他们，林小东就大声唱："妹妹你大胆地往前走呀，往前走，别回头……"

　　有的打工妹听到林小东这么一唱，还真就回过头来看了。

　　刘润然指着那个打工妹说："真难看。"

　　林小东说："给你当老婆，你不要就是了。"

　　刘润然说："我要是找了这么丑的老婆，晚上还能睡着觉吗。"

　　林小东和刘润然都爱开玩笑，也都有动手动脚的习惯。刘润然身高接近一米八，比林小东高出许多。林小东与刘润然站在一起，就像个小孩子似的。虽然林小东个子小，但指挥能力挺强的，总让刘润然干这干那的。刘润然虽然个子高，但因为自己是外地来青岛打工者，底气不足，一般也顺从地去做。但他心里不痛快。

　　到了午夜林小东困得就不行了，躺在地上就呼呼大睡。

　　刘润然看林小东睡得正酣，他也躺在地上睡觉了。夜里他们也没有巡逻。

　　王涛浪一个人在后门，没有到前门来。他认为把自己的事情做好就行。他想刚来公司上班，相互不了解，谁的品性什么样还不清楚，尽可能避免发生矛盾。

　　天亮时林小东起身去关院落里的照明灯。这时王涛浪也一边关灯一边朝前门走来。他们遇到一起，正在说着什么的时候，付德华就已经开车来到公司了。

　　付德华的轿车才到公司门口，刘润然就把电动大门打开了，电动门缓缓地向两边敞开。付德华把车开到公司大院里，从车上下来，手中还拎着一个塑料袋子。他对王涛浪说："昨晚没事吧？"

　　王涛浪说："没有。"

　　付德华："你们还习惯吧？"

　　林小东说："没什么不习惯的。"

　　付德华说："夜里不能睡觉！睡觉就容易出事。"

　　林小东说："没问题。"

付德华不相信保安夜里没睡觉。他知道年轻人贪睡，觉多，上夜班一点觉不让睡是不可能的。可也不能让他们睡得踏实了。他对王涛浪说："过一会财务室上班了，你去找会计，一起把保安服买了，然后再买些警棍和手电。你们这样也不像保安，保安就要像个保安样。"

王涛浪说："好。"

付德华直接走到办公楼南面的狗棚子前。狗棚子里那两条大狼狗向他摇着尾巴，扑打着铁笼。付德华把塑料袋子里的骨头扔进了狗棚中，大狼狗直奔骨头扑了过去。付德华对大狼狗说："你们和保安一起看着公司的东西吧。"

9

青岛的夏季是个多雨的季节。可说来这雨也怪，白天停了，到了傍晚就开始下，夜越深雨下得就越大。到天亮时雨就停了，雨好像在捉弄人似的。

林小东和刘润然喜欢在阴雨天上夜班。因为下雨了，他们就不用巡逻了。下雨了，他们把公司大门一关，待在传达室里觉着安全，睡得也踏实。

这天晚上，他们在熟睡中。林小东被尿憋醒了，他睁开眼睛，发现屋外有人影晃动，心一惊，还以为是错觉呢。可他翻身起来一看，在传达室外站着四个人，四个人手中都拿着长棍。他出了一身冷汗，马上明白这是来偷狗的人。四个人中有两个人堵在门口，还有两个人堵在窗前。林小东不知所措，他低头看了一眼还在睡着的刘润然，用脚踩了一下刘润然的手。

刘润然疼得惊叫一声，醒过来了。林小东没理会刘润然，而是看着屋外那四个大汉。刘润然爬起来，不满地说："你踩我干什么？"

林小东没有说话。

刘润然往屋外一看，也蒙了。他看到屋外站着四个陌生人，傻眼了。

四个人中的一个人说："你们别说话，说话就弄死你们！"

林小东和刘润然都不敢吱声，怕伤着自己。他们看见从院落里又走出几个人。传达室外的四个人在那几个人出了院子后，也迅速撤离了。林小东说："妈的，遇到鬼了。"

刘润然说："付总肯定不会放过咱们的，这回咱们的工作算是完了。"

林小东心情烦躁地说："你别一口一个付总的，就好像付总是你爹似的。"

刘润然说："付总是你爹！"

林小东说："我要是真有这么个有钱的爹那就好了，我也就不用在这儿看大门了。"

刘润然嘲笑地说："这么大的人了，还想让父母养着，你真不要脸。"

林小东的自尊心受到了伤害，恼怒地说："你活够了是不是！"

刘润然不服气地说："你就吹行，刚才你怎么不跟那几个人拼命呢。"

林小东说："你个子大，那你怎么不敢吱声呢？白瞎你的大个子了。"

刘润然说："你这人真没劲，不跟你说了。"

林小东当时希望刘润然能去拼命，这样多少也能向公司有个交代。但他怎么也没有想到刘润然比他还怕事，胆小，面对小偷一点反应都没有。他非常生气。

刘润然不理林小东了。他穿上雨衣，走出传达室，来到狗棚前，狗棚里空空的什么都没有。

林小东给王涛浪打电话说狗被人抢走了。

王涛浪一听就急了，拿起雨伞，骑上自行车，快速赶往前门。他在经过办公楼前时，看见刘润然站在雨中，便问："怎么回事？"

刘润然叹息了一声，没有回答。

王涛浪急了问："狗呢？"

刘润然说："进屋说吧。"

王涛浪和刘润然回到传达室。林小东把刚才发生的事情向王涛浪说了一遍。王涛浪说："那你们怎么没通知我呢？"

林小东和刘润然都没说话。当时面对手执棍棒的大汉，凶神恶煞，他们两个人怕伤着自己，都没有反应的胆量，哪敢打电话呀！

王涛浪拨打了110报警电话报了警。

警察来了，问明情况，做了笔录，便离开了。

天亮了，雨也停了。青岛德美精确机械有限公司值夜班的保安大脑也如同被雨水清洗过了一样空白。

王涛浪的心情非常不好，情绪低落。因为他在找到这份工作之前，已经有三个多月没有工作了，他很看重这份工作。可是他才工作几天，就发生这种事了，有点不幸。他担心再次失业。他在思考着怎么向付德华汇报呢？

10

付德华听王涛浪讲述完昨天夜里发生的事情，非常平静，没有马上表明态度。但他对发生这样的事情非常不满意。他让王涛浪通知夜班保安下班后别急着离开，同白班保安在一起开个会。

王涛浪回到传达室，阴着脸说："付总让别走，过一会开会。"

刘润然担心地说："不会把咱们辞了吧？"

林小东说："丢两条狗就把咱们辞了，也太不给面子了吧。"

刘润然说："咱们是打工仔，哪有什么面子呀。"

林小东说："就你那怂样，可不是没有面子怎么着。"

刘润然说："就你的样子好，跟土豆似的，要个没个，要模样没模样的，还要什么面子呀。真给青岛丢脸。"

林小东说："熊样，像你这样的人都不应该来青岛打工！"

刘润然说："你把嘴放干净点。"

王涛浪看刘润然和林小东争吵得面红耳赤，生怕两个人打起来，急忙劝架说："你们还有心思吵架呢，真的不想干了？"

林小东说："你别害怕，没事，老付不会把咱们辞退。"

刘润然说："你是神仙呀，你还是会算呀。要么你自己把事情揽过去吧，我请你喝酒。"

林小东说："你想怎么着？我一说话，你就插言，你是不是活够了？你要是想死就吱声。"

刘润然说："我能捏死你，你信不？"

林小东向前走了几步，站到刘润然面前，把脖子伸过去说："来，你捏死我吧。"

这时上白班的保安来。大家一看屋中的气氛紧张，就问怎么了。可屋中的三个人都没有说。白班保安看付德华朝传达室走过来了，便说："老付怎么走过来了？"

王涛浪说："他来给咱们开会。"

付德华走进传达室。屋中的五个保安，神情都有点紧张。付德华扫视了一眼，然后说："少一个人吧？"

王涛浪急忙回答说："王小明今天休息。"

付德华知道每天有一个保安轮流休息。这个休息制度是他制定的，他当然知道了。因为保安人员才来不久，他还没能记住全部人员的名字。不过像王涛浪和林小东这样有特点人的名字，他还是记住了。他严肃地问："昨天夜里谁在前门值班？"

林小东说："我和刘润然。"

付德华又问："谁在后门值班？"

王涛浪说："我。"

付德华接着又问："来了多少小偷？"

刘润然说："有七八个吧？"

付德华对这种回答不满意。他心想狗没看住，人没抓到，连来几个小偷还记不住吗？他追问："是七个？还是八个？"

林小东说："在传达室周围有四个，另外几个没在这边，看不清。"

付德华问："小偷戴面罩了吗？"

林小东说："没有。"

付德华问："他们手里拿着刀，还是枪？"

刘润然说："他们手中都拿着长棍。"

付德华心想小偷拿着长棍是不会致命的，可以跑出去报警嘛。这两个保安胆子也太小了，真没胆量。虽然他对保安的做法不满意，但不能直接说出来。他看着刘润然和林小东问："你们为什么没有通知在后门值班的人呢？"

刘润然看了一眼林小东，林小东也看了一眼刘润然，两个人都没有说话。当时他们根本就没有通知的勇气。他们生怕自己的举动会引来杀身之祸。

付德华问："你们是在什么时间报的警？"

林小东说："那些人走后，我通知王涛浪了。王涛浪过来了，就报警了。"

付德华批评地说："偷狗的人都走了，你们就不应该先通知王涛浪，就应该打电话先报警，然后再通知王涛浪。警察往这来的路上还需要时间吧？"

付德华问："警察来了怎么说？"

王涛浪说："警察说没伤着人就好，警察做了记录就离开了。"

付德华知道像这种事情警察也不愿意管。前几次都不了了之了，这次也不会例外。他问："小偷长得什么样？是胖还是瘦？有多高？"

刘润然和林小东都没有回答。当时他们都紧张得要命，没有注意观察对方的长相。

付德华心想没反抗，还没记住对方的特征，这哪是保安呢？这不是废物吗。他花钱招聘来一群不敢管事的保安，觉着太没有面子，有点失望。

11

青岛德美精确机械有限公司的保安丢尽了脸面，因为这次狗是在他们眼前被抢走的。他们没有尽到保安的职责。他们在公司员工面前有点抬不起头来。这也引发了保安内部矛盾的迅速升级。

　　刘润然与林小东两人相互指责，互相埋怨，分歧越来越大。林小东本来是希望刘润然对抢狗的人能有点行动呢，可没想到刘润然一点行动都没有。刘润然看出了林小东的心思，但他不会按照林小东的意愿去做。他不会去冲锋陷阵，而会保全自己。他更加看不起林小东了。他认为林小东不但个子小，胆子也小，只会说大话、狂话。刘润然与林小东一说话，就带着火药味。他们都想击倒对方，战胜对方。

　　王涛浪对保安队的现状不满意，认为这样下去会影响自己，有可能自己的工作也保不住了。他不想失去这份工作。在付德华找他单独谈过话后，他增强了自信。付德华让他承担起保安队长的职责，把保安队的工作好好调整一下，理出个头绪，振作起精神来。他也想把保安队管理好，体现出自己的工作与领导能力。他认为不能继续让刘润然与林小东一起在前门值夜班了。如果继续让他们两个人在前门值夜班，可能会惹出更大的麻烦。他在狗被抢走后问林小东和刘润然谁到后门去值夜班。

　　林小东怕寂寞，不愿意到后门值夜班。

　　刘润然在狗被抢后，就不想在前门值夜班了，更不想与林小东在一起值班。他讨厌林小东都讨厌透顶了，便主动要求去后门值夜班了。

　　王涛浪和林小东在前门值夜班。

　　前门值夜班的人员是要巡逻的。

　　那天林小东巡逻来到后门时，刘润然正隔着电动门与院外的一个打工妹聊天，便走过去插话说："就你这副样，还能有小妹与你谈情，真是幸运。"

　　刘润然觉着林小东碍事，便厌烦地说："没你的事，走开。"

　　林小东脸色一沉，血往上涌，厉声说："你想找打了是不是！"

　　刘润然看在女孩面前被骂了，也激了，不甘示弱地说："就你这小样，还敢打架呢？你能打过谁？"

　　林小东一挥手，做了个出拳的动作，开始破口大骂。

　　刘润然往旁边一闪身，警告地说："你别张狂骂人，你根本就不是你爸的种！你看你爸多高的个子，你再看你是多小的个子。你哪点像你爸？"

林小东被刘润然这句话激怒了。刘润然触动了他的底线。他是不能容忍别人这么说他的。他举起手中的电击手电，猛地朝刘润然的头部砸了过去。

刘润然根本没想到这句话能激怒了林小东，他没有防备，被这突如其来的手电打中了。他的额头迅速流出了鲜血，眼冒金星，视线模糊。

林小东咬着牙说："你他妈的想找死了是不是？"

刘润然这时已经没了底气，他说："你还真动手呀？"

林小东举起手电，指着刘润然，命令地说："管好你的臭嘴！你要是管不好你的嘴，就别想活了。"

刘润然急忙去找王涛浪了。

王涛浪看刘润然的头部出了血，也急了，问发生什么事情了。刘润然也说不出个理由来，王涛浪急忙陪同刘润然到附近村子里的诊所去处理伤口。

刘润然本来是想报警的。王涛浪说公司才丢了狗，你再报警，会影响公司的名誉。他还说对保安队影响也不好，付德华得知员工内部打架报警了，肯定会生气的。刘润然认为王涛浪说的有道理，便决定让公司来处理。这是在工作时间发生的事情，让公司处理也是正确的。他在诊所处理完伤口后，没有回公司上班，而是回住处了。

王涛浪和林小东分开了，前门一个，后门一个。王涛浪让林小东去后门了，他在前门。他没想到才来这么几天，保安队就出了这么多事情。他隐隐地感觉到这回付德华不会像上次丢狗那么轻易放弃这件事。虽然这件事与自己没关系，但他还觉着会牵连自己。他认为最好的办法就是刘润然别声张，也别去找付德华。可是刘润然不会这么做的。但他还是想说服刘润然。

刘润然是在早晨上班时来到公司的。他头上缠着白纱布，脸上也没了精神，如同从战场上退下来的伤兵。

王涛浪说："你还找付总呀？"

刘润然说："这是工作时间发生的事情，公司当然得管了。"

王涛浪说："公司会怎么处理呢？"

刘润然说："反正我不能白挨打吧？"

王涛浪说："我看你跟林小东私下谈一谈，私了算了。"

刘润然说："你这人是怎么回事？我要报警，你说不好，我要找公司解决，你也认为不好，你是什么意思？"

王涛浪不是怕事。他认为这是丢保安队脸面的事情。他本来还想多劝说几句，但看刘润然这么个态度，没有回旋的余地，也就不多说了。

刘润然看付德华的轿车开进公司大院了，便从传达室出来，朝付德华走过去。付德华把车开到停车场，停好车，从车上下来。他才走到办公楼前，刘润然就快步追上来了。他看刘润然头上缠着白纱布，就知道又出事了。他想狗已经丢了，还会发生什么事情呢？刘润然把昨晚上夜班时林小东拿手电打他的事情说了。

付德华推脱地说：你不用找我，你去找王涛浪处理吧，他是保安队长，这事情也归他管。他能处理好。

刘润然怎么也没想到付德华会这么说。他看出来付德华不想管这事情，他知道王涛浪根本处理不了这事情。虽然王涛浪是保安队长，但他没有处理的权力，也没有处理这事情的能力。他还想说什么，可是付德华转身上楼去了。

刘润然回到传达室，这时上白班的保安已经来接班了。刘润然觉着在这么多人面前说这事丢面子，就把王涛浪叫出屋。

王涛浪跟着刘润然来到传达室外的树下。他说："付总怎么说？"

刘润然说："他让你处理。"

王涛浪明白付德华不想管这件事情了。付德华把事情推给他，就是给他出了一道难题。虽然他是保安队长，可权力有限，处理这件事情难度大。他难为情地问："你想怎么办吧？"

刘润然说："这几天我得休息。"

王涛浪说："那就休吧。"

刘润然说："你看怎么办好？"

王涛浪说："都是同事，你让我怎么说呢？"

刘润然说："付总说让你处理。"

王涛浪说："咱们都是同事，你让我怎么处理？"

刘润然没了主意。他说："我总不能白挨打吧？"

王涛浪不想多说，沉默着。他知道现在一句话说不对，就会引起不良反应。他尽可能少表态，而让当事人自己来表明意愿。

刘润然不知怎么办才好，一脸迷茫的神情。他转身走了。他想好好休息一下，不然也太没面子了。总不能让他带着伤看门吧，那多丢人呀。

王涛浪看刘润然走了，便私下找林小东征求看法。他想让林小东赔刘润然点钱，道个歉，大事化小，把小事化了。可林小东一听就火了说："我给他道歉，美死他了！"

王涛浪看双方都不同意他的解决方案，也就不过问这件事情了。

12

付德华表面上是不管这件事，可实际上他还真放不下。他在想怎么来处理这件事效果会更好。他不会让这件事情轻易过去的。如果就这么不声不响地过去了，保安队或许还会发生另外的事情。前几天才了了狗，现在保安内部又打起来了，这怎么行呢？这哪里是保安呢？这不是一群混子吗。他觉着保安队成立后不但没给他增光，反倒让他丢尽了脸面，让他在其他两位副总经理面前少了自信。可更主要是怕影响自己的威望，丢了副总经理的职位。虽然他是副总经理，但也是聘用的。如果让在美国的董事长知道他处理事情方法不当，没有解决问题的能力与魄力，他的职位也难保。他下决心一定要给保安队点颜色看看，给公司一个说法。

付德华想杀一儆百。可先"杀"谁呢？他准备先拿林小东开刀。

他认为这个小个子保安成事不足，败事有余。可他拿林小东开刀，还真有点难度。因为林小东是孙德艳介绍来的。虽然孙德艳没有说与林小东的个人关系，但付德华知道两个人关系肯定是不错的，要不孙德艳也不会把林小东介绍来当保安。付德华担心林小东不好好地工作，便在上次狗被抢时，就向孙德艳说了林小东的失职，还有工作中的散漫。他是在给孙德艳提前吹个风，他担心林小东在工作中出了问题，公司处理林小东时，孙德艳接受不了。孙德艳的态度非常明确，工作中要一视同仁，不搞特殊化。付德华在办公室坐了一会，便开车去找孙德艳了。

政府机关上班时间比企业晚。孙德艳才到办公室，付德华就进来。她看着付德华说："付总，你这么早过来有事？"

付德华索然地说："没事。"

孙德艳用羡慕的语气说："还是你们企业家好，自己想到哪儿就去哪儿，没有人管也没人问，约束少。"

付德华说："你们政府领导不是更好吗，拿着国家的钱，做着管人的事，不用为赚钱烦恼。"

孙德艳笑了，带着几分自嘲的意思说："我这个小小的镇招商办主任算什么领导呀。如果连我这样的人都算领导，那领导遍地都是了。"

付德华一转话题，轻微叹了口气，做出难为情的样子说："孙主任，你得找林小东谈一谈，他这么工作让我很为难。"

孙德艳知道付德华这么早来找她肯定有事，没事哪能来这么早呢？她听付德华这么一说，就知道林小东在工作中表现得不好，可能又惹事了。她干脆地说："付总，你就按照公司制度处理好了。你放心，我这边肯定支持你的工作。"

付德华欲言又止地说："那个林小东真挺愁人的……"

孙德艳不知道林小东在工作中做错了什么事，让付德华这么为难。她看付德华含糊其词的样子，有点着急，便说："林小东怎么了？付总，你就直说吧。不要拐弯抹角的，好像这种说话方式也不是你付总的风格。"

付德华说："林小东把同事打伤了。"

孙德艳一听林小东打人了，心里咯噔一下，如同被人打了似的。因为林小东是她介绍过去当保安的，林小东惹了事，她也是有责任的。她看着付德华沉默了。她认为林小东真就如同她想的那样不成气候。前些天丢狗的事情付德华已经跟她说过了，付德华没处理，现在又把同事打伤了，在工作中接二连三地出问题这怎么可以呢？她说："伤得严重吗？"

付德华说："伤势倒不重，可影响不好呀！公司员工都在关注这件事情的处理结果呢。处理吧，你这儿不好说。不处理吧，公司员工都在盯着结果呢。你说我难不难？"

孙德艳觉着林小东非常让她丢面子，生气地说："付总，你别为难，就照公司制度办。"

付德华说："被打的保安找我处理，不处理就不上班。"

孙德艳说："不处理怎么行呢！必须处理！"

付德华思考着说："如果交给派出所处理吧，林小东就得被拘留。"

孙德艳没有接这个话题。她不赞成把林小东交给派出所。如果把林小东抓起来了，林正天和张月蓝就会来找她。她还要去找人说情，减轻处罚。但她没有直接反对，只是在语气中有点变化。她说："你看怎么处理适合，就怎么处理。"

付德华并没有把事情交给派出所处理的打算。因为这是公司员工内部打架，如果让派出所来处理对公司影响也不好。他说这话是在给孙德艳提个醒，林小东打人不是小事，要引起孙德艳的重视。他看出来孙德艳反对交给派出所的意思了。他的目的也就达到了。

孙德艳看了一下时间，收拾着办公桌上的文件说："我还要到市里开会，不跟你聊了，林小东的事应该怎么处理你就怎么处理。"

付德华站起身，往外走着，叮嘱地说："孙主任，你还是找林小东谈一谈吧。"

孙德艳觉着付德华这句话就像是在打她的耳光，脸上热热的。如果她去找林小东谈，那不是林小东在倚仗她来犯错误吗。她一边往办公室外面走一边说：“我找他谈什么，他是你的员工，你该怎么处理就怎么处理好。我支持你的工作。”

付德华认真观察着孙德艳的表情，看出来孙德艳是认真而坚决的。他心中有数了，就决定处理林小东了。

13

刘润然一直认为林小东打他是没有道理的，公司应该处理，并且还要承担他的医药费及工资。他决定公司不处理，就不去上班。可他在家休息了好几天，伤口已经愈合了，公司也没有找他。他就发慌了。他隐隐地感觉到事情的发展并不是像他想的那样，可能对他不利。他把摘下来的纱布重新缠上，到公司找付德华去了。

付德华坐在老板台后面，看了一眼刘润然。他看刘润然头上还缠着白纱布，有点反感。他认为那点小伤口应该好了。刘润然缠着纱布，只是想得到一个结果。付德华冷冷地问：“你的伤还没好吗？”

刘润然说：“还没完全好。”

付德华问：“没住院吧？”

刘润然看付德华这么问，有点晕头转向了，不明白付德华话中的意思，低声回答：“没住院。”

付德华不说话了。

刘润然说：“付总，你看这事怎么办？”

付德华看着报纸，连看也不看刘润然一眼就说：“什么怎么办？”

刘润然没有底气地说：“林小东把我打伤的事情。”

付德华缓缓地转过头，看着刘润然沉默了一会儿说：“打架的事情你应该去找派出所处理，公司是没法处理的。”

刘润然提醒地说：“我是在工作中被林小东打伤的，公司应该处理。”

付德华思索了一下问：“你们打架是为了工作中的事情吗？”

刘润然没有回答。因为他们不是为工作而大动干戈的。林小东打伤他也与工作没有直接关系。

　　付德华目光直盯着刘润然说："你们打架与工作无关，让公司怎么处理？"

　　刘润然无话可说了。

　　付德华停了片刻说："你下去，让王涛浪通知林小东到我的办公室来一趟。我给你们处理一下，如果不满意，你们就去找派出所处理。"

　　刘润然到传达室把付德华的意思转告给了王涛浪。王涛浪并不明白付德华是什么意思。但他感觉到不会是什么好结果。他打电话给林小东，让林小东到付德华的办公室去。

　　林小东认为这件事已经过去这么多天了，付德华也没找过他，就认为付德华不会上纲上线地进行处理了，更不会把他怎么样。如果付德华想处理，早就该处理了，也不会拖延得这么久。他没有心理压力，情绪很好，便兴冲冲地来到付德华的办公室。

　　付德华看着林小东那泰然自若的表情，有点反感，就想打消林小东的锐气。虽然他心里这么想，但语气还是很平静温和的。他说："刘润然刚才又来找我了，看来这件事我不处理也不行了。你是孙主任介绍来的，我与孙主任也谈过这件事了。"

　　林小东没想到付德华会跟孙德艳说这件事。可他明白付德华是找孙德艳要人情。他站在那静静地听付德华往下说。

　　付德华说："如果你继续在公司工作，公司就把这件事交给派出所处理。如果你不干了，公司也就不管了。你自己选择。"

　　林小东没想到付德华会这么处理。表面上看是很给他面子，实际上一下子就把他打入死牢了。逼他辞职。

　　付德华看林小东没有表态，皱了皱眉，做出为难的样子，催促地说："你选择一下吧。刘润然过一会还来找我，我得给他一个答复。你这事真挺麻烦的，也让我头疼。"

　　林小东问："没别的方法吗？"

　　付德华斩钉截铁地回答："没有。"

　　林小东说："我不干了。"

　　付德华知道林小东会这么选择。林小东也只能这么选择。因为林小东没有别的选择途径了。林小东这么选择是付德华用心计逼出来的。付德华看林小东做出了辞职决定，也不想把气氛弄得那么僵硬，如同决战似的，便缓和了一下语气说："你辞职是对的。这样对你、对公司都是好事。这件事在公司里影响是太坏了。你离职了，也就没有影响了。再说青岛本地年轻人哪有当保安的，年轻人当保安没出息，让人瞧不起。你应该趁着年轻，找个有技术含量的工作，那样才会有前途。"

林小东不想听付德华讲大道理。

付德华说："你让王涛浪通知刘润然也来办理辞职手续。"

林小东没想到付德华会把刘润然一起辞退了。他发现表面看付德华和颜悦色，实际上内心狠着呢。他对刘润然产生了同情。但这种同情只在霎时出现，又在瞬间消失了。

刘润然没想到付德华会辞退他。他不能接受这样的处理结果。他去找付德华理论，付德华说公司有规定，员工之间发生打架的事件，不论谁对谁错，一律辞退。刘润然认为自己吃了大亏，但也无话可说。他从付德华的办公室出来，充足的阳光照来，睁不开眼睛，看不清前面的世界。

林小东在传达室与王涛浪聊了一会，骑上摩托车离开了，这是他在一年内第四次失业了。他本想找个保安的工作好好干，没想到会引起这么多事情。但他对这次失业不后悔，因为他为了维护自己的尊严，才打的人。他不能允许别人说他不是林正天的儿子。虽然他不喜欢林正天，但更讨厌张瘸子。他绝对不能让别人认为他是张瘸子的儿子，那是对他极大的侮辱与伤害。如果刘润然不说那句话，他也不会对刘润然下狠手。

他认为刘润然应该打，他在维护自己的尊严。他觉得为尊严一战非常值得。

原载2015年1期《陇南文学》、2016年6期《江河文学》

迷雾重重

1

警车在离放羊老人四五米远的地方戛然停住。由于车速快，刹车猛，车轮在地面上摩擦成了一米多长的两条线。车门打开，几名警察迅速下车。

尹中海向四周看了看，观察了一遍周围环境，然后带领着其他警察朝放羊老人走去。

放羊老人六十多岁的年龄，一米五几的个子，瘦弱的身材，戴着草编的遮阳帽，穿着税务人员的工作制服。衣服不只是褪了颜色，还有几处破的地方，显得很旧。他手里拿着一米多长的放羊皮鞭，站在路边看护着在排水沟里吃草的羊。

一条黑色猎犬在放羊老人身边警觉地观望着警察，做出保护主人的架势，防卫似的冲着警察狂叫，阻止警察靠近主人。

放羊老人吹了几声口哨，猎犬几次回过头来，看着主人的表情，想从主人的表情中辨别指令的准确性。猎犬感觉到警察对主人没有威胁，服从了主人的指令，停止了叫声，退回到主人身边。放羊老人没等警察走到面前，就转过身，朝路边的排水沟走了几步，用鞭子朝着排水沟的草丛处指了指。警察们明白放羊老人的意思，知道尸体在那处草丛里。

这是村庄通往农田的一条泥土路。路宽约五六米，路面高低不平。路南边是排水沟，排水沟一米多深，两米多宽，在排水沟南边是几排笔直的杨树。在干旱的季节，排水沟里没水，潮湿的泥土滋养着野草疯长。这是农闲季节，没人到农田里干活，很少有人经过这里。

几只黑色和白色的山羊在排水沟的草丛里专注地吃着草。野草遮挡住了羊的身体，只有脊背偶尔露在草的外面。羊身体的颜色，改变了草的画面。羊可能是听见了警察的脚步声，或许是猎犬狂叫的声音干扰了羊吃草的专注力，羊抬起头，侧过脸，看了看路边的主人和警察，还有徘徊在主人身旁的猎犬，然后又继续吃草了。

放羊老人是汤旺县凤玉村的农民。他养了几只山羊，每天上午或下午，在太阳不充足时，在村庄外几处草生长相对多的空旷地带放羊。有时在田边地头，有时在公路边的排水沟里。为了让羊吃得好，让草生长得好，他在几处地方轮换着放羊。

他三四天没来这里放羊了。当他赶着羊群来到这里时，猎犬突然朝排水沟的草丛里跑去，瞬间又跑回他身边。猎犬朝着排水沟的草丛里狂叫不止。

这条猎犬是放羊老人从大兴安岭一家猎户那里买来的。当时猎犬刚满月，毛茸茸的，放羊老人是用羊奶把猎犬喂大的。猎犬非常通人性。放羊老人从猎犬的狂叫状态中知道在那处草丛里有异常情况。猎犬跑在前面引路。放羊老人跟在猎犬后面，走进了排水沟的草丛。在斜坡处，一条人腿露在了麻袋外面。放羊老人立刻拨打了报警电话。

尹中海是派出所负责刑侦工作的副所长。他戴上手套，蹲下身子，小心翼翼地把麻袋打开。这是一具女尸。天气热，尸体有腐烂的迹象。他站起身，看着周围的环境，回想着发生在几天前的一起失踪案件。

2

秦继明在兴青奶粉公司当保安。兴青奶粉公司前身是汤旺县奶粉厂。兴青奶粉公司有三百多名员工，是全县最大的民营企业。每天往厂里送鲜奶的、往外运成品奶粉的进出车辆比较多。成品奶粉容易被带出公司，公司重视安保工作。县城里许多单位为了节省开支，聘用年龄偏大的人员从事保安工作。年龄大的人工资低，有的还不用缴纳劳动保险；年轻人工资高，必须缴纳劳动保险。兴青奶粉公司要求保安员的年龄不超过二十五岁，优先聘用退伍军人。保安员工作到二十五岁，公司安排转岗。

兴青奶粉公司重视保安工作是从两年前开始的。当时张兴路接替了他父亲当了公司董事长。他对公司制度进行了调整，加强了安保工作。

张兴路两年前从部队转业时，是团级政委。按照这个级别，可以在县政府部门得到很好的职位。但他父亲年龄大了，身体不好，经营理念跟不上时代发展需要，管理兴青奶粉公司有些力不从心，让他接管公司。他对管理企业没兴致，不想接管公司，想到政府部门工作。但是他不接管公司，公司有可能亏损，经营不下去。他为了实现父亲的心愿，勉强接替了管理兴青奶粉公司的工作。

他父亲曾在县商业局工作。全县企业改制时，奶粉厂是严重亏损单位，工人半年没发工资了，没人接管这个单位。当时摆在奶粉厂面前的只有两条路，一是有人接管，继续经营。二是奶粉厂解散，工厂关门，工人自寻生活出路。县领导不想让奶粉厂倒闭，找他父亲谈话，做思想工作，让他父亲接管奶粉厂。他父亲犹豫再三，临危受命，接管了奶粉厂。

为了适应市场发展需要，把奶粉厂改名为兴青奶粉公司。

当时他父亲为了把兴青奶粉公司经营下去，不只是把自己家的房子抵押给了银行，获得贷款，还借遍了亲朋好友的钱。经过多年努力，虽然兴青奶粉公司没过多盈利，但可以维持下去，解决了汤旺县人员的就业问题。

他接替父亲管理兴青奶粉公司后，公司效益比从前大有好转。公司招聘新员工时，他都进行面试。他只要不出差，不到县里参加会议，每天早晨七点进公司，到晚上九十点离开公司，把全部精力都用在了经营公司上。

他从生产车间走出来，经过厂房后面的废料堆时，遇到了穿着保安制服的秦继明。秦继明见到张兴路有些紧张，想说话，但又没说出来。张兴路说："这些废纸箱怎么没拉走？"

"收废品的好几天没来了。"

"废纸箱堆积多了不安全，尽快把废品拉走。"

"我们队长打过那个收废品人的电话，没打通，找不到那个人。"

"另外找一个，不能堆放太多废品。"张兴路说话之时走远了。

秦继明在公司大院巡视了一遍，就到下班时间了。他回到值班室对保安队长说："刚才遇到董事长了，董事长让把废品赶紧处理掉。"

"那家伙的电话打不通，这活又是董事长给他的……"保安队长为难地说。

"董事长让另外找一个收废品的。"

"那么多废纸箱，万一发生火灾，麻烦就大了。你去找一个收废品的来。"

保安工作分两班倒，每个班次三个人。工作二十四小时，休息二十四小时。

秦继明和另外两个同事到下班时间了。他脱掉工作服，骑上自行车出了兴青奶粉公司大门。往日他直接回家，今天他去找收废品的，就朝着回家相反的方向而去。他知道在那个地方有废品收购站。

这个收废品的人五十岁左右，中等身材，说着安徽方言，不认识秦继明。他知道兴青奶粉公司废品多，主动去收几次，但是兴青奶粉公司没卖给他。他不相信兴青奶粉公司主动找他收废品，便说："兴青奶粉公司的废品有人收，这活轮不到我。"

"这不让你去收了么。"

"开玩笑吧？"

"咱们俩不熟悉，我怎么能专门找你开玩笑呢。"

"好像是个姓鲁的小伙子把你们公司的废品包了。"

"他好多天没来了。"

"他年纪轻轻的，怎么能干收废品的活呢？"

"也许不干了。"

"如果你把这活给我，我请你喝酒。"

"我不喝酒。"

"给你买烟。"

"我不抽烟。"

"你想要什么，直说。"

"我说的不算，什么也不要。"

"你说的不算还让我去。"

"我们领导让我来的。"

"什么领导？"

"队长。"

"保安队长说的能算吗？"

"董事长说卖给谁都可以。"

"董事长这么说我去。如果保安队长让你来的，我就不去了。"

"为什么？"

"听说是你们董事长把这活给了那个姓鲁的人。"

"你消息还挺灵通。"

"多少钱一斤？"

"价格是财务室规定的，不能变，你去就去，不去我找别人。"

"我的意思是我可以比姓鲁的多给点钱。"

"不用，他多少钱，你就多少钱。他收的价格是董事长定的。"

"你们董事长还管这么小的事？"

"只要跟钱有关，只要跟公司有关，他都管。"秦继明说完转身骑着自行车回家了。

他家住在县城南边的柳家屯。柳家屯有一百多户人家，南边有一片自然柳树林。村庄因柳树林得名，距离县城两里多路。村庄通往县城的路是沙石路面，自行车骑快了有颠簸感。他喜欢使出全身力气骑快车，恨不得让自行车飞起来。

自行车快速行驶时能带起风，风吹动衣服能产生刺激感。

这种感觉如同他的年龄一样具有激情。

夕阳西下，路上几乎没有行人。他很快到家了，院落是用木栅栏围挡的。晚霞如同给院落镀上了一层金色的外衣。他在院门口从自行车上下来。院子的门半敞开着，他推着自行车走进院子里，把自行车放在木栅栏旁边。房门关着，没上锁。屋里没人，他以为母亲没走远，一会就回来了。

他知道母亲喜欢打麻将，坐在麻将桌前，就不愿意离开，回家的时间没规律。经常是他做好了饭，自己先吃了，把饭给母亲留在锅里。

他把大米放进电饭锅里，做上饭，拿着盆子到房屋后面的菜园里摘黄瓜。他喜欢吃凉拌黄瓜菜。黄瓜处在生长的旺盛期，架上的叶子浓密。他今年是第一次在菜园里摘黄瓜，黄瓜还没长成。不过，偏大点的可以食用了。他找了好一会，挑了几根大点的黄瓜摘下来。黄瓜很嫩，上面毛刺有扎手的感觉。他拿起一根黄瓜迫不及待地咬了一口，边吃边往屋里走。

他经常拌黄瓜凉菜，做这个菜的手艺很好。电饭锅里的米饭做好了。他拨打母亲的手机，让母亲回家吃饭。母亲的手机关机，他以为母亲在打麻将，一时半会不能回家，就自己吃饭了。

吃过饭，他在电脑上浏览了一会娱乐新闻，感觉又困又乏，就睡觉了。他一觉醒来时母亲还没回家，担心的情绪涌上心头。他走到院子里，看着夜空上的星星，推测母亲在哪里。虽然有时母亲在下半夜回家，但这种情况极少。他有些不安，没能入睡。天亮了，母亲还没回家。他又一次拨打了母亲的手机，母亲的手机依然关机。他猜测母亲有可能跟陶思迁在一起。他想了一会，拨通了陶思迁的手机。

陶思迁昨天打了一天麻将，从麻将室回到家很晚了。他又在网上玩了很长时间的游戏，睡觉时天快亮了。他被电话惊醒了，看电话是秦继明打来的，感觉意外。秦继明几乎没给他打过电话，怎么会在这么早的时间给他打电话呢？他摁下接听键，但没说话。

秦继明认为母亲跟陶思迁交往是丢脸面的事，对陶思迁有排斥情绪，不愿意跟陶思迁交往。他也没马上说话，过了片刻，看陶思迁没说话，才难以启齿地低声问："我妈在你那么？"

"没有。"陶思迁的声音比秦继明的声音还小，两个人说话如同对暗号似的。

"你昨天看见她了么？"

"昨天上午她去找人要钱了。"

"找谁要钱？"

"她没说。"

"她什么也没说么？"

"什么也没说。"

"她一夜没回家。"秦继明叹息了一声，挂断了电话。

陶思迁在昨天下午给龚云香打过几次电话，龚云香的手机关机。他预感龚云香出事了，匆忙穿上衣服，大步流星地去找秦继明。

秦继明没听母亲说谁欠他们家钱，也没听母亲说过准备找哪个人要钱。他猜测母亲可能是去找在一起打麻将的人要钱。虽然他不打麻将，但知道是些游手好闲、不爱干活的人在一起打。那些打麻将的人几乎人品都不怎么好，如果母亲去找那些人要钱，而又是一天一夜没回家……他不敢想下去。

3

张龙旺蹲在院子里的水井边刷完牙，站起身往屋里走了没几步，听见屋里的手机响了。他加快脚步走进屋，拿起放在炕边的手机。他看电话是秦继明打来的，产生了反感情绪。两天前他去找秦继明的母亲时，秦继明下班回家看见他，还狠狠地骂："滚！别来我家。"既然秦继明这么讨厌他，怎么会在天刚亮时给他打电话呢？秦继明打电话是什么事呢？他跟秦继明几乎没通过电话，平时在路上遇见了，秦继明就把头扭过去，不看他。他认为秦继明要么是拨错电话号码了，要么是在无意中触碰到手机键，手机是自动拨出来的。手机的铃声停了。但是没过一会，秦继明的电话又打来了。这次张龙旺认为秦继明找他有事，可能是着急的事。他不想让老婆听见跟秦继明说话，拿着手机，走到院子里。

秦继明在给陶思迁打过电话后，思量了好一会，才给张龙旺打电话。秦继明的父亲活着的时候，他家跟张龙旺家的关系很好，两家来往密切，谁家有事都主动帮忙。秦继明的父亲病逝后，张龙旺还经常来他家，并且经常跟他母亲一起去麻将室打麻将。有人说他母亲跟张龙旺有不正当男女关系。他对母亲做的这些事非常反感，劝说母亲不要跟张龙旺交往，母亲不听他的。他说："你看见我妈了吗？"

"你妈怎么了？"

"她一夜没回家。"

张龙旺在昨天早晨去找过秦继明的母亲，秦继明的母亲没在家，陶思迁在秦继明家炕上躺着。他习惯性地问："龚云香呢？"

"去要钱了。"陶思迁漫不经心地说。

张龙旺知道陶思迁在跟龚云香谈恋爱，但他没把这件事放在心上。他认为龚云香跟陶思迁的恋情不会有结果。

他听秦继明说龚云香一夜没回家，手机还关机，感觉事情不正常，预感发生了不好的事。他问秦继明报案没有。

秦继明没想报案，也没想到张龙旺能这么问，不解地说："现在报案吗？"

"人没了，得报案。"

"我妈一夜没回家，就报案吗？"

"报案吧……指定没了（被害死）。"

秦继明听张龙旺这么说蒙了，疑惑地说："你是说我妈被人害了？"

"一夜没回家，手机打不通，这不是出事了吗。"

秦继明说："你怎么知道我妈被人杀了？"

"感觉。"

秦继明说："谁杀了我妈？"

"应该是，陶……"

秦继明说："你是说陶思迁把我妈杀了？"

"不能随便下结论，得由警察说。"

秦继明说："如果报了警，我妈回来了呢？"

"她回不来了。"张龙旺快步往秦继明家走去。

秦继明没想到张龙旺说母亲被人杀害了，并且还暗示杀害母亲的人是陶思迁。他没感觉到母亲跟陶思迁有矛盾。陶思迁怎么能杀害母亲呢？他不相信张龙旺说的话。

张龙旺走进秦继明家时，秦继明站在屋里，满脸愁容。秦继明没想到张龙旺能来，看了一眼张龙旺没说话。张龙旺问："报警了吗？"

"报警得有原因呢。"

张龙旺说："人找不到了，就是原因。"

"你说我妈被陶思迁杀死了？"

张龙旺说："你别问我，去问警察。"

秦继明家住在同村的几位亲友陆续来了。早晨他们都接到了秦继明打的电话，谁都没有龚云香的消息。他们在接到秦继明的电话后，几乎都拨了龚云香的手机，龚云香的手机关机。他们你一言、他一语地议论了一会，都让秦继明报警。

秦继明他们往屋外走时，陶思迁来了。秦继明说："你最后一次见到我妈是在什么时间？"

"昨天早晨。"

4

尹中海站在办公室的西侧，一名警察在听秦继明他们讲述龚云香一夜没回家的事。秦继明他们一起到派出所六七个人。秦继明还没说话，张龙旺和陶思迁他们几个人就讲述着龚云香没回家的事了。负责案件登记的警察感觉场面有些乱，不知道谁说的事情准确，提醒地说："你们别着急，不要抢着说，一个人一个人说，慢点说。"

他们全不说话了，把目光投向秦继明。

秦继明年轻，性格腼腆，没经历过这种事，一时不知道怎么跟警察说。

警察问："你们谁先说？"

"继明，你说吧。"

秦继明把龚云香一夜没回家的事向警察讲述了一遍。

尹中海站在旁边观察着这些人时，发现张龙旺和陶思迁对龚云香失踪的事非常关心，在抢话说。他在秦继明说完后，对陶思迁说："你是龚云香的什么人？"

"朋友。"

尹中海用审视的目光看着陶思迁说："朋友？"

"男朋友。"

尹中海说："你叫什么名字？"

"陶思迁。"

尹中海的目光从陶思迁身上移到了张龙旺身上，审视了片刻，问："你是龚云香的什么人？"

"邻居。"

尹中海说："叫什么名字？"

"张龙旺。"

负责案件登记的警察对陈继明说："你们回去吧。如果有了消息，通知你。"

"这人指定没了（被杀害）。"张龙旺插言说。

尹中海不解地问："你怎么能断定没了？"

5

经过法医鉴定，风玉村放羊老人在排水沟里发现的女尸，正是几天前失踪的龚云香。

龚云香四十七岁，一米六八的身高，爱打扮，喜欢打麻将。她曾经去韩国整过容，还花了一万多块钱买了一件貂皮大衣。她是村里唯一穿这么高价钱衣服的人，也是唯一整容的人。

汤旺县公安局成立了专案组，尹中海为组长。龚云香住在县城南边的柳家屯，而尸体却是在县城北边的风玉村被发现的。从县城南到县城北之间有好几里路，龚云香是被谁杀害的？尸体为什么在排水沟里呢？

警察展开了排查。

虽然秦继明是龚云香的儿子，母子相依为命，但因为他工作忙，龚云香喜欢打麻将，经常不在家，母子二人自己做自己的事，很少交流。他没感觉到龚云香在被杀之前有异常反应。

尹中海问秦继明知道不知道龚云香跟张龙旺、陶思迁之间的关系时，秦继明很难为情，他不愿意提到这两个男人跟龚云香交往的事。这两个男人如同两张烧红的铁板，烘烤着秦继明的脸，伤着他的自尊。为了配合警察破案，他如实讲述了知道的事。

6

龚云香从早晨八点出门，到下午十七点回家，在麻将室打了一天麻将，满身疲惫地回到家。

张龙旺在自己家的院子里，端着一个小铁盒往地上撒着玉米，几只小鸡叽叽喳喳叫着，欢快地吃着食。他看见龚云香从院子外面经过，放下手里喂鸡的盒子，跟着龚云香走去。

龚云香刚进屋，张龙旺就跟进屋了。张龙旺在屋里来回走动着。他每次到龚云香家都如同观光似的来回走动，要么就上炕。龚云香对张龙旺这种串门方式习以为常了。龚云香上了炕，身体斜躺着靠在被子上，显得疲惫。

按照以往张龙旺也会上炕，两个人就算不做爱，也会摸摸抱抱的，寻求男女刺激的感觉。不知道为什么张龙旺这次没有了这种兴致。他说："在哪玩的？"

"街里。"龚云香性格外向，在丈夫病逝后，一个人在家时常会产生莫名其妙的恐慌和寂寞。她不愿意待在家里。

张龙旺随意地四处看了看，想说话，但没说。

龚云香说："没去玩么？"

"在菜地里铲了一天草。"

龚云香说："我家菜地里的草也挺多了，抽时间帮我铲了呗。"

"让小陶铲。"

龚云香说："让你铲不行么？"

"我铲可以，怕小陶有想法。"

龚云香说："你吃醋了？"

"我快被醋淹死了。"

龚云香说："你经常来我这里，你老婆生气么？"

"邻居之间串门，生什么气。"

龚云香说："你老婆是装糊涂，还是没看出来？"

"你去问她。"

龚云香说："渴死了，给我倒杯水。"

张龙旺走到八仙桌前，拿起暖瓶倒了杯水，转过身走到炕边递给龚云香。龚云香欠了下身子，伸手接过水杯。张龙旺看龚云香接水杯都很勉强，便说："累成这么样么？"

"今天可真累了。"

张龙旺说："赢了多少？"

"手气不太好，没赢没输。"

张龙旺从衣兜里掏出烟，抽出一支递给龚云香。龚云香没接。张龙旺把烟叼在嘴里，点着，吸着。他轻轻吐着烟雾，烟雾一圈圈散开。

龚云香喝了口水说："水壶不保温了，早晨烧的就不热了。"

"这么热的天，喝凉水也可以。"

龚云香说："我喜欢喝热水。水不热，喝不下去。"

"热水容易烫坏嗓黏膜，影响健康。"

龚云香说："继明他爸得嗓癌，可能就跟吃热东西有关。他吃面条、饺子，喜欢吃刚出锅的。"

"既然你知道吃太热的东西对身体不好，就应该注意。"

龚云香说："知道是知道，但习惯改不掉。"

"如同跟男人睡觉似的，有瘾了。"

龚云香说:"你这话说得真没水平。你有老婆,还经常来找我呢。我男人死了好几年,还不让我找男人么。"

"死四五年了吧?"

龚云香说:"三年零八个月。"

"你真行,能把他死的时间记得这么清楚。"

龚云香说:"他是我男人,是继明他爸,他死的时间我能不记得么。如果你死了,我就记不住了。"

张龙旺流露出不可思议的表情。

龚云香说:"男人见到女人都跟猫看见了鱼似的。"

"你这话说得不对。如果男人看见女人就产生这种想法,那还不乱套了。"张龙旺的目光从龚云香戴的金项链,移到了耳环,又落在了戒指上。他看着这些金首饰,有种不祥的预感,好像会发生什么事,提醒地说:"你别戴着这些金首饰到处乱跑。"

"怎么了?"

张龙旺说:"不安全。"

"还有人敢抢么?"

张龙旺说:"戴着金首饰出门有什么好处吗?"

"我喜欢。"

张龙旺说:"放在家里,挂在墙上,随时都能看见。"

"买首饰是戴的,又不是放在家里当摆设的。如果不戴,就不买了。"

张龙旺走到龚云香面前,在龚云香脸上亲了一口,接着说:"你愿意跟哪个男人睡,就跟哪个男人睡,没人管你。但是,别戴着金首饰出门。"

"我想戴。"

张龙旺说:"你想炫耀有钱么?"

"不是炫耀有钱,戴着金首饰感觉有贵气。"

张龙旺说:"虚荣心作怪。"

"戴这么久了,也没出事。"

张龙旺说："以前没出事，不等于以后不出事。"

"你盼望着我出事吗？"

张龙旺说："我是防止你出事。"

"我又不出远门，每天遇到的全是熟人，怎么能出事呢。"

张龙旺："等到出事了，就晚了。"

"我知道你是好意，但我想戴。不戴，就好像少了点什么。"

张龙旺说："太任性。"

龚云香不相信张龙旺说的话。张龙旺跟她说好几次了，不让她戴金首饰外出。开始的时候她还相信，有点担心，怕有人对她图谋不轨。可是时间长了，什么事没发生，她就认为张龙旺的叮嘱是多余的。

张龙旺摇下头，做着无可奈何的表情走出屋。他经常来龚云香家，但每次待的时间都不长。

龚云香又饿又困，懒得做饭，侧过身，拨通了陶思迁的手机。

陶思迁一个人躺在炕上用手机玩着游戏。他接到龚云香的话，立刻提起了精神。龚云香给他打电话都是秦继明不在家时。龚云香白天打电话找他，要么叫他一起去打麻将，要么一起出去玩。龚云香晚上打电话找他，就是让他陪着过夜。他好几天没跟龚云香在一起了，有想跟她在一起的愿望。

龚云香说："干什么呢？"

"在炕上躺着呢。"

龚云香说："我也在炕上躺着呢。"

"没去打麻将？"

龚云香说："刚回来。"

"没输吧？"

龚云香得意地说："我什么时候输过。"

"听你说话有气无力的，以为输了呢。"

龚云香说："打了一天，累得不想说话。"

"玩半天还行，玩一天，我都挺不下来。"

龚云香说："我还没吃饭呢，你带些吃的过来。"

陶思迁下了炕，穿上鞋，走到窗台前。窗台上凌乱地放着些钱。他拿起几张十块或二十，还有五元面值的钱，揣在裤兜里。

他去龚云香家的路上经过一家小商店。他买了熟牛肉、油炸花生、干豆腐、辣酱等东西。结账时差八块钱，他在卖货人递来的欠账本上签了名字。他经常欠账，三天前刚把之前欠的钱还上。

龚云香在炕上躺着，看陶思迁走进屋也没有起来的意思。

陶思迁把东西放在桌上说："不是饿了么，起来呀。"

"太累了，不想动。"

陶思迁说："累成这样么？"

"没吃中午饭，也没喝水，靠了一天。"

陶思迁说："这么玩太毁身体。"

"把菜拿到炕上来。"

陶思迁说："连下炕的力气也没有么？"

"玩时没感觉累，停下后觉得浑身哪都难受。"

陶思迁把一个大方便袋撕开，摊在炕上，把熟牛肉、油炸花生、干豆腐、辣酱……摆在炕上，调侃地说："当年，伺候我妈都没这样。"

"我比你妈重要。"

陶思迁说："这话说得太离谱。"

"我说错了么？"

陶思迁说："当然错了。你不是饿了么，吃吧。"

"你喂我。"

陶思迁看了一眼龚云香说："自己不会吃么？"

陶思迁拿起筷子，挟起一片牛肉，递到龚云香嘴边。龚云香故意没张嘴。陶思迁说："张嘴。"

"用手拿。"

陶思迁说："为什么用手拿？"

"用手拿感情深，真诚。"

陶思迁说："我没洗手。"

"不干不净吃了没病。"

陶思迁把筷子夹的牛肉放到自己嘴里，放下筷子，拿起一片牛肉，递到龚云香嘴边，调情地说："妈，张嘴。"

"现在叫可以，睡觉时不能叫。"龚云香咀嚼着牛肉说。

陶思迁说："睡觉时叫什么？"

"叫老婆。"

陶思迁说："叫老婆有点别扭。"

"你妈死得早，可能你有恋母情结。"龚云香侧躺着吃了几口，感觉不得劲，坐起来拿起筷子，夹起菜说："真是饿了。"

"真一天没吃东西么？"

龚云香说："你不相信？"

"不至于玩得这么上瘾吧。"

龚云香说："旁边好几个人看着，如果离开了，别人接过去，就不能玩了。"

"你是在散伙时走的？"

龚云香说："我走时还玩着呢。我赢得少，让我走了。如果我赢多了，根本走不了。"

"输的人总想赢回去。有时候越是想赢，输得越多。"

龚云香说："你怎么没买啤酒？"

"这还欠着钱呢。"

龚云香说："你得找活干，不干活不行。"

"没有合适的。"

龚云香说："不想干，什么活也不合适。想干，什么活都适合。"

"我没找到。"

龚云香说："继明都比你强。"

"不能把我跟他比。"

龚云香说："怎么不能比？你是比他有本事，还是比他长得好看？"

"我既不比他有本事，也不比他好看，但是，我跟他不一样。"

龚云香说："你是跟他不一样。他是我儿子，自己挣钱养活自己。

你跟我没关系，我得给你钱花。"

"你这话说得不对。我怎么能跟你没关系呢，刚才你还说是我老婆呢。既然你是我老婆，给我钱也正常。"

龚云香说："你不叫我妈了？"

"你不是说不能叫么。"

龚云香说："就算我是你老婆，也应该是你挣钱给我。你看哪家是老婆挣钱养汉子的？"

"暂时的。"

龚云香说："我也没钱了。"

"今天不是没输么？"

龚云香说："赢了，但没给钱，欠着呢。"

"打麻将赢的钱，不在自己手里，不属于自己的。你得抓紧时间把钱要回来。"

龚云香叹息了一声说："欠我不少了，是得要回来。"

7

尹中海对张龙旺说："有人说你跟龚云香有男女关系？"

"胡说。"

尹中海说："你经常去龚云香家吧。"

"你来我往，好多年了。"

尹中海说："你觉得正常么？"

"这有什么不正常的。"

尹中海说："她一个女人在家，你去她家好么？"

"她男人活着的时候我就经常去，又不是在她男人死后才去的。如果不去，才是不正常呢。"

尹中海说："你去她家干什么？"

"警察同志，你这话问得让我没法说。"

尹中海也感觉到了问话角度不对，解释说："我是说……"

"她是中年女人，如果有体力活，我就帮她干。有时候随便说说话……没有你们想的那种事。"

尹中海说："那天你们几个人陪着秦继明到派出所报案，当时还没发现龚云香的尸体，你就说龚云香被杀了。你怎么知道龚云香被杀了？"

"跟这个睡，跟那个睡的……手机关机，又一天多没回家，亲朋好友还都联系不上她，这不是没了么。"

尹中海说："没消息不一定就被人杀了，也许临时有别的事外出了。"

"如果放在别人身上，可能是你说的这种情况。在她身上不可能。"

尹中海说："为什么？"

"她跟别人不一样。"

尹中海说："哪跟别人不一样？"

"我说不准。你们是警察，可以调查。"

尹中海说："你认为杀害的她原因是什么？"

"不知道。"

尹中海说："随便说一说看法。"

"她戴着金项链、金耳环……这些金首饰，就是祸根。"

尹中海说："照你这么说，凶手是图财害命？"

"也不一定，但是这些金首饰应该是原因之一。"

尹中海听张龙旺提到龚云香是戴金首饰出门的，好像侦破案件的门被打开了。龚云香的尸体上没有金首饰，可能她戴的金首饰被凶手拿走了。

张龙旺看几名警察都沉默着，以为自己分析错了，神情有点慌乱，想证明自己分析是正确的，强调性地解释说："咱们这地方不富裕，日子过得紧巴，龚云香戴着那么贵的金首饰，容易招惹事端。"

"你认为龚云香是被谁杀害的？"

张龙旺听警察这么问，脸唰地红了，不满意地说："我哪知道，这应该是你们警察回答的问题。如果我知道是谁杀害了她，你们直接抓凶手行了。"

"你误解了……因为你跟龚云香是邻居，了解她跟什么人交往，可以给我们提供些她的社交信息。"

张龙旺说："这是人命关天的事，不能随便说。"

"你不要有顾虑，我们给你保密。你怎么想的，就怎么说。你说错了，别人也不知道。并且我们不会把你说的人直接当成犯罪嫌疑人。"

张龙旺说："你们不要诱导我。"

"这怎么是诱导呢？公民有义务向警方提供案件线索。你还说你跟龚云香关系好呢……你提供线索对破案有利。你不想让我们尽快破案，抓到凶手么？"

张龙旺说："我怀疑是小陶。"

尹中海已经想到张龙旺会说是陶思迁杀死的龚云香。他想了解张龙旺这么判断的原因。他问："你为什么怀疑是陶思迁？"

"他比龚云香小二十多岁，龚云香跟他妈的岁数差不多，他是身体正常的小伙子，龚云香是中年寡妇，他怎么可能真心跟龚云香谈恋爱呢？"

尹中海为了能让张龙旺继续说下去，故意迎合地说："陶思迁是有作案疑点。"

"傻子也会这么想……龚云香那么大岁数，又不是貌美如花……他一个小伙子，怎么会看上龚云香？他能看上龚云香什么？"

尹中海说："你的意思是陶思迁看上龚云香的钱了？"

"姓陶的好吃懒做村里人谁不知道，平时没钱了，还找龚云香要。"

尹中海说："你怎么知道陶思迁花龚云香的钱？"

"龚云香当着我的面给过他钱。"

尹中海说："龚云香知道陶思迁游手好闲，经济条件不好，怎么还跟他交往？"

"女人跟男人一样，也喜欢年轻的。"

尹中海说："你是不是妒忌龚云香跟陶思迁的交往？"

"嫉妒这干什么。"

尹中海说：“你为什么关心龚云香？”

"这么多年的邻居，平时来往多，不想让她出事。"

尹中海说：“你最后一次见到龚云香是在什么时间？”

"失踪的前一天。"

尹中海说：“在什么地方？”

"她家。"

尹中海说：“她没反常情况么？”

"没有。"

尹中海说：“你们说什么了？”

"我叮嘱她不要戴着金首饰出门。"

尹中海问：“她怎么说？”

"她说戴这么久了也没出事。"

尹中海求证地说：“她不接受你的建议？”

"她认为我这种担忧是多余的。"张龙旺四十九岁，有一个儿子和一个女儿，两个孩子在哈尔滨工作，平时他跟媳妇在家。他跟龚云香是邻居，两家住得近，关系比较好。他跟龚云香的丈夫称兄道弟的。农忙时你帮我，我帮你，相互帮衬。龚云香的丈夫病逝后，张龙旺去龚云香家的次数比从前多了。村里传着他和龚云香有不正当男女关系的话。

8

陶思迁喝了酒，有点醉了，在炕上躺着。他迷迷糊糊听见院子里传来了脚步声，想坐起身，从窗户看是谁来了。他刚坐起身，还没来得及往外看，门就被拉开了。尹中海和几名侦查员走进屋。陶思迁明白警察来的目的，摇了下头，不慌不忙，自言自语地说：“警察，警察……”

"你喝酒了？"尹中海说。

陶思迁满脸玩世不恭的表情，缓慢地说：“喝酒不违法吧。”

"你醉了？"

陶思迁说："没醉。"

"为什么喝酒？"

陶思迁说："想喝呗。"

"你经常喝酒么？"

陶思迁说："想经常喝，但是喝不起。"

"什么意思？"

陶思迁说："喝酒得有钱，没钱买酒怎么喝。"

"你不种地，不工作么？"

陶思迁说："也工作，也种地，可还是没钱。"

尹中海的目光落在了炕上。炕上放着一瓶旺泉牌白酒，这是当地酒厂生产的60度白酒。这种酒是用粮食酿造的，价格便宜，本地男人喜欢喝。两个盘子放在酒瓶旁边，一个盘子里放着小白菜，另一个盘子里是炒鸡蛋。炒鸡蛋的盘子里只有两三块鸡蛋了。放小白菜的盘子里有少半盘子小白菜。有两个碗，一个碗里是大酱，一个碗里是酒。

陶思迁虽然有些醉了，但思维清晰，酒劲壮胆，说话直接。他说："警察同志，找我是为了龚云香的案子吧？"

"你最后一次见到她是在什么地方？"尹中海说。

陶思迁说："她家。"

"什么时间？"

陶思迁说："从晚上到早晨。"

"你在她家住的？"

陶思迁说："在她家住的。"

"你……经常在她家住么？"

陶思迁说："她让我去，我就去。"

"那天晚上是她让你去的？"

陶思迁说："警察同志，我喝醉了，你也醉了么？我刚才说了，她让我去，我才去。那天她打麻将回来，没吃饭，打电话让我给她送吃的。"

"她在家不做饭么？"

陶思迁说："心情不好的时候不做饭。"

"那天她心情不好么？"

陶思迁说："那天她打麻将累了，不想做饭。"

"你们喝酒了？"

陶思迁说："没喝。"

"你一夜没离开她家？"

陶思迁说："我第二天走的。"

"第二天早晨？"

陶思迁说："警察同志，你想问什么……我和她睡在一起了。她是我的恋人，她留我住的……不违法吧。"

"你走时龚云香在干什么？"

陶思迁说："她先走的。"

"你在她家，还是她先离开的？"

陶思迁说："她说去找人要钱。"

"找谁要钱？"

陶思迁说："她没说。"

"你能感觉出来她去找谁要钱么？"

陶思迁说："这怎么感觉。"

"推测一下？"

陶思迁说："也就是在一起打麻将的，别的人不会欠她钱。"

"猜测不出来是找谁要钱么？"

陶思迁说："猜不出来。"

"你在龚云香家时，有没有人找过她，或给她打电话？"

陶思迁说："张龙旺来过。"

"张龙旺找龚云香干什么？"

陶思迁说："他没说。"

"你感觉谁能跟龚云香的死有关？"

陶思迁说："我。"

"你？"尹中海没想到陶思迁这么说。

陶思迁对尹中海他们完全是漫不经心的态度。

旁边一位警察对陶思迁这种态度非常反感，警告他说："我们在向你了解案件情况，你严肃点。"

"我不严肃么？"

警察说："你说你跟龚云香的死有关，这是要负法律责任的。"

"我不这么说，你们也怀疑我。"

警察说："你怀疑谁？"

"我不是警察，怀疑没用。"

警察追问地说："你怀疑谁？"

"我不是怀疑，我认为就是张龙旺杀害了龚云香。"

警察说："这么肯定？"

"我不说，你们让我说，我说了，你们又不相信。"

尹中海预测到陶思迁怀疑张龙旺杀害了龚云香，但没想到陶思迁说得这么直接。这跟张龙旺怀疑陶思迁杀害龚云香是一样的。但是张龙旺说得比陶思迁婉转。他问："你为什么怀疑是张龙旺杀害的龚云香？"

"有句话是怎么说来着的……奸情出命案。"

尹中海说："奸情？"

"警察同志，你们不会是一点情况也不了解吧？我怎么感觉你们是在装糊涂呢。"

尹中海说："我们听说过，但没证据。你有证据么？"

"你们警察都没证据，我怎么能有呢。"

尹中海说："你跟我们不一样，我们平时不接触龚云香和张龙旺，以前也没调查过这方面事。而你平时跟他们接触多，对他们交往情况了解。"

"经常接触也不一定有证据，证据得是亲眼看见。那种事怎么能让我看见呢？"

尹中海说："你怀疑的根据是什么？"

"无风不起浪。我和你们一样，也是听人说的。"

尹中海知道陶思迁和张龙旺在相互猜测是对方杀害了龚云香，但是陶思迁和张龙旺都有证据证明龚云香被杀时没有作案时间。

9

查找龚云香戴的金首饰成了侦破案件的重要线索。

县城常住人口不多，交通闭塞，流动人口少。闭塞的交通环境利于案件侦破。既然案犯抢走了龚云香佩戴的金首饰，案犯的经济条件应该不怎么好，或是急需用钱。凶手有可能把金首饰卖掉，换成了现金。

县公安局召开了全县派出所所长及县公安局各部门会议。公安局长要求对全县各典当行、金融交易场所进行排查。同时要求积极发动群众，在群众中查找买金首饰人的线索。

照远典当行在县城比较有名气。老板刘照远四十多岁，开典当行之前在银行工作多年。他长期在银行工作的经历，养成了做事细心、反应敏锐的习惯。他不只是记下了来典当物品人的手机号码，还保留了典当人的身份证复印件。他向尹中海反映几天前收购了一对金耳环和一枚金戒指。

尹中海推测金耳环和金戒指是龚云香佩戴的，只要找到典当金首饰的人，案件侦破就见曙光了。他拨打了典当金首饰人的手机号，关机。他判断这人不会再使用这个手机号码了。他到通讯公司调取了手机号码人的身份信息，又以身份证复印件为线索查找。

虽然典当金首饰人在通讯公司登记的身份信息与在照远典当行的身份证复印件上的照片一致，但身份证的编号不同，名字也不同。通讯公司登记的身份信息叫李凤歧，而典当行身份证复印件上的名字叫鲁绪刚。典当行保留的这张身份证复印件上的编码及名字可能是假的，照片应该是真的；而通讯公司登记的身份证编码及名字应该是真的。因为通讯公司是在验证身份信息后才办理业务的，而典当行无法验证身份信息，是以照片判断的。

李凤歧应该是典当金首饰的人，他应该持有一个假身份证。怎么才能找到李凤歧呢？

尹中海把典当金首饰人的身份证复印件和金耳环、金戒指拿给秦继明辨认。

秦继明确定金耳环和金戒指是龚云香戴的，他说这个人叫鲁绪刚，不叫李凤歧，他没听母亲提起过这个人。秦继明说的名字跟尹中海判断的名字不同。

尹中海把照片拿给张龙旺和陶思迁辨认。张龙旺和陶思迁都不认识这个人，也没听说过鲁绪刚、李凤歧这两个名字。

陶思迁想了好一会，不确定地说："好像有一次龚云香说鲁绪刚欠她钱。"

"欠多少？"

陶思迁说："不知道。"

"龚云香是在什么时间跟你说的？"

陶思迁说："她没跟我说。她在给别人打电话时，我听到的。"

"她给谁打电话时说的？"

陶思迁说："不知道她跟谁通电话。"

"是不是在一起打麻将的人？"

陶思迁想了想说："好像是说打麻将的事。"

尹中海推测凶手有可能跟龚云香在一起打过麻将，但不是经常在一起打麻将。如果经常在一起打麻将，张龙旺和陶思迁应该认识，就算不认识，也应该遇到过。

他认为找到凶手最好的办法有两种途径，其一是对全县麻将室进行排查；其二是通过公安局人口登记信息系统查寻。

在公安局人口管理备案信息中查到了鲁绪刚和李凤歧的身份信息。李凤歧的身份信息是吉林四平的，在汤旺县没有备案。鲁绪刚的身份信息也是吉林四平的，但在汤旺县有暂住备案登记。备案信息上的照片与典当行保存的身份证复印件照片是两个不同的人，手机号也是两个不同的号码。尹中海拨打了李凤歧的手机号码，手机关机。他拨打了鲁绪刚的手机号码,立刻有人接听了电话。尹中海说:"你是鲁绪刚么?"

"你是谁?"

尹中海说:"我是警察。"

"警察?"

尹中海认为接电话的人比较警觉,不相信他是警察。他解释说:"我们在核对你暂住备案登记的信息。"

"我是按照你们要求写的。"

尹中海说:"你没换居住处吧?"

"没有。"

尹中海说:"你在住处么?"

"过一会出去办事。"

尹中海说:"如果换住处得通知我们。"

"行。"

尹中海放下电话和另外两名警察开车去鲁绪刚的住处了。

鲁绪刚二十八岁,一米八的个子,曾在武警部队服过役。退伍后在吉林四平老家银行当过保安。一年前他通过部队一位领导的介绍,认识了兴青奶粉公司董事长张兴路。他在汤旺县城经营着五金商店,虽然生意做得不是太好,但能说得过去。

尹中海从公文包里拿出照远典当行保存的身份证复印件,递给鲁绪刚说:"你认识这个人么?"

"他叫李凤歧。"鲁绪刚说。

尹中海问:"怎么写你的名字?"

"不知道。"

尹中海问:"他是在冒充你的名字?"

"应该是。"

尹中海从公文包里拿出金耳环和金戒指问:"这些金首饰你见过么?"

"李凤歧给我看过。"

尹中海问："他给你看的想法是什么？"

"他问我买不买，我没看中，也没那么多钱，只买了一条金项链。"

尹中海问："金项链呢？"

鲁绪刚拉开办公桌的抽屉，拿出一条金项链递给尹中海说："少了一节。李凤歧要七千，我说只有六千八。"

"你知道他在什么地方？"

鲁绪刚说："他收废品，到处走，还喜欢打麻将，我很少见到他。"

"他经常在哪打麻将？"

鲁绪刚说："我不问他的事。"

"他跟你联系时，你通知我们。"

鲁绪刚说："行。"

"你不要告诉他，我们找他。"

鲁绪刚说："他怎么了？"

"他有问题。不然，我们不会找他。"尹中海说。

尹中海跟李凤歧户籍所在地的派出所取得了联系，请求协助调查。

李凤歧户籍当地派出所找到了他的亲戚。李凤歧的亲戚提供的手机号码跟照远典当行保存的是同一个号码，李凤歧户籍派出所传来了他的多张照片。

尹中海推测既然李凤歧喜欢打麻将，龚云香也喜欢打麻将，他们有可能是在打麻将时认识的。麻将室成了查找李凤歧的重点地方。

汤旺县地处黑龙江省东北部，以农业生产为主。冬季漫长，农闲季节长，经济不发达。人们业余生活单调，打麻将成了风习。每个村里都有两三家麻将室。根据发现龚云香尸体的地点判断，李凤歧和龚云香应该是在县城打麻将时认识的。

董洪群开了麻将室。他看着尹中海手里的身份证复印件说："这人租了我的房子。"

"你的房子在哪？"

董洪群说："北山新区。"

"你认识这个女人吗？"

董洪群说："她跟鲁绪刚来过。鲁绪刚经常来，那个女的没来几次。"

"鲁绪刚最近一次是什么时间来的？"

董洪群说："好多天没来了。"

"他没去外地吧？"

董洪群说："不知道。"

尹中海向董洪群详细了解了房子的位置，还查看了房子周边的环境，把想法汇报给了公安局领导。公安局召开了抓捕李凤歧的工作安排会议。

10

李凤歧正在打电话，龚云香走进屋。他知道龚云香是来要钱的。他斜视了一眼龚云香，阴沉着脸，很不高兴。他转过脸，向窗外看去，提高了打电话的声音。

龚云香感觉到李凤歧讨厌她，知道故意不理她。她装成满不在乎的样子走到西墙边，看着墙上的中国地图。

西墙上挂着一张近一米宽的中国地图，地图上面有灰尘。不知道地图是李凤歧挂在墙上的，还是其他人挂在墙上的。

龚云香不愿意读书，读到初中二年级就退学了。可她喜欢看地图，有在地图上找家位置的习惯。此时她没找自己家的位置，而是在找李凤歧家的位置。

她找到了吉林省四平市的位置。她只知道李凤歧是四平市人，不知道是属于哪个乡镇哪个村的。她推测着四平市到汤旺县之间的距离。地图上的字太小，她很少看这么小的字，感觉累眼睛。

李凤歧打完电话，看着窗外沉默了片刻，转过脸看着龚云香，流露出一丝勉强的笑容。

龚云香说："给谁打电话，打这么长时间？"

"给我老婆。"

龚云香说："你还有老婆？"

"有老婆不行吗？"

龚云香知道李凤歧没有老婆，嘲笑地说："有老婆当然好。"

"我老婆不是你吗？"

龚云香说："我可不是你老婆。"

"你是谁老婆？"

龚云香说："我是谁老婆跟你没关系。"

"你是大家的老婆，跟大家有关系。"

龚云香跟李凤歧交往有一段时间了。她跟李凤歧的关系不是情人，也不是恋人，而是各取所需的交换关系。她感觉李凤歧的语气中带着侮辱性，想发火，但是话到嘴边没说出来。她是来找李凤歧要钱的，如果吵起来，李凤歧就不给钱了。

李凤歧明知故问地说："找我什么事？"

"想你了。"

李凤歧说："假话。"

"不相信？"

李凤歧说："鬼才信呢。"

"这么多天过去了，该有钱了吧？"

李凤歧说："没钱，昨天玩输了。"

"你好像打麻将没赢过。"

李凤歧说："不可能，只是赢的次数少。"

"反正我看到的全是你输。"

李凤歧说："你是克星。"

"既然你这么认为，就把欠我的钱还给我。以后各走各的路。"

李凤歧说："想一刀两断？"

"我没用，不用跟我交往。"

李凤歧说："有用，解决了光棍问题。"

"今天是收废品，还是打麻将？"

李凤歧说："你不来，这两件事都可以做。你来了，这两件事都不做。"

"为什么？"

李凤歧说："陪你睡觉。"

"我可没心情。"

李凤歧说："我有。"

"你必须把欠我的钱给我。"

李凤歧说："欠你钱了吗？"

"别装糊涂。想赖账吗？"

李凤歧说："现在没钱，有钱了，不用你要。"

"你打麻将输。收废品又是三天打鱼，两天晒网。好吃懒做，什么时候都不能有钱。"

李凤歧说："别诅咒我。"

"我说的不对吗。"

李凤歧说："我要是女人就好了。"

"女人怎么了？"

李凤歧说："脱掉裤子就能挣钱。"

"可算了吧，遇到你这种男人，就是白脱。"

李凤歧说："怎么能是白脱呢。"

"你给过我多少钱，自己心里没数么。"

李凤歧说："我没给你钱，不等于别的男人不给你钱。你戴的金项链、金耳环、金戒指，不是种地种来的吧。"

"你的意思是我跟男人睡觉睡来的？"

李凤歧说："不打自招。"

"少废话，把钱还我。"

李凤歧说："真没有。"

"把你的手机给我。"

李凤歧说："这破手机，不值钱。"

"你怎么跟无赖似的。"

李凤歧说："我真想当无赖。"

"怎么会有像你这种男人呢？"

　　李凤歧走到龚云香面前，伸手摸着龚云香的头发，调情地说："别说这种影响心情的话。你让我心情好点，我让你感受男人的力量。"

　　"别碰我。"龚云香推开李凤歧的手。

　　李凤歧说："你身体上的哪个地方我没摸过。在我面前就别装纯情了。"

　　虽然龚云香跟李凤歧发生过几次关系，可她这次特别反感李凤歧。她不想跟李凤歧继续交往了。

　　李凤歧如同饥饿的狼看见了羊，把龚云香扑在身下。

　　龚云香的手机在李凤歧离开她的身体时响了，她还没来得及拿手机，李凤歧把手机拿走了。龚云香说："把手机给我。"

　　李凤歧看手机显示"亲亲的陶"，顿生怒气，咬牙切齿地说："你真是个婊子。"

　　"你连嫖客都不如。"

　　李凤歧骂："骚货。"

　　"嫖客还付费呢。"

　　李凤歧说："你就知道要钱！"

　　龚云香想起了什么，一翻身，掀起了床垫子。正如她猜测的一样看见了钱包。她抓起钱包，下了床，快步朝往屋外走。李凤歧冲上前，伸手从后面拉住了龚云香的衣服。龚云香穿的是薄T恤衫，李凤歧使劲一拉，衣服裂开了。龚云香倒在了地上，李凤歧骑在龚云香身上抢钱包。龚云香死死攥着钱包不松手，李凤歧使劲掰着龚云香的手，他们都使出了全身的力气。虽然龚云香个子跟李凤歧差不多高，毕竟是女人，力气没李凤歧大。没过一会，龚云香就没反抗的力气了。她声嘶力竭地说："你放开我，不放开我就报警了！"

　　"你抢我的钱包，你还敢报警。"

　　龚云香说："我告你强奸。"

　　"你自愿的。"

　　龚云香说："你不还我的钱就是诱骗，就是强奸。让警察把你抓起来，让你坐牢。"

"你真不要脸。我他妈的弄死你！"李凤歧恼羞成怒，挥起拳头向龚云香的头上砸去。

龚云香不甘示弱，挣扎地用手胡乱挠着李凤歧。李凤歧的胳膊、脸上都被龚云香挠破了。龚云香的脸被李凤歧打肿了，血从鼻子流出来，染红了衣服。她大声喊："我告你强奸，让你坐牢！"

"你这个骚老婆子，想死了吧。"

龚云香大声喊："救命呀，杀人了！"

"你闭嘴。"李凤歧脱掉了一只袜子，把袜子硬塞进了龚云香的嘴里。

龚云香想把袜子取出来，但是双手被李凤歧握住了。李凤歧防止龚云香喊出声，抽出一只手，使劲拽住龚云香脖子上的金项链。龚云香被勒得喘不出气。金项链断了，李凤歧又用衣服勒住了龚云香的脖子。

11

尹中海带领警察在李凤歧住的房子外面守到天黑，屋里的灯也没亮。这是一处入住时间不久的楼房，住户不多，只有几处屋里亮着灯。进出楼房的人寥寥无几。尹中海怀疑李凤歧没在屋里，或离开了汤旺县。他们破门而入。屋里凌乱不堪，地面好像被清理过了，没有作案痕迹。尹中海说："他可能跑了。"

"龚云香失踪好几天了……如果他离开了汤旺县，抓捕就困难了。"一个警察说。

李凤歧把龚云香的尸体扔到排水沟里后，想尽快把金首饰卖掉，离开汤旺县。他想把金首饰全部卖给鲁绪刚。鲁绪刚一是没这么多现金，二是不想买金戒指和金耳环。李凤歧把金戒指和金耳环拿到典当行换成了现金。

他想离开汤旺县，又担心这么离开引起警察的怀疑。如果他不离开汤旺县，警察未必能怀疑是他杀害了龚云香。他怀着侥幸的心态观察着案件进展。

在他发现尹中海对他的住处侦查时，知道警察已经掌握了他杀害龚云香的证据。他决定离开汤旺县。

汤旺县有火车，也有客车，他感觉乘坐火车和客车都不安全，想坐出租车，又担心被出租车司机认出来。他考虑了又考虑，决定乘坐火车离开汤旺县。从火车站东西两头可以绕开检票口上车。

火车站的工作人员给尹中海打电话，说开往省城的火车在即将开动时，有一个人急急忙忙最后上了车。因为距离远，火车站工作人员没看清这个人的模样。尹中海推测这个最后上火车的人可能是李凤歧。火车已经开了，理想的抓捕地点是谷峰站。

谷峰站是汤旺县去省城的下个火车站，离汤旺县三十里路。火车行驶的路线是弯形，比公路距离远。开车走近路有可能追上火车。

尹中海在带领警察开着警车赶往谷峰火车站的同时，给谷峰火车站打了电话，请求协助抓捕李凤歧。

李凤歧在四平市老家因入室盗窃被判处过两年徒刑，刑满释放后在当地打零工谋生。他住的村庄与鲁绪刚住的村庄相距十多里路，两个村庄都是只有几十户人家的小村庄。他们从小就熟悉，经常结伴一起去县城玩。鲁绪刚初中毕业后参军了，李凤歧贪玩，学习不好，因为把同学打伤了，初一没读完就不读书了。

鲁绪刚知道李凤歧因盗窃被判过刑，以为李凤歧刑满释放后改邪归正了，想介绍李凤歧到兴青奶粉公司上班。李凤歧吊儿郎当惯了，不愿意被人管着，不喜欢上班，想收购兴青奶粉公司的废品。鲁绪刚认为收购废品不是李凤歧这个年龄干的活，反对李凤歧收废品，李凤歧坚持要收。他对鲁绪刚说："你跟奶粉公司的老板说是你收，别说我收。"

"为什么？"鲁绪刚不解地问。

李凤歧说："如果说我收，奶粉厂不卖呢。就算同意卖给我，价格高了怎么办。"

"张董事长人品好，你这种担心是多余的。"

李凤歧说："他跟你办事是一种态度，跟我办事是另一种态度。"

"他知道我开五金商店，不收废品。"

李凤歧说："你开五金商店是做生意，收废品也是做生意。做生意可以雇人，不一定自己干。你一说，他就明白。"

鲁绪刚跟张兴路说想收购兴青奶粉公司的废品。

张兴路以为鲁绪刚想多挣钱，可以把废品卖给他，但是废品价格原本不高，没有降价空间。他问鲁绪刚想多少钱收？鲁绪刚说原来卖多少钱，现在还是多少钱，价格不用照顾。张兴路按照原来的价格把废品卖给了鲁绪刚。

兴青奶粉公司的人以为李凤歧叫鲁绪刚。

12

秦继明得知警察抓住了凶手，想看一看凶手是什么样的人。他看到戴着手铐脚镣的李凤歧时，不禁大吃一惊，没想到杀害母亲的凶手竟然是这个收废品的人。他对李凤歧的印象是不错的，不解地说："鲁绪刚，多大的仇，你把人杀了？"

"他不叫鲁绪刚，他叫李凤歧。"警察说。

秦继明愣了片刻，恍然地说："他用的是假名？"

"鲁绪刚是他朋友的名字。"

秦继明说："他用朋友的名字，做违法的事，这不把朋友害了么？"

"交友应该慎重。"

秦继明知道李凤歧使用了假名，就不想多说了。因为使用假名，心态就有问题……跟这种人说任何话都是多余的。

原载2022年2期《新安江》杂志、3期《万峰湖》、4期《文学天地》等

请不要冲动

1

贾丹樱坐在沙发上静静看电视，门开了，韩学文从屋外走进来，贾丹樱扭过脸看着韩学文。韩学文脱下呢子大衣，拿到厨房用手抖了抖衣服上的雪花。客厅地面铺的是木地板，厨房地面铺的是地板砖，木地板潮湿容易变型，地板砖不怕潮湿。贾丹樱问："雪下得大吗？"

"看样子一时半会儿停不下来。"韩学文说话时把呢子大衣挂在衣服架上。

贾丹樱站起身去厨房做饭。

韩学文走到贾丹樱身边，拉着她的胳膊坐下，讨好地说："跟你商量点事？"

贾丹樱不知道韩学文想说什么，坐下问："什么事？让你这么讨好我？"

韩学文说："我哥又找我了，我也不好推脱，让我妈搬来住一段时间？"

贾丹樱立刻情绪激动起来，抢过话，语气生硬地说："你不用再说这事了，你妈来咱们家住是不可能的！"

韩学文看贾丹樱生气了，无可奈何地献殷勤说："你别激动，咱们再商量商量。"

贾丹樱冷着脸说："没什么可商量的，不行就是不行！"

韩学文在提起这个话题前就知道贾丹樱反对，但没想到她的反对态度能这么坚决。他想说服贾丹樱。他说："我妈年纪大了，过去的事咱不计较了。"

贾丹樱不接受韩学文的说法。她认为这个理由站不住脚，依然坚持自己的观点说："你妈年纪大怎么了？年纪大就是理由呀？当初她把房子给她大儿子了，不给咱们，就应该让她大儿子养她。现在她大儿子不养她，她想到咱们了，让咱们养，哪有这种道理。"

韩学文解释说："我大哥当时经济困难，妈不把房子给他，嫂子不同意结婚。当时妈没有其他办法才把房子给大哥的。"

贾丹樱盯着韩学文的脸反驳说："你哥没房子，你嫂子就不同意结婚，你妈就把房子给你哥了，如果我不同意跟你结婚，你妈是不是也给你买房子？"

韩学文夸奖地说："你比大嫂开明，大嫂不能跟你相比。"

贾丹樱说："你不用跟我说好听的。你妈能把房子给你哥，你哥就应该养她，这符合情理，到任何地方去说我也是正确的。"

韩学文服软地说："你正确，你正确，我知道你正确。可是妈现在跟大嫂有矛盾，水火不容，不能住在一起，如果继续住在一起矛盾会更大。先让妈搬过来住一段时间，等妈跟大嫂之间的矛盾平息了，再让妈回去。"

贾丹樱说："你妈跟你大嫂有矛盾就不能住在一起了，我跟你妈的矛盾更大呢，你妈不应该来。"

韩学文说："别说气话，你不是那种不懂道理的人。你这么开明，妈不会跟你有矛盾。"

贾丹樱的脸色有了一丝笑意，语气柔和地说："咱们结婚这么久了，真没看出来你会这么捧人。"

韩学文说："让妈搬过来，如果你跟妈合不来，再让妈搬走。"

贾丹樱说："你说得轻松，搬进来容易，搬出就难了。"

韩学文说："妈不是不讲理的人。"

贾丹樱说："你妈要是讲理，就应该一碗水端平，给咱们也买房，要么给些钱，不给房，不给钱，就是不讲理。"

韩学文重复地说："事情过去那么多年了，就别计较了。大哥一天给我打好几个电话，他也是没办法才让妈搬过来。"

贾丹樱再次强调性地说："不是我计较，是你妈做得不对，让我无法接受。你出去说一说，哪有把钱给了大儿子，让小儿子养老的。"

韩学文解释说："妈当时不是也没办法吗。"

贾丹樱不耐烦地说："你别一口一个妈，她不是我妈。我妈不会做出这种事。"

韩学文看一时难劝说好贾丹樱，不说话了，想等贾丹樱心情好时再劝说。他看了一眼时间，去厨房做晚饭了。

贾丹樱虽然反对婆婆搬到家里来住，但不生韩学文的气，她认为韩学文孝顺，这是她嫁给韩学文的原因之一。她关上电视，去了厨房。

韩学文在洗菜，手机响了，急忙用抹布擦了一下手，到客厅接听电话。电话是他哥韩学林打的。

韩学林语气急促地说："我把妈送来了。"

韩学文一听蒙了。他还没跟贾丹樱说通，妈就来了，有强人所难的意思。贾丹樱更不能接受了。他急忙说："哥，你先别送，我有时间去接。"

韩学林说："已经快到你家了，出来接一下。"

韩学文迟疑着放下手机，回到厨房，沉默了一会儿，低声说："妈来了，你什么也别说，只住一晚上，明天我想办法让妈搬出去。"

贾丹樱没想到张影玉能来，立刻火冒三丈地说："你们还把我当成这家的主人吗？我没同意，就让老太太搬来，这房子是你妈买的呀？如果是你妈买的，这么理直气壮搬来，我没二话，如果不是你妈买的，你们这么做就太过分了！"

韩学文解释说："大哥已经把妈送来了，将就一晚上，我向你保证，明天一定让妈搬走。"

贾丹樱说："你们太不尊重我了，将就不了。"

韩学文还要说什么，门铃响了，知道是大哥和母亲到了，转身去开门。

韩学林和母亲站在门口看着韩学文。韩学文发现韩学林脸上有两道血迹，猜测大哥和嫂子动手打架了。韩学林叹息了一声说："让妈暂时住在你这儿吧。"

贾丹樱把身上的围裙摘下来，随手扔到板凳上，大步走出厨房，冲着韩学林质问："大哥，你把老太太送来也不吱一声，眼里还有我吗？"

韩学林解释说："几天前就跟学文说了，让他跟你商量，学文没跟你说？"

贾丹樱转过脸看着韩学文，猜测韩学文是怕她不接受才没及时说。她不但没生韩学文的气，反而有些体谅韩学文了，便转过脸对韩学林说："就算你跟学文说了，也得看我同不同意吧？"

韩学林知道贾丹樱不同意母亲搬过来住，如果同意，母亲早就搬来了。可无论贾丹樱同意还是不同意，他今晚都得把母亲送来。今晚他家打翻天了，母亲别无去处。

韩学文看到母亲可怜的表情，心里难受，对贾丹樱说："先让妈住下，其他事慢慢商量。"

贾丹樱说："不行！"

张影玉眼眶里充满泪水。泪水溢出眼眶，从脸上慢慢滚下。

贾丹樱咬着牙指责张影玉说："你还有脸哭？把房子给你大儿子了，跑到我这儿住，还要脸吗？"

韩学文看贾丹樱这么跟母亲说话，觉得太过分了，他无法接受，更无法容忍，抬起手狠狠打了贾丹樱一耳光。

贾丹樱没想到韩学文能动手打她。她跟韩学文结婚这么多年，他从来没动手打过她。她没心理准备，被突如其来一巴掌打懵了。她愣了片刻，然后发疯般朝韩学文扑过去，发狠地说："你打我！我跟你拼了。"

韩学文在火头上，又不想在哥哥和母亲眼前丢面子，接着又打了贾丹樱几巴掌。贾丹樱不甘示弱，用手在韩学文脸上胡乱抓着，撕扯着衣服。两个人扭打在一起。

韩学林费了好大劲才把他们拉开。

韩学文的手被贾丹樱挠破了。他知道贾丹樱恼怒了，伤心了，不然不会下狠手。

贾丹樱拿起手机快速摁着电话号码，给弟弟贾丹浩打电话。贾丹浩问她发生什么事了，她不说话，只是一个劲哭。

贾丹浩晚上准备请堂妹一家人吃饭，饭还没做好就接到了贾丹樱打来的电话。他急忙开着小轿车赶到韩学文家。

韩学文看了一眼贾丹浩，显得有些无奈，无话可说。

贾丹浩把目光落在了贾丹樱身上。

贾丹樱披头散发，泪水流淌，一脸委屈。她看娘家来人了，觉得更委屈了，情绪更激动了，嘴里重复地说："住在这儿不行！"

贾丹浩对姐姐家的事有所了解，知道矛盾闹得不轻。他对韩学文的印象好，两人感情也好，面对这种场面只能劝说姐姐。

韩学林没想到把母亲送到弟弟家会闹成这种局面。他看事情闹到这种地步，母亲没法住下，转过脸对韩学文说："先让妈在旅馆住一晚上。"

韩学文非常要面子，怎么能让母亲去住旅馆呢？他反对道："如果把妈送到旅馆住，还不让外人笑话？哪有这样的事？就住在这儿！"

贾丹樱丝毫不让步地说："你要是让你妈住在这儿，我就跟你拼了。"

韩学林说："学文，别考虑面子的事，面子解决不了问题，过了今晚，明天再说。"

韩学文认为哥哥说得有道理。他知道眼前的矛盾一时没法解决，找个地方让母亲住下利于解决问题。他穿上呢子大衣，戴上棉皮手套，和哥哥一起搀扶母亲朝屋外走。

室外很冷，天快黑了，时而飘着星星点点的雪花。韩学林开的是农用四轮车，车没有顶棚。韩学文坐在车厢的座位上扶着母亲，心想母亲在儿子家连一个夜晚都不能住，觉得有些悲哀。从前，他在电视里看到过这种事，认为那是演员在演戏，从没想到这种事能发生在自己身上。街上没行人，只有四轮车的马达声音在回响。他决定让母亲住在柳树林旅馆里。

韩学林把四轮车停在柳树林旅馆门口，从车上下来，走到后面车厢旁边帮韩学文把母亲扶下车。

他们走进柳树林旅馆。

柳树林旅馆是家小旅馆，位置比较偏僻。旅馆老板是韩学文初中同学。他不想让这件事传开。他怕传开了丢脸面。他在小城政府机关工作，特别在意名声。他叮嘱旅馆老板对外人不要说这件事。

小城很小，交通闭塞，客源稀少，又是在冬季，旅馆里没客人。

韩学林把母亲安排住下，防止在旅馆遇到熟人，离开了。他认为这是没面子的事，无法跟熟人说。

天已经黑了，雪花越来越密，地面上的雪在增厚。他的情绪糟透了，肚子也饿了，不自主地去了雪忆雪菜馆。

菜馆店面不大，但在小城比较有名。菜馆以东北菜为主，做的东北菜口味好，受到客人的喜欢。这是餐饮业的经营淡季，又遇上不好的天气，此时冷冷清清，没有顾客，只有厨师和服务员史红丽两个人。厨师认识韩学文，但他第一次看见韩学文是一个人来店里吃饭。他问："韩科长，几位？"

韩学文用手拍打着身上的雪花说："我自己，炒两个热菜就行。"

厨师问："吃什么？"

韩学文想了片刻说："红烧鲤鱼。"

厨师在等韩学文说出下一道菜名。

韩学文说："再来个酸菜炖粉条。"

厨师转身去厨房炒菜了。

用餐大厅里只有史红丽和韩学文两个人。他俩是高中同学，在学校读书时交往密切，是彼此的初恋。史红丽在韩学文在部队服役时另嫁他人。韩学文从部队转业回到小城后，被安排在政府机关工作。史红丽现在日子过得不算好，不愿意面对韩学文。韩学文对史红丽依然有好感。

厨师不一会儿就把两道菜做好了。史红丽把菜端到韩学文桌前，韩学文要了一瓶北大荒白酒。史红丽和厨师在离韩学文几米外低声聊天。

韩学文喝着酒，吃着菜，借酒浇愁。不觉中，他把一瓶六十度的北大荒白酒喝了下去。北大荒白酒是用粮食酿制的，酒口味好，有后劲，能御寒，更能醉人。

韩学文摇摇晃晃地走出雪忆雪菜馆，醉意时思维不清晰，眼前的夜色更加朦胧。雪在静静漫舞，街上没有行人，路灯释放着昏暗的光。他的酒劲发作了，头重脚轻，摇摇晃晃勉强走了几十米，一头栽倒在雪地上。

2

史红丽走在回家的路上，发现前面雪地上有个黑影，有点紧张，没继续往前走，停下辨别黑影是什么。她心想在下雪的夜里能是什么呢？不会是狼、是狗？狼和狗不可能在那儿不动。虽然小城冬季的夜里有狼出现，也有狗走动，但这个黑影不像狼和狗。过了一会儿，她看黑影没有移动的迹象才小心翼翼往前走。她走到黑影跟前，低头看是人躺在地上，再仔细看是韩学文。她惊慌，不知怎么办，向四周看了看，想找人把韩学文扶起来。周围没人，雪下得大，天气冷，长时间躺在地上能把人冻坏。她弯下腰，用尽力气把韩学文扶起来。

韩学文身上全是雪，脸冰凉，只有从口里喘出的气是热的。

史红丽取下自己的围脖戴在韩学文的脖子上，用手把韩学文身上的雪拍打掉，想送韩学文回家。韩学文家离得远，这儿离她家近。她没有把韩学文送回家的力气，想先把韩学文扶到自己家，再通知韩学文的家人来接。

史红丽扶着韩学文吃力地往前走。虽然韩学文酒喝多了，脚不听使唤了，但有知觉，有意识，能配合行走。史红丽把韩学文扶到家，出了一身汗，喘着粗气，脱下外衣，坐在沙发上看着韩学文。

韩学文在史红丽的搀扶下走了这段路，身体经过活动，酒劲减弱了，思维有点清醒了。他有点恶心，想呕吐，急忙往屋外走。史红丽家住的是平房，屋里没有卫生间。韩学文刚把门推开，还没到院子外面，胃里的食物就迫不及待地喷出来。

门开着，冷气灌进屋里，屋里温度立刻下降了。

　　小城的楼房是政府供热部门集体供暖，平房自己家生炉子、土暖气或使用电热器取暖。史红丽家冬季用炉子取暖，偶尔用电热器。生炉子麻烦，温度持续时间长。电热器便利，温度效果差，下降快。

　　她开了电热器，把电热器放在韩学文身边。

　　韩学文呕吐过后不那么难受了，思维也清醒了，看着史红丽说："这是在你家？"

　　史红丽开玩笑地说："不是我家，是你家！"

　　韩学文说："我怎么到你家了？"

　　史红丽说："问你自己。"

　　韩学文虽然刚才不清醒，但不糊涂，有意识，回想似的说："我怎么遇到你了？"

　　史红丽说："你要是不遇到我，今晚小命就没了。"

　　韩学文看着史红丽有着亲近感。史红丽把洗脸盆倒上水让韩学文洗脸。韩学文洗过脸思维清醒了。史红丽倒了杯水，水有点热，又往杯里倒了凉水，把水杯递给韩学文，让韩学文漱口。韩学文接过水杯去了厨房。他漱过口，回到客厅坐下说："怎么你一个人在家？"

　　史红丽没回答韩学文的问话，而是给韩学文泡了茶说："一个人在家不好吗？"

　　史红丽在学校读书时就伶牙俐齿。虽然岁月过去多年，但她没有改变说话风格。

　　韩学文仿佛看到了学生时代的史红丽。那时的史红丽让他心动，也让他动了真情。

　　史红丽坐在韩学文对面说："什么事让你这么不开心，让你喝得酩酊大醉？喝酒解决不了问题。问题只能在思维清醒时解决。"

　　韩学文不想提家务事，否认地说："什么事也没有。"

　　史红丽不相信地说："我不信，没有不开心的事，你能一个人去饭店喝酒？还喝成了这个样子？你骗得了其他人骗不了我。"

　　韩学文没必要骗史红丽，只是不想提。

　　史红丽问："跟你老婆吵架了？"

韩学文没说话。

史红丽说："你老婆挺好的，怎么会吵架呢？"

韩学文叹息了一声，没接这个话题。

史红丽问："你老婆为什么把你撵出来？"

韩学文说："她把我妈撵出来了。"

史红丽问："为什么？"

韩学文说："她不同意我妈住在我家。"

史红丽回想着说："你妈那人挺好的，不像是不讲理的老太太。"

韩学文说："你见过我妈？"

史红丽提示道："你忘了，上中学时，有一次我们好几个人到你家帮着收大豆。"

韩学文想起来了，在读高二那年，秋季雨大，地里泥泞，机动车不能收割，他找同学到家里帮收割。他没想到史红丽能记得这件事，那时他母亲对史红丽印象挺好。

史红丽说："这事也不能怪你老婆。老人跟年轻人住在一起真不行。"

韩学文说："这是我妈。"

史红丽说："谁妈也不行。"

韩学文认为史红丽说得有道理。但是人老了需要儿女照顾，儿女生活不方便也得照顾父母。人不能总年轻，都有老的时候，儿女照顾父母是不可推卸的责任。

史红丽说："你没错，你老婆也没错，错是因为你们没协调好。"

韩学文坐在那儿不自主地回想起了中学生时代的生活。读中学时他跟史红丽是班级里的学习尖子生。那时高等院校少，考大学难，名额有限，百名学生中只能考上几名。他们在高考中都落榜了。韩学文参军去了部队，史红丽到国营企业粮油加工厂当了一名质检员。韩学文从部队复员回来史红丽已经嫁给了过承伟，韩学文经过朋友介绍跟贾丹樱结了婚。

史红丽看韩学文在沉思问："想什么呢？"

韩学文说："没想什么。"

史红丽说："你没听我说话。"

韩学文从衣兜里拿出手机，看了一眼时间，不解地说："怎么只你一个人在家？"

史红丽不满地说："你已经问我两遍了。你跟我在一起害怕？还是觉得有危险？我又不是老虎，还能吃了你？如果你害怕现在就走。"

韩学文笑着说："你说话怎么还像从前那么厉害，这么大年龄了还不改。"

史红丽说："这辈子不想改了。"

韩学文说："你得改，这样说话容易伤人。"

史红丽仰脸，轻轻甩了一下头发，微微一笑说："我伤到你了？"

韩学文说："你伤到我没关系。我了解你的性格，不会计较。你伤到其他人就不行了。"

史红丽听韩学文这么说，有点感动，若有所思地说："你想过吗？假如当初你娶了我，咱们的日子会过成什么样？会吵架吗？"

韩学文说："没想过。"

史红丽叹息了一声说："你现在过得好，我过得不好，我都没脸见你。今天要不是晚上下雪了，天气又这么冷，你喝成这样子，我是不会管你的。"

韩学文说："担心我被冻死在雪地里？"

史红丽说："你以为不能？"

韩学文说："怎么答谢你的救命之恩？"

史红丽说："你比在学校读书时口才好多了。"

韩学文说："在部队锻炼的。"

史红丽说："在政府机关工作也锻炼口才。"

韩学文说："谨言慎行是在机关工作人员的特点。"

史红丽说："羡慕你们优越的工作环境。"

韩学文说："你过得也挺好。"

史红丽说："咱们同学都住上楼房了，我还住在平房里，这也叫挺好？"

韩学文劝慰她说："日子过得好与不好，不能只看住在哪儿，物质只是一方面，感情是不可缺少的。如果你家庭和睦，心情愉悦，可能比物质上富有更感觉幸福。"

史红丽用调侃的语气说："不愧是当过兵，在政府机关工作的国家干部，说的假话听起来跟真的一样。读高中时你可不会这么说话，得刮目相看了。"

韩学文说："我说的是真话，你怎么能感觉是假话呢？"

史红丽说："既然你这么坚持自己的观点，你说什么是真感情？"

韩学文说："我不认识你爱人，没法下结论。"

史红丽的爱人是过承伟，她不想提起他，没接话。过承伟是随着父母从外省搬迁到小城来居住的。他父亲从前做建材生意，在小城拆旧建新高峰时期，生意曾经红火一时，正是在过家生意红火时，史红丽嫁给了过承伟。过家的生意后来不景气了，资金周转不灵，不但没挣钱，还欠下不少债务。

韩学文问："孩子呢？"

史红丽说："过承伟去青岛打工了。我在饭店上班，下班时间晚，没时间照顾孩子，孩子住在他奶奶家。"

韩学文不知道过承伟去青岛打工的事。小城去山东省打工的人不多。人们不愿意背井离乡，愿意固守家园生活。他问："在青岛干什么？"

史红丽说："修海底隧道。"

韩学文说："青岛是山东省经济发展最好的城市，在那打工能增长见识，挺幸福的。"

史红丽说："打工好，你去吧！"

韩学文说："我去找不到工作。"

史红丽说："外出打工不容易，容易都去打工了。"

韩学文说："多长时间回来一次？"

史红丽说："一年。他快回来过春节了。"

韩学文突然对史红丽产生了同情，理解人到中年时两地分居的苦楚。他一时无话，看了看手机上的时间，已经是午夜了，起身想离开。

史红丽说："这么晚了，你去哪儿？回家？家里人早睡了，你打扰他们睡觉。如果你不介意，今晚就睡在客厅，对付一夜。"

韩学文不想回家，但觉得在史红丽家住不妥当，可史红丽是好意，如果拒绝了伤感情。这么晚了，他又能去哪里呢？

史红丽说："到了这个年龄，什么事情没经历过，怕什么？"

韩学文没有离开。

夜深了，人也困了。他们睡了。

3

贾丹浩劝贾丹樱不要冲动，家庭事需要心平气和地好好说，冲动不但不能解决问题，还会把事情弄得更复杂。

贾丹樱虽然不能接受张影玉，但不想过度刺激韩学文。她认为韩学文是好丈夫，嫁给韩学文是幸福的。她娘家人对韩学文印象好，评价高。她跟韩学文闹矛盾，家人不但不偏袒她，还批评她。

贾丹浩他们离开后，屋里只有贾丹樱一个人。她气渐渐消了，开始冷静思考这件事，有点牵挂起韩学文了。雪下得大，她想韩学文会去哪里呢？她知道他不会去韩学林家。她已经从韩学林的表情中断定韩学林家发生的矛盾比自己家还大。

夜里，她做了梦，在梦里梦见韩学文跟一个女人睡在了一起。她好像认识那个女人，但想不起来在哪里见过，想不起来那个女人叫什么名字。她被梦惊醒了。她醒来，坐在屋里，再无法入睡，眼前还是那个女人的影子。但她不相信这是真的。她跟韩学文结婚这么多年，没发现韩学文跟哪个女人有过眉来眼去的事。她对韩学文的人品是了解和放心的。

但这个梦缠绕着她。她认为这不是个好梦。

天亮时她依然被这个梦的遗痕缠绕着，浓浓的倦意在黎明悄然走来时慢慢包围着她。她一点精神都没有，心情非常糟糕。

4

史红丽搀扶韩学文往家走时使出了全身力气，身上出了很多汗，内衣被汗水浸湿了，睡觉时穿得少，或许是着凉了，夜里说起了梦话。她喊着韩学文的名字。

韩学文睡在客厅的沙发上，被史红丽的梦话惊醒。他开了灯，迟缓地去了卧室。他推开卧室的门，站在门口说："做梦了？"

史红丽醒了，打开卧室的灯看着韩学文说："我怎么了？"

"你说梦话了。"

史红丽觉得口渴，自己懒得动，不想起身，缓慢地说："给我倒杯水。"

韩学文转身回到客厅，倒了杯水，走向卧室。

史红丽让韩学文倒水一是口渴，真想喝水；二是想找个借口，让韩学文离开，想在韩学文去倒水时穿上内衣。她有裸睡习惯，此时一丝不挂，怕让韩学文看到私密处。她刚拿到衣服，还没穿好，韩学文端着水杯走过来了。

韩学文这种速度如同部队行军时一样迅速，此时这种速度不是史红丽想要的，史红丽想让韩学文的速度迟缓点。韩学文看到裸体的史红丽惊呆了，瞬间产生了男人的冲动。他当过兵，心理素质极好，克制力强，站在那没动，如同雕塑般僵在那儿。

史红丽的情感也发生了变化，这种变化自己也没想到。她结过婚，生过孩子，是情感成熟的女人，四目相视，点燃了心中激情。她渴望得到男人的爱抚和关怀。她的男人去青岛打工很长时间了，在独守空房的日子里，正常的生理需求只能是种想象，有时是那么的寂寞和孤独。她被这种孤独和寂寞折磨着。她高兴不起来，快乐不起来。在韩学文看到她的裸体时，她没了私密，放下了思想负担，坦然面对了。她伸出手拉住韩学文。

韩学文急忙把水杯放在床头柜上，身体顺着史红丽的手倾倒下去。

男欢女爱，人之本性。他们投入到了激情的交融世界里。

史红丽在激情过后，默默地流下了眼泪。这是悲伤的泪水，还是幸福的泪水，连她自己也说不清楚。韩学文看着流泪的史红丽手足无措，不知怎么办。他想劝说史红丽，但又不知用什么语言表达。他把史红丽搂得更紧了。史红丽把脸贴在韩学文胸前，听着韩学文心跳的声音。她感觉韩学文心跳得厉害，仰起脸看着他问："很紧张吗？"

"紧张什么？"韩学文故作无所谓地说。

史红丽再次把脸贴在韩学文的胸前，轻声说："如果不紧张，你心跳得咋这么厉害？"

韩学文虽然嘴上说不紧张，其实不紧张是不可能的。他不是在家跟妻子，而是在其他人家跟婚姻之外的女人在一起。这是他第一次，初次体验婚姻之外这种感情，能不紧张吗。

史红丽问："我跟你老婆谁更适合你？"

韩学文没想过这个问题。他是第一次跟妻子之外的女人睡在一起。这好比在冬天里看到鲜花，有着新奇。

史红丽觉得韩学文比丈夫更有力量和人格魅力。可能是她很久没有这种生活了，如同初次体验的感觉，产生这种感受。如果经常有，或许不会有这种想法和感受了。

上半夜是韩学文喝醉了酒，史红丽为他忙了那么长时间，下半夜他们在一起兴奋地做了让情感像腾云驾雾的事。男女之间发生这种婚外情的事比工作还累。做这种事不但要付出体力，还劳心。这一夜，他们激情过后才恢复平静，非常疲惫。他们到天快亮时才入睡。

韩学文手机调制了定时自动开关机。手机开机声音响了，他醒了。他留恋温暖的被窝，还有被窝里的史红丽，不想起来。但他得准时上班，还得去旅馆看望母亲，还得考虑怎么安排母亲以后的生活。他强迫自己打起精神，穿衣服。史红丽还没有温存够，不想让韩学文离开。韩学文一边穿衣服，一边对史红丽说："你有点发烧，今天别去上班了，在家休息身体恢复快。"

史红丽在雪忆雪菜馆上班的时间是早晨九点到晚上九点，早晨上班前时间充足，不用早起。她得去上班，不上班没工资，在家闲着无聊，心里空虚，上班时跟其他人说说话觉得生活充实。她说："不影响上班。"

韩学文穿上鞋，用手抻了抻裤子，看了看裤线，然后说："你感冒了，别加重了，打电话跟饭店老板请假，不去上班了。"

"谢谢你的关心。"史红丽笑着说。

韩学文从衣服兜里拿出钱包，从中抽出一叠钱，递给史红丽说："这些天不去上班了。"

史红丽没想到韩学文能给她钱。韩学文的这个举动让她感到意外。她没有收钱的意思。她有着被侮辱的感觉，不能接受，好像被激怒了，质问："你什么意思？"

"你这些天的生活费，不用去上班了。你的工资。"

史红丽说："你以为我是妓女吗？用跟你睡觉挣钱？"

韩学文没想到史红丽能说这种话，解释说："我没这种意思。再说，现在是文明社会，没妓女了。"

"不愧是当过兵的人，政治思想觉悟比我高多了，这种事你也能上纲上线。原本没理，让你说得也正大光明。"

韩学文解释说："你下岗了，又感冒了，还是因为我感冒的，我给你提供帮助是应该的。"

"你真会说。你这种帮助让你老婆知道了得跟你闹翻天。"

韩学文说："除了你和我，如果你和我不说，不会有第三个人知道。"

"你怎么能确定我不跟其他人说？"

韩学文说："除非你精神不正常。"

"我又怎么能确定你不跟其他人说？"

韩学文说："如果我疯了，可能跟其他人说，如果我没疯，就不会跟任何人说。"

史红丽故意做出怀疑的表情说："我早就下岗了，早就失业了，你怎么不帮我？我跟你睡了一夜，你就给我钱，你不是把我当妓女又是在当什么？"

韩学文听其他人说过史红丽下岗的事，也知道她在雪忆雪菜馆当服务员，但那时他对史红丽只是同情，没想过帮她。现在他好像觉得史红丽是自己生命中的一部分，两个人相遇是生来的缘分，他有意让史红丽过上更好的日子。

韩学文说："虽然你是开玩笑，但不能用'妓女'这词，这词太刺耳，也不文明。"

史红丽做着接受的样子说："听你的，也只是跟你说，只说这一次。如果你想包养我，就多给些钱，这点钱不够。"

韩学文知道史红丽不看重钱，注重感情，史红丽故意调侃他。他做了个表情，回应说："没想到当年纯真的你，如今变成这样了。"

"当年纯真不代表一辈子纯真。其实，我当年也不纯真，只是你认为纯真。"

韩学文说："你让我开了眼界，你使劲往自己脸上抹灰，把真实表情掩盖起来。"

史红丽用命令的语气说："把钱拿走。你这是在侮辱我对你的感情。"

韩学文拿起钱，转过脸看向窗户。阳光透过玻璃窗射进屋里，屋里在阳光衬托中显得明亮。他防止被其他人看到他在史红丽家过了夜，人言可畏，急忙走出屋。

史红丽躺在床上，听到关门声，知道韩学文走了，忽然有了莫名其妙的懊恼。她心中萌生了一团怒火，但无处发泄。没过一会儿，她又听到了开门声，平时在这个时间几乎没人来找她，以为韩学文又回来了。她没看见进屋的人就说："走了，还回来干什么？"

过承婷蹑手蹑脚地穿过客厅，站在卧室门口，探头看着史红丽说："嫂子，你说什么呢？"

史红丽心一惊，立刻意识到不应该说这句话。她没想到这么早过承婷能来，暗自庆幸韩学文走了，不然就惹大麻烦了。她说："小婷，你咋起这么早？"

过承婷说："太阳升过屋顶了！"

"我还没睡够呢。"

过承婷看史红丽没起床的意思，床头还乱乱的，就说："我影响你睡觉了，不欢迎我呗？"

"平时请都请不来，怎么能不欢迎。"

过承婷幽默地说："你什么时间请过我？不能诬陷革命同志。"

史红丽有睡懒觉习惯，不愿意其他人在早晨打扰她睡觉。她微笑地说："你连革命年代是什么样都不知道，咋还弄出了革命同志。"

过承婷说："妈打电话说下大雪了，让我来看看你。"

"谢谢你和妈。"

过承婷说："怎么还客气上了？"

"你们这么关心我，让我感动。"

过承婷说："没看出来你感动。"

"怎么才能让你看出来我被感动了？"

过承婷说："流泪，大哭。"

"我是大人，能照顾自己，你们不用为我操心。"

过承婷说："我哥离开家时间长，你一个人在家妈不放心。"

"咱们这地方社会治安好，我身体也没问题，告诉妈尽管放心。"

过承婷说："你直接跟妈说。不过说了也白说，老人关心孩子，不是考虑这，就是考虑那。"

"我已经人到中年了，还孩子呢！"

过承婷说："在妈眼里始终是孩子。"

史红丽不敢正视过承婷，尽可能回避她的目光。过承婷无意间看见在沙发下面有一只男人戴的棉皮手套，心想哥去青岛打工时家里还是春暖花开的季节，怎么会有男式的棉皮手套呢？她离棉皮手套距离近，能看清手套颜色，觉得哥没戴过这种手套。她的思维被史红丽的话打断了。史红丽问："今天冷吗？"

过承婷收回目光说："跟昨天温度差不多。这屋里挺冷的。"

"我白天不在家，晚上回来晚，没生炉子，昨晚电热器只开了一会，睡觉就关了。"

过承婷说："你挺抗冻。"

"你这是准备去哪儿？"

过承婷说："去职工活动中心。"

过承婷细心观察史红丽的表情，觉得史红丽眼神不安，表情有些紧张，不愿意跟她聊天。她待了一会儿走了。她走到院子外面，仔细看了看院子里醉酒后呕吐的脏物。她把醉酒后呕吐的脏物跟屋里的那只男式棉皮手套联系在了一起。

昨天夜里韩学文在史红丽家院子里呕吐了，呕吐的脏物已经冻上了。

过承婷感觉有喝过酒的男人在哥家过夜了。

史红丽在过承婷走后松了口气。她没心思躺下去了，穿上衣服，梳洗过后去上班了。

5

过承婷眼前浮现着那只男人戴的棉皮手套和醉酒后呕吐的脏物。她感觉史红丽的感情出轨了，背叛了过承伟。她认为史红丽对不起在青岛打工的过承伟，为过承伟鸣不平。她越想心情越不好，不觉中走到了母亲刘桂玉家。

刘桂玉问："去你哥家了？"

"去了。"

刘桂玉问："你嫂子干什么呢？"

"还没起来。"

刘桂玉问："屋里冷吗？"

过承婷被母亲这一连串的问话问生气了，不耐烦地说："妈，我嫂子好着呢，用不着你关心，有人关心！"

刘桂玉没想到过承婷能发火，被过承婷的话说愣住了。她说："你嫂子娘家人是不少，娘家人关心她是一回事，咱们关心她是另一回事，两家人之间的关系不同。你哥离开家时间长，咱们应该多关心她。

要么她会觉得咱们是外人，没亲情。"

"她不是小孩子，会照顾自己。"

刘桂玉说："跟是孩子还是大人没关系。天冷了，又下大雪，你去看她没错。"

"没错，以后你去！"

刘桂玉说："你去就是代表我。"

"有人关心史红丽，用不着咱们关心。"

刘桂玉没明白过承婷这句话的意思，不解地说："你哥去青岛打工了，谁关心她？你哥关心她，也只能打电话，解决不了眼前问题。你哥上次打电话还叮嘱我去看看呢。"

"我哥不放心我嫂子？"

刘桂玉说："你哥离家时间长，距离远，一年才回来一次，当然不放心了。"

"这是预感。看来人的预知感觉有时是正确的。"

刘桂玉感觉过承婷话里有话，思虑一会儿，试探性地问："在你哥家看见什么了？"

"还能看见什么，看见我嫂子了呗。"

刘桂玉说："别跟我兜圈子，说实话，看见谁了？"

"除了史红丽我谁也没看见。"

刘桂玉说："你还跟我绕弯子？"

"我没绕弯子，只看见史红丽在被窝里躺着。不过，我看见两样东西……觉得有点不正常。"

刘桂玉表情严肃地问："你看见什么了？"

过承婷原本不想跟刘桂玉说，但不说出来心里憋得难受，迟疑地说："沙发下面有只男人戴的棉皮手套。"

"一只男人戴的棉皮手套？"刘桂玉没明白过承婷说这话的意思，重复着思量话中的意思。

过承婷说："只看见一只。"

"看见一只男人戴的棉皮手套能有什么事。虽然你哥不在家，手套不是你哥戴的，或许是你嫂子找出来，准备你哥回家戴。如果是其他男人戴的不能是一只，应该是两只。"

过承婷说："院子外面有醉酒后呕吐的脏东西。"

"你嫂子喝酒了？"

过承婷说："我没闻到她身上有酒味，不过屋里有酒味。"

"她没喝酒，屋里怎么能有酒味呢？"

过承婷说："屋里是有酒味。"

"你嫂子在饭店上班，可能顾客不小心把酒洒在她衣服上了。"

过承婷说："妈，你可真能想出理由。就算顾客把酒洒在史红丽衣服上了，院子里的呕吐脏物是谁吐的？"

刘桂玉不愿意把心里的真实想法说出来。

过承婷说："假如史红丽跟其他男人好上了，感情出轨了呢？"

"这种话不能随便说，更不能乱猜测。"

过承婷说："我跟你还不能说了？"

刘桂玉琢磨会不会是史红丽娘家人去了？但认为这种可能性不大。

过承婷的手机响了，朋友打来电话约她去玩。她快步走出屋。

刘桂玉想去史红丽家看看。她穿上大衣，找出过承伟给她的备用房门钥匙，去了史红丽家。

过承伟在离开家去青岛打工前，防止家里发生突发意外事件，把房门钥匙留给刘桂玉一套。

街上的雪还没清扫完，路滑。刘桂玉小心翼翼地在雪路上走着。她遇到了熟悉人在扫雪，打招呼说："扫雪呢。"

"你去哪儿？"熟悉人问。

"到承伟家看看。"

熟悉人问："快回来过年了吧？"

"这几天就回来了，去给他收拾收拾。"

熟悉人问："你儿媳妇不收拾吗？"

"年轻人对过年不重视。"

刘桂玉住的地方离过承伟家不算太远，步行不到二十分钟就到了。她仔细看着过承伟家院子里的脚印，想通过雪地上的脚印判断是否有其他男人找过史红丽，还蹲在地上查看了醉酒后呕吐的脏物。她在屋里看见了那只男人戴的棉皮手套。手套上潮湿，戴过时间不长。她断定这不是过承伟的手套。她如同侦查员侦查犯罪现场似的把过承伟家的里里外外侦察了一遍。她离开时把房门关好，防止史红丽发现她来过。

刘桂玉回到家情绪低落，想不通史红丽为什么背叛过承伟。过承伟为了能让史红丽过上好日子，不怕辛苦，抛家舍业到千里之外的青岛打工。史红丽在家里竟然做这种事，太不道德了。她想去雪忆雪菜馆找史红丽当面问清楚，解除心中疑虑，但被老伴过失利拦住了。

过失利在这件事上跟刘桂玉看法不同。他持反对意见地说："你不要疑心太重，屋里有男式手套能有什么事？有男式手套不能证明史红丽跟其他男人好上了，有醉酒后呕吐的脏物也不能证明，就算有其他男人去找过史红丽，也不能断定史红丽跟其他男人发生过什么事。你这种看法不对。如果是史红丽娘家人去吃饭时喝醉了酒呢？手套是她娘家亲戚戴的呢？一只手套，一处醉酒后吐的东西，就怀疑这怀疑那的不行。"

刘桂玉认为过失利说的话有些道理。女人和男人感情出轨毕竟是家庭中的大事，不能乱猜测，弄不好就把家庭搞坏了。虽然她怀疑史红丽感情出轨了，但没证据，只是猜测。她为了证实史红丽娘家人是否昨天去过史红丽家，决定去史红丽的娘家打探情况。

史红丽的母亲也住在小城，平时跟刘桂玉交往多，关系处得好。她看刘桂玉来了，热情打招呼、沏茶，拿水果。

刘桂玉在闲聊中得知最近史红丽的娘家人没去史红丽家吃饭。刘桂玉心想史红丽在饭店上班，晚上九点下班，整个白天在雪忆雪菜馆，没时间在家里请人吃饭。她回到家想给过承伟打电话，问过承伟哪天回家。

过失利不让刘桂玉给过承伟打电话，阻止说："承伟干建筑活，不能分散注意力，分散注意力工作中容易出问题。"

刘桂玉认为过失利说得在理。几天前过承伟来电话说近几天就停工了，领到工资就回家过春节。她又一想，就算跟过承伟说了，也没有证据证明史红丽跟其他男人发生不正当的事。俗语说"抓贼抓脏，抓奸抓双"，这不是小事，这么大的事必须有证据才行。她认为不管史红丽感情出轨，还是没出轨，都应该由过承伟处理，其他人没权决定。

6

韩学文到办公室看没什么事，待了一会儿，去柳树林旅馆了。韩学林和母亲吃过了早饭，他们在等韩学文商量解决问题的办法。韩学文知道在短时间内劝说贾丹樱同意母亲住在家里，让她接受母亲难做到，最好的解决办法是安排母亲住敬老院。他决定把母亲送到敬老院，让母亲在敬老院暂住一段日子。

张影玉觉得住敬老院有被儿子抛弃的感受，不愿意住敬老院。但她目睹了昨天发生在两个儿子家的事，作为母亲理解儿子的苦衷，尽可能不给儿子增添麻烦,同意韩学文的安排。她话音颤抖地问："你们把我放在敬老院不会不管了吧？"

"不会。"韩学林回答说。

韩学文难过得想哭，泪水在眼眶里打转。母亲从年轻时独自一人抚养他和哥哥，生活过得不容易，母亲到了晚年居然不能住在儿子家，对母亲来说是不公平的。他没做到儿子应尽的责任，便肯定地说："这是暂时的，过几天就把你接回家。"

敬老院院长跟韩学文关系好。韩学文给敬老院院长打电话说这件事时，院长说昨天有一位老人去世了，空出了一张床位，他母亲可以随时入住。韩学文不想让母亲住在刚死过人的床上，但院长说只有这一张空床，如果不住，过几天连这张床也没有。

韩学文知道小城的老人多，敬老院里床位少，入住敬老院需要排号。他为避免母亲产生精神压力，拒绝入住敬老院，就没敢把住在刚死过人的床位上跟母亲说。如果母亲坚决不住敬老院，他就找不到安排母亲住的地方。

韩学林帮着韩学文把母亲送进敬老院后急着回家。他离开家时妻子还在生气，妻子脾气暴躁，遇事想不开，曾经跟村里人发生矛盾后，在农田干活时喝过农药，抢救及时才脱离生命危险。他担心家里节外生枝，发生其他事，急着回家看看。

韩学文叮嘱说："路滑，慢点开车。"

"你照顾好妈，有时间我就来。"

韩学文说："回家不要跟嫂子吵，吵架不解决问题。照顾妈是咱们的事，跟嫂子关系不大。"

韩学林用手拍了一下韩学文的肩膀，无奈地转身出了屋，开着农用四轮车回家了。

四轮车发出嘟嘟的声音在空间回响。

张影玉心情沉重，嘟哝地说："人老了，不中用了，我拖累你们了。"

韩学文安慰母亲说："妈，没事。你把我们养大，我们应该养你老。"

同屋居住的老人插言说："老妹子，你儿子能说出这话，就是孝顺孩子，你有这样的孩子是福气。我儿子已经好几个月没来看我了。"

张影玉抬头看了一眼对面床上躺着的老人，又转过脸看韩学文，脸上露出一丝安慰的表情。

韩学文给母亲买来洗脸盆、牙刷、毛巾等日用品，安排好后才离开。

雪停了，太阳悬挂在天宇上。阳光照在雪地上，雪折射的光强烈，刺得睁不开眼睛。黑龙江省北大荒冬季阳光充足的日子，气温虽然低，但阳光强。

韩学文的手机响了。他看是贾丹樱打来的电话就没接听。他把母亲送到敬老院了，事情暂时平息，不急着跟贾丹樱商量这件事了。

到了中午，他还没吃早饭，肚子咕噜咕噜地叫，想吃点东西。他想到了史红丽。可他刚跟史红丽发生过一夜情，情感的冲击波还没完全消失，史红丽的情绪有些不稳定，就没去找她，而是回办公室了。

到下班时间了，办公楼里的人往外走，他往办公楼里进，一边跟下班的人打招呼。他走进办公室，打开文件柜，从里面找出值班时加餐备用的方便面，用开水泡上。他吃了没几口贾丹樱出现在了门口。

贾丹樱看韩学文在吃方便面立刻生气地说："你可真行，下班不回家，在这儿吃方便面。"

韩学文没说话，把脸转向窗户。

贾丹樱走到韩学文身边说："为了你妈，跟我生气值吗？"

韩学文还是没说话。

贾丹樱看韩学文不理她更生气了，向前走了一步，贴着韩学文的脸，指责地说："你装什么呀？有本事跟你妈过一辈子！有本事你一辈子不回家！你能吃一辈子方便面，那才算是有本事呢！"

韩学文提醒地说："这是办公室，你吵什么！你这副样子不丢人吗？"

"既然我给你丢脸了，你娶我干什么？你怎么不娶不给你丢脸的女人？看其他女人能不能嫁给你。"

韩学文发火地说："这话可是你说的？"

"当然是我说的。"

韩学文说："你别后悔。"

"我长这么大还没做过后悔事呢。"

中午休息时间办公楼里宁静，轻微的脚步声和咳嗽声也能传得比较远，还能产生回音。一层楼的传达室值班人员听到楼上有争吵声，不知道发生了什么事，不知道谁跟谁吵架，急忙跑上楼了解情况。

韩学文看传达室值班人员来了，意识到他跟贾丹樱的争吵在单位能产生负面影响，便克制住了情绪，勉强地笑着对值班人员解释说："嫌弃我没回家吃饭了。"

"这是关心你，你得服从命令，跟着回家。"值班人员认识贾丹樱，看到这种场景，断定是发生了家庭矛盾，知道韩学文的解释是在敷衍吵架真相，顺着话题给了韩学文面子。

韩学文说："方便面泡好了。"

"中午休息时间短，如果工作忙，偶尔不回家吃饭是为了工作，家属得理解。领导们看似在办公室工作轻闲，其实脑子里不停地考虑工作上的事。"传达室值班工作人员替韩学文解围地说。

韩学文对值班人员调侃地说："吃方便面的权利也没有了。"

"有话好好说，别吵架，我去值班了。"值班人员说着快步离开了，楼道里响起了比较重的脚步声。

韩学文感觉贾丹樱像泼妇，简直不可理喻，让他丢失了脸面。他知道传达室值班人员有可能把他跟贾丹樱吵架的事传出去。当然他认为外传这种话的可能性比较小，但小不等于不传。他生气地说："你别在这儿了，走吧！"

"嫌弃我了？"

韩学文压低了声音说："你看你的样子，这是在办公室，不丢人吗？"

"你妈比我还丢人呢，你怎么不嫌弃呢？"

韩学文咬着牙发狠地说："我妈怎么丢人了？"

"你妈什么地方比我好？"

韩学文说："你疯了？"

"你才疯了呢。你妈没文化，形象也不好，一穷二白，还能给你脸上增光？"

韩学文强调道："那是我妈，是我妈，你听明白没？"

"我又不是傻子，当然知道是你妈！用不着你告诉我。"

韩学文继续强调性地说："我是我妈生的。我妈给了我生命，我妈在我面前想怎么样，就可以怎么样。乡下母亲文化基本都不高，但是她们用纯朴把孩子抚养大了。"

贾丹樱质问："你的意思是你妈比我重要呗？"

"没可比性。"

贾丹樱说："有可比性。"

"你胡搅蛮缠。"

贾丹樱咄咄逼人地说："如果你认为你妈比我重要，从现在起你就不用回家了，跟你妈过好了。看你妈能给你什么？"

韩学文想说什么，但贾丹樱转身扬长而去。他从前没发现贾丹樱这么不讲理，这么钻牛角尖，这么不好沟通，今天领略到了。他忽然觉得贾丹樱成了让他陌生的女人，让他无法接受的女人。

这个下午，韩学文除了去卫生间，其他时间都一个人在办公室里。先后几个熟人来办公室找他，他也没心情闲聊。

郑宝权打来电话，说几个同事、朋友一起吃晚饭。韩学文知道郑宝权刚升职不久，成了派出所副所长，几位关系比较好的同事、朋友、同学多天前商量着为郑宝权庆祝。

韩学文正在琢磨晚饭在哪里吃呢，这个电话就打来了，晚饭问题得到了很好解决。郑宝权没到下班时间就开车来接韩学文了。

郑宝权开着车，转脸看了一眼韩学文说："好像很疲倦？"

"昨晚没睡好。"

郑宝权说："工作忙吧？"

"到年底收尾时哪有不忙的。"

郑宝权说："天气冷，工作累，得注意休息，要么身体受不了。"

"是这个道理，但是得把工作完成了。"

郑宝权说："我们这些天也在加班。"

"你今年没白忙活，升职了。"

郑宝权叹息一声说："这可不是一年工作的结果，努力了好几年。"

"在哪家饭店？"

郑宝权说："雪忆雪菜馆。史红丽在那儿，给你们创造一次见面机会。"

"还没喝酒，你就说醉酒话了。"

郑宝权说："你不想见她？"

"什么意思？"

郑宝权斜视了韩学文一眼，笑着说："上高中时，她对你挺有意思的，你对她也不错，怎么后来没戏了呢？"

"你吃错药了，胡说什么。"

郑宝权叹息道："史红丽嫁的那个男人真不怎么样。那小子没能力，文化不高，相貌也不行……各方面都不如你。也不能说各方面不如你，当时他家在做生意，比你有钱。听说当时史红丽看上那小子家有钱了。结果她嫁给那小子后，那家的生意又赔本了……史红丽看走眼了，嫁错了人。"

"你怎么能对史红丽的家事知道这么多？"

郑宝权说："你别忘了我是干什么的。"

"当初我去公安就好了。那样我能知道许多其他人的私事。"

郑宝权说："你对了解其他人的私事感兴趣？"

"没兴趣。"

郑宝权说："你从部队转业回来时，派出所领导相中你了，要你，你怎么不想去派出所？"

"组织部领导当时找我谈话了，想分配我去派出所。派出所也愿意接收，可我在部队穿了好几年军服，穿够制服了，不想继续穿警服。"

郑宝权说："只因为这个？"

"不完全是，这是原因之一。"

郑宝权说："你们那批从部队转业的干部安排的工作都挺好，后来的几批安排得就差了些。"

"主要是没有太多工作岗位安排。"

郑宝权说："如果你去派出所工作，现在就是我的领导了。"

"这不一定。你的工作能力是大家公认的。"

郑宝权说："以后你能提起来。"

"看运气吧。"

郑宝权说："运气很重要。"

"你相信这个？"

郑宝权说："我说的是机会，不是算命。有能力，没机会不行。"

"我觉得我的运气挺好。"

郑宝权说:"史红丽命不好。如果她嫁给你了,就不会落到在饭店当服务员的地步了。"

"你今天怎么总把我跟史红丽联系在一起?让史红丽知道了,她会跟你发脾气。"

雪忆雪菜馆里有几位用餐客人。史红丽往桌上端菜,送酒,擦桌子。她知道晚上郑宝权在这里吃饭,郑宝权一位同事订的餐。她知道郑宝权跟韩学文关系好,韩学文肯定来。她不愿意在熟悉人面前遇到韩学文。

韩学文下了车。郑宝权手机响了,在车上接听电话。韩学文不愿意单独遇到史红丽,没马上往饭店里走。虽然他在屋里做不到避开史红丽,但能做到不单独遇到史红丽。他站在雪忆雪菜馆门口做着等其他人的样子,调整着心态。他不知道史红丽见到他会是什么反应,自己应该怎么面对。郑宝权朝韩学文走来时,韩学文说:"你这个电话打得时间够长的。"

"先接到的是所长打的,又接了媳妇打来的。媳妇打得时间长,所长打得时间短。"郑宝权说。

韩学文说:"领导和家人都重视你。"

"所长叮嘱不让喝多了,纪委对公职人员喝酒有规定。"

韩学文说:"看是在什么场合喝酒。今天咱们不用公款,没占用工作时间,花自己工资钱喝酒,这种情况纪委不怎么管。"

郑宝权跟韩学文走进饭店,有几位参加聚会的人已经到了。郑宝权只负责去接了韩学文,喝酒的事都由其他人操办。

韩学文见机行事,尽可能不让其他熟人看出来他跟史红丽发生过不寻常关系。

史红丽看韩学文走进饭店,故作镇静,表现得跟韩学文什么事都没发生过一样。她跟韩学文只是点了下头,算是打招呼了。她跟郑宝权和其他熟人打招呼时热情满面。

郑宝权升职为派出所副所长,这是工作中的大喜事,也是人生价值的体现。在小城政府工作升职时,正常情况会得到同事、朋友设宴庆祝。

韩学文的酒量在这几个人中最大。他防止再喝醉，喝到量就不喝了，几口酒在别人不注意时吐到了水杯里。其他人喝得酩酊大醉时，他的思维很清晰。他看着东倒西歪的几个人发愁了。天气这么冷，几个人分别住在小城不同的位置，把醉酒人送回家成了难题。

虽然郑宝权的车停在饭店门口，但这些人都喝酒了，不能酒后开车，如果步行回家，喝酒过量的他们走不了那么远的路。夜晚天气冷，不利于步行。

雪忆雪菜馆老板驾驶证是刚考出来的，车技不熟练，车是刚买的，雪路滑，防止发生意外，多一事不如少一事，不愿意送他们。

史红丽对老板说："让他们长时间待在店里不是办法，我送他们回家。"

"你怎么送？"菜馆老板不愿意让这些人待在饭店里。这些人都是政府机关工作人员，他不想得罪，不能撵他们离开，但他们不离开饭店就不能关门。史红丽送这些人离开符合饭店老板心意。

史红丽脱下工作服，换上自己的大衣，走到韩学文面前说："就你没喝多，你把他们送回家。"

"喝酒了，不能开车。"

史红丽说："你开车了？"

"车坏了，还没维修好。"

史红丽说："谁的车可以开？"

"我的。"郑宝权接过话茬说。

史红丽说："你还行，没喝多。"

"头晕，眼花，开车肯定不行。"郑宝权说。

史红丽说："车钥匙呢？"

郑宝权把车钥匙递给史红丽。

韩学文问史红丽："你开车技术行吗？"

"太小瞧我了。"史红丽说。

韩学文和史红丽根据每个人住的距离远近、位置，分两次把他们送回家。

他们是庆祝郑宝权升职喝的酒，郑宝权得把每一个人安全送回家。他是最后回家的，他对史红丽说："今晚多亏你了，要么不知道怎么才能回家。"

"我也算是为你升职庆祝了。"史红丽说。

郑宝权说："找机会感谢你。"

"警察同志，跟我不用客气。"史红丽说。

郑宝权对韩学文说："学文，交给你一项任务，把史红丽安全送回家。"

"这么黑，天气又这么冷，得把她安全送到家。"韩学文说。

韩学文陪着史红丽缓慢走着，心里在想是不是继续往前走。

史红丽转脸说："怎么走得这么慢？"

"我的手套是不是落在你家了？"

史红丽说："好像在地上有一只手套。"

"怎么可能是一只手套？"

史红丽说："我只看见一只。"

"不会吧？"

史红丽生气地说："如果两只，我还能藏起来一只吗？"

"你理解错了。"

史红丽不以为然地说："不就是一双手套吗？至于这样纠结吗？"

"让其他人看到不好。"

史红丽不假思索地说："看见手套能有什么事？"

韩学文虽然没解释因手套引起的担忧，但觉得这是不好预兆，影响到了心情。

史红丽感觉到了韩学文的心事，意识到了手套存在的隐患，不知道过承婷看见手套没有。她不想引起过多麻烦，用责备的语气说："你这人以前心挺细的，怎么把手套落下了。"

韩学文说："不是喝酒喝多了吗。"

"你如果不喝醉了，这辈子也不会去我家。"

韩学文说："人与人交往是缘分。"

史红丽嘴上不在意手套的事，但觉得不妥当，不知道过承婷看见那只手套没有。如果过承婷看见了那只手套是否有其他想法？

她知道刘桂玉有她家房门钥匙。她不在家时刘桂玉有时去帮她清理卫生。她想刚下过雪，天气冷，路滑，刘桂玉不可能去她家。

韩学文看了一眼史红丽，为了缓和神情，夸赞地说："以前不知道你开车技术这么好。"

"我的事你全不知道。"

韩学文问："你什么时间学会开车的？"

"在粮油加工厂上班时就学会了。"

韩学文不想提工作方面的事。史红丽下岗了，防止刺痛史红丽的自尊心。他说："今晚你帮大忙了，找机会感谢你。"

"你说得没错。送他们回家是你的活，不是我应该做的。"

韩学文说："我有点喝多了。"

"算了吧。你把酒吐到了水杯里，不揭穿你，你偷着乐吧。"

韩学文没想到史红丽会看到他吐酒的事。他觉得史红丽是有心计的女人，跟史红丽走在夜路上，好像重新感受到了中学时代的美好往事。

史红丽问："你喜欢我吗？"

韩学文没想到史红丽能直截了当地问，没心理准备，不想回答。

史红丽说："即使你喜欢我，我也不能为你离婚。就算我男人不好，他还是我男人。我有孩子，还有双方父母。"

"你很冷静，冷静好。"

史红丽说："做事不能感情冲动，冲动会把事情弄得更糟糕。"

韩学文在思考跟史红丽的关系。他想这是情人关系吗？他是史红丽的情人？还是史红丽是他的……他接受不了这种称呼。但他感觉跟史红丽在一起彼此心情很好。如果说前一天他在史红丽家过夜是醉酒之后的偶然，那么这一次他在史红丽家过夜完全是在清醒之时。

他看见了自己的一只手套，另一只没找到，猜测可能那天夜里掉在了路上。他用铲雪的铁锹把院子里的脏物清理干净。

史红丽把这只手套和呕吐的脏物一起扔在了街边垃圾桶里，如同排除了一枚定时炸弹，心情安稳多了。

7

过承伟比原计划提前两天回到小城。他想给家人惊喜，没提前告诉任何人回小城的准确时间。他乘坐的大客车是在晚上六点钟抵达小城的。

北大荒的冬季，这个时间是万家灯火了。天气寒冷，不适合人在室外长时间停留。夜晚小城的街上几乎没有行人和车辆。他透过车窗看着夜色中的小城心情有些激动。他离开小城近一年时间了，在离别的日子里多次在梦里梦到亲人。

他下了车，站在街边就有到家的感觉。路边有几辆电动三轮出租车在招揽生意。一位三轮车司机朝他走来，他二话没说跟着司机上了三轮车。他没直接回家，而是去了母亲家。

刘桂玉和过失利在看电视，没想到过承伟开门进来了。他们面对突然出现在眼前的过承伟吃了一惊，一时无语了，惊喜之时几乎同时说："怎么没提前打电话说一声呢？"

"想让你们惊喜。如果提前告诉你们，就看不见你们脸上这种表情了。"

刘桂玉说："你不是说过些天回来吗？"

"工地停工了，工人急着回家过年，公司提前发了工资。我在发工资当天就上火车了。"

刘桂玉说："离开家这么长时间了，应该早点回家。"

"我带了虾和鲅鱼。"

刘桂玉说："你没回家，把东西拿到这儿史红丽会多想的。"

"她在饭店上班，九点才下班，我又不方便带着这些东西去饭店找她，就直接到这儿了。"

刘桂玉问："还没吃饭吧？"

"快给我弄点吃的，一天没吃东西了。"

刘桂玉说："不吃饭身体不抗冻，得吃饭。"

"到了哈尔滨觉得离家近了，想回到家吃。"

刘桂玉说："哈尔滨离咱这儿远着呢。"

刘桂玉去厨房给过承伟做饭。她知道过承伟喜欢吃鸡蛋热汤面条。煮面条用的时间短，不一会儿做好了。她把一碗热腾腾的面条端到客厅的桌子上。

过承伟吃着面条跟父母聊着。

刘桂玉问："青岛有哈尔滨好吗？"

"哈尔滨跟青岛根本无法比。"

刘桂玉思量地说："哈尔滨是省城，在松花江边，有人说哈尔滨是东方巴黎。哈尔滨还没青岛好？"

"啥省城不省城的，啥东方巴黎……只是比喻说法。哈尔滨比咱这地方是强，但跟青岛比根本不行。在青岛海边往远处一看，海风、海浪，心情瞬间就发生了变化。现在青岛是零上几度，哈尔滨是零下二十几度，这种温度差距哈尔滨怎么跟青岛比？"

刘桂玉说："青岛物价高吧？"

"分什么东西。海鲜比哈尔滨和大连便宜，房子价格就贵。"

刘桂玉说："青岛一套房子在咱们这儿能买两三套吗？"

"何止两三套……你知道青岛一套房子多少钱吗？"

刘桂玉说："三四十万？"

"基本每套房子在一百多万。"

刘桂玉说："是在海边的房子？"

"海边的房子一百万买不到。"

刘桂玉说："青岛的房子也太贵了。这么贵的房子卖给谁？谁能买得起。别说一辈子了，两辈子也买不起一套房子。"

"你买不起不等于其他人买不起。"

刘桂玉说："青岛工资高，房子好卖。咱这儿的工资到青岛买房不可能。"

"青岛工资不算高。主要是外地人到青岛买房子多，有到青岛买房准备养老的，还有孩子大学毕业到青岛工作的。"过承伟边吃饭边向父母介绍着在青岛打工时的生活。吃过饭，经过短暂休息，疲劳涌起，觉得累了，想回家了。他朝刘桂玉要房门钥匙。

刘桂玉从桌上拿起钥匙递给过承伟叮嘱说："遇到事商量着来，别吵架。"

"我还没到家呢，能有啥事。"

刘桂玉犹豫着，想说什么又难开口。

过承伟感觉刘桂玉的表情反常。

刘桂玉想把看见一只男式手套和醉酒后呕吐脏物的事告诉过承伟，但又拿不准是告诉好，还是不告诉。她看见过失利投过来阻挡的眼神就没说出口。

过承伟注意到了过失利投向刘桂玉的眼神，觉察到家里发生了什么事，就问："爸、妈，发生什么事了？"

"没事。"过失利说。

过承伟往屋外走着说："明天我再来。"

"你把虾和鱼带回去给你岳父家送去。"

过承伟说："放在这儿，明天我来拿些送过去。"

过承伟回到家用钥匙反复开了几次房门，没能打开。天气冷，不能在室外长时间停留，要么去饭店找史红丽，要么返回父母家。他想了片刻返回母亲家了。

刘桂玉拿起钥匙看着说："是这把钥匙，前些天我还用了。"

"打不开。"

刘桂玉想了想说："史红丽还能把锁换了？"

"她为什么换锁？"过承伟不解地问。

刘桂玉不能把猜测想法说出来，看着过失利没说话。

过失利说："问史红丽就知道了。"

"问她？"刘桂玉反对问史红丽。

过失利说："不问她问谁？"

刘桂玉觉得史红丽不能说实话，问了也白问。

过承伟的目光在母亲和父亲之间来回转换，认为母亲话中有话，母亲想说，父亲阻拦不让母亲说。他说："爸，你别拦着我妈，让我妈说。"

"承伟，你得沉住气，不能冲动。"刘桂玉觉得一家人没必要绕弯子，想把自己的看法说出来。

过承伟迫切想知道母亲想说的事，催促着说："妈，你说。我不是小孩子，有克制力，不会冲动。"

"你在家里有棉皮手套吗？"

过承伟没想到母亲问手套，不加考虑地说："我有棉手套，但不是皮的，是布的。"

"我在你家看见一只男式棉皮手套。在院子里看见了醉酒后呕吐的脏东西。"

过承伟不仅没明白母亲想说的意思，反而糊涂了，不解地问："这跟钥匙打不开房门没关系。"

"你不在家，家哪来的男式手套？你没在家，谁在你家院子里呕吐？"刘桂玉分析地说。

过承伟好像听出母亲话里的意思了，思量地说："你的意思是史红丽背着我跟其他男人好上了？"

"你妹妹也看见那只男式手套和呕吐的脏物了。"

过承伟说："小婷也怀疑史红丽跟其他男人好上了？"

"我和你妹妹只是觉得可能发生了这种事，但没证据，不能断定。你爸说我和小婷想多了，在瞎猜。"

过承伟虽然不相信史红丽跟其他男人好上了，但有点怀疑，史红丽当初嫁给他时没完全看上他，看上他家做生意有钱了。他们家生意失败后史红丽对他的感情明显不如从前了。但他认为史红丽没有到背叛他的地步。不过，母亲的话让他的感情产生了波澜，不能安静，让他考虑到他不在家时史红丽会做出哪些事，跟什么人交往。

过失利说："不要听你妈的，你妈这是疑心病。史红丽不是那种人。"

"是哪种人从外表能看出来吗？知人知面不知心。承伟离开家近一年了，史红丽这么年轻，正是感情充沛的年龄，她做了什么事谁知道。"刘桂玉执拗地说。

过承伟被母亲的话说动了，决定晚上不回家了，住在母亲家，明天早晨回去。

这时他的儿子从学校上晚自习回来了，儿子见到他高兴得跳了起来。他见到儿子也格外开心，从包里拿出给儿子买的礼物，儿子明天上学得早起，拿着礼物回房间睡觉了。

刘桂玉低声对过承伟说："如果史红丽跟其他男人好上了，你打算怎么办？"

"你胡说什么！不能往坏处想。"过失利说。

刘桂玉说："我说是假如。没有当然好。如果发生了这种事，咱们也有思想准备。"

过承伟没想到能发生这种事。当然这事不一定真存在，但提到这种事已经够让他没面子了。他拿起手机给史红丽打电话说："下班了吗？"

"没呢。"史红丽过了好一会才接听电话。

过承伟说："路上注意安全。"

"没啥不安全的事。"

过承伟说："没事最好，有事就晚了。"

史红丽觉得这话刺耳、别扭，话题一转说："什么时间回来？"

"我拿到工资就回去。"

史红丽说："回来时提前给我打电话。"

"提前告诉你。"

史红丽说："把身份证、工资卡、车票放好，路远，别丢了。"

"丢不了。"过承伟挂断了电话。

刘桂玉不明白过承伟为什么要骗史红丽。她说："你怎么没告诉史红丽到家了呢？你不告诉她，她明天见到你不生气吗？"

"你们我都没提前告诉，她生哪门子气。"过承伟说。他不再跟父母说什么了，躺在床上睡了。他在路上奔波了好几天累了。

8

史红丽从雪忆雪菜馆出来走没多远，隐约看见了韩学文。韩学文站在路灯下面。史红丽快步走过去。

韩学文这几天下班后在办公室里用私人电脑看新闻，打游戏，消磨时间，到史红丽要下班时离开。他为了避免遇到熟人，站在路边大树下等史红丽。虽然冬天的树木没了树叶，失去了遮掩性，但夜晚路上行人稀少，一般不会引起行人注意。

史红丽跟韩学文在一起觉得感情充实，有着莫名的幸福感。她知道这种生活在过承伟回到家时就结束了。她是过承伟的女人，不是韩学文的女人。韩学文无论多好，她也不能跟韩学文光明正大在一起。过承伟无论多么不好，她在任何公共场合可以相伴。她知道不能长时间跟韩学文鬼鬼祟祟交往。他们的交往只能在暗地里，不能公开。她跟过承伟通过电话后心情有些乱，有点悲观，对韩学文失去了些热情。

韩学文看史红丽不开心了，试探性地问："有心事？"

"心事天天有。"

韩学文问："今晚怎么了？"

"刚才过承伟给我打电话了。"史红丽叹息地说。

韩学文虽然不认识过承伟，但知道，就随口问："他什么时间回来？"

"快了。"

韩学文问："快了是几天？"

"他没说哪天回来。"

韩学文同情地说："在外地打工不容易。"

"如果你能帮他找份活，他就不用外出打工了。"

韩学文说："我没这种能力，如果有这种能力可以。"

"你不帮就算啦，还找借口。"

韩学文说："你还不了解咱这里的企业吗？几乎没有效益好的。"

"咱俩是什么关系？我是你的情人？还是你是我的情夫？"

韩学文认为这种话有侮辱人格的意思，不愿意听这种话，随口说："怎么能这么想呢？"

"应该怎么想？"

韩学文说："如果不是阴差阳错，咱们可能就在一起生活了。"

史红丽觉得韩学文话语中有埋怨她的意思。韩学文曾经真心爱过她，是她在爱情的岔路口做了重新选择，放弃了韩学文，嫁给了过承伟。她想起来跟韩学文恋爱的往事，情不自禁萌生了自责。

韩学文没有责备史红丽的意思，只是随口说的。现在他们各自有了家庭，有了孩子，在家庭不发生重大变故时，不可能找回从前恋爱时的感情了。他们这次旧火重燃完全是意外，彼此爱又爱不起来，放又放不下，情感的天平左右摇摆不定。

史红丽说："你跟贾丹樱除了你妈养老的事，没有其他矛盾吧？"

"我妈确实有点偏向我哥，但我不能因为我妈偏向我哥就责备我妈。虽然她偏向我哥，我也得支持她，也得站在我妈立场上，要么她没法在我家生活。"

史红丽说："你这话不讲理。如果放在我身上，我也不接受。这叫你妈不对也是对的。"

"父母是哪个孩子生活得不好偏向哪个孩子。如果父母偏向生活条件好的孩子，生活不好的孩子生活就更不好了。"

史红丽说："我也这么认为。"

"家务事太难解决了。"

史红丽说："既然贾丹樱没错，你就应该退让，如果你硬着来，她肯定不接受。"

"我怎么退让？让我妈一直住在敬老院？"

史红丽说："你能一直住在办公室吗？"

"一直住在你那儿。"韩学文开玩笑说。

史红丽说："只要你敢，我同意。"

韩学文不可能跟史红丽住在一起。如果他跟史红丽的事被亲友、同事知道了，名声就毁了。小城人口不多，发生点什么事很快就传开了。名声一旦毁了，就会被同事、亲友看不起，不好面对。他知道这种事不光彩，有点不可见人，但他没有想出更好的办法。

史红丽说："咱们俩的事如果被传开了，其他人会不会说咱们是'破鞋'，不正经。"

"你怎么能这么想呢？咱们是有感情基础的。"

史红丽说："这么说咱们的初恋死灰复燃了？"

"我麻木了。"

史红丽说："可能是被生活的压力累着了。"

韩学文感觉到了史红丽的心理压力。他心里有着同样压力。这是摆在他们眼前的问题，不能避开，只能面对，尽可能寻找解决办法。经过这几天交往，他渐渐接受了这种压力，试图承受，不认为史红丽是故意制造障碍，中断交往。他走到史红丽家院子门口停住了，不准备进去。

史红丽转过头说："怎么了？胆怯了？"

"我担心陷入感情中不能自拔。"

史红丽说："已经到门口了，进屋吧。"

韩学文想这是最后一个晚上，打算以后不来史红丽家了。他应该学会控制情感，不然这种感情会越陷越深，最终可能无法收场。他虽然对史红丽有好感，愿意交往，但必须止住。他不能为了满足感情需要而影响工作和家庭。他决定这是跟史红丽在一起的最后一个夜晚。

这一夜，史红丽和韩学文的心情不如前几天好。他们好像从梦中渐渐醒来，将回归从前生活的轨道。

早晨依然是韩学文先起来。他刚走出房门，冷不防被人猛击一拳，险些把他击倒。他立刻缓过神，站稳脚，躲闪开打来的第二拳，并且迅速做出还击。他的灵敏反应跟在部队受到过擒拿格斗训练有关。他身手快，用力狠，三下五除二把对方打倒了。他猜测到袭击他的人是谁了，没有纠缠，想尽快离开，快步扬长而去。

过承伟不认识韩学文。他刚才是在气头上，没考虑自己跟对手的体力差距，被打得晕头转向。虽然他不认识韩学文，不知道眼前的人是谁，但确定这个男人在他家跟史红丽过了一夜。他打电话报了警，让警察来处理史红丽跟这个男人之间的事。他报过警才走进屋。

史红丽躺在床上怎么也没想到过承伟突然出现在了面前，太意外了，她慌了神，急忙穿上短裤和内衣。但在慌乱之时忘记戴乳罩了。

过承伟看史红丽这种样子，相信自己的判断是正确的，确定史红丽跟刚才离开的男人之间发生的事。他认为母亲的猜测得到了验证，恼怒地问："刚才走出去的那个男人是谁？"

"你打电话骗我？"史红丽避重就轻地说。

过承伟被气得脑筋暴起，满面通红，喊着说："我到千里之外辛辛苦苦打工挣钱，你却在家里跟其他男人鬼混、偷情，还有良心吗？"

"你辛苦，谁不辛苦。我每天下班都近半夜了，我一个人在家孤孤单单的容易吗？"

过承伟说："你孤单就搞破鞋！"

"你不能侮辱我的人格。"

过承伟质问："你这种人还讲究人格？讲究人格就不做这种事了。"

"吼什么！想吓死谁！"

过承伟问："那个男人是谁？"

"跟你有关系吗？"

过承伟咬着牙说："当然跟我有关系了。这是我家，他来我家就跟我有关系。"

"跟你有关系，你去问他。"

过承伟说："没想到你这么不要脸。"

"你冷静点，别激动。"

过承伟说："你刚跟那个男人睡过觉，还让我冷静？"

"我想跟你睡，可是你不在家。"

过承伟咬牙切齿地说："史红丽，史红丽，让我说你什么呢？"

史红丽转过脸不看过承伟了，用沉默态度回应过承伟激动的反应。

警车来了。郑宝权和两名民警走进屋。郑宝权问过承伟为什么报警。过承伟没说跟韩学文打架的事，指责史红丽跟其他男人偷情。郑宝权看着史红丽。

史红丽说："他胡说八道，不用理他。"

过承伟说："她偷情了。"

郑宝权转过脸对过承伟说："你有什么证据能证明史红丽跟其他男人的事？"

过承伟说："刚才我看见一个男人从屋里出去了。"

郑宝权有意袒护史红丽，不想让家庭矛盾升级，想通过劝说化解矛盾，化解矛盾得从过承伟开始。他对过承伟说："看见有一个男人从屋里走出去，你就怀疑史红丽跟那个人有问题是不对的。这是白天，又不是晚上，能有什么问题？即使是在夜晚，男人和女人在一起，也不一定有问题。有没有问题得根据证据决定。不能随口说这个人有问题、那个人有问题，如果这么认定，社会就乱套了。"

过承伟打电话报案原本是想让警察把那个男人抓住，没考虑证据不证据的事，没想到警察能质问他。虽然他断定那个男人跟史红丽发生了不正常关系，但只是猜测，没证据。警察说得合乎情理。他被郑宝权说得哑口无言，把目光投向史红丽。

史红丽没想到过承伟报警了，找来警察。过承伟这种做法气得她脸色苍白，站着一言不发。她明白郑宝权在帮她说话。

郑宝权把过承伟问得哑口无言后，目光转向了史红丽，象征性地问："那个男人跟你有关系？"

"他胡说八道。"史红丽否定地说。

郑宝权又把目光转向过承伟说："举报这种事得证据确凿才行，没证据不行。就算是有证据，这也是成年人的个人行为，公安机关也不好处理。"

"警察不处理谁处理？"

郑宝权说："看个人诉求是什么。"

"照你这么说就没人管了？"过承伟明白郑宝权在推脱，不想管。

郑宝权说："我不清楚。"

"你们派出所管什么？"

郑宝权说："派出所是管社会治安、犯罪等违法的事。如果发生强奸、盗窃等事派出所必须管。"

"这件事属于什么？"

郑宝权说："你说的事还没得到确定，无法回答。"

"如果我报假案你们可以把我抓起来。"

郑宝权说："没说你报假案。抓人得根据具体情况，不能随便抓人。"

"真是人民的好警察。"

郑宝权说："夫妻之间感情的事，尽可能不张扬，心平气和沟通，更利于解决。如果弄得满城风雨对你们都不好。"

过承伟质问史红丽："你为什么把门锁换了？"

"旧锁安全性低，防止小偷。"史红丽说。她不想纠缠下去，匆忙去上班了。

郑宝权和另外两位警察上了警车离开了。警车从史红丽身边经过时，郑宝权本想让史红丽上车，顺路送史红丽去上班，可他担心引起过承伟不满，说他处理案件带有私情，不公正，就没停车。他从车窗向外看了一眼史红丽。史红丽低头朝前走。郑宝权在猜测过承伟举报的男人会是谁？

他猜到了那个男人。

史红丽边走边拨通了韩学文的手机，她没说话，韩学文也没说话，手机过一会儿自动挂断了。

9

过承伟一个人在屋里越想越窝火。他离开家去青岛打工是为了让家里的日子过得好些，没想到史红丽跟其他男人私通了。他想不明白史红丽为什么这样做，猜测他长期不在家史红丽寂寞了？是生理需要？可他也是人，也有这种欲望，也有这种生理需求，他能守住寂寞史红丽为什么不能？

刘桂玉和过失利来了。他们在过承伟走后不放心，防止发生什么事，吃过早饭就来到过承伟家。他们看过承伟愁眉苦脸的表情知道跟史红丽闹矛盾了，动手打架了。刘桂玉着急地问："你跟史红丽打架了？"

过承伟没说话。

刘桂玉说："谁把你打成这样？你没找警察吗？"

过失利说："你冷静点，这么大年龄了还冲动。"

刘桂玉说："儿子被打了，我让找警察怎么能是冲动呢？"

过失利说："语气平稳点行不？"

刘桂玉说："为什么打你？"

过承伟抬头看着屋顶，咬着牙，没说话。

刘桂玉说："史红丽呢？她不在家你进不了屋。你跟人打架她应该在场。"

过承伟觉得自己窝囊，老婆跟其他人私通了，反而还被打成这副样子，他委屈得流下了眼泪。

刘桂玉看儿子哭了，更心疼了，着急地说："你说话呀？"

过承伟觉得史红丽发生了婚外情，这是家庭不光彩的事，觉得丢人，难以启齿。

刘桂玉推测地说："史红丽跟其他男人私通被你抓住了？是那个男人把你打伤的？"

过承伟没想到母亲推测得这么准确，看了母亲一眼，不愿意跟母亲对视，把脸转向另一边，回避母亲的目光。

过失利不相信史红丽能感情出轨，反驳刘桂玉说："你胡说什么，哪个男人做了不光彩的事还敢打人。"

刘桂玉拿起手机给过承婷打电话，把过承伟被打的事告诉给过承婷。

过承婷上班时不能离岗。她给过承伟打电话，过承伟没接听。过承婷急忙拨通了爱人佟海军的电话，让佟海军赶紧接她一起去过承伟家。

佟海军在交通局上班，单位离过承婷的电信局不远，开车一会儿就到了。过承婷请完假在办公楼外等佟海军。佟海军问："发生什么事了？"

过承婷摇头说："不清楚。"

"你哥在青岛呢，他家能发生什么事？"

过承婷说："他回来了。"

小城不大，距离不远，开车一会就到了。

过承婷看到哥哥的狼狈相，惊讶地说："哥，你什么时间回来的？怎么脸还受伤了？被谁打的？"

过承伟似乎成了聋哑人，如同听不见，谁的问话也不回答。

过承婷说："哥，你怎么不说话？"

刘桂玉无奈地说："一句话不说，这不急人吗。"

过承婷说："我哥什么时间回来的？"

刘桂玉说："昨晚。"

过承婷说："回来就这样？"

刘桂玉说："不是。早晨还跟我说事呢。"

过承婷说："他现在怎么一句话也不说？"

刘桂玉说："受到刺激了呗。"

佟海军说："哥，你跟嫂子打架了？"

过承伟看了一眼佟海军还是一言不发。

佟海军："哥，发生什么事了，你说出来，咱们一起想办法解决。没有解决不了的事。"

过承婷问刘桂玉："我嫂子呢？"

刘桂玉说："我来时没在屋里。"

过承婷说："我嫂子没在家睡觉？"

刘桂玉说："昨晚你哥回来一次，用钥匙没打开房门，又回我那儿了。昨晚你哥在我那儿睡的，早晨回来的。你哥早晨能进屋证明史红丽在家，要么他进不了屋。"

过承婷说："我嫂子去饭店上班了？"

过承伟忽然发脾气地喊："不要张口嫂子闭口嫂子的，史红丽跟其他男人好上了。你没这种嫂子！"

过承婷没想到过承伟能说出这番话，不解地看着刘桂玉问："妈，发生什么事了？"

刘桂玉没说话。

过承婷说："妈，你们这样吞吞吐吐的急死人了。"

刘桂玉觉得说史红丽跟其他男人发生了不正常男女关系不好。她是长辈，在没有确凿证据之前不能公开这么说。但是过承婷问好几次了，她不说过承婷更着急，想了想说："可能跟那只男式棉手套有关。"

过承婷看见过那只男式棉皮手套，往史红丽感情出轨方面想过。她和母亲都往这方面想过。如果过承伟看见了那只男式棉皮手套更会往这方面想了。她轻微地叹息说："男式棉皮手套……"

过承伟知道过承婷看见过那只男式棉皮手套，但他在屋里没找到，不过根据昨天晚上刘桂玉跟他说的棉皮手套和那处喝醉酒呕吐的脏物判断，史红丽跟其他男人发生了不正常男女关系。他说："虽然我没看见你们说的那只男式棉皮手套，也没看见那处醉酒后的呕吐脏物，但我看见一个男人跟史红丽私通了。"

过承婷说："哥，你抓住我嫂子跟那个男人在一起了？"

过承伟说："不要嫂子嫂子地叫。"

刘桂玉看着过失利说："果然让我猜测中了，我说那只男式棉皮手套不是好预兆你还不信。"

过失利说："史红丽怎么能是这种人？"

刘桂玉说："人的想法会发生变化的。"

过失利说："承伟离开家到青岛打工挣钱，史红丽怎么能做这种事呢？"

过承婷问过承伟："那个男人是谁？"

过承伟说："我不认识。"

刘桂玉说："你不是看见那个男人了吗？"

过承伟虽然看见韩学文了，但不认识韩学文，不知道韩学文是干什么工作的。小城不大，只有一万多常住人口，想找到韩学文不难。如果让史红丽提供韩学文的信息，找到韩学文再简单不过了。但他认为史红丽不会提供信息，如果想找到韩学文得找警察，让警察调查。

过承婷和佟海军陪着过承伟去了派出所。

值班警察跟佟海军熟悉，按照社会治安案件做了登记，然后去找史红丽了解情况。

史红丽没想到过承伟去派出所了，进一步追查这件事。她面对警察预感事情闹大了。她虽然不想提供韩学文的信息，但必须提供，配合警察工作是她的义务。并且她是当事人，没有推脱理由。

过承伟虽然不认识韩学文，但是过承婷和佟海军都认识韩学文。过承婷和佟海军对韩学文的印象挺好，没想到韩学文跟史红丽发生了婚外情，做出损害道德的事。

过承婷说："简直不敢相信是韩学文。"

过承伟问："你认识这个人？"

过承婷说："很熟悉。"

过承伟问："他是干什么的？"

过承婷说："组织部的副科长，听说快要升职科长了。"

过承伟说："这种人还能当国家干部？"

过承婷看着过承伟没说话。

过承伟觉得过承婷看他的目光反常，不解地问："怎么用这种眼神看我？"

过承婷知道韩学文跟史红丽发生不正常男女关系后，觉得责任不完全在史红丽，过承伟也有责任。她不知道事情的具体细节，不能轻易判断，用安慰的语气说："哥，你得冷静。嫂子是自愿的，不完全怪韩学文。你自己没处理好夫妻感情，也有责任。"

过承伟没想到过承婷会责备他。他不明白自己的责任在哪儿，错在哪儿，不想多说什么，转身走了。

过承婷说："哥，要往开了想，千万别冲动！"

过承婷看着过承伟远去的背影有些难受、担心，担心过承伟想不开，做出冲动事。

过承伟往家走。他在回家的路上经过雪忆雪菜馆。他经过菜馆时，头脑一热，走了进去。

史红丽没想到过承伟会到饭店来，有些慌了。

过承伟不分青红皂白地质问："你为什么跟韩学文偷情？因为他当官吗？"

史红丽承认感情出轨对不起过承伟，但是过承伟不能把事情弄得满城风雨，让她脸面扫地。过承伟这么一张扬，她就没脸面见人了。她无法接受过承伟在众人面前这种指责。她一横心，豁出去了，做出了无所谓的姿态，咬牙说："走，咱们离婚！"

10

韩学文虽然不认识过承伟，但知道被他打倒的男人是过承伟。他快速离开是不想让更多人看见他是从史红丽家出来的。早晨很多家还没起来时，他从史红丽家走出来，并且史红丽是一个人在家，这种事原本就带有许多故事想象空间。

一个男人早晨从另一个独自在家的女人屋里走出来绝对带着故事色彩，如果把这件事赋予想象空间，即使他跟史红丽没发生男女之间出格的事，全身是嘴也解释不清楚。何况他跟史红丽发生了那种行为。

他虽然把过承伟打倒了，顺利离开了事发之地，但没有胜利者的喜悦，却有着失败者的恐慌。他像战场上的逃兵，即使逃离了战场，却产生了心理和精神恐惧。

他担心史红丽因他打过承伟来找他。他不知道史红丽能跟过承伟说什么，过承伟能对史红丽做出怎样反应。

韩学文接到史红丽打来的电话，史红丽没立刻说话，韩学文在电话里听见了史红丽走路的脚步声。他猜测史红丽的想法，想说什么事。史红丽不想跟韩学文说什么事，只想把心情传递给韩学文。韩学文的办公室门开了，郑宝权走了进来。韩学文跟史红丽说："来人了，挂电话了。"

郑宝权到档案办公室取完材料后来找韩学文。他知道早晨打过承伟的男人是韩学文，但没直接说出来，用试探性的语气说："史红丽家出事了？"

韩学文愣了一下，看着郑宝权，等着郑宝权往下说。

郑宝权说："早晨我刚上班就接到出警指令，报警的人是过承伟。过承伟说史红丽跟其他男人……"

韩学文说："史红丽的男人叫过承伟？"

郑宝权说："你不知道？"

韩学文用轻视的语气说："知道有这么个人，没见过。"

郑宝权说："这么重要的人你不知道？"

韩学文说"你什么意思？你可是警察，警察不能轻易下结论。"

郑宝权说："史红丽的男人被那个男人打了，那个男人真够可以的，睡了人家的老婆，还打了人家的男人……"

韩学文说："你……"

郑宝权说："我怎么了，说错了？"

韩学文说："史红丽是什么意思？"

郑宝权说："史红丽不承认，在帮着那个男人说话，想离婚，嫁给那个男人。"

韩学文说："你在我面前尽管胡说。"

郑宝权说："这事如果跟你没关系，你就别操心了。"

韩学文说："你替史红丽操心吧。"

郑宝权说："我替你操心。个人生活行为，民不举官不纠。如果过承伟不继续追究，没大事，如果继续追究，就不好办。"

韩学文心里乱乱的，从办公桌抽屉里拿出几块喜糖扔给郑宝权说：“前天同事结婚送来的。”

郑宝权拆开一块糖放在嘴里说：“史红丽嫁给过承伟真是鲜花插在牛粪上了。”

韩学文不愿意在其他人面前提到史红丽。当然郑宝权例外，他们三个人是高中同学，在学校读书时感情挺好。

郑宝权平时在韩学文面前也不提史红丽。他这是在用暗示方式给韩学文传递信息。他是警察，工作中有规定，不能直接说。他的手机响了，派出所打来电话通知他回去开会。他朝着韩学文打着离开的手势，边接听电话边往门外走。

史红丽在办公室外面看见了上车的郑宝权，郑宝权没看见她。她走进韩学文的办公室时，韩学文脸上立刻流露出懵圈表情。韩学文没想到史红丽能到办公室找他，不知道史红丽找他想说什么事。史红丽说出了跟韩学文结婚的想法。

韩学文没想到史红丽能往结婚方面考虑，提出这种要求。他没回答，沉默地看着史红丽。史红丽说过承伟把事情张扬开了，跟过承伟不能维持婚姻生活了，只能分开。韩学文知道她说的是实际情况，但他不想跟贾丹樱离婚，更没有一丝跟史红丽在一起长期生活的想法。

这些天韩学文虽然生贾丹樱的气，但只是生气，没想离婚。贾丹樱除了不接受他母亲到家里住之外，没有其他让他不满意的事。反而是他在感情上背叛了贾丹樱。他劝史红丽冷静考虑，不要在冲动时做出结束婚姻的决定。

史红丽对韩学文的这种态度不满意，这不是她要的结果。她理解韩学文。离婚毕竟是人生中的大事，必须考虑好才行。如果不是过承伟把事情扩大，把她逼到这种境地，她不会产生离婚念头。

韩学文的手机响了，电话是敬老院打来的。敬老院让他马上过去，说他母亲找他有急事。他对史红丽说晚上再说这事，说完起身去敬老院了。

张影玉看见韩学文发火地说："你怎么能让我住在刚死过人的床上呢？"

韩学文看着母亲，解释说敬老院没有空床位，只有这张空床。如果不及时住，连这张床也住不上。张影玉刚住进敬老院时没有熟悉人，没有人跟她说敬老院的事，几天过后熟悉人多了，在聊天中知道自己睡的床是刚死过人的。她产生了害怕心情，不想住在敬老院了。如果她知道这张床上的人刚死了，绝对不会住在这张床上。她越想越生气。韩学文说敬老院里的床上几乎都死过人，想说服母亲。但张影玉不接受他的解释，说什么也不在敬老院住了，非要搬出去。韩学文一直劝到天黑也没能说服张影玉。

屋里的老人看张影玉坚持不住敬老院了，也帮着说："你妈把你养大了，让你妈到你家住些日子还不行吗？"

一个老人说："你媳妇不讲理，你得讲理，不能全听媳妇的。"

另一个老人说："你媳妇不是你妈养大的，她不让你妈住可以，你不让你妈住就说不过去了。"

又一个老人说："我儿子和儿媳妇让我住在他们家，是我自己不住的。你妈想住在你们家你不让住说不过去。"

一个老人说："你在政府部门上班，有文化，是国家干部，如果你妈到法院告你不赡养父母，你不只是没理，还会影响到你的工作。"

韩学文被这些老人你一言他一语说的话激怒了，身体里的血好像在沸腾，心跳加快，立刻找车把母亲拉回家了。

贾丹樱这几天想通了，假如韩学文能用商量的语气跟她再次说让张影玉回家住，她是同意的。但是韩学文没跟她说就把张影玉拉回家住，她认为韩学文眼里没有她，在用强硬方式做，这是对她不尊重，没有把她当成家的主人。她非常恼火，拿起张影玉的东西往屋外扔。

韩学文在气头上，有一种怒火在心里点燃。贾丹樱的做法如同给韩学文心火上浇了油，让火势燃烧得更猛烈。他举起手朝着贾丹樱脸上狠狠打了一巴掌。他发自内心地生气，巴掌几乎用了全身力气。贾丹樱没想到韩学文打她，用了这么大力气，如果不是扶住墙就倒了。

贾丹樱打电话报了警。

郑宝权和另外一名民警来了。郑宝权没想到韩学文能动手打贾丹樱，并且打得这么狠。他生气地说："学文，你不能这样。这是家庭暴力。"

韩学文委屈得哭着说："我不暴力，我妈住在哪儿？"

郑宝权没想到韩学文能哭，第一次看见韩学文委屈成这样。他让张影玉去他家住一段时间，但韩学文不同意。

韩学文坚持说："我妈哪儿也不去，就住在我家。我是她儿子。她养我小，我养她老，养她是我的义务和责任。"

张影玉没想到因为自己能引起儿子家这么大的家庭矛盾，如果知道引起这么大的家庭矛盾，就继续住在敬老院里。她坚持不在韩学文家住了。

郑宝权说："先让老人到我家住下，再想解决办法。这么冷的天也不能住在外面呀！"

韩学文认为让母亲去郑宝权家住不如住在旅馆方便，再次把母亲送到了柳树林旅馆。

贾丹樱要求郑宝权拘留韩学文。郑宝权怎么劝贾丹樱也劝说不通，只好把贾丹樱和韩学文带到派出所进行调解处理。

经过几个小时调解贾丹樱才不坚持拘留韩学文。

韩学文从派出所出来心情沉重，对贾丹樱彻底失望了，认为日子过不下去了，决定跟贾丹樱离婚。

张影玉在柳树林旅馆盼着韩学文来，想知道警察是怎么处理韩学文的。

韩学文给张影玉买了晚饭，张影玉没吃。

史红丽给韩学文打来电话，问他在什么地方，他说在柳树林旅馆，史红丽说到柳树林旅馆找他。

史红丽看到韩学文无精打采的样子，不知是同情，还是爱情涌上心头，跟着心情难受起来。张影玉认出史红丽了。史红丽安慰老人说没事，过几天就好了。史红丽看放在旁边的饭菜知道韩学文还没吃晚饭，陪着韩学文去饭馆吃饭。

韩学文和史红丽在柳树林旅馆门口遇到了过承伟。

过承伟想证实史红丽跟韩学文的关系，这几天专门租用了一辆三轮车，坐在车里远远地监视着史红丽。他看见史红丽走进柳树林旅馆断定韩学文在里面。上次他没打过韩学文，吃了亏，为了战胜韩学文买了一把卖肉商贩用的尖刀揣在怀里。他说："你们这对野鸳鸯跑到旅馆干开心的事了？"

韩学文说："你说话干净点。"

过承伟说："你勾引我老婆还让我干净，你不肮脏吗？"

韩学文说："红丽怎么能嫁给你这个无赖。"

过承伟说："你跟我老婆睡觉还有理了？"

韩学文说："只能证明你没本事，不能怨其他人。"

过承伟恼火了，怒火烧毁了理智防线，他迅速拔出怀里的尖刀朝韩学文前胸猛刺过去。韩学文没想到过承伟身上藏有尖刀，更没想到过承伟能用尖刀刺他。他还没反应过来锋利的尖刀已经刺进了身体里。过承伟为防止韩学文反击，用尽力气连续刺了十几刀，在韩学文倒在地上时才住手。

史红丽惊呼："杀人了！杀人了！"她转身往旅馆里跑。

过承伟把手里的尖刀往韩学文身上一扔，转身走了。他租的三轮车司机看见他把韩学文捅倒，吓得开车离开了。

旅馆里的人来到韩学文身边时，他全身被血浸透了，衣服冻在了地上。

张影玉跑出来抱住韩学文大哭。

警车和救护车赶到时韩学文已经停止了心跳，没有抢救的希望和必要了。

韩学林得知韩学文被杀死的消息立刻来到柳树林旅馆，安慰张影玉。

张影玉悲痛欲绝，但停止了哭泣，悲伤从表情中渗透在脸上。

她没想到只因想住在儿子家，儿子家发生了这么大的家庭矛盾，酿成了儿子被杀害的悲剧。如果她知道会是这样，绝对不会要求儿子把她接出敬老院。她宁可死在敬老院，也不愿意让儿子死。她认为儿子是因为她死的。她生了儿子，给了儿子生命，儿子因为她失去了生命，儿子用生命回报的方式回报她。她接受不了儿子对她的这种回报。她深深自责和悲伤。

韩学林想接张影玉回家住。张影玉拒绝了。张影玉生怕在大儿子家发生跟小儿子家相同的悲剧。她的小儿子死了，不能再失去大儿子。

韩学林在深夜才回家。

第二天早晨柳树林旅馆的服务员在厕所里发现了张影玉的尸体。张影玉喝下了清洗厕所的消毒药品，在痛苦中结束了残年的生命。

张影玉用结束生命的方式伴随韩学文走在通往天堂的路上。

11

数月之后，过承伟被以故意杀人罪判处无期徒刑。

开庭审判过承伟那天，史红丽和贾丹樱来到了法庭，旁听了法官对过承伟的审判。两个女人，两种情感，同样的心情。她们带着悔意，心想如果当初能控制好感情，控制好情绪，不冲动，平静解决问题，就不会酿成这样的悲惨结局。

冲动能让人做错事，做错了事就要承担责任，就应该受到惩罚。解决问题，处理事情时请不要冲动。

原载2013年2期《时代文学》（下）、2020年1期《新安江》、
2020年4期《文学天地》

难以置信

1

他一个人站在楼道里的窗口前，静静地看着窗外，目光落在窗外的花池里。虽然花的枝叶繁茂，但花蕾还没有完全绽放。

楼道里很静，办公室里同事的说话声偶尔会传来。

北大荒初夏的景色很悠然。在这阳光明媚的日子里，他的心情并不平静，也不像花池里的花那么悠然。他的思维如同山泉在流淌时有意淘洗出某一片漂浮的树叶，或撵走随风飘落在水面上的某根枯草。

虽然他是在观赏花，但却在思考着孟永恒失踪的案件。他从事刑侦工作已经二十多年了，在过去的工作中大大小小的案件办过不少，但还是第一次遇到一件带血的迷彩服跟一位失踪者有关的案件。

几天来他被那件带血的迷彩服扰乱了心情。那件带血的迷彩服与失踪者成了他工作中的重要任务。

此时，他看见一个女人走进了公安局大院。说是大院，其实并不很大。因为北方边疆地区经济落后，政府机关的办公条件也不是很优越。他站的位置与院门应该是在30度角，从窗口可以看见每一位走进院里的人。

他看着那个女人一步步地走进楼道里。这个女人进入楼道后，往左右两边看了看，走到离他一米远的距离止住步，看着他，但没说话。

他不认识这个女人，上下打量着她。她一米五左右的个子，穿着红色上衣、黑色裤子，脚上的草绿色布鞋上粘着干了的泥土。她的头发有点凌乱，披落在肩膀上，脸庞略微有点胖，皮肤有点黑。

他感觉这个女人应该在四十岁左右。他以警察职业的敏感判断，这是一位来自乡下的女人。他看女人没说话，便问："有事么？"

"来报案。"女人说。

他问："什么事？"

"我弟弟被人杀死了。"女人说。

他脸色惊异，不相信地重复了这个女人说的话："你弟弟被人杀死了？"

"是的。"女人说话时点着头。

他的目光在女人的表情中搜寻着，似乎想在女人的表情中寻找有关事情的信息，以此来确定事情的真实性。

女人问："施正安在么？"

"你找他干什么？"他说。

女人说："几天前他给我打过电话。"

"施正安给你打过电话？"他在脑子里迅速搜索着跟这个女人有关的事，但没有马上想起来自己给这个女人打电话的事。

女人说："施正安说如果有了我弟弟的消息，让我立刻告诉他。"

他想起来打电话的事了。他确实给一个女人打过电话。这件事跟那件带血的迷彩服有关，也跟孟永恒的失踪有关。他判断眼前这个女人应该是孟永恒的姐姐。

没错，这个女人正是孟永恒的姐姐。

她叫孟永婉。十多天前她接到施正安打的电话，施正安说如果她有了孟永恒的消息，必须及时告诉公安局。

昨天深夜，她在梦里梦见孟永恒被人杀死了，还梦见了埋藏尸体的地方。她被梦惊醒后，就没能继续入睡。天还没亮，她就乘坐最早的客车来北山县了。

他把孟永婉领进刑侦办公室里。几位同事正在你一言、他一语，各抒己见，说着孟永恒失踪的事。他说："你们先别说了，这是孟永恒的姐姐，听她说吧。"

"施正安呢？"孟永婉看了看办公室里的几个警察，感觉施正安没在屋里。

他说："我就是施正安，什么事，你说吧。"

"站在你面前，还问你的名字……"孟永婉没想到眼前这位警察就是自己要找的施正安，流露出羞涩的表情。

施正安说："咱们只通过一次简短的电话，交流不多，不认识也正常。"

"你们有孟永恒的消息了么？"孟永婉说。

施正安没有回答孟永婉的问话，反问道："你说吧，找我们是为了什么事。"

孟永婉有点胆怯，没马上说话。

施正安鼓励她说："没事，你想怎么说，就怎么说，但必须属实，不能说谎。"

孟永婉断断续续地把在梦里梦见孟永恒被人杀死的事讲述了一遍。几名警察不但没有一个相信她说的话，反而还流露出不可思议的表情。警察认为她说的真就是梦话，根本不可能存在的。她面对警察的不相信，不但没有改变观点，反而更坚持地说："我做的这个梦是真的。你要相信我说的话。"

一个警察解释说："你可能是真做梦了，我们也相信你做梦了，但是你梦里梦见的事情不可能是真的。每个人都有可能做过梦，但是从梦中醒来后，梦里梦见的事就没了，怎么可以把梦里梦见的事当成真的呢？"

"我相信我梦里梦到杀害我弟弟的事是真的。我也相信梦里梦见埋藏尸体的地方是真的。"孟永婉坚持地说。

施正安沉默着，静静地观察着孟永婉的表情，在判断她是否神经有问题。

一个性子急的警察有点不耐烦地说："你想念弟弟的这种心情我们理解，毕竟你弟弟失踪好几天了。但是你要求我们根据你做的梦，去搜查埋藏尸体的地方，这是没有道理的。"

"你们去找，一定能找到我弟弟的尸体。"孟永婉说。

施正安不愿意刺激孟永婉的情绪，也不想接受她提出的要求，婉转地说："你让我们根据你做的梦去找尸体，这是不可以的。"

"为什么不可以？"孟永婉质问道。

施正安说："没有根据呀。"

"我做的梦就是根据。"孟永婉说。

施正安说："我还没听说过警察根据做梦破案的事情呢。"

"你没听说过的事多了。你没听说过的事不一定不发生。"孟永婉有点恼火地说。

一个警察看孟永婉钻牛角尖，感觉她说话不讲道理，还顶撞了施正安，生气地说："你是怎么说话呢。这是在公安局，不是在你家。你说话得讲道理，反应事情得有根据，不能因为你弟弟找不到了，就在公安局里胡搅蛮缠。"

"我知道这是在公安局，如果不是公安局我还不来了呢。既然你们不相信我弟弟被人杀死了，那么他一定是活着，对吧。那你们说他在什么地方？"孟永婉看跟警察讲不通道理，警察不相信她的话，很是着急，语气更生硬了。

警察没回答孟永婉提出的疑问。警察也怀疑孟永恒是被人杀死了，但在没找到尸体之前，在没找到杀人证据时，不能用推测下结论。

施正安用平稳的语气说："咱们现在没找到孟永恒，也没有他死的消息，在活不见人、死不见尸体的情况时，不能确定他一定就是被杀死了。"

"他的衣服上带很多血，人也没找到，如果他没死，你说他在哪儿？"孟永婉认为警察在推脱，认为警察对工作不负责任，很生气，一再强调自己的看法，语气里带着质问。

施正安没回答孟永婉。他和其他侦查员在发现孟永恒那件带血的迷彩服后，就在马不停蹄地查找孟永恒，但还没有任何消息。

办公室的门开了，刘会然走了进来，他是刑侦支队的副队长。他在孟永恒失踪后，每天早晨先去哈达村找村民了解情况，然后再来办公室跟同事商量破案的工作。他看了看孟永婉，坐在了自己的办公桌前。他不认识孟永婉，不知道孟永婉是为什么事来的，低声问施正安说："来报案的？"

"孟永恒的姐姐。"施正安说话的声音也很轻。

刘会然问孟永婉说："你有孟永恒的消息么？"

"有，可我说了，他们不相信。"孟永婉看刘会然刚进屋，认为刘会然能相信她说的话，把希望寄托在了刘会然身上。

刘会然看了一眼施正安，又看了看几位同事，施正安和其他几位同事都流露出无可奈何的表情，谁都没说话。刘会然很是不解，转过脸看着孟永婉说："为什么不相信你说的话？"

"我是在梦里梦见埋藏我弟弟尸体的地方的，他们不相信梦是真的，也不相信我弟弟被人杀死了。我怎么说他们都不相信，要么你跟我去找我弟弟的尸体吧？"孟永婉希望刘会然能相信她说的事。

刘会然被孟永婉说的话蒙住了，转过脸看了看施正安问："她在说梦话么？"

"她说在梦里梦见埋藏孟永恒尸体的地方了。"施正安说。

刘会然也感觉孟永婉说的事不可信，便说："这怎么可能呢？"

"她非得说是真的。我们劝她不要用梦里梦见的事当证据，她不听。"施正安说。

刘会然看孟永婉的穿着就知道是农民。他认为农民认死理，比较犟，处事不灵活。当然他是理解农民这种处事方式的。因为经历的事情少，参加的社会活动不多，文化还不高，在有限的生活范围内，长期按部就班的生活，形成了固执的处事行为及守旧思想。他对孟永婉说："梦是假的，梦没有真的。"

"别人的梦是假的，我做的梦是真的。"孟永婉看刘会然跟其他警察是同样的态度，也不相信她说的话，更着急了。

刘会然说："所有人做的梦都一样。"

"不一样。"孟永婉反驳地说。

刘会然说："怎么不一样？"

"人与人不一样，人与人做的梦也不一样。"孟永婉说。

刘会然说："人与人怎么不一样了？"

"你是警察，我是农民。你是国家发工资，我得靠种地生活，咱们两个人怎么能一样呢。既然咱们两个人有区别，做的梦也会不同。"孟永婉刚走进公安局时说话胆怯，坐在椅子上拘谨，当跟警察们争执起来后，就忘记了害怕，也不拘谨了。警察们的不相信不但没让她胆怯，反而触碰到了她的神经，激怒了她。

刘会然和其他警察都没想到孟永婉能这么说。他们还是第一次遇见来公安局提供信息的人这么固执，更是第一次遇到把梦里梦见的事当成真事报案的人。刘会然说："因为人与人从事的职业不同，生活的环境不同，在考虑问题时，也会有区别。但做的梦，应该是没有区别的。"

"你说得不对。"孟永婉不留情面地反驳说。

刘会然说："怎么不对了？"

"你天天在办公室里工作，我天天在地里干活，太阳照不到你，太阳却能照到我，咱们做的梦怎么可能相同呢？"孟永婉说。

刘会然被孟永婉问得思维有点乱了，感觉自己说的话条理有点混乱，尽可能地解释说："我是说每个人做的梦，肯定是相同的。我没说梦里梦见的事情完全相同。"

"警察同志，我是农民，没上几年学，文化不高，读的书也不多，也没见过大世面，你别把事情说得那么难懂好不好。"孟永婉认为刘会然在用大道理敷衍她，她提醒刘会然不要把事情说得那么复杂。

刘会然认为跟孟永婉说不通，也感觉孟永婉说的话刺耳，难听，不想跟孟永婉说下去了，朝着孟永婉举下手，示意停止交谈，随后说："好，好，咱不说做梦的事了，我跟你说不清楚，我也没做梦。"

"你应该有四十多岁了吧？"孟永婉说。

刘会然没想到孟永婉提到了他的年龄，满脸疑惑，调侃地说："向你汇报，我三十七周岁，怎么了？"

"我不相信你长这么大没做过梦。"孟永婉认为刘会然在说假话，人哪有没做过梦的。她的表情中流露出揭短的用意，似乎还带些得意与嘲讽。

屋里的所有人都被孟永婉的表情逗笑了。

刘会然没想到孟永婉对他说的每句话都很有意思。他看着施正安说："真是在说梦话。"

"我说梦里梦见的事不行吗？"孟永婉反感刘会然这种表情。

刘会然说："你能肯定你说的话是真实的吗？"

"当然真实了。不真实我就不来公安局了。"孟永婉说。

刘会然说："你除了在梦里梦见了你弟弟的尸体之外，还有没有梦见其他事？"

"没有。"孟永婉说。

刘会然看了一眼施正安，流露出不可思议的表情。

胡施安一开始就不接受孟永婉提出的要求。他说："你先回去，我们会继续查找孟永恒，如果有了消息就通知你。"

"你们这些警察是怎么回事？我已经梦见埋葬我弟弟尸体的地方了，你们怎么就不去找呢？"孟永婉指责地说。

施正安说："你是梦见的，而不是看见的，做梦是假的。"

"你们这些警察别总是坐在办公室里一句一个假的，哪来那么多假的。这是真的，如果是假的，我就不来找你们了。你们去看一看，不就知道真假了吗。"孟永婉脸红了，脖子的筋也暴起来了，话语中充满了极大的不满与愤怒。

施正安沉不住气了，质问地说："那地方如果没有尸体呢？"

"怎么可能没有呢。"孟永婉说。

施正安强调性地说："如果那里没有尸体呢？"

"尸体肯定埋在那里。"孟永婉说。

施正安说："非常不可信。"

"警察同志，你们相信我一次好不好？"孟永婉说。

施正安说："既然你梦见了埋藏尸体的地方，自己怎么不去找？"

"警察同志，你这话说得就不对了，这是人被杀了的大事情。如果不是人被杀的大事，我就不来找你们了。如果人被杀的事你们都不管，国家还要你们警察干什么。"孟永婉毫不示弱地说。

施正安说："没有根据怎么管？"

"我做的梦就是根据。"孟永婉说。

施正安轻蔑地说："难以置信。"

"你们不是反反复复说我做的梦是假的么，这么着，如果我说的是假的，你们就把我抓起来。"孟永婉说。

施正安说："我们不想抓你，只希望是真的。你反映的问题极为特别，我们做不了决定，得请示领导，由领导决定。"

"做不了决定，早说呀……"孟永婉认为警察不称职。

施正安说："耽误你时间了吗？"

"不说没用的了，你们领导是谁？我去找他。"孟永婉显得不耐烦地说。

施正安说："你在这儿等着，我去向领导汇报。"

"我跟你去。"孟永婉担心施正安不向领导说，用办法欺骗她。

施正安说："你把心放在肚子里，这是公安局，没人骗你。我们也想尽快侦破案件，抓住凶手。"

"这次遇到较真的了。"刘会然笑着对施正安说。

施正安摇了下头，走出办公室，去找局长汇报。

邵家旋五十六七岁的年龄，刚参加工作时就到公安局工作了，刑侦工作经验非常丰富，在局长的岗位上工作很多年了。他在打电话，看施正安走进办公室，挂断了电话，听施正安把孟永婉做梦的事讲述完。他不相信地说："梦里梦见的事哪有真的。"

"我们没一个相信的，可是怎么劝，她都不走，如同着了魔似的。"施正安说。

邵家旋说："她是干什么的？"

"农民。"施正安说。

邵家旋叹息地说："可以理解，文化不高，认死理。"

"她特别固执，好像孟永恒的尸体就在她梦里梦见的地方埋着呢。"施正安说。

邵家旋说："我去听一听她说的梦里梦见的故事。"

孟永婉看施正安跟在邵家旋身后走进来，邵家旋比施正安的身体健壮，比施正安有派头，猜测邵家旋就是公安局领导，急忙站起身说："领导，我说的全是真的。如果是假的，你就把我抓起来。"

"你是什么时间做的梦？"邵家旋问。

孟永婉说："昨天深夜。我在梦里梦见埋藏我弟弟尸体的地方了。"

邵家旋感觉孟永婉不像是在说谎话，但是怀疑梦里梦见事情的真实性。既然孟永婉这么坚持梦里梦见的事情是真实存在的，就应该去看一看。如果不去看一看，这件事就有可能成为了孟永婉的心事。如果是假的，去看后，可以打消孟永婉的疑虑。但是警察根据梦里梦见的事破案，这是不科学的，没有科学依据，并且带有迷信色彩。他担心传出去给警察这一职业造成不良影响。

孟永婉看邵家旋不说话，有些着急地说："领导，我在梦里梦见的事跟真的一样。"

"毕竟是做梦，不是真的。"邵家旋说。

孟永婉说："是真，还是假，你派人去看一看不就知道了。"

"我们还没有根据梦里梦见的事办案的先例。"邵家旋说。

孟永婉说："你们不相信我做的梦，我也理解，但应该能抓住凶手呀。你们现在不还是没抓住凶手么。"

"相信你，就能抓到凶手了？"邵家旋说。

孟永婉说："我只是梦见埋藏尸体的地方了，没梦见凶手，能不能抓到凶手是你们的事。"

"你是不是想你弟弟了，才做了这样的梦。"邵家旋说。

孟永婉说："我肯定想我弟弟。但在梦里梦见埋藏我弟弟尸体的地方却是真的。"

"我们可以跟着你去找尸体，但你得保证如果没找到尸体，不能对任何人说我们根据你做的梦去找尸体的事。"邵家旋说。

孟永婉说："保证不说。"

"你得写保证书。"邵家旋说。

孟永婉说："我不会写。"

"简单地写就行。"邵家旋以为孟永婉不懂写保证书的格式。

孟永婉说："我没读过书，除了会写自己的名字，别的字不会写，也不认识。"

"录音也可以。"邵家旋说。

施正安用手机给孟永婉录了音。录完音后，播放了一遍，他警告地说："你不能说出去，说出去你就违法了。"

"我不向任何说。"孟永婉保证道。

邵家旋对施正安交代说："你多带些人，按照她讲述的，仔细搜查，不要忽略任何可疑的地方。"

"局长，你信她说的话了？"施正安说。

邵家旋说："虽然她说的事不可信，疑问大，几乎不存在，但不排除有特别情况。"

施正安不只是把刑侦支队的同事全带上了，还抽调了几名协警员，除了两辆警车，还租用了一辆小货车。他根据孟永婉的描述，预测了荒野的环境，带上铁锹和镰刀等工具，按照孟永婉说的方向去找孟永恒的尸体。

孟永婉坐在第一辆警车上，如同向导一样引领警察去寻找孟永恒的尸体。她透过车窗仔细观察着外面的环境，把看见的环境跟梦里梦见的做比较，判断埋藏孟永恒尸体的地方。

警车开到北山县火车站西边的荒野处时，这里没有公路，车在野草上行驶，减慢了行驶速度。孟永婉全神贯注地看着车窗外说："应该就是这地方。"

"你别应该不应该的，就说是，还是不是。"施正安在旁边说。

孟永婉说："是。"

施正安是第一个下车的人。旷野的风比县城的风大。虽然已经是初夏的季节了，但是在早晨的空气里还带着昨夜的丝丝凉意。他环视周围，判断哪处有可能是埋藏孟永恒尸体的地方。

铁路线在灌木丛中向远方弯曲延伸。杂草生长得茂盛，猛然看过去几乎没有裸露的地面。这里很荒凉，适合犯罪作案。他在附近如同观察地形似的走了几米，转回身，走到孟永婉面前，严肃地问："这地方跟你梦里梦见的一样吗？"

"差不多。"孟永婉说。

施正安问："你来过这里吗？"

"没有。"孟永婉回答。

施正安问："那你怎么知道这地方呢？"

"我不是说过了吗，是在梦里梦见的。"孟永婉说。

施正安看了看身旁的这些同事，如同在进行一次大搜捕似的。他略微思考片刻，布置任务地说："大家散开，相互之间保持一定距离，仔细搜查，不要遗漏任何可疑地方。"

虽然这里的地理风貌跟孟永婉梦里梦见的地方非常相似，但她没梦见埋藏孟永恒尸体的准确地方。她看着警察在灌木丛中搜查，担心警察找不到孟永恒的尸体，瞬间心里产生了不安。实际上她也知道梦是不可靠的，只是想让警察多找一次孟永恒的尸体。她认为多找一次，就多一次发现的机会。

侦查员拉网式地在灌木丛搜查。每发现有一处空地，都用镰刀或铁锹朝着地面刨几下，看是否被人动过。

刘会然在穿过一处杂草丛后，看见了几平方米的空地。他的脚踩在上面往下陷了几公分，土过于松软，这处地面跟附近的地面颜色也不一样。他认为这处空地被人动过。并且动过的时间应该是在近日。他冲着远处的施正安大声喊："施队，你过来，这边有情况。"

施正安在距离刘会然五十多米处的树丛中搜查着。他边搜查边寻思孟永婉说的话，依然对孟永婉的话产生怀疑。当他听见刘会然的喊声时，心头一震，快步朝刘会然走去。因为他走得快，脸被树枝划破了几处。

其他侦查员在听见刘会然的喊声后，都不约而同地朝刘会然聚集过来。

这片空地跟孟永婉描述埋藏孟永恒尸体的地方极为相似。

施正安拿过身旁协警员手中的铁锹，挖这片沙土。挖得越深，土越松，被人动过的疑点越是明显。他小心地挖着，额头出了汗。有人想替换他，让他休息，他没同意。

在尸体露出来时，孟永婉立刻认出是孟永恒了。

施正安从坑里上来，让负责技术鉴定的侦查员对尸体进行整理。

尸体上有多处刀伤，跨栏背心上的血与泥混在一起。尸体被埋在两米深处，放在裤兜里的手机没电了。有侦查员用携带的充电宝给手机充电，因为手机受潮了，不显示数据。

施正安打电话向邵家旋做了汇报。

邵家旋沉默了片刻说："这个孟永婉身上的嫌疑太大了，怎么能梦见得这么准确呢？她会不会事前就知道孟永恒被杀的事情？而是在用托梦的方式来报案呢？"

"我也这么想。"施正安说。

2

顾小梅睁开眼睛时，阳光已经透过窗帘照进了屋里，凭感觉就知道起来晚了。她很少起来得这么晚，何况还准备去集市上卖货呢。她急忙穿上衣服，下了炕，趿拉着鞋走到窗前，拉开窗帘。她朝院子里看了一眼，院门关着，没人进来过。她不解地自问："孟永恒怎么还没来呢？"

因为她着急去集市上卖货，担心去晚了集市上人少，货卖不出去，所以没洗脸，也没吃饭，匆忙地去找孟永恒了。

她刚走到院落外，距离院门十多米的地方，看见地上有一件迷彩服。她知道这件迷彩服是孟永恒的。昨天晚上孟永恒是穿着这件迷彩服离开她家的。孟永恒的衣服怎么会在这里呢？衣服上怎么还有血呢？地上也有血迹。她把衣服挂在树枝上，朝孟永恒家走去。

孟永恒是两年前从富锦搬到哈达村的，刚来时租了一段时间房子住。村里有一家人搬回山东菏泽老家了，把房子卖给了孟永恒。他没结婚，一个人住。他户口没在哈达村，没有地种，靠给别人干活及上山采山货维持生计。他跟顾小梅刚认识时，结伴一起到山上采山货，又一起到集市上卖。起初他们是各干各的，时间久了，觉得各干各的不方便，就合在一起了，成了生意合作伙伴。

顾小梅走到孟永恒家时，院落门是半开着的，屋里没人。她从屋里出来，站在院落里喊了几声孟永恒的名字，没人回应。她就回家了。

几个邻居站在她家院落外面，看着挂在树枝上带血的迷彩服，窃窃私语地议论着，衣服上为什么有那么多血。虽然地上的血渗入土里了，但痕迹也非常明显。他们在顾小梅走过来后，让顾小梅打电话报警。

施正安和刘会然正准备开车去县政府机关办事，接警值班室的同事不停地朝他们招手，让他们到接警值班室。他们从车里下来，走进接警值班室。值班室的警察把案件登记本递给施正安，施正安看了一眼报警记录，对刘会然说："咱们去哈达村。"

"发生什么事了？"刘会然跟在施正安身后问。

施正安上了车说："有一个叫顾小梅的女人，说在她家院落外发现了一件带血的迷彩服。"

顾小梅打电话报警后没离开家，在等警察来。

施正安和刘会然开车到顾小梅家院落外时，这里聚集了很多村民，众人在议论迷彩服上的血是怎么弄上的。

这是一件大号男式迷彩服，衣服被血染红了将近一半。

施正安和刘会然向顾小梅了解情况。

顾小梅告诉施正安和刘会然迷彩服是孟永恒的，她刚才去孟永恒家没找到他。

孟永恒的邻居跟警察说早晨也没看见孟永恒。

施正安和刘会然去了孟永恒家。

孟永恒家距离顾小梅家有六十多米，中间隔着一户人家。这是三间房的老屋，屋里凌乱不堪。

施正安和刘会然在屋里仔细看了看，孟永恒平时穿的衣服似乎没有动过，生活用品也没异常情况，不像出远门的样子。如果只凭这件带血的迷彩服确定发生了什么不吉祥的事，显然是不可以的。但是迷彩服上的血太多，疑点很大，只有找到孟永恒才能解开迷彩服上血的疑问。

施正安打电话向领导做了汇报，让局里派技术人员到案发现场勘察。

施正安问顾小梅最后一次见到孟永恒是在什么时间。

顾小梅说是昨天晚上。昨天她跟孟永恒从山上采山货回来时，天就快黑了。她又累又饿，做了饭。孟永恒在她家吃完饭，把山货清理好，准备第二天到集市上卖。因为累了，她睡得也晚，醒来时天光大亮了。她看孟永恒没来，就去找孟永恒了。

施正安看见在顾小梅家的屋里放着没有卖出的山货。他走过去看了看，这是些木耳、蘑菇什么的。前些天连续下了几天雨，天气适宜，木耳、蘑菇这些山货生长得旺。他问："你跟孟永恒的家人有联系吗？"

"他是从富锦来的，在哈达村没有亲人，在富锦有个姐姐。我跟他姐姐没联系。"顾小梅说。

施正安说："你有他姐的手机号吗？"

"他在他姐姐家过春节时，有几次是用他姐的手机给我打的电话，我就把手机号保存了。"孟永婉说。

施正安推测孟永恒会不会突然有事去他姐家了，他拨通了孟永婉的手机说："你是孟永恒的姐吗？"

"是。"孟永婉回答。

施正安说："我是北山县公安局刑侦支队的施正安，孟永恒去你那里了吗？"

"他已经很长时间没来了。"孟永婉说。

施正安说："如果有孟永恒的消息，请立刻告诉我们。"

"他怎么了？"孟永婉问。

施正安说："没怎么。"

"没怎么，你们找他干什么？"孟永婉说。

施正安说："村里人找不到他了。"

"永恒失踪了？"孟永婉惊异地说。

施正安说："还不能确定。"

"什么时间找不到他的？"孟永婉问。

施正安说："今天早晨。"

"时间这么短，应该不会出什么事。"孟永婉自语地说。

施正安说："主要是他的上衣是在路上被捡到的，并且衣服上带着很多血。"

"衣服上的血是他的吗？"孟永婉问。

施正安说："正在进行技术鉴定。"

孟永婉还想说什么，施正安不想说了，挂断了电话。

孟永婉接到施正安打来的电话后，心情一落千丈，心跳得特别厉害，感觉孟永恒出大事了。她对孟永恒的感情特别深。她十岁的时候，父亲因交通事故去世了。她十六岁时，母亲病故了。母亲病故时孟永恒才十五岁。姐弟二人相依为命了三年，她嫁给了本村的男人，成了家。孟永恒跟她在一起生活了几年，就离开家，外出谋生了。她知道孟永恒去过很多地方，干过不同的活，但不知道孟永恒干过什么活，具体在哪些地方生活过。不过孟永恒在哈达村买房子时，她到哈达村看过孟永恒。

她还是在春节时见到孟永恒的。因为这段时间忙，几乎没有跟孟永恒通电话。她怎么也没想到警察能打电话找孟永恒。

她想去哈达村。

全郁从不想让她马上去哈达村。在她跟全郁从确定恋爱关系后，全郁从对待孟永恒就跟亲弟弟似的。她没考虑到的事情有时全郁从为孟永恒想到了。全郁从认为早晨刚没看见孟永恒，在这么短的时间里，不应该能发生什么意外事情。孟永婉认为警察在路上发现了孟永恒带血的衣服，又找不到人了，这是不正常的。全郁从理解她的心情，没有多说什么。

哈达村是北山县城郊区的一个村子。

北山县距离富锦有几百里路的距离，虽然同属合江市管辖，但是地理环境不同。富锦在松花江下游，是平原地区，北山县在小兴安岭南麓，是山区。

哈达村在县城北边。村庄与县城相连，人口不多。孟永婉上次来哈达村时，孟永恒刚到哈达村不长时间，只有几个关系比较好的朋友。那几个人请孟永婉吃过饭。虽然她还记得那几个人，但没有交往，不知道这些人是否还记得她。

她对那位姓王的大哥印象比较深，记得他家在村里的位置，但是没记住名字。她来到孟永恒住的房子时，看见院落门被警察锁上了，她就去找王大哥了。

王大哥叫王捞洋。他和老伴刚从集市上回来，看见孟永婉站在院门口，惊讶地说："你是什么时间来的？"

"刚到。"孟永婉说。

王捞洋说："永恒的事你知道了？"

"警察给我打电话了。"孟永婉说。

王捞洋说："一米八几的大男人，怎么能失踪呢？"

"警察说永恒衣服上带血。"孟永婉说。

王捞洋说："可不是吗，衣服上的血特别多。如果根据衣服上的血判断，可能是出大事了。"

"警察说衣服是在路上发现的，在路上能出什么事呢？"孟永婉说。

王捞洋说："说得不就是么。"

"警察在村里是怎么说的？"孟永婉说。

王捞洋说："警察不可能随便表态，只是在调查。从警察调查的认真劲看，永恒……嘻！"

"永恒还能被人害了吗？"孟永婉说。

王捞洋模棱两可地说："怎么说呢？"

"王大哥，我只来咱们村两次，上次来也麻烦你了。这次来，永恒没在，第一个见到的人就是你，更得麻烦你了。我和永恒都没把你当外人，咱们也别说外话了。你个人认为是不是永恒被人害了？"孟永婉说。

王捞洋看孟永婉满脸焦虑的表情，默认地说："有这种可能。"

"永恒有仇人吗？"孟永婉说。

王捞洋说："没听说他跟谁有矛盾。"

"那你怎么猜测他被人害了呢？"孟永婉说。

王捞洋说："大妹子，你没看见永恒迷彩服上的血了吗？衣服上面不只是血多，还被刀划破了，你想一想，刀划破了衣服，又流了那么多血，人还能好得了么。"

"警察没跟我说衣服被刀划破了。"孟永婉说。

王捞洋说："警察怎么可能在电话里跟你说这些呢。在没找到永恒之前，警察是不会说结果的。"

"王大哥，你仔细想一想永恒跟谁有仇。"孟永婉说。

王捞洋说："永恒跟谁关系都很好，谁家有事，需要帮忙，只要找他，他都去，真没听说他跟哪个人有仇。"

"永恒不记恨别人，不一定别人不记恨他。你想一想，有记恨他的人吗？"孟永婉说。

王捞洋思考着。

孟永婉从王捞洋的表情中感觉到他想起了什么事情，但有顾虑，不愿意说出来。孟永婉说："王大哥，这里没外人，你放心说吧。"

"你知道就行了，不能跟其他人说，说出去容易引起不必要的麻烦。乡里乡亲的，少一事比多一事好。"王捞洋不愿意说出他的想法。

孟永婉说："我对任何人都不说。警察问我，我也不说。我不是咱们村人，回富锦后，来这里的次数就很少了。你说吧，话传不出去。"

"我感觉应该跟夏乃久有关。"王捞洋犹豫地说。

孟永婉说："为什么？"

"顾小梅跟永恒关系太近，很多人都私下说他俩是情人关系。如果夏乃久知道永恒跟顾小梅是情人关系，能不生气么。"王捞洋说。

孟永婉听王捞洋说孟永恒跟顾小梅存在情人关系，没感觉意外，毕竟孟永恒是三十几岁的男人了，早就应该结婚了，她为孟永恒的婚事非常着急。她劝过孟永恒如果娶不到年轻姑娘，就娶个离婚的女人。哪怕是带孩子的女人也可以，不管怎么的，娶到了老婆，就比打光棍好。

王捞洋的老伴听王捞洋这么说，着急了，制止地说："你可不能说这种话，这可是大事，没有证据，不能乱说。"

"我没乱说。"王捞洋说。

王捞洋的老伴说："你看见了咋的？没看见就不能说。"

"村里谁不知道永恒跟顾小梅的事。"王捞洋说。

王捞洋的老婆说："那都是在私下说。"

"这是跟大妹子说，也没对其他人说呀。"王捞洋说。

孟永婉看了看王捞洋，又看了看他老婆，因为是由孟永恒的事引起这两口子发生的口角，她感觉有些过意不去，便说："大嫂，你别责备大哥了，这里没外人。咱们说的话传不出屋子，不会被外人知道的。"

"知道也没事，咱也没说别的。"王捞洋开始还有些顾虑，经过跟老伴这么一争执，反而打消了顾虑。

孟永婉说："顾小梅是谁？永恒没跟我说起过她。"

"她经常跟永恒到山上采山货，他们两个也一起到集市上卖货。"王捞洋说。

孟永婉说："钱怎么分？"

"我可不知道分钱的事。"王捞洋说。

孟永婉说："顾小梅多大年龄？"

"三十六七岁吧。"王捞洋思量地说。

孟永婉说："那个姓夏的是干什么的？"

"他是顾小梅的丈夫。"王捞洋说。

孟永婉从王捞洋的话语中感觉到有可能是顾小梅的丈夫杀死了孟永恒。她心里很是难受，但没继续问。

王捞洋的老婆瞪了王捞洋一眼，提醒道："你可别瞎说，夏乃久经常找永恒喝酒，他跟永恒的感情好着呢。"

"想杀人谁还提前告诉你，我想杀你了。"王捞洋说。

王捞洋的老婆已经把饭端到桌子上了，关心地对孟永婉说："这么远的路，饿了吧，咱们吃饭。"

"没看见饭时，不觉得饿，看见饭了，就想吃。"孟永婉说。

王捞洋的老婆说："永恒也没得罪什么人，不应该有大事，你也别太着急。"

孟永婉在王捞洋家吃过午饭后，就一个人离开了。

王捞洋和他老婆把她送到院落外面，嘱咐道："大妹子，如果找不到永恒，就过来吃晚饭。"

"少麻烦不了大哥大嫂。你们真是好人，别送了，回屋吧。"孟永婉边走边回头对王捞洋两口子说。

虽然她感谢王捞洋两口子的热情招待，但心存失落。她对北山县不熟悉，在哈达村也没几个认识人，希望王捞洋两口子能帮她寻找孟永恒。但是她在吃饭的过程中发现他们没有帮她寻找孟永恒的想法。她把话题往这方面说，王捞洋两口子故意回避。她理解他们，不打算再麻烦他们了。

哈达村中午时很静，路上几乎没人。太阳的精神特别旺盛，阳光无情地炙烤着大地。她没走几步身上就出汗了，汗珠从额头往下滚，眼睛睁不开了。

她走到孟永恒家院门时，院门还是锁着的。她站在院门口往周围看了看，只有她一个人站在太阳下面。她想既然王捞洋说孟永恒跟顾小梅是生意合作伙伴，还是情人关系，顾小梅有可能知道一些孟永恒的事。她想去找顾小梅了解孟永恒的事。

顾小梅在哪呢？

谁是顾小梅呢？

3

孟永恒每次跟顾小梅采山货回来都在顾小梅家吃晚饭。因为是早晨上山，午饭是从家带的，午饭在山上吃得匆忙，晚饭就想吃得丰盛些，有意犒劳疲倦的身体。顾小梅回到家的任务就是做饭。每次她都做几道菜，让孟永恒喝点酒解乏。孟永恒在顾小梅做饭的时候，开始整理山货。顾小梅把饭做好了，孟永恒放下手里的活去吃饭，还喝了点酒。吃过饭了，孟永恒继续整理山货。顾小梅洗刷完碗筷感觉累了，躺在炕上看着孟永恒忙碌。孟永恒很少让顾小梅整理山货，他们这种分工非常合理、默契，如同夫妻过日子似的，不用划分，就在各做各的事。

孟永恒整理完山货时天已经黑了。他感觉腰酸，也累了，站起身，直了直腰，看着侧身靠在被子上、处在似睡非睡状态的顾小梅。

顾小梅如同一枝玫瑰花在散发着身体的清香，深深地吸引着孟永恒的嗅觉；她又如一杯醇香的美酒在诱惑着孟永恒。孟永恒想看玫瑰，也想喝美酒。男人对女人的身体总是充满着渴望及占有的欲望。孟永恒走到了炕边，弯下身体，亲吻着顾小梅。顾小梅知道孟永恒的目的与想法，迷迷糊糊地说："把灯关了。"

"不用。"

"关了，要么窗外能看见。"

"隔着窗帘，还有院子，看不见。"

"外面黑，屋里亮。"

孟永恒转身去关灯。虽然炕距离灯的开关只有一米多远，一两步就可以关掉灯，不会占用太长时间，但在此刻，他连一秒钟的时间都不愿意浪费。好像延误了一秒钟，他就会被情欲的火焰烧焦或熔化。他在关掉灯的瞬间，转身急不可耐地扑到了炕上，把顾小梅压在了身下。

顾小梅的睡意被孟永恒这种举动完全赶走了。她配合地跟孟永恒交融在了一起。她认为这是一种享受，喜欢这样。当孟永恒离开她的身体，躺在她的身边时，她说："你也不把院门锁上。"

"锁上门就容易被人怀疑了。"

"不锁上门，如果被来人看见了呢？"

"这么晚了，夏乃久肯定不能回来。"

"别人要是来呢？"

"关着灯，其他人以为你睡觉了呢，不会进来。"

"你的胆子真够大的。"

"这叫色胆包天。"

"你就不怕被人遇见？"

"只要你不告我强奸，只要不被夏乃久遇见，谁遇见都无所谓。"

"不早了，上了一天山，你也累了，明天还得去集市上卖货呢，你回去睡觉吧。"

"今晚睡在这儿。"

"这可不行。"

"为什么不行？"

"不为什么，不行就是不行。"

"跟你开玩笑呢。明天见。"孟永恒知道顾小梅做事有底线，看顾小梅拒绝了，他就改变了口气。

顾小梅说："把院门插好。"

"你最好起来把房门锁上，防止有人来打你的主意。"孟永恒说。

顾小梅说："除了你，不会有人看上我这半老徐娘。"

"那可未必。"孟永恒知道顾小梅还跟别的男人有这种男女关系。虽然顾小梅这种复杂的男女关系影响了他的心情，但他从没在顾小梅面前提起过。

他走出屋，一阵晚风吹来，感觉有点冷。他缩了一下肩膀，走出院落，关上院门，把手伸到门里，熟练地插上门栓。这种插门栓的方式只有他和顾小梅、夏乃久三个人知道，其他人在院落外面是打不开门的。

他走了几米远，隐约感觉身后有人在跟着他。他刚转过身，还没反应过来，身后的人便贴在了他的面前。那个人的一只手紧紧抓住了他的头发，另一只手里的尖刀连续刺进了他的胸膛。他想挣脱那个人的手，却无法挣脱。他使出了全部力气才挣扎地跑出十多米远，一声没吭地倒在了夜色中。

<h1 style="text-align:center">4</h1>

顾小梅在向侦查员反映情况时只说跟孟永恒是生意合作伙伴，没有说是情人关系，更没说出她除了孟永恒之外，另外还有情人。她怀着侥幸心理在回答警察的问话。警察问什么，她就回答什么。警察不问，她就不说。她在警察去找别人了解情况时，急忙拨通了夏乃久的手机。她着急把这件事告诉夏乃久。

夏乃久刚走出值班室，一股风吹来，好像有不祥的预兆，或许会有什么大事情将要发生。他不由得哆嗦了一下，情绪顿时低落下来。他没走几步，手机响了，从衣兜里掏出手机，看了一眼显示屏幕，电话是顾小梅打来的。顾小梅平时是很少在这个时间给他打电话的。这个时间顾小梅比较忙，要么在山里采摘山货，要么在集市上卖山货。他接了电话，但顾小梅没说话。他感觉顾小梅的反应有些不对劲。顾小梅是心直口快的性格，每次通电话都是抢着说，但这次迟迟没说话。夏乃久问："什么事？"

"你在干什么呢？"顾小梅说。

夏乃久感觉顾小梅问得多余，好像是没话找话说。顾小梅从来没这么问过他。他说："还能干什么，上班呗。"

"一个人么？"顾小梅问。

夏乃久不情愿地说："如果是两个人就好了。"

顾小梅沉默了。

夏乃久说："今天没上山么？"

"没有。"顾小梅说。

夏乃久说："也没去集市上？"

"原来打算去了，但还没去。"顾小梅说。

夏乃久说："时间不早了，再不去，集就散了。"

"发生了一件事，心情很不好。"顾小梅说。

夏乃久说："发生什么事了？"

"我在院子外面捡到了孟永恒的迷彩服。"顾小梅说。

夏乃久说："这有什么，可能是他无意中掉的。"

"关键是迷彩服上带着很多血，地上也有血。警察还没找到孟永恒。"顾小梅说。

夏乃久说："孟永恒还能失踪了？"

"昨天我和他还去采山货了呢。"顾小梅防止夏乃久起疑心，没有说昨天晚上孟永恒在她家整理完山货后才走的。

夏乃久说："这不刚找不到他么，没准他临时有事，着急去办呢。他在村里没亲戚，有事也不一定能告诉其他人。在这么短的时间里，应该不会出什么大事。"

"警察认为带血的迷彩服有问题。"顾小梅说。

夏乃久问："来了几名警察？"

"先来了一辆警车、两名警察，随后又来了一辆警车，来了一车警察。"顾小梅说。

夏乃久问："警察还没走么？"

"在村里挨家挨户了解孟永恒的情况呢，看样子一时半会不能走。"顾小梅说。

夏乃久认为事情不严重是不应该报警的。如果孟永恒临时外出办事，没来得及说，过几天回来了，报警就成为冲动做法了。他问："谁报的警？"

"我。"顾小梅说。

夏乃久用责备的语气说："昨天你还看见孟永恒了，只是今天早晨才没看见他，这么短的时间，怎么能报警呢！"

"主要是他的迷彩服上有血。村里其他人看见了这件带血的迷彩服，也认为他出事了，让我报警。"顾小梅说。

夏乃久说："那他们怎么不报警？"

"这件带血的迷彩服是在咱们家附近捡到的，并且在地上还留下了很多血迹。"顾小梅虽然担心孟永恒的失踪跟夏乃久有关，但没有直说。她打电话只是想把这件事告诉夏乃久，让夏乃久有心理准备。

夏乃久说："你的意思是别人怀疑孟永恒失踪跟咱们有关？"

"现在还没有人这么说。"顾小梅说。

夏乃久说："警察怎么说？"

"警察只向我了解情况了。"顾小梅说。

夏乃久自言自语地说："孟永恒的迷彩服上怎么会有血呢？"

"我不跟你说了，得去集市上把昨天采的山货卖掉，要么就烂了。"顾小梅挂断了电话，租一辆电动三轮车去集市上卖山货了。

夏乃久站在火车道的铁轨旁边，回想着顾小梅说的话。一阵风吹来，把他的头发吹乱了，也吹乱了心情。他看着前方，前方的景象是朦胧的。他视力很好，能看到很远的地方。但此刻看见的一草一树都是模糊的，这跟他此时的心情有关。

他对孟永恒穿的迷彩服非常熟悉。孟永恒好像只有这一件上衣似的，几乎每天都穿着这件迷彩服。有一次他跟孟永恒喝酒时，开玩笑地说："你不会只有这一件衣服吧，就不能换件衣服穿么。"

"这是我堂弟从部队弄来的正品。"孟永恒笑着说。

他说："那你也没必要天天穿。"

"冬天肯定不穿。"孟永恒说。

他跟孟永恒关系比较好，他回家时经常把孟永恒找来一起喝酒。每次孟永恒几乎都穿着迷彩服，他怎么也没想到孟永恒失踪了，更没想到孟永恒的失踪会影响到他。

那件带血的迷彩服如同一张杀人照片似的在他眼前飘动。他从顾小梅的话语中意识到警察认为孟永恒被人杀死了，他还感觉到顾小梅怀疑这件事跟他有关。顾小梅是他妻子，妻子已经怀疑他了，更何况其他人呢？如果警察也怀疑他跟孟永恒的失踪有关，那么他藏在衣柜里的那把尖刀，就会给他造成非常大的麻烦。

尖刀，尖刀……他心里重复着。

他想立刻回家把尖刀取走。可是他在上班，回家必须请假，临时请假领导不一定能批准。因为工作特殊，请假得提前一天告诉领导，领导提前安排人替班。当然他可以编造一个极为特别的理由请假，这样也可以得到批准。但是领导会记住他请假的事，这么一来，如果警察调查他，警察知道他在这个时间请假回家了，会更加怀疑他。他思量来掂量去，没有请假，而是在期待下班。

他一整天都是六神无主的，觉得时间漫长，难熬，如同过了一年似的。夕阳沉入西山，世界变得越来越朦胧。刚到下班时，他就风风火火地回家了。

顾小梅心情不好，在炕上躺着呢。她去集市的时间晚了，没有把山货卖完。孟永恒失踪的事如同一根绳子捆住了她的思维。因为还没到夏乃久休息的日子，她没想到夏乃久晚上回家。每次夏乃久回家时都提前给她打电话，她会做几个菜让夏乃久喝点酒，如同庆祝休假，或相聚似的，这次夏乃久却没给她打电话。她坐起身说："今天怎么有时间回来了？"

"头发长了，回来理发。"夏乃久说。

顾小梅看了一眼夏乃久的头发。夏乃久的头发是有点长了，但是过两天就到夏乃久休息了，可以等到休息日理发，没有必要专门回家理发。顾小梅说："你过两天不就休息了么，怎么还专门跑回来一趟。"

"理发是借口，想你了才是真的。"夏乃久说。

顾小梅说："跟你过这么多年了，还是第一次听你说这种话呢。"

"如果你愿意听，我每次回来都说。"夏乃久说。

顾小梅感觉夏乃久表情反常，但没多想。她下了炕说："家里有昨天采的蘑菇和木耳，但没肉了，我到街上买点肉。"

"今天你不是到集市上卖货了么？"夏乃久说。

顾小梅说："我去卖货了，不知道你回来，没买肉。"

"你在家也别太节约了，该吃就吃。"夏乃久说。

顾小梅虽然节约，但往常到集市上卖山货时，即使夏乃久不在家，也会买些肉、菜回来。因为上山采山货是体力活，她卖了山货后，当天经常留孟永恒在家里吃顿饭。今天孟永恒失踪了，警察还在调查孟永恒失踪的事。并且她还担心夏乃久跟这件事有关，根本没心情做饭。如果夏乃久不回家，她就不做晚饭了。

夏乃久从窗户看顾小梅骑着电动车走了，急忙打开衣柜，找出那把尖刀，看了看，用一件旧衣服包好，装进一个布袋里，用绳子捆紧，拿着去了弟弟家。

他不舍得把刀扔掉，想先放在弟弟家，等警察把杀死孟永恒的案件侦破了，再把刀拿回来。

夏乃久的弟弟叫夏乃亮，比夏乃久小一岁，也住在哈达村。夏乃亮看夏乃久拿着布包来，不解地问："这是什么？"

"你别打开，也别对任何人说，你藏好。"夏乃久看夏乃亮一个人在家，把布包递给夏乃亮时叮嘱着。

夏乃亮说："孟永恒失踪的事你知道么？"

"早晨你嫂子给我打电话了。"夏乃久说。

夏乃亮说："迷彩服上的血挺多。"

"警察怎么说？"夏乃久问。

夏乃亮说："警察没说什么，只是挨家挨户了解情况。"

"警察没说什么，就不应该有大事。"夏乃久说。

夏乃亮说："从警察调查的力度看，警察认为孟永恒是被杀死了，要么不可能来那么多警察。"

"咱老百姓，管不了警察的事，还是把自己的日子过好吧。我去理发。你嫂子去买肉了，过会你去喝酒吧。"夏乃久往屋外边走边说。

夏乃亮说："我腰病犯了，疼得直不起来，不去了。"

"你得注点意，要么就去哈尔滨找专家看一看。我们单位有一个人腰疼时，吃饭都得人喂。"夏乃久说。

天已经完全黑了，夏乃久朝刘二棍家走去。

刘二棍小时候得过麻痹症,是个瘸子,不能种地,不能干体力活。他把地转包给别人种了,自己在县城学了理发的手艺,赶集时在街上摆摊给人理发,平时在家给乡亲们理发。他手艺好,收费低,村里的大人小孩都找他理发。他精打细算,日子过得不错。两年前娶了媳妇,媳妇比他小三岁,相貌好,还给他生了龙凤胎。他刚吃完饭,放下筷子,还没离开饭桌,媳妇和孩子还在吃。他看夏乃久来了,朝着夏乃久迎了过去,打招呼说:"来了。"

"头发长了,麻烦你剪一剪。"夏乃久在门口止住步说。

刘二棍说:"是有点长了。"

"头发一长,就觉得别扭。"夏乃久说。

刘二棍说:"男人原本就不应该留长发。"

"你可别说,还真有特殊人。我们单位有个男的,还扎个辫子呢。"夏乃久说。

刘二棍说:"他应该是业余画家,画家愿意留长发。"

"你真说对了,他非常喜欢画画。"夏乃久说。

刘二棍说:"警察找你了么?"

"今天我在单位上班,刚回来。"夏乃久说。

刘二棍说:"孟永恒的迷彩服上有很多血,还找不到他,今天警察在村里挨家挨户了解情况。这阵势就好像孟永恒被人杀死了。"

"没听说孟永恒跟谁有仇呀。"夏乃久跟在刘二棍的身后走进理发室。

刘二棍的理发室在主房旁边,是一间仓房,有十多平方米。他走进理发室,开了灯。理发室的灯比主屋的灯亮很多。

夏乃久说:"这灯真亮。"

"二百度的灯泡。"刘二棍拿起理发工具说。

夏乃久说:"度数低了看不清。"

"前几天孟永恒晚上还来理发了,没想到好好一个人,突然失踪了。"刘二棍说。

夏乃久说:"警察问你了?"

"只要在村里的，应该全问了。"刘二棍说。

夏乃久说："你认为孟永恒会失踪么？"

"让我看不是失踪，应该是死了。"刘二棍说。

夏乃久说："警察都没说他死了，你怎么能断定他死了呢。"

"警察肯定认为他死了，只是没说而已。如果不认为他死了，不可能来这么多警察。更不可能挨家挨户调查。"刘二棍说。

夏乃久说："永恒处事挺好的，也没听说他跟谁有矛盾呢。"

"我跟警察也是这么说的。按照永恒的处事、为人，不应该有人害他。"刘二棍说。

顾小梅来找夏乃久回家吃饭。

刘二棍说："真是小别胜新婚，几天没见面，就想得受不了了。"

"我想不想他你不知道。"顾小梅说。

刘二棍说："女人的感情跟男人相同。"

"你晚上躺在炕上对你媳妇一定很不老实。"顾小梅说。

刘二棍说："男女之间不就那点事么。如果连这点事都没有了，活着真就没劲了。"

"这只是你的想法。"顾小梅说。

刘二棍说："我不相信你没有。"

夏乃久把钱给了刘二棍，就跟顾小梅回家了。

顾小梅回到家，掀开锅，把菜端到饭桌上。

夏乃久打开上次没有喝完的白酒瓶，看了看，感触地说："上次还跟永恒在一起喝酒呢，这次他却不知道跑到哪去了。"

"你喝你的酒，提他干什么。"顾小梅反感地说。

夏乃久说："经常在一起，跟兄弟似的，突然没了，我心里不好受。"

"一个外地人，非亲非故的，用得着这么难受么。"顾小梅说。

夏乃久没想到顾小梅会对孟永恒失踪的事如此冷淡，不解地说："你平时不是跟孟永恒一起采山货么，他失踪了，你怎么无动于衷呢？"

5

施正安和刘会然第二次到哈达村小商店摸排案件线索时，商店的女主人好像是想起了什么事，回忆说，有一次孟永恒在商店里跟一个年轻女人吵架了，两个人吵得特别激烈。施正安问孟永恒是跟哪个年轻女人吵的架，商店的女主人说不认识那个女人。施正安问吵架的原因，商店的女主人说不知道。施正安认为应该找到那个跟孟永恒吵架的年轻女人，也许那个跟孟永恒吵架的年轻女人能了解孟永恒的其他事情。

商店的女主人说那个跟孟永恒吵架的年轻女人不是本村的，只见过那个女人一次。她向施正安和刘会然描述了那个跟孟永恒吵架年轻女人的相貌特征。

施正安和刘会然听着商店女主人的描述，犯了难，连那个女人是什么地方的都不知道怎么找呢？

他们认为找到跟孟永恒吵架的那个年轻女人是侦破案件的突破点。

在由公安局长邵家旋主持的案件侦破协调会议上，侦查员们一致认为想找到跟孟永恒吵架的那个年轻女人，应该从跟孟永恒有交情、往来密切的熟悉人中寻找线索。侦查员们在哈达村进行了更深入的走访群众，了解情况。

王捞洋对侦查员说："那个年轻女人应该是孟永恒的对象。"

"上次你怎么没告诉我们？"侦查员说。

王捞洋："你们也没问那个年轻女人的事，当时我也没想起来，更何况我还没见过那个女人。"

"你是怎么知道那个年轻女人是孟永恒对象的？"侦查员问。

王捞洋说："有一次孟永恒在我家喝酒时，他的手机响了，电话应该就是个女人打来的。我问是谁打来的，孟永恒说是对象。"

"你知道这个女人是哪的么？"侦查员问。

王捞洋说："不知道。"

侦查员把从王捞洋这得到的信息汇报给了施正安。

施正安认为那个年轻女人既然是孟永恒的女朋友，两个人一定通过多次电话，而不是一次，在孟永恒的手机中应该有那个年轻女人的名字。

他走进技术室，拿起孟永恒的手机。手机经过技术修复，可以开机了。但是那么多电话号码，哪个电话号码才是那个年轻女人的呢？

他一个一个翻看着手机里通讯录的名字，先根据名字筛选出女性的电话号码，然后再筛选出本省、本市的。经过这么几次筛选，剩下跟孟永恒通电话的女人就不是太多了。他再一个一个地给这些女人打电话。他没说孟永恒死了，也没说孟永恒失踪了，而是问孟永恒去她那里没有。

有的女人说不认识孟永恒；有的女人说他打错电话了；还有的女人警告他不要打骚扰电话。他就这么一个一个拨打着从孟永恒手机里筛选出来的女人电话。有几个看像是女人的名字，但电话打过去却是男人接的，他就抱歉地说打错电话了。他打电话时集中精力辨别着对方的语气，希望能从语气中找到那个跟孟永恒有关的年轻女人。

有一个女人说："我很长时间没看见孟永恒了，你找他有什么事？"

"你最后一次看见他是在什么时间？"施正安从这个女人的语气中感觉到了信息，感觉这个女人跟孟永恒关系不一般。他有些兴奋，为了不让这个女人反感，为了防止这个女人挂断电话，谨慎地说着每个字。

这个女人问："你是谁呀，找孟永恒。"

"我是他朋友，以前联系过，好久没联系了，找不到他了。"施正安说。

这个女人说："可以给他打电话呀。"

"我跟他认识时，还没手机呢。"施正安说。

这个女人说："那得是在好几年前了吧。"

"应该是在五六年前。"施正安说。

这个女人说："我把他的手机号码给你。"

"你在哪？"施正安感觉说不下去了，直接问。

这个女人警觉起来，语气生硬地说："你是谁呀？我在什么地方跟你没关系。"

"我问你在哪里。"施正安说。

这个女人说："你是骗子吧。你没孟永恒的手机号码，怎么可能有我的手机号码呢？"

施正安正要说什么，那个女人挂断了电话。他再次拨打这个电话号码时，那个女人就不接听了。他用自己的手机拨通了那个女人的电话，直截了当地说："我是公安局的，在找孟永恒，需要你配合提供相关信息。"

"你还在骗人是不是，如果你再打电话，我就报警了！"这个女人生气地说。

施正安说："我就是警察。"

"你是在冒充警察。"这个女人说。

施正安说："你在什么地方，我去找你。"

"骗子的胆子可真大，还敢送上门来，你来吧，我让警察在门口等你。"这个女人说。

施正安说："你在哪？"

"合江市沿江路378号，你来吧。"这个女人说。

施正安说："你别走，两个小时以后我就到。"

"怎么用那么长时间，最好现在来。"这个女人说。

施正安放下电话和刘会然还有另外两名女警察开车去了合江市。北山县距离合江市开车一个多小时。他为防止这个女人离开，把到达的时间说得长了些。

这是一间临街的出租屋。门上写着染发、烫头、理发的字。

施正安他们刚走到门口时，从屋里走出一胖一瘦两名警察，一名女子跟在两名警察身后走了出来。施正安看见两名警察知道这个女人没开玩笑，真是报警了。他出示了证件，跟面前的警察说："她可能跟一起杀人案有关，我们找她了解情况。"

"她电话报警，说有骗子来威胁她。"警察说。

施正安说："她很警觉。"

"你得好好配合，警察是不会冤枉好人的。"那两个警察走时对这个年轻女人说。

这个女人叫肖静亭，家在桦川县的乡下，几年前在合江市服装批发市场给人卖货时认识了孟永恒，当时孟永恒在服装批发市场当搬运工。孟永恒觉得在合江市的生活不稳定，生活压力太大，就去了北山县。她知道孟永恒刚到北山县时是在一家饭店干活，她不清楚孟永恒是怎么去的哈达村。孟永恒在北山县饭店干活时他们开始谈恋爱。她不想让孟永恒在哈达村常住，想让孟永恒回合江市工作，彼此有个照应。但孟永恒不愿意回合江市，两个人在这件事上各持己见，产生了严重分歧。她后来发现孟永恒跟顾小梅存在情人关系。如果说孟永恒不回合江市工作，她暂时对孟永恒还没那么大意见，但是孟永恒跟顾小梅保持情人关系，这是她绝对不能接受的。

施正安说："你是怎么发现孟永恒跟顾小梅存在情人关系的？"

"有一次他来我这儿，顾小梅给他打电话，他去路边买西瓜了，没拿手机，我就接了。"肖静亭说。

施正安说："顾小梅不可能对你说她和孟永恒是情人关系。"

"她当然不能说了，我也不可能这么问。"肖静亭说。

施正安说："你是怎么说的？"

"我说是孟永恒的妹妹，就聊了几句。"肖静亭说。

施正安说："通过几句话，你就认为孟永恒跟顾小梅是情人关系了？"

"我非常相信感觉，女人的感觉有时候是非常灵的。"肖静亭说。

施正安说："或许，你认为感觉准确，但没有证据，也不能确定。毕竟你没亲眼看见。"

"我也这么想。后来我去了一趟哈达村，就亲眼看见了。"肖静亭说。

施正安说："你看见什么了？"

"他们的表情、眼神都不正常。"肖静亭说。

施正安说："这也不是证据，只是你的猜测。"

"我问孟永恒了，他默认了。我就跟孟永恒吵起来了。"肖静亭说。

施正安问："在什么地方吵的架？"

"从孟永恒的住处吵到村里的商店。"肖静亭说。

施正安说："吵这么长时间？"

"不是总吵，走一走吵几句。其实到商店，就不怎么吵了。"肖静亭说。

施正安说："以后又去哈达村了么？"

"怎么可能去呢。"肖静亭说。

施正安说："孟永恒应该比你大好几岁吧，你看上他什么了？"

"他挺能干的，人也朴实。当然他不是让我满意的人。"肖静亭说。

施正安说："想知道我们为什么来找你么？"

"当然了。"肖静亭说。

施正安说："孟永恒死了。"

"他身体好好的，怎么可能死了呢。"肖静亭不相信地说。

施正安说："被人杀死的。"

"肯定跟顾小梅有关。"肖静亭不假思索地说。

施正安说："你有证据么？"

"没有。"肖静亭说。

施正安说："没有证据，你为什么这么说？"

"自古以来，奸情哪有好下场的。"肖静亭说。

施正安也这么认为，但没这么说，而是叮嘱地说："没有证据是不能随便下结论的。"

"你们是警察，是来找我了解情况的，如果我不说出自己的看法，你们不是白跑一趟么。"肖静亭说。

施正安说："我们需要找你了解情况时，你得接听电话。"

"当然接了，我也希望你们尽快抓到杀害孟永恒的凶手。"肖静亭说话时眼泪在眼眶里打转，她为孟永恒的死难过。

施正安来的时候专门带来了两名女警察，做了防止肖静亭不配合的准备。既然肖静亭很配合，那种担心就不存在了。他感觉肖静亭说话坦荡，比较好沟通。

他认为肖静亭提供了比较关键的信息是孟永恒跟顾小梅存在情人关系。在哈达村没人向侦查员说起过顾小梅跟孟永恒是情人关系。

他又把侦破案件的重心放在了顾小梅身上，立刻对顾小梅再次讯问。

6

屋里没亮灯，黑黑的，顾小梅一个人躺在炕上，头枕在被子上，脸对着窗户。窗外的夜色比屋里亮，隐约可以看见院落的木栅栏。她在想着跟孟永恒在一起的往事。

她跟孟永恒是在上山采山货时认识的。那次她在下山时脚踝崴了，不能正常走路，只能一点点移动。孟永恒从后面往山下走，看她走得慢，要背她走。她以前跟孟永恒只是认识，见面打招呼，没有单独说过话。孟永恒要背她下山，被她拒绝了。孟永恒扶着她走了一段路，她走得实在是太慢。她每迈出一步都疼得咬牙，强忍着。夕阳西下，天快黑了还没走到回家路的一半。孟永恒着急了，强行背起她就走。

孟永恒背她走一段路，把她放下，再返回来拿山货，这么倒换着，把她背到了山下的路上。他们租了一辆三轮车进了村。

从那以后她就跟孟永恒合在一起采山货了。他们早晨一起上山，在山上吃午饭。午饭是她早晨在家准备好带上山的。孟永恒拿山货下山，不让她干重活。卖山货的钱由她分配，她说给孟永恒多少钱，就是多少，孟永恒从没计较过钱的多少。

她跟孟永恒是在那个午后跨越男女之间界河的。

那天他们采山货比较顺利，心情特别好，准备吃过午饭就往家走。她刚吃完饭就被孟永恒抱住了，她知道孟永恒的想法。她没有拒绝，而是非常配合孟永恒。

有了第一次，就有第二次、第三次。不过孟永恒非常尊重她。孟永恒在跟她发生了两性关系后，也非常尊重夏乃久。夏乃久回家时只要不找孟永恒，孟永恒就不来找她。孟永恒这种做法让顾小梅非常满意。

顾小梅一直在考虑是谁杀死了孟永恒。开始时她没想过这件事能跟夏乃久有关。当她发现夏乃久藏在衣柜里的尖刀不见了时，怀疑是夏乃久杀死了孟永恒。

她发现夏乃久在衣柜里藏了把尖刀没几日孟永恒就被杀死了。孟永恒刚被杀死，她发现衣柜里的尖刀就没了。那把尖刀、孟永恒、夏乃久轮番在她脑子里出现，搅得她心神不宁。

她看见一道车灯出现在了院落外面。车灯的光很强，应该是汽车的灯光。她还没反应过来时，有几个人已经走进了院落。她意识到又是警察来了。

她没想到施正安是带着两名女警察来的，更没想到施正安能直接问她跟孟永恒是不是情人关系。她胆怯地如实回答了施正安问的每个问题。

施正安从顾小梅的话语中感觉到了孟永恒关心顾小梅很多，似乎这种关心超过了夏乃久。顾小梅对孟永恒的感情比较深，印象也很好，她不存在杀害孟永恒的可能性与动机。

他推测既然顾小梅对孟永恒感情那么好，会不会引起了夏乃久的记恨，是夏乃久杀死了孟永恒呢？发现孟永恒尸体的地方是在铁路线附近，夏乃久熟悉这里的环境。夏乃久藏在衣柜里的尖刀又是在孟永恒被杀后不见的……他怀疑夏乃久是杀死孟永恒的凶手。

施正安回到公安局，让两名女警察下了车，带上两名男警察去找夏乃久。

夏乃久一个人躺在修道房里的床上，眼睛看着夜色，在考虑孟永恒被杀的事。他担心被牵连到案件里。当施正安他们站在他面前时，他惊惶失措地站了起来。

施正安说："你怕什么？"

"我没害怕。"夏乃久说。

施正安说："你没怕，声音怎么发颤呢？"

夏乃久沉默了。

施正安说："每天只你一个人在这里吗？"

"有的时候是两个人。"夏乃久说。

施正安说："孟永恒是被你杀死的。"

"不，不是。我绝对没杀害他。"夏乃久平时就老实巴交的，原本心里就害怕，听施正安这么说，尿裤子了，瘫坐在了地上。

施正安说："因为你发现孟永恒跟顾小梅长期保持着情人关系，所以你就杀死了他。"

"我不知道他们是情人关系，也从没想过杀死他。"夏乃久说。

施正安说："谁能证明你不知道？"

"不知道,怎么让人证明呢？"夏乃久认为施正安说话不讲道理。

施正安说："谁能证明孟永恒不是你杀死的？"

"孟永恒失踪那几天，我在单位上班，没回家。我没回家，怎么杀他。"夏乃久说。

施正安说："你家衣柜里的尖刀呢？"

夏乃久知道顾小梅把他藏刀的事告诉警察了。他不知道顾小梅跟警察说了些什么，所以没回答。

施正安说："既然你不想杀人，准备刀干什么？"

"那把刀是我在集市上买的。"夏乃久说。

施正安说："没错，刀是你买的，不是你制造的。你不准备杀孟永恒，买刀干什么？"

"我觉得好看。"夏乃久说。

施正安说："夏乃久，你骗三岁小孩呢？好看就买刀藏在家里么？手枪也好看，你怎么不弄一支藏在家里？"

夏乃久的魂都快被施正安吓丢了。

施正安说："你老实交代，坦白从宽，抗拒从严。"

"我原本是想杀钟建林的，根本没有想过杀孟永恒。"夏乃久说。

施正安没想到自己的高压方法起到了作用了。他绝对没想到夏乃久想杀的人不是孟永恒，而是钟建林。他在侦察孟永恒被杀案件的过程中，还没注意到钟建林。钟建林好像还没出现过，他对钟建林一点印象都没有。他质问道："为什么想杀他？"

"他跟顾小梅存在情人关系。"夏乃久说。

施正安认为顾小梅一直没把知道的事全说出来，在有意隐瞒自己的感情问题。他从夏乃久的话语中找到了打开顾小梅私生活仓库的钥匙。他说："你是听说的，还是看见的？"

"看见的。"夏乃久说。

施正安说："钟建林老婆知道他跟你老婆的事吗？"

"他老婆病死好几年了。"夏乃久说。

施正安说："钟建林家几口人？"

"他有一个姑娘在济南读大学,平时就他一个人在家。"夏乃久说。

施正安说："你没阻止过钟建林吗？"

"我找过他，不让他去我家，他不听。"夏乃久有一次回家时，遇到了顾小梅跟钟建林在一起亲密的事。他在当晚找到了钟建林，警告钟建林不能跟顾小梅来往。钟建林不但没有断绝跟顾小梅的来往，反而还来往得更加频繁了。

施正安说："他是怎么说的？"

"他说得非常难听。"夏乃久不想把钟建林说的话重复给警察。

施正安说："你说吧，别有顾虑，我们给你保密。"

"他满不在乎地说，有本事管好自己的老婆。你老婆是自己愿意脱掉裤子的，她不脱，没谁强奸她。"夏乃久断断续续地说。

施正安说："因为他说话难听，你就想杀死他？"

"我不杀死他，他还会继续跟顾小梅来往。如果你老婆跟别的男人发生了关系，你劝那个男人，那个男人不听，还继续这么做，你怎么办？"夏乃久认自己这种想法是无奈的选择。

施正安没想到夏乃久这么比喻，便说："你别用你的事比喻别人。

你可以制止顾小梅断绝跟钟建林的交往么。"

"顾小梅也讨厌钟建林，钟建林简直就是无赖。"夏乃久在提起钟建林时脸上流露出愤恨的表情。

施正安说："你把刀藏在哪了？"

"我弟弟夏乃亮家。"夏乃久说。

施正安在调查完夏乃久后感觉肚子饿了，夜也深了，对其他几名侦查员说："你们也饿了吧。"

"都什么时间了，还不饿。"一名侦查员说。

施正安说："咱们去吃饭，吃完饭还得去哈达村。今晚得加班把知道的线索理顺清楚。"

一名侦查员说："咱们又不是第一次加班了，施队怎么安排就怎么干。"

"感谢兄弟们支持我的工作。"施正安说。

公安局为了方便加班警察吃饭，选了一家饭店做定点用餐。用餐标准是排骨、米饭。这样既解决了加班警察的用餐问题，也方便了对加班餐费的管理。

施正安找到了夏乃亮，夏乃亮没有打开过夏乃久给他的包裹，警察来时他才知道里面包的是尖刀。施正安从夏乃亮家出来，又去找顾小梅了。

他拉开门，没往屋里走，站在门口问："睡了么？"

"你们进来吧。"顾小梅说。

施正安说："怎么不开灯呢？"

"我一个人在家，晚上没事，用不着开灯。"顾小梅起身开了灯。

施正安说："你好像有心事？"

"人活着不就是每天做事、想事么。"顾小梅说。

施正安这次不像上次问得那么直接，而是婉转了些，他想试探顾小梅怎么回答。他说："你跟钟建林是什么关系？"

"可以不回答么？"顾小梅说。

施正安语气强硬地说："必须回答。"

"为什么？"顾小梅说。

施正安说："有人反映他跟杀害孟永恒的案件有关。"

"怎么可能呢？"顾小梅不相信地说。

施正安说："为什么不可能。"

顾小梅沉默了。

施正安再次说："你跟钟建林是什么关系？"

"村民关系。"顾小梅说。

施正安大声说："你说谎。"

顾小梅用惊异的眼神看着施正安。

施正安认为顾小梅的心理防线已经被摧毁了，失去了狡辩的信心，便一语道破地说："钟建林是你的情人！"

"谁告诉你的？"顾小梅没想到施正安能这么问。

施正安说："真想知道吗？"

"这人在胡说八道。"顾小梅不承认跟钟建林的情人关系。

施正安说："夏乃久刚跟我们说的。"

"这怎么可能呢？"顾小梅认为施正安在吓唬她。

施正安说："夏乃久藏在衣柜里的尖刀，就是准备杀钟建林的。"

顾小梅绝对没想到夏乃久想杀死钟建林。她跟钟建林的情人关系是在几年前开始的，当时孟永恒还没有来哈达村。虽然夏乃久知道这件事，但没什么反应。不过她想起来了，有几次夏乃久叮嘱她不要跟钟建林来往，她说钟建林是个无赖，撵都撵不走……这么说夏乃久那时就想杀死钟建林了。

那是夏季的一个傍晚，夕阳西落时，天还没黑，她从山上采货回来，身上出了很多汗，把在院落里晒的一大洗衣盆水端到屋里洗澡。她忘记反锁院门了，房门也没锁，钟建林突然进来了。那段时间钟建林经常找到她，有时来她家，有时在她上山或下山的路上，她感觉到了钟建林的目的。当时她对钟建林的印象还不错，没回避。她看见钟建林进屋时说："你出去，我洗澡呢。"

"你不洗澡我还不来了呢。"钟建林不但没有走，说话时就脱掉了自己的裤子。

从那天起顾小梅就跟钟建林交往得多了。有时夏乃久回来了，钟建林也来。她感觉钟建林影响到了她的家庭生活，不想跟钟建林交往下去了。

在她跟孟永恒成为生意伙伴后，就在回避钟建林的纠缠。她还把自己的想法告诉孟永恒了。

7

施正安昨天奔波了一整天，回到家已经是深夜了，连续几天不停地忙碌，很是疲惫，一觉睡到天光大亮。他的妻子已经吃过早饭，准备上班了。她看施正安醒了说："今天不上班么？"

"上班。"他看了一眼床头的手机说。

他妻子说："累了吧，要么你早起来了。"

"想让思维清晰些。"他在了解到钟建林跟顾小梅存在情人关系后，就好像在一团乱麻中找到了头。

他是最后一个走进办公室的。

刘会然说："今天怎么没早来？"

"没迟到吧？"施正安说。

刘会然说："虽然没迟到，但这不符合你上班的时间规律。"

"我上班有规律么？"施正安说。

刘会然说："在咱们刑侦支队里，你早来的次数最多。"

"在不迟到的情况下，应该允许我晚来吧。"施正安说。

刘会然说："今天你的心情好像非常好。"

"早晨的风景很美。"施正安说。

刑警曾剑插言说："两位领导在对台词么？"

刘会然说："你没感觉到施队长今天神采奕奕么？"

"没错，非同往日。"曾剑看了一眼施正安说。

施正安说："你们怎么调侃起我来了，我是对孟永恒的案件有进展而高兴。"

"我认为钟建林就是杀害孟永恒的凶手。"刘会然说。

施正安说："说一说你的看法，他为什么杀害孟永恒？"

"应该跟顾小梅之间的感情纠葛有关。"刘会然说。

施正安的看法跟刘会然相同。他推测钟建林是嫉妒孟永恒跟顾小梅的关系好，影响到了顾小梅对钟建林的感情及态度。钟建林在感情上受到了顾小梅的打击，就杀死了情敌孟永恒。他说："咱们去找钟建林吧。"

早晨八九点钟时，哈达村有的人去县城工作了，有的人去采山货了，只有老人和些孩童在村庄里。

施正安他们来到钟建林家院落外时，院门锁着。他们找钟建林的父亲打开了门，钟建林的父亲住的房子跟钟建林住的房子是挨着的。钟建林的父亲说钟建林去济南看望女儿了，他女儿在济南读大学。

施正安让钟建林的父亲给钟建林打电话，但是手机关机。施正安带领侦查员对钟建林展开了调查。因为白天许多村民没在家，在天黑时侦查员继续走访村民，了解破案线索。

侦查员还对钟建林家进行了第二次搜查。这次是有针对性的搜查，搜查得特别仔细，在屋的顶棚上搜出了一把尖刀。从外观看，这把刀跟孟永恒尸体上的刀口相似。但是只凭直观不能下结论，必须经过技术鉴定才能确定是不是杀害孟永恒的凶器。虽然还没有确凿证据能证明钟建林是杀害孟永恒的凶手，但已经八九不离十了。

钟建林在孟永恒尸体被找到当天就离开了哈达村。施正安认为钟建林是有意躲开侦查员破案的。如果想尽快抓住钟建林，尽快破案，公安局释放出案件侦破了的消息或许钟建林能在短时间内回家。

施正安在案件侦破协调会上提出对外统一口径，声称孟永恒被杀的案件侦破了，抓到了凶手夏乃久。侦查员们都赞成这个方案。但是实施这个方案需要顾小梅和夏乃久配合才行。

顾小梅对钟建林非常反感，认为钟建林影响到了她的生活，如果不抓住钟建林，她心就不安。她对配合侦查员抓捕钟建林的做法没有思想顾虑。

夏乃久在单位没回哈达村，得让他回到哈达村，侦查员在哈达村把他抓走，这样才能达到宣传作用。

施正安开车去找夏乃久。他为了安慰夏乃久，争取到夏乃久配合抓捕钟建林的方案，告诉夏乃久公安局经过技术鉴定，他藏的刀跟孟永恒尸体上的刀伤不同。侦查员在钟建林家搜出了一把尖刀，他把抓捕钟建林的方案告诉夏乃久了。

夏乃久特别怕警察，见到警察心就发慌。虽然他知道这是侦查员使用的抓捕计策，是假的，但会影响他的名声，他很不情愿地答应配合侦查员办案。

他晚上回到家没有像往日那样跟顾小梅睡在炕上，而是睡了沙发上。虽然他知道顾小梅跟钟建林存在情人关系，但没有想到顾小梅还跟孟永恒有情人关系。而他一直被把孟永恒当成好朋友，经常把孟永恒约到家里喝酒。顾小梅给他戴的绿帽子太大了，也太重了，让他没脸见人，也抬不起头。

人们刚开始吃早饭时，警车就停在了夏乃久家门口，几名警察从屋里把他押上了车。警察选择在这个时间来，是想让更多村民看见，引起人们广泛关注。

8

钟建林在跟女儿吃早饭时，女儿的手机响了。电话是钟建林的父亲打来的。他父亲对孙女说话的态度一向很温和，但这次语气不但不温和，还有些生硬。他父亲直接说："你爸在么？"

"爷爷，你找我爸？"钟建林的女儿说。

钟建林的父亲说："你把手机给他。"

钟建林的女儿把手机递给他说："爷爷让你接电话。"

钟建林接过手机说："爸，什么事？"

"警察昨天搜查你家了，今天把夏乃久抓走了。警察说夏乃久是杀害孟永恒的凶手。"钟建林的父亲说。

钟建林说："夏乃久是什么时间被警察抓走的？"

"刚抓走。"钟建林的父亲说。

钟建林说:"警察搜查我的房子干什么?"

"警察没说,可能怀疑你是夏乃久的帮凶。"钟建林的父亲说。

钟建林说:"警察搜查出什么了?"

"除了警察,谁都没让进院子。"钟建林的父亲说。

钟建林说:"没别的事吧?"

"你的手机怎么关机呢?"钟建林的父亲说。

钟建林说:"没电了。"

"充满电,开机。如果关机,有事找不到你,你没在家,万一失踪了呢。"钟建林的父亲说。

钟建林说:"我好好的,怎么能失踪呢。"

"孟永恒一米八的个子,身体比你还结实,说死就死了。"钟建林的父亲说。

钟建林说:"他得罪人了,我没得罪人。"

"你觉得没得罪人不管用。如果谁对你有仇,想害死你,根本不会告诉你。孟永恒也没想到他会死。"钟正林的父亲说。

钟建林说:"他早该死了。"

"为什么?"钟建林的父亲一惊地说。

钟建林说:"他纠缠顾小梅那么长时间了,夏乃久还不弄死他。"

"这是教训,你得管好你自己。"钟建林的父亲知道钟建林跟顾小梅的事。他在钟建林的媳妇生病死了不长时间,就劝说钟建林再娶个女人,好好过日子,不要跟顾小梅来往。钟建林没听他的劝说,继续跟顾小梅交往。

钟建林得知警察把夏乃久当成杀害孟永恒的凶手抓走了,心头涌起快意,如同雨过天晴,多日笼罩在心上的忧愁消失了。他立刻买了回家的车票。

施正安带领侦查员紧随其后进了屋。施正安说:"你回来得真快。"

"你们找我干什么?"钟建林故作镇定地说。

施正安拿出尖刀说:"这是什么?"

钟建林知道警察已经掌握了他杀害孟永恒的证据，没有辩解，低下了头。

施正安问："你认识孟永婉么？"

"不认识。"钟建林说。

施正安问："她知道你杀死孟永恒的事么？"

"我没见过这个人，她不可能知道我做的事。"钟建林想了片刻说。

施正安说："她知道，并且，还知道得非常清楚。"

"她是怎么知道的？"钟建林脸上流露出疑惑的表情。

"梦里梦见的。"

"不可能，不可能，我不相信。"钟建林觉得面前的警察在诱导他的思维，之前的紧张情绪好像得到了放松，不再那么紧张了。

施正安把脸转向一边，看着墙上的世界地图，心想世界这么大，什么意想不到的事都有可能发生。开始时，他跟同事也不相信这个梦是真的，但事情结果证明就是真的。

原载2021年3~4期《文昌文艺》、4期《甜乡》，
2022年2期《新安江》杂志、4期《上饶文艺》

小城大事

一

1

北大荒地处祖国边陲，与俄罗斯远东地区接壤。五月的季节，气温里还存有冬季寒冷的痕迹，人们身上还穿着厚衣服或棉衣，这个季节，北大荒天亮得早。

清晨五点多钟时，太阳已经从东方的地平线处渐渐露出了头。远处天际泛起的白光在随着太阳升起的高度由暗变明，天宇越来越亮。晨光如同在催促人们早起，抓紧时间开始一天的劳作。

白光唤起了沉睡一夜的黑土地。

人们如同黑土地上破土而出的黄豆芽，在经过黑夜之后，迎来了黎明，开始了新一天的生活。

罗江县松河镇派出所值夜班的民警在准备下班前的交接工作。因为松河镇人口不多，交通相对闭塞，刑事案件案发率低，治安环境好，所以派出所的警员不多。每晚值班室里只有两名民警和一名协警值班。他们一人在打扫室内卫生，一人侧坐在沙发上看着中央电视台的早间新闻，另外一个人去厕所了。

此时办公桌上的电话铃突然响了，坐在沙发上看电视的民警毕立明迅速走到电话机前，利落地操起听筒，客气而严肃地说："你好，这里是松河镇派出所值班室。"

"有人被杀了！"报警人慌里慌张地说。

毕立明从声音中辨别出报警人是位女性，感觉到了报警人的紧张情绪，意识到了案件的严重性。他立刻问："案件发生在什么位置？"

"春阳小区12号楼。"报警人回答。

毕立明问："知道被害人的姓名吗？"

"顾玉林。"报警人回答。

毕立明问："你叫什么名字？"

"我是熊美丽。"报警人回答。

毕立明大脑中立刻出现了顾玉林的模样。他认识顾玉林，但对熊美丽没丝毫印象。他在记忆中迅速搜索着熊美丽这个人。他拿起办公桌上的笔，边接听电话边在本子上记录下了案发地点、死者姓名及报警人的名字。他提醒地说："保护好案发现场，我们马上到。"

"太可怕了，你们快点来！"熊美丽的语气中带着惊慌。

毕立明没有再说下去，挂断了电话，拿起案件登记本往值班所长办公室走去。他边走边对打扫卫生的协警员说："发生命案了。"

"发生命案了？"协警员在扫地，转过头看着毕立明。

毕立明说："我去向领导汇报。"

派出所规定每天晚上必须有一位副所长，或所长值班。

这天是副所长邢国栋值班。天亮时，他下了床，伸个懒腰，走到窗前，打开窗户，呼吸着室外涌来的新鲜空气。他看着黎明时的天空，做了几次深呼吸，以此方法来缓解值夜班的疲劳。他正看着窗外小镇街道的风景时，办公室的门猛然被拉开了，有些被惊到的下意识，他迅速转过身，朝门口看去。

毕立明拿着案件登记本快步走到邢国栋面前，语气急速地说："所长，发生案情了。"

"什么案子，让你这么着急，连门也不敲，就进来了。"邢国栋的话语中带着批评。他认为小镇治安这么好，不会发生什么劣性案件，毕立明不必这么慌张。

毕立明不肯定地说："报警人说顾玉林被杀了。"

"顾玉林被杀了？"邢国栋不相信地说。

毕立明从邢国栋的表情中感觉到了邢国栋不相信。他也怀疑，可是报案人在电话中确实是这么说的。他说："报案人在电话里是这么说的。"

"你没听错吗？"邢国栋满脸疑惑，还是不相信地说。

毕立明说："肯定没听错。"

"谁报的案？"邢国栋问。他相信毕立明不会听错，这是警察接警的基本要求，这种事怎么能听错呢。

毕立明说："熊美丽。"

"熊美丽？"邢国栋下意识地重复着，他不熟悉这个人。

毕立明说："我记下了她的手机号码。"

"案发地点在哪？"邢国栋问。

毕立明说："春阳小区12号楼。"

"咱们马上去案发现场。"邢国栋用手机拍下了接警登记本上的记录，转身拿起警帽，朝办公室外走去。

松河镇派出所是一座独立的二层小楼，楼的二层是派出所领导办公室、会议室及资料室，楼的一层是户籍、审讯及接警等部门的办公室。

邢国栋走到接警办公室门口说："出警。"

屋中的协警员和毕立明跟着邢国栋走出了办公楼，留下去厕所的那名民警值班。

邢国栋上了警车，坐在了副驾驶的座位上。毕立明坐在驾驶员的位置，启动了车。邢国栋摇下车窗想呼吸清晨的空气，气温有些低，车速快，行驶时带起了风，凉气涌来。邢国栋感觉身上发冷，把车窗关上了一半。

春阳小区是松河镇近年新开发的别墅小区，这是镇里唯一的别墅小区。小区建筑统一是二层楼，每层东西两户。周围绿树围绕，绿化环境好。小区处在镇西北方向，从派出所去春阳小区要经过镇中心，穿过大半个镇区。

邢国栋表情严肃，眼睛看着车窗外的街道。这是农忙季节，街道上行人少，环卫工人在街上清理着卫生。他回想着顾玉林这个人。他读中学时就认识顾玉林，顾玉林比他高一个年级。一九八三年，他在松河镇中学读书时，顾玉林也在学校读书。那时学校里同学之间拉帮结伙，打架斗殴的现象比较严重。虽然顾玉林个子不高，身材瘦小，但下手非常狠，愿意打架。顾玉林是学生里的小头目，经常参与学生打架事件。直到有一次学校里有一个高三学生用刀把另外一个高三学生捅成了重伤，伤者住进院抢救，拿刀捅伤人的学生后来被判刑入狱了，此后顾玉林才不参加打架的事了。邢国栋回想着顾玉林的印象……自言自语地说："熊美丽是谁……"

"我对这个人一点印象也没有。"毕立明说。

协警员问："熊美丽怎么了？"

"她报的案。"毕立明说。

协警员说："熊美丽是李玉的老婆。"

"你认识她？"邢国栋问。

协警员说："认识，但接触不多，不了解。"

"她报案说顾玉林被杀了。"邢国栋说。

协警员说："不会吧，前天我们还在一起喝酒呢。"

"喝酒时都有谁？"邢国栋问。

协警员说："顾玉林……"

"喝酒时顾玉林没异常反应么？"邢国栋问。

协警员说："没有，精神很好，怎么会被杀了呢？"

毕立明说："熊美丽还能报假案么？"

"她不可能拿人命当儿戏吧。"协警员说。

毕立明说："两口子吵架，在气头上，报假案的也挺多。"

"如果熊美丽报的是假案，就把她和顾玉林一起抓起来。"邢国栋说。

2

熊美丽在弟弟家睡觉还没起来时手机就响了，电话是长工钟爱民打来的。钟爱民说去她家拿车钥匙，没人开门，顾玉林的手机打通了，没人接听。熊美丽说马上回家。熊美丽掀开被子，下了床，穿着衣服。她穿衣服时手不停地抖动着，表情非常紧张，好像知道发生了什么可怕的事情。她匆忙地走出了屋。

钟爱民给熊美丽打完电话后，看了看窗户，坐在门前的台阶上看着手机信息，发着短信。

熊美丽把电动车停稳。钟爱民走向她。熊美丽朝楼门走着说："屋里没人么？"

"摁了好几次门铃，也没人开门。我还以为你在屋里没起床呢。"钟爱民说。

熊美丽说："昨晚我在朋友家玩得时间长了些，没带钥匙，回来摁门铃，顾玉林没开门，就去我弟弟家住了。"

"顾哥睡觉这么死么？"钟爱民说。

熊美丽说："他耳朵有点背，声音小了听不见。"

"跟他说话有时是得大点声音。"钟爱民知道顾玉林听力不好。

熊美丽走到门前，摁响了门铃。门铃在响，她的心在狂跳。门铃响过了，屋里没反应。

钟爱民说："这个时间顾哥应该起来了吧，要么可能他不在屋里。"

"你从窗户往屋里看一看，看他在屋里没有。"熊美丽说着走出楼道。她的目光落在了厨房窗户下面的砖头上。她做出随意的表情，意思是砖头不应该放在这里，就弯腰捡起砖头，扔到了旁边的树丛里。她看砖头下面的钥匙没了，心情放松了些。

钟爱民走到卧室外面的窗户下，双手抓着防盗窗，跷起脚，脸贴在防盗网上，睁大眼睛往屋里看。窗帘在两边，好像昨晚没拉上，或是早晨拉开的，透过玻璃可以看见屋里部分地方。他站的位置低，看见屋里的地方小。他看见床上乱七八糟的，没看见屋里有人。他本能地感觉屋里的情况不正常，转过头对熊美丽说："是不是发生什么事了？"

"怎么了？"熊美丽故作镇静地问。

钟爱民说："屋里很乱，好像被子还掉在了地上。"

"这几天忙，我没收拾屋子。"熊美丽说。

钟爱民思量地说："我怎么感觉屋里的情况不对劲呢。"

"你还看到什么了？"熊美丽说。

钟爱民说："我站得低，只能看见一点地方。要么你过来看一看。"

"我怎么上去呢？"熊美丽说。

钟爱民松开手，转过身，离开了窗户。他看见路边有几块石头，跑过去搬来两块石头，把石头放在窗台下面，让熊美丽踩在石头上。

熊美丽穿的是高跟鞋，脚踩在石头上不停地左右晃动，站不稳。她从石头上下来，脱掉了高跟鞋，光脚踩在了石头上。她手抓着防盗窗，努力往上提着身体。她头刚过了窗台，能看见屋里的墙，看不见床和地面。她又从石头上下来了，让钟爱民把两块石头罗列在一起，增加了高度。高度增加了，石头接触地的面积小了。熊美丽站在石头上更不稳定，晃动得更厉害了。钟爱民急忙用双手扶住熊美丽的腰。熊美丽抓住防盗窗，脸贴在防盗窗上往屋里看。她看见床上凌乱不堪，但没看见顾玉林。她说："屋里没有人。"

"我也没看见人。"钟爱民说。

熊美丽担心地说："顾玉林没在屋里么？"

"他昨晚回家了么？"钟爱民说。

熊美丽从石头上下来，喘着粗气说："回家了，可后来出去没出去我就不知道了。"

"我再看一看。"钟爱民说着踩到了石头上。

熊美丽说："你使劲往上点。"

"好像床下面有条人腿。"钟爱民说。

熊美丽说："人腿怎么能在床下呢？"

"你离开家时，屋里就这么乱么？"钟爱民说。

熊美丽说："没这么乱。"

"是一条人腿在床下面。"钟爱民肯定地说。他松开了抓着防盗窗的手，从石头上下来。他神色慌乱，喘着粗气。

这时邻居蔡志平和高弈夫先后从楼里走了出来。他们看见熊美丽和钟爱民站在窗前，神色惊慌，不知道发生了什么事，不约而同地走了过去。蔡志平不解地问："你们站在窗前干什么呢？"

"顾玉林不开门。"熊美丽说。

蔡志平问："为什么？"

"不知道。"熊美丽说。

蔡志平问："他在屋里么？"

"应该在。"熊美丽说。

蔡志平说："你打他的手机试试。"

"钟爱民打过了，顾玉林没接。"熊美丽说。

蔡志平说："也许他刚才没听见，再打，看他接不接。"

熊美丽拨通了顾玉林的手机。虽然从屋里传出来的手机铃声微弱，但站在窗下面能听见。手机在屋里的声音应该大，可能顾玉林没在屋里，如果在屋里应该接听电话。

蔡志平问："顾玉林没出去么？"

"我昨晚没在家睡。"熊美丽说。

蔡志平问："你们在这儿多长时间了？"

"差不多有半个小时了。"熊美丽说。

蔡志平说："半小时不算长，再等一等，可能顾玉林没在屋里。"

"手机在屋里，他能去哪？"熊美丽说。

蔡志平说："不应该走得太远，会不会临时出屋了。"

"把门撬开吧。"熊美丽说。

蔡志平说："撬开门，门锁就不能用了。"

"那就换把锁呗。"熊美丽说。

蔡志平说："我往屋里看一看。"

"你站到窗台上，不然看不见。"钟爱民说。

蔡志平四处瞅了瞅，想找东西垫着上窗台。他没找到适合的东西，看了一眼钟爱民，灵机一动，让钟爱民蹲下身。钟爱民靠近窗台，蹲下身。蔡志平踩在钟爱民的肩膀上，手扶墙，让钟爱民站起身。钟爱民手扶墙，一点点缓慢站起身。高奕夫扶着蔡志平的腰，防止掉下来。蔡志平上了窗台，双手抓住防盗网，身体贴在防盗网上，往屋里看。他看见床上有血，床下躺着人，神情紧张地说："出大事了！"

"你看见什么了？"熊美丽问。

蔡志平说："有人躺在地上，床上还有血。"

"怎么会这样呢？"熊美丽惊慌地说。

蔡志平从窗台上跳下来，着急地说："快进屋救人。"

"把门撬开。"熊美丽着急地说。

蔡志平转身小跑着回家找工具。他从车库里找出钳子、撬棍、铁锤等工具，又小跑着返回来。防盗门结实，不好撬。他们改变了进屋方式，决定撬开窗户的防盗网，从窗户进去。在查看过几扇窗户的防盗网后，认为卫生间通气窗的防盗网容易被撬开。

蔡志平踩着高弈夫的肩膀上了窗台，钟爱民把撬棍递给蔡志平。蔡志平轻易地撬开了防盗网，把工具扔在地上，窗户没上锁，拉开窗户。蔡志平用左手紧紧把住窗框，伸出右手拉住高弈夫的手，高弈夫上了窗台。他们俩进了屋里。

顾玉林躺在床下，满身是血，墙上、棚上、窗帘上都有血，场面惊人。

蔡志平急忙打开房门。

几个邻居站在门口没进屋。

熊美丽走进屋，惊慌地说："这是怎么了？"

"快报警。"蔡志平说。

熊美丽拿出手机拨通了松河镇派出所的值班电话。

3

邢国栋到案发现场时，有很多人在围观，案发现场的原始留痕被破坏了。他立刻安排人员对案发现场进行保护。他走到顾玉林的尸体前缓慢蹲下身，把两根手指贴在顾玉林的鼻孔处，又移到了嘴边，测试还有没有呼吸迹象。他确定顾玉林的呼吸停止了。他用手的背面轻轻触碰顾玉林的手，感觉很凉，断定顾玉林已经身亡多时了。他站起身，定了定神，环视了一遍室内的场景，拿起手机拨通了袁永义的手机。

袁永义是松河镇派出所所长。他五十多岁，中等个子，是两年前从法院调到派出所工作的。他接到邢国栋的电话时，正在吃早饭。他放下筷子，立刻赶到了案发现场。他跟邢国栋交换了对案件的看法后，向罗江县公安局做了汇报。

罗江县公安局接到袁永义的汇报后，召开了临时性紧急工作会议，由局长和主管刑侦工作的副局长带领刑侦技术人员到松河镇指导案件侦破工作。

松河镇原名为松河农场，行政事务归属北大荒农垦峰岭管理局管辖。农场管辖近二十个生产连队及十多个机关科室，还有文教、卫生、司法等场办社会职能部门。那时农场行政级别是县团级单位。近年国家对北大荒垦区机构进行了改制，垦区只保留了经营性企业体制，社会职能部门的行政管辖权由垦区移交地方政府部门管理。原隶属于农场的文教、卫生、公安、法院、检察院等社会职能部门移交给了罗江县管理。农场行政级别降了一级，场部为镇。虽然场部没有县城规模大，人口没县城多，但比县城建设得好。在水泥街道两边是二层楼房，商铺随处可见，环境干净整洁。

松河镇的经济与文化建设在罗江县属于最好的乡镇。

罗江县北靠黑龙江，南是松花江，东是乌苏里江。这里是三江汇合处的平原，是闻名遐迩的北大荒黑土地。

松河镇在松花江北岸，土地肥沃，机械化作业程度高。前些年这里盛产黄豆、小麦、玉米，近年改为种水稻。种植水稻的收入高于大豆、小麦和玉米。东北水稻生长期长，光照充足，江水灌溉，水稻品质好。这里的人们用勤劳与智慧创造着富足的生活。北大荒垦区初期是由转业官兵建设成的，这里的人们衣食无忧，文化素质高，很少发生恶劣刑事犯罪案件。

顾玉林被杀的命案一时间引起了人们高度关注。

袁永义和邢国栋分别向罗江县公安局的领导、同事，做了案情汇报分析。

罗江县公安局在松河镇派出所召开了工作会议，成立了由县公安局副局长为组长、袁永义和邢国栋为副组长的案件侦破专案组。专案组成员由县公安局抽调精干刑侦技术人员组成。把案件定名为：罗江512谋杀案。

袁永义负责向县公安局及协调各部门配合专案组工作。邢国栋带领干警对案件进行侦察，寻找杀人凶手。

因为案发现场被破坏了，留下了很多人的足迹，所以给案件侦破增加了难度。专案组通过仪器详细识别、验证，确认有八个人到过案发现场。

邢国栋在勘察案发现场时，看见抽屉被动过，但抽屉里的金项链、金手镯等贵重物品却没被拿走。他从案发现场分析，认为凶手的作案动机不是图财害命，如果是为贪财作案，案犯应该拿走这些贵重物品。假如是为贪财作案，在没遇到顽强抵抗时，没必要下手这么狠，把顾玉林杀死。

那么会是仇杀么？顾玉林跟谁有仇么？

那么会是情杀么？情从何生……

杀人的原因正常情况下就是仇杀、情杀、财杀，这几种。

邢国栋带领刑侦人员从案发现场留下的脚印及顾玉林死亡的时间为突破口，展开了双线深入侦查。

经过法医鉴定，确认顾玉林是在前一天晚上二十一点至二十二点之间被害的。他头部有两处遭到利刃猛砍的伤口。利刃的入口是由宽渐窄，初步判断犯罪嫌疑人使用的是类似斧头、砍刀等工具作案。

从伤口的深度判断，案犯用力非常大，血喷在墙壁、顶棚、窗帘等处。案犯应该跟顾玉林有深仇大恨，想达到一击致命的目的，不然不会这么残忍。

从伤口的深度及血喷出的距离推算，案犯应该是中青年男性。

因为只有中青年男性才有造成这样伤口的力气。

屋内没留下顾玉林与案犯搏斗的丝毫痕迹，房门锁是完好的，窗户的防盗窗是早晨熊美丽让人撬开的。那么案犯是怎么在屋里把顾玉林杀死的呢？

经过分析，推测案犯进屋有两种情况，一种情况是顾玉林忘关房门了；另一种情况或许案犯有顾玉林家的房门钥匙。案犯除了以上两种情况进屋方式外，还存在一种情况，可能就是案犯跟顾玉林一起进的屋，趁顾玉林没注意，迅速杀害了顾玉林。

从案发现场分析，基本上断定是熟人作案。

在屋内门口处放着一个拖把，地板有被拖把擦过的痕迹。案犯离开时清理过现场。既然案犯清理过案发现场，那么案发现场这些脚印又是谁留下的呢？在这些脚印中有没案犯留下的脚印呢？

在案发现场查找到案犯留下的证据是破案最好的突破口。同时了解顾玉林被害前一天晚上跟谁在一起？被害前发生过什么事……这些情况，对侦破案件也起着至关重要的作用。

熊美丽是顾玉林的妻子，又是报案人，应该对顾玉林被害前的行为、表情、跟哪些人交往等事情有所了解。

熊美丽在顾玉林被杀后心情很悲痛。警察为了保护现场，也为了避免熊美丽见景生情，没让熊美丽住在家里。熊美丽住在她弟弟家。

邢国栋来到熊美丽弟弟家时，熊美丽躺在床上哭得死去活来，邢国栋安慰她说："你别太难过了，我们会尽快破案。"

"你们什么时候能抓到凶手？"熊美丽哭泣着问。

邢国栋说："我们在寻找破案线索。"

"你们一定要抓住凶手。"熊美丽说。

邢国栋说："你放心，我们一定能抓到凶手。"

"凶手在哪？"熊美丽停止了哭泣问。

邢国栋说："我在侦查。"

"侦查。"熊美丽轻微地重复着，如同在琢磨这两个字的含义。

邢国栋问："你知道昨天晚上顾玉林跟谁在一起吗？"

"下午四点多钟时，我回家拿东西，看见顾玉林和伍佳达在屋里。"熊美丽断断续续地说。

邢国栋问："顾玉林和伍佳达在屋里干什么？"

"他们俩并排躺在双人床上说话。"熊美丽说。

邢国栋问："他们在说什么？"

"他们说话声音小，我没听清。"熊美丽说。

邢国栋问："家里少了什么东西没有？"

"我还没回去看。"熊美丽说。

邢国栋说："你回家仔细看一看，看少了什么东西没有。"

"我现在不想回家。"熊美丽说。

邢国栋说："你对家里的钱、物，进行核对一遍。你家少没少东西对侦破案件非常重要。"

"过几天我回去看一看，告诉你们。"熊美丽说。

邢国栋知道这个命案造成的社会影响非常大，人们议论纷纷，全镇人都在关注案件侦破的进展情况。作为办案警察，他想尽快破案，向广大人民群众做交代，只要与案件有关的线索都不能放过。他不允许熊美丽在侦破案件方面讲条件，找推脱理由，语气严肃地说："我理解你的心情，但是我们需要你提供线索。你提供的线索直接影响着案件侦破进度。"

熊美丽脸上流露出不愿意回家的表情。

邢国栋不允许熊美丽推迟，不允许熊美丽讲客观条件，强调性地说："你是顾玉林的妻子，是家中的主人，顾玉林被杀了，你有义务配合公安部门侦破案件。这是你应尽的义务。"

"想让我什么时间回去？"熊美丽问。她感觉到邢国栋的话音中有命令的含义。她没有推脱的理由，知道推脱也不行，只能服从警察的安排。

邢国栋说："你现在就回家，把你家里的钱与物，全部进行清点，看少没少什么东西。"

"我一个人在屋里害怕。"熊美丽说。

邢国栋为了防止熊美丽发生意外，确保安全，抽调三名女警察陪伴熊美丽。并且做了细致工作安排，交代三名女警察轮流值班，必须二十四小时有人在熊美丽身边。

熊美丽在三名女警察陪伴下坐上警车，不情愿地回家清点物品。

二

1

伍佳达领着几名雇工在稻田里插秧时，裤兜里的手机响了。他手上有水，还有泥，不方便拿手机。手机的铃声是打击乐曲，每个重音响起都好像在催促他接听。他的手迅速在衣服上蹭了蹭，利落地从裤兜里掏出手机。电话是顾玉林打来的。伍佳达直截了当地问："什么事？"

"没事。"顾玉林回答得也干脆。

伍佳达说："没事打电话干什么？"

"想你了呗。"顾玉林调侃地说。

伍佳达说："别没正经的，我正在地里插秧，忙着呢，没时间聊，挂断了。"

"一会见。"顾玉林说。

伍佳达把手机揣进兜里，转身跳上了插秧车。插秧车在田里行驶了一个来回，插上了一排排绿色整齐的秧苗。他的目光在秧苗与机车之间转换。插秧机还没开到田的边缘，他看见顾玉林开着本田轿车来了。顾玉林把车停在地边，从车里出来，朝着伍佳达走来。插秧机开到了田边。伍佳达从车上下来，走出农田说："你没插秧么？"

"没干。"顾玉林说。

伍佳达说："这么好的天，怎么不插秧？"

"着什么急。"顾玉林说。

伍佳达说："有的家已经插好几天了，我今天才开始。"

"他们插秧的速度慢，只能提前干，不提前干，就延误工期了。插秧这活不能拖泥带水的，应该速战速决。"顾玉林说。

伍佳达说："不可能全像你那么利落。"

"走，去喝酒。"顾玉林说。

伍佳达不解地说："现在？"

"现在不行么？"顾玉林说。

伍佳达说："我还以为你找我有事呢。"

"喝酒不算事么？"顾玉林说。

伍佳达说："我还插秧呢。"

"让工人干就行了。"顾玉林说。

伍佳达说："喝酒不急，改天喝。"

"我现在特别想喝酒。"顾玉林说。

伍佳达说："改天我请你。"

"我现在不喝酒，就好像活不下去了。"顾玉林说。

伍佳达说："你别说得这么吓人，我还没听说过不喝酒就急死人的事。"

"我不是吓唬你，真有这种感觉。"顾玉林说。

伍佳达说："如果不喝呢？"

"可能真会死。"顾玉林说。

伍佳达说："为了让你活下去，今天我不干活了，陪你喝酒去。"

"够朋友，够交情。"顾玉林说。

伍佳达说："我是让你起死回生么？"

"可以这么说。"顾玉林说。

伍佳达说："如果是别的活，耽误一天没事，插秧这活耽误了，可是大事。要是秧苗插得不好，就得补苗。那样就影响收成了。"

"得得，别对我说这种话，就好像我没种过水稻似的。插秧是挺重要，如果是别人说这话还行，你的长工干活认真，你在与不在他们干活都一样。何况你只是半天没在田里。我可以保证地说，咱们去喝酒，对你今天的插秧一点影响都没有。"顾玉林说。

在种植水稻的过程中，最忙碌时就是在水稻插秧的阶段。插秧晚了，影响水稻的成熟及产量。插秧早了，天气冷，温度没升上来，秧苗在泥水中没缓过来，容易受寒。插秧一般是在五月十五日到二十五日之间。这十天内插的秧是水稻高产期。有的农户种的地多，担心完不成插秧的活，就在五月十日开始插秧了，比原定时间提前五天。提前五天可以，但延迟就不好了。在北大荒垦区有"不插六月秧"的说法。为了在秋天时能得到好的收成，水稻种植户在插秧阶段非常不愿意耽误农时。

伍佳达种了500亩水稻，雇佣一名长工和两名短工。长工是从春种到秋收，不论是农闲时，还是农忙时，整年给伍佳达干活。短工只是在农忙时雇佣，农闲时就不用了。长工熟悉整个种植水稻流程，也了解雇主家地的情况，更是深得雇主信任，雇主把农田交给长工管理放心。如果雇主有事，不在时，由长工领着短工干活。

伍佳达雇佣的长工叫房祖生，是从绥化农村来的。他三十七八岁的年龄，虽然只有一米七的个子，不算高，但身体结实，有力气，为人处事老实本分，干活从不偷奸耍滑，舍得出力气，把活安排得井然有序，没耽误过工时。

伍佳达在农田管理上省了些心事。他是讲情意的人，在生活方面对房祖生很关照。除了工钱之外，每次房祖生回老家时，他都给买车票，还给带礼品，他们相处得如同兄弟。他对房祖生说："我回去办点事，插秧时，你多留点意，别缺苗了。"

"你尽管去办事，地里的活不会有任何差错。"房祖生保证地说。

伍佳达问顾玉林："带烟没？"

"给。"顾玉林从衣兜里拿出一盒烟递给伍佳达说。

伍佳达接过烟盒看里面只有两支烟了，又问："还有没有了？"

"车里有一条中华。"顾玉林说。

伍佳达说："拿来。"

"一条全拿来？"顾玉林问。

伍佳达说："全拿来。"

"干什么？"顾玉林不明白伍佳达的意思。

伍佳达说："哪来那么多干什么，让你拿，你就拿。"

顾玉林回到车里拿出烟递给伍佳达。

伍佳达把烟递给房祖生说:"干活挺累的,抽点好烟。"

"我抽什么烟都行,你留着吧。"房祖生做事非常有分寸,平时不收伍佳达给的东西。他明白自己跟伍佳达是雇佣关系,做事必须知道主次,把握好分寸。

伍佳达说:"不只是给你,你给兄弟几个分一下。"

"中华烟太贵了吧。"房祖生犹豫地说。

伍佳达开玩笑地说:"顾老板的烟,不是我的。"

"没有你,顾老板哪能认识我。"房祖生说。

伍佳达说:"顾老板早就想来挖墙脚了,让你给他干活,我没同意。"

"谢谢两位老板的看重,我这人没别的本事,只会干活。"房祖生说。

伍佳达说:"咱们种田的,就是需要会干农活的人。"

"我去干活了。"房祖生说。

伍佳达说:"接着烟。"

"如果有便宜的还行,这烟太贵了,你留着吧。"房祖生说。

顾玉林插言说:"你的老板给你,你就接着。如果你过意不去,就使劲把活干好。"

"我们都把活当成自己家的干。"伍佳达说。

顾玉林说:"这是伍老板对你们的奖励,快接着。"

"谢谢两位老板。"房祖生接过烟说着转身向稻田走去。

伍佳达上了顾玉林的车。

顾玉林说:"你的长工真行,给东西都不要。我的长工不给就闹情绪。"

"长工还敢要东西?"伍佳达说。

顾玉林说:"他不可能说出来,但会闹情绪,闹情绪还看不出来么。"

"你不是说钟爱民干活挺好的吗。"伍佳达说。

顾玉林说："干活是不错，可心眼小，跟狗似的，时不时得给点好处喂喂。"

"房祖生在我这干三年了，从没闹过情绪。"伍佳达说。

顾玉林说："你对他也太好了，哪有雇主给雇工一条中华烟都不眨眼的。"

"将心比心才能把事做好。"伍佳达说。

顾玉林说："人跟人想的不一样，做事也不同。"

"我给房祖生一条中华烟，你不会给钟爱民两条吧？"伍佳达说。

顾玉林不屑一顾地说："我给他十条中华，他的心眼也改不大，还是那么小。"

"心眼跟人的性格一样，是天生的，有遗传因素。"伍佳达说。

从水稻田到镇里有二十多里的路程。顾玉林开的车速快，不一会就到镇里了。他把车停在菜店门前，两个人下了车。

顾玉林买了菜，还有熟食。伍佳达买了两条中华牌烟。顾玉林说："我给你一条，你给两条，这买卖做得划算。"

"美死你了，真会做梦。"伍佳达说。

顾玉林说："梦是一种希望，如果连梦都不敢做，还能有希望么。"

"今天有什么事，你买这么多菜。"伍佳达看顾玉林买这么多菜，不像是两个人喝酒。他们两个人经常在一起喝酒，但从来没有一次买这么多菜。

顾玉林说："如果有事，见面就跟你说了。没别的事，只想喝酒。"

"你也没得酒精依赖症，酒量也不大，怎么会有这种想法呢？"伍佳达说。

顾玉林说："今天感觉特别不同，不知道为什么，就是非常想喝酒。"

"可是我今天一点喝酒的兴趣都没有，更没喝酒的心情，完全是为了陪你才喝酒。"伍佳达说。

进了屋，顾玉林让伍佳达在客厅看电视，他去厨房做饭。他喜欢做饭，年轻时想当厨师，曾经去烹饪学校学习过厨艺。他在饭馆还当过短期厨师。到了饭馆工作后，他才知道自己不喜欢饭馆的工作环境。当厨师跟客人看着饭桌上丰盛的菜肴，这是两种不同的心情。厨师是劳动者，而客人到饭馆里是享用者，这是完全不同的两种角色，心情自然就不同了。他离开了饭馆，再也没当厨师，只能把学到的厨艺留着服务自己了。他没用多长时间就做好了几种菜。

伍佳达是起早去地里干活的。早饭吃得匆忙，吃得也不是很饱，到了晌午，已经饿了。他看着饭桌上的菜和酒，食欲顿生，饶有兴趣地说："在地里没觉得饿，坐在饭桌前，肚子就叫个不停。"

"这叫条件反射。"顾玉林说。

伍佳达说："也到吃午饭时间了。"

"吃些菜，给肚子垫垫底。"顾玉林说。

伍佳达用筷子把菜放进嘴里，有滋有味地咀嚼着说："酒也得多喝，不然，对不起你盛情之邀，更对不起今天耽误的插秧活。"

"又不是第一次在一起喝酒，怎么还谈到盛情了。"顾玉林认为伍佳达用词不准确。

伍佳达说："今天也就是你找我喝酒，换成另外的人，我肯定不来。"

"你架子大，请不动呗。"顾玉林说。

伍佳达说："地里活这么忙，我哪有心情跑到这儿喝闲酒。"

"你不是已经坐在这儿了么，手里还端着酒杯呢，怎么还说扫兴的话。如果真是那么扫兴，就不来喝酒了。你现在可以走，去地里插秧。"顾玉林说。

伍佳达说："你是谁，你是顾玉林，顾玉林叫我来，我哪敢不来。"

"我可没那么大权力。"顾玉林说。

伍佳达吃了口菜说："真饿了。"

"我的厨艺还行吧？"顾玉林有点得意地说。

伍佳达说："跟别人比不知道，比我是强多了。"

"咱们俩不在同一个水平线上，不能相提并论。"顾玉林说。

伍佳达说："看把你得意的，不知道姓什么了。"

"在你面前我得意不起来。也没得意的资格。"顾玉林说。

伍佳达斜视了顾玉林一眼说:"什么意思?"

"我是真羡慕你。在你家喝酒,你媳妇炒菜。在我家喝酒,我炒菜。咱们两个在家里的地位差距太大了。"顾玉林叹息地说。

伍佳达说:"你会做饭,在家就应该多干些。我不会做饭,在家就少干些。两口子在一起过日子,家务活谁会做,就多干点,这没什么不对。只是从做饭方面,根本看不出来谁在家里有没有地位。"

顾玉林正要说话,伍佳达的手机响了,他端起酒杯喝了口酒,听着伍佳达打电话。

电话是房祖生打来的。房祖生对伍佳达说插秧机的轴承断了,得回镇上买轴承,换上轴承天就快黑了,想早点收工,明天起早干活。

伍佳达完全赞同房祖生的安排。他很少反驳房祖生的建议。房祖生一般不跟他多说什么,如果说了,基本是正确的。他告诉房祖生把车修好就收工,买些菜和酒,晚上几个人喝点酒,解解乏。

顾玉林在伍佳达挂断电话后,用幸灾乐祸的语气说:"轴承断了吧。"

"轴承断了,对你有什么好处么,你高兴什么。"伍佳达说。

顾玉林说:"今天你就不应该插秧,如果不插秧,轴承就断不了。"

"不插秧,应该陪你喝酒对么?"伍佳达说。

顾玉林说:"应该陪女人睡觉。"

"你还没风流够么。"伍佳达说。

顾玉林说:"虽然你是男人,可是你活得不潇洒。如果男人除了自己的老婆,连别的女人长得什么样都不知道,就是白活一世。"

"那不成为动物了。"伍佳达说。

顾玉林说:"人原本就是动物。"

"高级动物好不好。"伍佳达强调性地说。

顾玉林反驳说:"高级动物不还是动物么,不还是没离开动物的本性么。"

"你可别犟了,可能嫂子还不知道你做的那些风流韵事,如果她知道了，非跟你离婚不可。如果她跟你离了婚，看你还犟不犟了。"伍佳达看顾玉林不服气，便揭短说。

顾玉林说："我风流，证明我有本事。"

"如果你真有本事，真有魄力，你就应该光明正大地找小三小四，或者是小五。"伍佳达加重了语气说。

顾玉林说："如果是在旧社会，别说小五了，小六小七我都敢找。"

"你这么个年龄，知道旧社会是什么样么？是从历史书上看见的吧。"伍佳达说。

顾玉林端起酒杯跟伍佳达碰了一下杯，喝了口酒，语气一转说："你知道为什么把夫妻叫两口子么？"

"我没想过这个问题。既然你问我，你肯定想过。你说为什么叫两口子。"伍佳达说。

顾玉林说："我想过，但没想明白。"

"我感觉你跟嫂子的感情出了问题。"伍佳达说。

顾玉林叹息了一声说："就那么回事吧。"

"是不是嫂子知道你感情出轨的事了？"伍佳达说。

顾玉林说："不说这个了，喝酒。"

"不能喝得太多。过会我还得去地里看一看。"伍佳达说。

顾玉林说："插秧机都坏了，你已经告诉他们收工了，还去地里干什么？"

"正因为插秧机坏了，我才去呢。如果不坏，我就不去了。"伍佳达说。

顾玉林说："今天你哪也不能去，就在这儿陪我说话，喝酒。"

"咱们经常见面，又不是以后不见面了，喝酒的机会有的是。"伍佳达说。

顾玉林说："我想跟你形影不离。"

"这话说得太肉麻，我不想听。"伍佳达说。

顾玉林说："这是真心话。"

"你是不是有同性恋情结？"伍佳达嘲笑地说。

顾玉林否定地说："绝对没有。"

"那你是怎么了？"伍佳达问。

顾玉林说："有点闹心。"

"我感觉你有心事。"伍佳达说。

顾玉林说："没心事，就是有点郁闷。"

"你这是闲的，明天你就去插秧，干起活来，忙得团团转，累得连上床的力气都没有了，你就不郁闷了。"伍佳达说。

虽然顾玉林有了些醉意，但思维还清晰，不糊涂。酒足饭饱后，他们离开饭桌，躺在了双人床上，你一言、他一语地说着话。顾玉林说起了年轻时的往事。从工作到家庭，从初恋到婚姻，一会说这，一会说那。他说的事有的伍佳达知道，有的不知道。伍佳达偶尔插言，说几句自己的观点。伍佳达说的话如同往菜里加了调料，让顾玉林更有述说的兴致了。

2

熊美丽拉开家门，闻到了酒菜的气味。她中午没回家吃饭，也经常不在家吃午饭。她每天吃过早饭，就出去玩了。午饭有时在亲戚家吃，有时在朋友家吃，也有时在街边的小饭馆吃。在亲朋眼里她是非常幸福的人。但她不觉得这种悠闲生活幸福，反而感觉感情空虚，无所事事。她在外面打了一天的扑克，不小心衣服被茶水弄湿了，回家换衣服。屋里的光线比屋外暗，刚进屋眼睛不适应，感觉屋里非常暗。她看见在光线暗淡的床上躺着两个人，猛然被吓了一跳。细看，她才看清是伍佳达和顾玉林并排躺在床上。她随口对伍佳达说："你们躺在床上干什么呢？"

"说话呢。"伍佳达说。

熊美丽说："你们聊什么呢？这么亲密。"

"玉林在讲你们初恋的往事。"伍佳达说。

熊美丽看了一眼顾玉林，撇下嘴，流露出轻蔑的表情。她走进另一间卧室，关上门，换了衣服，就离开家了。

　　她不喜欢顾玉林跟外人说她过去的经历。她认为顾玉林只能说她不好，不会说她好。夫妻在感情破裂后多数是反目成仇的，很少有和睦共处的。她跟顾玉林不属于那种感情破裂后，还能和睦共处的人。她现在想让顾玉林死。顾玉林会不会也有让她死的想法呢？她有好多次在梦里被惊醒，以为顾玉林举起刀，想杀死她。她为了活命，保全自己，在寻找让顾玉林死的机会。她满脑子是这种念头。她走到楼门口时，遇见了蔡志平。

　　蔡志平住在熊美丽家楼上。他是镇畜牧公司的党支部书记。他手里拎着黑色公文包往楼里走，打招呼说："出去呀。"

　　"嗯。"熊美丽回应说。

　　蔡志平说："玉林在家么？"

　　"他跟伍佳达在屋里。"熊美丽说着走了出去。

　　蔡志平把公文包放回家，就去找顾玉林了。

　　顾玉林耳朵有点背，听力不好，喝酒后，听力更差了。他没听见门铃响。伍佳达听见门铃响后，用手碰了一下顾玉林说："门铃响了，去开门。"

　　"你去开。我有点喝多了，懒得动。"顾玉林说。

　　伍佳达从床上下来，朝门口走去。

　　蔡志平看开门的是伍佳达，便问："顾玉林呢？"

　　"在床上躺着呢。"伍佳达说。

　　蔡志平说："睡着了？"

　　"没睡着，喝得有点多了。"伍佳达说。

　　顾玉林翻动了一下身子说："我没喝多。"

　　"没喝多你不开门。"伍佳达说。

　　顾玉林说："我是想让你活动一下，提一提精神，不然你就睡着了。"

　　"我哪有心思睡觉，如果不是陪你，我就去地里插秧了。"伍佳达说。

　　顾玉林说："你反反复复唠叨插秧的事，比女人还絮叨。你已经把插秧机的轴承唠叨断了，还唠叨个不停。如果继续唠叨，没准明天就下大雨了，让你停工。"

"你诅咒我能得到什么好处么。"伍佳达说。

顾玉林说："天气预报说明天有雨。下雨你就不用念叨插秧的事了。"

"如果下大雨，我停工了，老天爷也不会放过你。你的地也插不上秧。"伍佳达说。

蔡志平坐在床边，用手摸了一下顾玉林的头说："喝了多少，喝成这样。"

"你别摸我，有点像女人调情似的，我受不了。"顾玉林说。

蔡志平说："你调戏良家妇女那点事，谁不知道。"

"你眼红了？"顾玉林说。

蔡志平说："不眼红。"

"你是党员，又是干部，不能做这种事。"顾玉林说。

蔡志平说："不是党员也不能做这种事。"

"我可没跟你说我调戏过良家妇女，这话是你说的。我可以去法庭告你诽谤。"顾玉林说。

蔡志平看了一眼饭桌上的酒瓶说："你们中午没少喝。"

"喝酒违法么？"顾玉林说。

蔡志平说："不违法，但耽误农活。现在是插秧最忙的季节，天气这么好，不去干活，在家喝酒，这正常么。"

"不愧是当书记的，大道理一套一套的，张嘴就批评人。"顾玉林说。

蔡志平说："你财大气粗，我可不敢批评你。"

"别说没用的，咱们已经有些日子没在一起喝酒了，晚上接着喝。"顾玉林说。

蔡志平说："你都喝成这个样了，还想喝，是不是想喝到闭上眼睛为止。"

"你也太小看我的酒量了。我没醉，接着喝一点问题没有。"顾玉林说。

蔡志平说："恭敬不如从命，晚上我陪你喝。"

"你打电话把老高叫来，有些日子没跟高弈夫在一起喝酒了。"顾玉林说。

蔡志平拨通了高弈夫的手机。

高弈夫六十多岁，退休好几年了。他在搬到春阳小区之前不认识顾玉林。他在跟顾玉林成为邻居后，两个人相处融洽，来往多。他正在小区花坛边看花，接到了蔡志平的电话，立刻去了顾玉林家。

几个人一起准备菜。

伍佳达说："今天比过年还热闹，不醉不走。"

"你不回家睡觉，你老婆得来找你。"蔡志平说。

3

天已经完全黑了，星星也急不可耐地跑出来在夜空散步。熊美丽打了一天的扑克，玩得有些累了，骑着电动车回到家的外面。屋里的灯光从窗户照到外面，夜色显得有些寂寞，而屋里显得温暖。她在窗外站了一会，没进屋，静静地听了一会屋里的说话声，骑着电动车悄然离开了。

她出了小区，来到街上，在僻静处停下。路边的树把她遮掩住了，路灯照射不到她，如同有意把她隐藏起来似的。这是农忙季节，又是晚上，街上几乎没行人。她的大脑中再次闪现出杀死顾玉林的念头。下午回家换衣服时，她脑子里就出现了杀死顾玉林的想法，但当时这种想法有些犹豫，不够坚定。此刻，她再次萌生了这种想法。她认为这是杀死顾玉林的好机会。毕竟是杀人，是人命关天的大事，不能轻易下决定。可能是夜色的神秘增加了她杀死顾玉林的信心。

熊美丽拨通了刘作福的手机。

刘作福正在鹤岗市的朋友家打麻将，手机响了，看是熊美丽打来的电话，拿着手机离开人群，到屋外接听。熊美丽把顾玉林跟伍佳达、蔡志平等几个人喝酒的事告诉给了刘作福。她说："这应该是动手的好机会……"

"好的。"刘作福说得干脆，果断。他挂断电话，表情凝重，在心里计算一下时间，跟朋友说有事，开车离开了鹤岗。

从鹤岗市开轿车到松河镇，路上需要三个小时左右。他为了不错过这次杀死顾玉林的机会，把车开得很快。轿车驶入松河镇后，他在路边的拐角处停下。他跨过路边的排水沟，在树下撒了尿，稳定了一会情绪，然后去熊美丽家了。

他在黑暗中借着淡淡星光在熊美丽家厨房外的窗下找到了那块砖头，从砖头下面拿起钥匙，蹑手蹑脚地进了屋，轻轻关上房门。屋里很静，亮着灯，但灯光朦胧，如同抑郁时的心情。他走到床边才看见床上的人。

顾玉林中午喝了酒，晚上又喝了酒，并且晚上比中午喝得还多，一个人躺在床上已经睡着了。他躺在床上打着鼾声，根本不知道刘作福进屋。

顾玉林在天堂里也不会想到刘作福通过他认识了熊美丽，而熊美丽又心情愉悦地乘上了刘作福的感情快车。刘作福和熊美丽开出的感情快车迅速出轨了，把顾玉林送上了去天堂的路。

刘作福杀死顾玉林后，按照跟熊美丽的约定，拿走了抽屉里的一万块钱现金。

他没有按照来时的北路离开松河镇，而是从南路离开的。外界进出松河镇只有南北两条道路。南路得经过松河桥，这个桥有二十多米宽。五月的季节还没到汛期，河水不是很多。他开车经过松河桥时，下了车，使出全身力气把作案用的斧头和顾玉林家的房门钥匙一起扔进了河里。

他跟熊美丽通了电话，关上了手机，此后换了手机号码，中断了跟熊美丽的联系。

熊美丽一直在等刘作福打来电话，迫切地想知道结果。她接过电话后，躺在床上心神不宁，如同有千万双眼睛在看她。虽然刘作福告诉她顾玉林死了，可她担心顾玉林没死。只要她没亲眼看见，心就会悬着，放不下来。她的心思在刘作福和顾玉林两个男人之间游走了一夜，如同心路上的长途奔走，一波几折，从黑夜到黎明，身心交瘁。

她紧绷的神情是被钟爱民的电话惊醒的。

三

1

邢国栋带领专案组的侦查员对伍佳达、蔡志平、高弈夫、钟爱民、熊美丽等几个人的脚印与案发现场留下的脚印进行了核对。经过甄别，这几个人的脚印与案发现场的脚印相吻合。因为伍佳达去地里插秧了，专案组想试探伍佳达的反应，没有马上找他。专案组先把蔡志平和高奕夫、钟爱民带到派出所，在不同房间，分别同时进行讯问。

警察推测蔡志平有作案嫌疑的原因是蔡志平在案发现场的反应不正常。他是镇畜牧公司的党支部书记，作为基层领导，头脑冷静，思维敏捷，应该有对案发现场进行保护的意识。可他不但没有对案发现场进行保护，反而还带人撬开窗户，第一个跳进屋里……他是否故意在破坏案发现场呢？

蔡志平解释说："当时只想救人了，没考虑别的问题。"虽然蔡志平解释的理由没能得到警察的完全认可，但有人证明在案发当天晚上他没在家，排除了他作案的嫌疑。

警察推测高奕夫有作案嫌疑是因为高奕夫在跟顾玉林合伙做生意，并且顾玉林已经支付了十万块钱。如果顾玉林死了，两人合伙做生意的钱就全部归高奕夫了。两个人会不会有债务纠纷，而高奕夫是贪财害命呢？

高奕夫解释说："生意刚开始做，还没投入更多钱，如果为了钱，应该等顾玉林拿出更多钱时，再杀人。何况当晚喝酒是蔡志平打电话叫我去的，之前没有喝酒的打算。杀人是大事，必须提前做准备，不做准备就杀人，不符合常理。"

警察讯问钟爱民时，钟爱民说："顾玉林安排我当天开始插秧，让我来一起往地里运送农用物资。我摁门铃，没人开，给顾玉林打电话，手机通了，顾玉林没接，才给熊美丽打电话。"

警察对蔡志平和高奕夫、钟爱民讯问得很顺利。虽然对几个人作案的疑点没有完全排除，但没找到合理的作案动机，认为作案的可能性不大。

邢国栋认为伍佳达作案嫌疑非常大，决定立刻传唤伍佳达。

2

伍佳达在地里插秧时接到了妻子打来的电话。旷野风大，手机信号不稳定，时断时续，插秧机还在响，他没听清楚，不相信地说："你说什么？顾玉林被杀了？"

"顾玉林被杀了，警察找你没？"伍佳达的妻子说。

伍佳达说："昨天晚上我们还在一起喝酒呢，怎么可能被杀呢？"

"正因为你昨晚跟他在一起喝酒了，我才担心警察抓你呢。"伍佳达的妻子说。

伍佳达说："警察抓我干什么？"

"警察可能怀疑你跟顾玉林的死有关。"伍佳达的妻子说。

伍佳达反感妻子这种说法，有点恼火地说："他死怎么会跟我有关系呢！"

"昨晚你们在一起喝酒的人都被警察带走了。"伍佳达的妻子说。

伍佳达说："为什么？"

"寻找凶手呗。"伍佳达的妻子说。

伍佳达说："警察怎么没找我呢？"

"没找最好，找就麻烦了。"伍佳达的妻子说。

伍佳达挂断电话后没心情干活了，插秧机开到田边，他从车上下来，坐在地头的青草上，看着水汪汪的稻田，回想着昨天顾玉林跟他说的话。当时他意识到顾玉林神情反常，好像要发生什么事，可他问顾玉林好几次，顾玉林都说没事。如果顾玉林真没事，怎么会突然被杀死了呢？当然顾玉林不可能知道有人想杀他，如果知道，就会做防备的。难道说这是死亡前的预兆吗？虽然他不相信这是预兆，可他又无法解释昨天顾玉林反常的行为。

这时远处传来了警笛声，伍佳达的心一沉，不由自主地站起身，朝着警笛响的方向看去。警车上的警灯不停闪动，由远而近。

警车停住，从车上下来三名警察。三名警察保持一定距离，站在伍佳达面前，似乎在防止伍佳达逃跑。伍佳达是单位会计，参加各种社会活动多，认识人多。他认识这三名警察，平时遇见还相互客气地打招呼。此时三名警察表情严肃，如同在抓捕逃犯似的。伍佳达的身后是水汪汪的稻田地。原野的风吹动着他的衣服。他觉得冷，心在紧缩，神情有些慌乱。中间那位高个子警察说："你知道为什么找你吗？"

"顾玉林死了吗？"伍佳达关切地问。

警察说："你怎么知道顾玉林死了？"

"我没说他死了，这不是在问你们么。"伍佳达不能确定妻子说的话是否准确，想从警察这得到证实。

警察冷冷地说："你很关心顾玉林。"

"我们在一起工作了二十多年，这点感情还没有么。"伍佳达说。

警察说："顾玉林没死。"

"他没有死呀！"伍佳达相信警察说的话，流露出惊异的表情。

警察说："你想让他死，但他还活着。"

"你这话是什么意思？我怎么会想让他死呢。"伍佳达没明白警察说这话的用意，非常反感。

警察说："你跟我们去派出所。"

"让我去派出所干什么？"伍佳达问。

警察说："少废话，上车。"

"我还插秧呢。"伍佳达说。

警察说："先停工。"

"插秧这么关键的活我怎么可以停工呢？"伍佳达说

警察说："关键昨天你还跟顾玉林在家喝酒？"

"他开车来找我的，我能不给面子么。"伍佳达说。

警察说："顾玉林找你喝酒你能去，我们找你，你就不去？"

"你们的事跟我没关。"伍佳达说。

警察说："这话不是你说的，快上车。"

"上车！少啰嗦。"另一名警察大声说。

伍佳达朝警车走去。

警察推测伍佳达存在作案嫌疑主要有三个原因。原因之一是熊美丽跟警察说下午四点多钟回家时，看见顾玉林跟伍佳达并排躺在双人床上聊天。在农活繁忙的季节两个中年男人不干活，这么亲近地躺在一起，能聊什么呢？这是反常行为；警察推测伍佳达存在作案嫌疑的第二个原因是，在顾玉林被杀的当晚，喝酒是从伍佳达引起的，并且在喝完酒后，伍佳达是最后离开的。伍佳达离开顾玉林家时顾玉林是活着，还是死了，没人知道；警察推测他存在作案嫌疑的第三个原因是，伍佳达是七队会计，顾玉林是七队治安员，顾玉林在成为治安员以前是护林员，伍佳达在成为会计以前是出纳员，两个人在一起共事二十多年，工作中来往多，私人关系好，会不会是顾玉林抓住了伍佳达在财务方面的把柄，伍佳达受到了顾玉林的威胁，想杀人灭口呢？

伍佳达在派出所没看见蔡志平和高奕夫，心想警察为什么找我？是不是把我当成杀害顾玉林的凶手了？

警察讯问说："你在顾玉林家干什么了？"

"喝完酒，躺在床上聊天。"伍佳达回答。

警察问："你们聊了多长时间？"

"没计算。"伍佳达回答。

警察问："大约多长时间？"

"吃过中午饭到下午。"伍佳达说。

警察说："你们聊什么，能聊好几个小时？"

"聊聊这，聊聊那，时间就过去了。"伍佳达说。

警察说："顾玉林的听力不是不好么，怎么还聊这么长时间？"

"他的耳朵不是特别背，平时说话能听见，只是在喝酒以后，背得重了些。"伍佳达说。

警察问："你是什么时间离开顾玉林家的？"

"我没注意。"伍佳达说。

警察说："想一想，大约是在什么时间回家的。"

"我回到家在卫生间洗脚时，看了一眼表，当时是二十一点。"伍佳达满脸无奈地说。

警察说："你能确定么？"

"当时电视里正播放电视剧，我听见电视里说了'你还在等我吗……'这句话。"伍佳达说。

两名办案警察用疑惑的眼神看着伍佳达。

警察计算着从顾玉林家到伍佳达家之间的路程，如果步行，需要十五分钟。假如伍佳达是二十一点到家的，他应该是在二十点四十五分从顾玉林家出来的。根据对顾玉林尸体检验的结果，顾玉林是在二十一点至二十二点之间被杀的，在时间方面排除了伍佳达作案的可能性。

可是此前警察在讯问伍佳达妻子时，伍佳达妻子却说伍佳达是在二十二点到家的。伍佳达和他妻子两个人说的时间明显不同，存在时间误差。假如伍佳达妻子说的时间正确，在时间方面伍佳达就存在杀害顾玉林的嫌疑。警察在推测伍佳达夫妻两个人谁在说谎？为什么说谎？

两名警察相互交换了一下眼色，其中A警察说："你怎么能把电视里的话记得这么清楚？"

"有错么？"伍佳达说。

A警察说："你平时也会把电视里的话记这么清楚么？"

"不一定。"伍佳达说。

B警察问："你能保证没记错么？"

"能。"伍佳达毫不犹豫地说。

B警察提醒地说："你要对你说的话负法律责任。"

"如果你们不相信，我也没办法。"伍佳达说。

A警察说："得有证据证明你与案件无关才行。"

"我不至于愚蠢到在一起喝了酒，就把他杀了吧。"伍佳达说。

A警察蔑视地说："很多人都做了愚蠢的事，但并不知道是在做愚蠢事。如果知道，就不会杀人了。"

"如果我杀害了顾玉林，身上得有血吧，应该换衣服吧？那些天我一次衣服都没换。你们可以调查。"伍佳达说。他感觉警察在胡搅蛮缠。

警察问："喝酒时蔡志平和高奕夫他们表现出了反常情况么？"

"没有。"伍佳达说。

警察没继续追问。他们知道核对那天晚上播放的电视节目，才能确定伍佳达说的话是否属实。伍佳达说的那个电视剧正好是松河镇电视台播放的，给调取电视节目提供了便利。警察去了电视台。

松河镇电视台在跃龙岭公园里面，松河镇只有这一处公园，绿树把电视台二层小楼紧紧搂在怀中。电视台工作人员把顾玉林被害当天晚上播放的电视节目找出来，提供给了警察。

警察经过核对，确认案发当晚那部电视剧的播出时间，电视剧中的"你还在等我吗？"这句话，播放的时间跟伍佳达说的一致，证明伍佳达没说谎，而是伍佳达的妻子在说谎。

伍佳达的妻子为什么说谎呢？

警察再次讯问了伍佳达的妻子。警察非常严肃地对他的妻子说："我们调取了相关资料，证明你在说谎。你必须如实讲述那天晚上伍佳达回家的时间，你要对自己说的话负法律责任。"

"我是担心案件牵连到伍佳达，才没说他回到家的准确时间。"伍佳达的妻子害怕了，胆战心惊地解释说。

警察说："你知道你这句谎言给我们工作带来的麻烦么？你说谎不但帮助不了伍佳达，反而会害了他，让我们更怀疑他是作案嫌疑人。"

"伍佳达不可能杀害顾玉林。"伍佳达的妻子说。

警察说："为什么他不可能杀害顾玉林？"

"伍佳达认识顾玉林比认识我还早。他们两个从年轻时就在一起工作，关系一直很好，伍佳达怎么可能杀害他呢？"伍佳达的妻子说。

警察说："你是一个刚说过谎话的人，怎么让我们相信你？"

伍佳达的妻子不说话了。

警察说："就算你没说谎话，我们也不能相信你说的话属实。顾玉林是被谁杀害的，这得有证据，没有证据，就不能下结论。"

警察经过了解，周围人证实伍佳达在顾玉林被杀害的第二天，还穿着跟顾玉林在一起喝酒时的衣服，证明伍佳达不是杀害顾玉林的凶手。

警察推测顾玉林找伍佳达喝酒可能是第二天准备开始插秧了，有意在插秧前放松一下情绪。经过多日排查，详细了解，排除了伍佳达、高弈夫、蔡志平及钟爱民等人作案的嫌疑。案件侦破回到了原点。

案件侦破工作陷入了死结。

邢国栋在同专案组的民警商讨后，重新梳理了案发过程，把工作重心放在了案发现场的留痕方面。希望在案发现场能找到破案的线索。

3

熊美丽在三名女警察陪同下，仔细地把家中物品全部清点了一遍。她对警察说只少了一万块钱现金，别的东西没少。警察在熊美丽清点物品时，又对案发现场进行了详细检查，不放过蛛丝马迹。警察在一个手提包里发现了一张纸，这张纸只有巴掌大，上面写的话引起了警察高度注意。

这是一份遗书。

这份遗书是熊美丽在一年前写给女儿的。警察推测熊美丽为什么写遗书？哪个人会在正常情况时写遗书呢？警察询问熊美丽为什么写遗书时，熊美丽不敢正视警察，好像警察锐利的目光看透了她的心思。她惊慌，闪烁其词地说："写着玩呢。"

"写遗书玩？"警察断定熊美丽在说谎。

警察有意摧毁熊美丽的心理防线，抑扬顿挫地读着遗书上的文字，遗书中写：

满天

如果有一天，我和你爸出事了，由你小姨照顾你的生活，财产由你小姨保管，等你长大成人了，转交给你。你要听你小姨和小姨父的话……

警察读的每一个字都如同鼓点似的敲打着熊美丽的心。熊美丽脸上的表情跟随着警察的朗读声慢慢变化着。这是由松弛到紧张，再到凝固的过程。熊美丽表情的变化被警察看在眼里。

熊美丽在遗书中不只是对财产进行了安排，还把女儿的监管权委托给了妹妹，这种安排显然是在做后事交代。她写这份遗书意味着知道或是预感到家里将要发生重大变故。这种变故是否跟顾玉林被害有关呢？

警察怀疑熊美丽在此前隐瞒了什么事情，没说出有关顾玉林被害的实情。警察围绕着顾玉林和熊美丽的社会关系及日常生活展开了细致入微的全面调查。

有熟悉顾玉林的人说顾玉林曾经跟云维娜发生过不正当的男女关系。云维娜是从吉林来松河镇七队打工的中年女人。顾玉林是七队的治安员，有协助公安人员管理外来人员的职责，顾玉林利用工作中的便利关照云维娜。

云维娜的丈夫在发现顾玉林跟云维娜有不正当男女关系后，发狠地对顾玉林说："我是不会放过你的。"但此后不久，云维娜跟着丈夫就离开了松河镇。

警察在对旅馆、车站等处查访时，没发现云维娜和丈夫回过松河镇。

顾玉林还跟七队姓栾的中年女人有过绯闻，这个女人是本地人，但她丈夫否认这件事了。她丈夫说有一天晚上顾玉林叫栾女人去办公室，但很快就回来了。

警察虽然在查访时发现了顾玉林有过多次婚外情，但这些婚外情几乎都跟顾玉林被杀没关系。那么熊美丽的感情生活又是怎么样的呢？她对顾玉林发生的婚外情又是什么态度呢？

熟悉熊美丽的人反映，她跟顾玉林的感情和睦，没有家庭矛盾。可是熊美丽的妹妹却对警察说熊美丽和顾玉林之间有矛盾，只是熊美丽好强，属于打掉牙往肚子里咽的人，不愿意把夫妻矛盾张扬出去。

邢国栋从办案警察反映的情况推测，认为熊美丽不可能不知道顾玉林发生婚外情的事。如果熊美丽知道顾玉林跟别的女人发生了婚外情，而没做出强烈反应，证明熊美丽的心理素质好，能控制住情绪。邢国栋让办案警察把工作重点放在了熊美丽身上。

办案警察围绕着熊美丽的日常生活和社会关系加大了侦查力度。

警察在对熊美丽侦查时，发现有一个电话号码跟熊美丽通话次数极为频繁。在三个月内通话次数多达三百多次，并且发送五百多条短信。这个手机号码在顾玉林被杀当天还跟熊美丽通了十六次电话。但是在顾玉林被杀后，却突然跟熊美丽中断了联系。这个人跟熊美丽是什么关系？为什么打了那么多次电话？又为什么会在顾玉林被杀后，突然不跟熊美丽联系了？这一连串的疑问让侦察员认定这个电话号码跟顾玉林被杀有关。

在案件侦破协调会议上，所有人都赞成抓捕这个手机号码持有人。

4

刘作福近来经常在深夜里做噩梦，被噩梦惊醒。他从噩梦中醒来浑身发抖，心跳得厉害，无法继续入睡。他面对静静黑夜，感到恐慌，不敢开灯，不愿意继续躺在床上，时常摸黑下床，缓慢地走到窗前，看着窗外的夜色。

大连是北方的海滨城市，虽然五月时树绿得浓，花开得也艳，但是室外与室内的温度都相对低。

沿海城市春季时气温回升慢，夜里比白天气温低。

刘作福面对夜色，想着熊美丽。他期待着跟熊美丽相聚的日子。他做的这些事就是为了达到跟熊美丽在一起生活的目的。以往他在深夜里醒来是被噩梦惊醒的，但这次不是被噩梦惊醒的。在他还没反应过来时，就被闯进屋里的几名便衣警察控制住了。他没反抗，知道任何反抗都是徒劳无用的。

警察把刘作福从大连押回了松河镇。

四

1

那年初冬，在一场雪过后，北大荒的天气更冷了。某天下午顾玉林接到了伍佳达打来的电话，伍佳达告诉他有一个粮贩子到连队来收粮，让他去谈一谈价钱。

冬季的北大荒白雪覆盖着田野，这是农闲的季节。生产连队里只有生产队长、党支部书记、副队长、会计、出纳、统计等几名生产队的管理人员，每日轮流在办公室值班，及时处理种粮职工卖粮等事情。

种田的工人在交够给国家的公粮任务粮后，余下的粮食可以自行销售。日常时间也由种田工人自行安排。

七队各家种田工人的粮食几乎全卖了，只有少数几家认为粮食价格低，有意提高粮食的销售价格还没卖。顾玉林家的粮食卖出去一部分了，还留一部分想提高销售价格。收购粮食的商贩是从鹤岗市，或罗江县来的。这些收购粮食的商贩要么是通过熟人引荐，要么是直接到各生产队办公室联系卖粮食的农田种植户。

伍佳达是第七生产队的会计，每周有几天在队部办公室值班。有商贩来收购粮食时，他就打电话通知卖粮户。卖粮户直接跟收购粮食的商贩商讨价钱。

伍佳达先后给顾玉林介绍了好几个收购粮食的商贩，因为顾玉林与收购粮食的商贩在价钱上有分歧，粮食没卖出去。伍佳达看顾玉林的粮食还没有卖，有些着急，几天前他还对顾玉林说："今年的粮食价格就这样了，别说涨价了，不降价就是万幸了。天气一天比一天冷了，全连队的粮食也快卖完了，收购粮食的商贩也越来越少了，如果降价了，有你后悔的。"

顾玉林拖延了这么多天，粮食的收购价格也没上涨，认为粮食的价格涨不上去了，改变了想法，有意把粮食卖掉在家安心过冬。他开车来到队部时，看见在队部办公室门口停着三辆轿车。他知道有两辆车是伍佳达和队长的，另外一辆不知道是谁的车。他猜测应该是收购粮食商贩的。他走进办公室，屋里有好几个人，其中有两个人他不认识。

伍佳达向顾玉林介绍说："收粮的老板——刘作福。"

"你好。"顾玉林跟刘作福握手说。

伍佳达说："这位是我们七队种田大户——顾玉林。"

刘作福说："久仰大名。"

"种地的农民，大名没有，只有小名。"顾玉林说。

刘作福向顾玉林介绍站在旁边的那位中年男人说："我朋友——范战胜。"

范战胜跟顾玉林握手。

伍佳达说："既然你们彼此这么客气，都实实在在点，谁也别虚要价，差不多就成交吧，做成一桩生意，交个朋友，多好。"

"既然伍会计这么说了，这笔生意就能成。"刘作福说。

伍佳达说："你们还没谈价钱呢，你就决定把粮食收了，太给我面子了。"

"伍会计的面子必须得给。"刘作福说。他知道松河镇的粮食已经快卖完了，收购粮食的生意接近尾声了。这次他出的收购价钱可以比此前略高些。

伍佳达侧脸对顾玉林说："刘老板都表态了，你也表下态吧。"

"你是队里的财神爷，我听你的。"顾玉林说。

伍佳达说："今天下雪，天阴得厉害，听你说这话，我真不知道太阳能从哪边出来。"

"你整天在办公室摆弄账本，能看见太阳么。"顾玉林说。

伍佳达说："别说没用的了，你们谈谈价钱吧。"

顾玉林了解粮食的销售价格，也没有过高的期望值，跟刘作福融洽地达成了买卖生意。

刘作福打电话让停在镇上的大卡车到七队装粮食。

天快黑的时候把粮食全部装上了车。下雪了，路滑，天也黑了，视线不好。这种天气不只是影响了重型卡车的行驶速度，还容易发生交通事故。满满一车粮食，如果发生交通事故，这么冷的天气，是非常麻烦的事。

刘作福从安全考虑，让大卡车司机当晚住在了松河镇，等天亮了再上路。

顾玉林在饭店请刘作福、伍佳达、队长及帮助卖粮的七八个亲友吃饭。喝酒时顾玉林跟刘作福聊得投缘，相互都有继续交往的想法。

从饭店出来后伍佳达、队长及帮助卖粮的亲友各自回家了。顾玉林让刘作福、范战胜到家里做客。卡车司机养成了滴酒不沾的习惯，开着刘作福的轿车一起去了顾玉林家。

熊美丽不知道今天卖粮食，也不知道顾玉林在饭店请人吃饭，更没想到这么晚了顾玉林还领客人回家。她已经解开上衣扣子准备睡觉了。她看来客人了，急忙穿好衣服，烧水，沏茶，招待客人。

虽然顾玉林不跟熊美丽商量种田、卖粮的事，但家里的钱交给熊美丽保管。

熊美丽在最初一段时间有些不适应，感觉家与她无关，成了家的外人。但是时间久了，认为顾玉林这么做也挺好。她少了些心事。

刘作福走进顾玉林家，眼神迅速在屋里扫视一遍，然后落在了熊美丽身上。他被熊美丽吸引住了。

顾玉林跟刘作福面对面坐在沙发上。顾玉林喝了口茶说："松河的粮食卖得差不多了吧？"

"这是我收的最后一趟。"刘作福说。

顾玉林说："咱们兄弟挺有缘分，在收尾时认识了。"

"如果你愿意，明年你的粮食我全收。"刘作福说。

顾玉林说："行啊。"

"你放心，收别人的多少钱，收你的就多少钱，价格不会低于其他人。"刘作福说。

顾玉林说："粮食的价格基本谁都知道，没什么不放心的。"

"虽然咱们是第一次见面，但以前我听说过你。"刘作福说。

顾玉林说："松河是个小地方，人口不多，彼此都认识。"

"能看出来你夫人很贤惠。"刘作福有意把话题引向熊美丽。

顾玉林说："你夫人不贤惠吗？"

"我哪有什么夫人呢。"刘作福说。

顾玉林不解地问："怎么回事？"

"没什么。"刘作福说。

顾玉林说："你把夫人藏起来了。"

"我离婚多年了。"刘作福叹息地说。

顾玉林说："你是不是在外面有女秘了。"

"我可没这种福气。"刘作福说。

顾玉林调侃地说："你夫人不会是嫌你挣钱挣得太多，才不跟你过的吧？"

"我前几年做生意赔了，欠了很多外债，债主经常上门讨债。她承受不了这种生活压力，就跟我离婚了。"刘作福说。

熊美丽站在旁边插言说："还有这种女人么，谁愿意做赔钱生意，赔就赔了呗，钱又不能代替夫妻感情。"

"不是所有女人都像你这么想。如果女人都像你这么开明，男人就太幸福了。"刘作福夸奖地说。

熊美丽说："关键是男人得知足，男人不知足，会把开明的女人当傻子。"

"男人不像你说的这样。"刘作福说。

熊美丽说："男人有钱就变坏了。"

"顾玉林可是有钱人，他不但没变坏，还金屋藏娇。他担心累着你，家中卖粮这么大的事，都舍不得让你出面。我收了这么多家的粮食，女主人没出面的，只有你们一家。"刘作福说。

熊美丽说："这不是金屋藏娇，而是屋里关个傻子。"

"这话可把我说糊涂了。"刘作福说。

熊美丽说："人活着，难得糊涂。"

"我想清醒。"刘作福说。

顾玉林感觉刘作福和熊美丽说的话在嘲弄他，不愿意听，做出了困的样子，连续打了几个哈欠。

范战胜看出顾玉林有心事，转过脸对刘作福说："不早了，咱们走吧。"

"明天还得起早回罗江呢。"卡车司机接过话说。

顾玉林带有送客的意思说："天黑，还下雪了，路滑，开车小心点。"

"只要不疲劳驾驶，就不会出问题。"卡车司机说。

范战胜对卡车司机说："你眼睛都睁不开了。"

"我也困了。"刘作福站起身说。

顾玉林说："下次来松河，提前打电话，我安排。"

"以后少麻烦不了你。"刘作福说。

熊美丽说："你们住在哪？"

"松河旅馆。"刘作福说。

熊美丽说："老板娘是我闺蜜。今天上午我们还在一起玩呢。"

"松河好，松河的女人更好。"刘作福没头没尾地说。

顾玉林说："松河的男人不好么？"

"我不了解松河的男人。"刘作福说。

熊美丽和顾玉林一起把刘作福他们送出了楼门口。熊美丽说："你们慢点开车。"

"尽管放心，我们的师傅已经有二十多年驾龄了，并且从未发生过事故。"刘作福是最后上车的。

顾玉林回到屋里，从手提包里掏出几叠厚厚的百元现金，把钱扔给了熊美丽，带着怨气地说："让傻子保管钱，我真是有病了。"

"你别说这种话给我听。"熊美丽说。

顾玉林说："你跟外人说'傻子'，是什么意思？"

"没意思。"熊美丽说。

顾玉林说："你说这话给谁听？"

"给我自己听。"熊美丽说。

顾玉林说："像你这种老婆真少见。"

"那是因为你看外面的女人看多了，总认为野花比家花好。"熊美丽说。

顾玉林去卧室睡觉了。熊美丽在沙发上静静坐了一会，打了个哈欠，拿着钱去了另外一个卧室。虽然他们是夫妻，住在同一个屋里，但是已经分居很久了。

2

刘作福回到旅馆，躺在床上，心情如同被酒精灌醉似的荡漾，自言自语地说："顾玉林娶个好老婆。"

"你羡慕了？"范战胜说。

刘作福毫不掩饰地说："不是羡慕，而是嫉妒。"

"人家的老婆，你妒忌什么？"范战胜说。

刘作福说："就顾玉林这种相貌，怎么能娶到那么好的老婆。"

"婚姻不完全是相貌，主要是缘分。台湾明星林某人美吧，你看她嫁的那个男人长得，要多难看有多难看。"范战胜说。

刘作福说："听说那个男人非常有钱，是个大老板。顾玉林能有多点钱。"

"顾玉林的老婆也不是林某人呀，什么事都是相对应的。"范战胜说。

刘作福半真半假地说："我也挺优秀，怎么就没遇到爱我的女人呢？"

"你是不是看见顾玉林的老婆受到刺激了，如果你想让女人喜欢你，就再努点力，力争娶个更好的，让顾玉林羡慕你。"范战胜说。

刘作福说："娶老婆不像说话这么简单。"

"女人又不是什么稀缺动物，随时都能遇到。"范战胜说。

刘作福说："是能遇到，但得看是遇到什么样的。"

"凭你现在的条件，娶个老婆还不是小菜一碟么。"范战胜说。

刘作福说："你说得没错，娶个老婆是简单，但娶个能对心思的老婆，就不是简单的事了。"

"婚姻得看缘分，没缘分不行。"范战胜说。

刘作福说："千真万确。"

"不早了，睡吧。我真是困了。"范战胜说着关了灯，不一会就打起了鼾声。

刘作福躺在床上翻来覆去睡不着。他想着收购顾玉林粮食的事，也想着顾玉林的老婆。他认为自己犯了一个错误，当时没问顾玉林老婆叫什么名字。在这个深夜里，他对顾玉林的老婆产生了浓厚兴趣。他越想越兴奋，没有睡意，穿上衣服，去了旅馆的前厅。

旅馆在二十二点就锁上前厅的大门了。服务台前只有一名二十多岁的女服务员在值班。她一边摆弄着手机，一边打着哈欠。如果刘作福不来，女服务员就准备关灯睡觉了。这么晚了，女服务员不知道刘作福到前厅有什么事。

刘作福在前厅四处看了看，走到女服务员面前说："晚上你不睡觉么？"

"过会睡。"女服务员干脆地回答。

刘作福问："睡在哪？"

"睡在这儿。"女服务员回答。

刘作福问："不冷么？"

"有电热毯。"女服务员回答。

刘作福问："每月多少工资？"

"一千五。"女服务员回答。

刘作福说："工资不算高。"

"还行吧。"女服务员说。

刘作福说："管吃管住么？"

"如果不管吃住，这活就不能干了。"女服务员说。

刘作福说："你不是松河本地人吧？"

"桦川的。"女服务员说。

刘作福说："我去过桦川，那地方的生活水平不如松河好。"

"这两年发展得也行。"女服务员说。

刘作福说："顾玉林的老婆跟你们老板娘是好朋友么？"

"你说的是美丽姐么？"女服务员说。

刘作福说："还有姓美的人么？"

"她姓熊，叫熊美丽。"女服务员说。

刘作福说："这名字好，如同花名。"

"你认识她？"女服务员说。

刘作福说："我今天收她家的粮食了。"

"这种事她不管。"女服务员说。

刘作福说："种田，卖粮，这些可是家中的大事，她为什么不管？"

"她男人心疼她呗。"女服务员说。

刘作福说："她什么也不管，不就成为家里的外人了么。"

"她只管家里的钱。她想买什么东西就买。"女服务员流露出羡慕的表情说。

刘作福说："她家很有钱么？"

"听说是。"女服务员说。

刘作福说："她家能有多少钱？"

"这可不知道，你只能问她本人。"女服务员笑着说。

刘作福说："她经常来这里么？"

"几乎是每天都来。"女服务员说。

刘作福说："明天她能来么？"

"不一定。"女服务员说。

刘作福说："你不说她天天来么。"

"我说她几乎天天来，并没说她一定天天来。"女服务员说。

刘作福说："你猜她明天能来么？"

"如果她没别的事，应该会来。"女服务员说。

刘作福说："你们老板娘叫什么名字？"

"杨小妹。"女服务员说。

刘作福说："老板娘非常年轻么？"

"四十多岁了。"女服务员说。

刘作福说："她都这个年龄了，不应该叫杨小妹，应该叫杨大姐。"

"你明天跟她说吧。"女服务员笑着说。

刘作福把话题绕了一大圈，就是想了解到顾玉林老婆的名字。他得到了想要的信息，就不跟女服务员说下去了，打了个哈欠说："不早了，真是困了，得睡觉了。"

女服务员在刘作福离开前厅后，关了前厅的灯，躺在服务台后面的单人床上。她觉得冷，打开了床边的电热取暖气。电热取暖气在黑暗中散发着红光。

3

熊美丽是在早晨九点多钟到松河旅馆的。她走进前厅就看见坐在左侧沙发上的刘作福了。刘作福看见熊美丽眼神瞬间亮了很多，站起身朝熊美丽走过去。熊美丽身上带着凉气，凉气中带着化妆品的清香。还没等刘作福说话，熊美丽就说："你不是说起早回罗江么？"

"我还有点事没办完，让他们先走了。"刘作福说。

熊美丽说："你昨天晚上有点醉了。"

"我在外地还没喝醉过呢。"刘作福否认地说。

熊美丽说："你的意思是在家里经常喝醉呗。"

"在家不喝酒。"刘作福说。

熊美丽问："你坐在这儿干什么？"

"等你。"刘作福说。

熊美丽不相信地说："等我？"

"没错。"刘作福说。

熊美丽说："找我有事么？"

"我去开车，咱们上车说。"刘作福说完朝门外走去。

熊美丽也跟着走出了屋。

刘作福回过头说："外面冷，你在屋里等着，我把车开过来，你再出屋。"

熊美丽退进门里，透过门上的玻璃看着外面。

刘作福启动了车，打开空调，把车开到旅馆门口，摁响了喇叭。熊美丽从屋里走出来，上了车。刘作福开车出了旅馆的院子。

熊美丽说："你挺会关心人的。"

"谢谢夸奖。"刘作福说。

熊美丽说："男人顶天立地，不需要夸奖。"

"男人需要温暖。"刘作福说。

熊美丽说："车里已经很热了，你还感觉不到温暖么？"

"车里空间太小，到车外面就冷了。"刘作福说。

熊美丽说："如果你这么想，冬天你得去南方生活。"

"女人的温暖比天气热得持久。"刘作福说。

熊美丽说："意思是我温暖了你呗？"

"你说得太对了，你让我在冬天里，感受到了春天般的美好。"刘作福说。

熊美丽说："天呢，我怎么遇到了一个这么会说话的男人。"

"你又夸奖我了，谢谢。"刘作福说。

熊美丽说："原本我是不想夸奖你的，但是不夸奖你就好像犯了错误。"

"你必须夸奖我。"刘作福说。

熊美丽问："为什么？"

"因为我太优秀。"刘作福给自己下定义地说。

熊美丽说："你没感觉到自己无耻么？"

"你何必这么婉转，还不如直接说我不要脸呢。"刘作福说。

熊美丽说："你自己不是已经承认了么。"

"能看出来，你很喜欢我。"刘作福说。

熊美丽说："一个老男人，有什么可喜欢的。你这话说得太肉麻。"

"我不是老男人，应该算是中年男人，中年男人最有魅力。"刘作福说。

熊美丽用嘲讽的语气说："魅力，你的魅力在哪？"

"老练、成熟、幽默……这些还不够么。"刘作福说。

熊美丽说："真是自作多情。"

"见到你这么温柔的女人，如果不多情，就不是男人。"刘作福说。

熊美丽说："我做梦都没梦见过能遇到像你这么自恋的男人。"

"我爱上你了。"刘作福直截了当地说。

熊美丽说："你在说梦话吧。"

"我清醒着呢。"刘作福说。

熊美丽说："你的大脑神经好像还在被昨天晚上的酒精麻醉着。"

"你应该是我的女人。"刘作福说。

熊美丽说："我不是你的女人。"

"你是谁的女人？"刘作福说。

熊美丽说："我是谁的女人跟你没关系。"

"绝对跟我有关系。"刘作福说。

熊美丽说："我男人听到你说这种话，会打断你的腿。"

"顾玉林这么凶狠么？"刘作福说。

熊美丽说："害怕了？"

"我——刘作福行走江湖这么多年，没怕过谁。"刘作福说。

熊美丽说："你看现在大街上一头牛都没有，时代变了，牛也没了，何况吹牛皮从来不违法呢。"

"别绕弯子，直接点，你跟顾玉林离婚，嫁给我。"刘作福说。

熊美丽用不可思议的语气说："真敢想，做梦都没这么做的。"

"我喜欢做梦，但现在不是做梦。你是应该离婚，嫁给我。"刘作福说。

熊美丽说："你应该等我离婚后再说这种话。不过，这辈子我没打算离婚。"

"那是因为你没遇见我。你遇见我了，你的想法就改变了。"刘作福说。

熊美丽说："你在白天做梦，好好等着吧。"

"我一分钟也不想等。"刘作福说。

熊美丽说："你疯了么？"

"这是对爱情的追求，对幸福的渴望。"刘作福说。

熊美丽说："我没有爱情。我的爱情被埋在坟墓里了。"

"你说得不对。你遇见我了，你的爱情之火刚刚开始燃烧。"刘作福说。

熊美丽说："你这人挺怪，也很会挑逗女人。坦白交代，你挑逗过多少女人？"

"你是第一个。"刘作福说。

熊美丽说："我怎么会这么不幸呢。"

"话让你说反了，应该是你怎么能这么幸运呢。"刘作福说。

熊美丽说："因为遇见你了么？"

"对。"刘作福说。

熊美丽看了一眼刘作福，然后把目光转移到了车窗外。车窗外是白雪覆盖的景色。她心情很复杂。

刘作福伸手摸着熊美丽的手。

熊美丽转过脸说："你是不是见一个女人，就喜欢一个？"

"不是，绝对不是，只是见到你才这样。"刘作福说。

熊美丽说："见到你老婆呢？"

"那是过去。凡是过去的事，都应该画上句号。"刘作福说。

熊美丽说："你敢保证除了你老婆，你没挑逗过别的女人？"

"你算在内么？"刘作福说。

熊美丽说："不算。"

"绝对没有，我敢发誓。"刘作福在说话之时已经把车开出了松河镇，四周没有建筑物，只有几排笔直的杨树，树上的叶子早就没了，只剩下树干，如同放哨似的孤零零地站在冰天雪地里。

熊美丽说："我不相信誓言，誓言全是假的。你别用发誓这种伎俩蒙骗人了。"

"那么，我给你来点真的。"刘作福停下车，转身，迅速把车的后座椅放平。

熊美丽不明白地说："你想干什么？"

"我用实际行动来爱你。不真枪真刀的，你没感觉。"刘作福把车的温度调到高位置，搂住熊美丽就是狂吻。

熊美丽没想到刘作福能做出这种举动。她有过这种感情经历，对这种感情太熟悉了，对男人的想法也了如指掌，知道男人此时需要什么。虽然她渴望得到这种感情，享受这种男欢女爱的生活，可刘作福不是她的男人，感情上有点不适应，不接受。虽然她想拒绝，但这种拒绝的想法不强烈，也不坚决，如同弹簧反弹似的不稳定。她这种半推半就的举止不但没有起到拒绝作用，反而使刘作福产生了更加强烈的冲动。刘作福非常想把体内的激情释放出来，如同洪水在冲击河堤。刘作福征服了熊美丽。熊美丽从拒绝到接受，从接受到配合，再到享受情感的愉悦。当刘作福离开她的身体后，她说："你像野兽。"

"在这方面人与野兽是相同的。"刘作福说。

熊美丽说："我报警，告你强奸。"

"给你，你马上给警察打电话。"刘作福毫不畏惧地把手机递向熊美丽说。

熊美丽看刘作福满不在意的样子，提醒地说："如果我告你强奸，你是要坐牢的。"

"只要能跟你在一起，我愿意接受世界上任何的惩罚。"刘作福坦言地说。

熊美丽说："你真不怕坐牢？"

"如果怕，就不跟你在一起了。何况还把我奉献给了你。"刘作福用手摸着肚皮，像是在回味一种感觉。

熊美丽说："你的意思是我占你便宜了？"

"你这不是承认了么。"刘作福得意地笑着。

熊美丽做出悔恨的表情说："今天，我真是倒霉透了。"

"怎么了？"刘作福明知故问。

熊美丽说："我被贼诬陷了呗。"

"这种贼，千年不遇，你偷着乐吧。"刘作福说。

熊美丽说："我欲哭无泪。"

"这种感觉多好，这种生活多开心。"刘作福说。

熊美丽说："简直跟做梦一样，太突然了。"

"你看过《廊桥遗梦》的电影么？"刘作福说。

熊美丽说："那是发生在美国的事，不是发生在中国。"

"美国人和中国人都是人，人和人在生理方面的需求是相同的。"刘作福说。

熊美丽说："你口才不错，读过大学么？"

"读过书。"刘作福说。

熊美丽说："在哪读的大学？"

"社会大学。"刘作福说。

熊美丽说："你怎么这么会说话。"

"谢谢你的夸奖。"刘作福说。

熊美丽说："我怎么又夸奖你了，我是不愿意夸奖你的。"

"口是心非。"刘作福说。

熊美丽说："我说走嘴了。"

"证明你太喜欢我了。我活到现在，你是夸奖我最多的女人。"刘作福说。

熊美丽说："别的女人没夸奖过你么？"

"谈恋爱时，我前妻这么说过几次。"刘作福说。

熊美丽说："你记性挺好的，那么久的事还记得。"

"你不记得谈恋爱时的事么？"刘作福说。

熊美丽说："生活会变，人也会变，记忆更容易发生改变。"

"在每个正常人的生活中，注定会有另外一个人等着，在某时一起生活。但是在没遇到这个人之前，任何感情都会改变。"刘作福说。

熊美丽说："我是你想遇到的那个人吗？"

"绝对是。"刘作福说。

熊美丽说："这么肯定？"

"当然了。"刘作福说。

熊美丽说："你老婆呢？"

"她只是我生活中偶然出现的感情制造者。"刘作福说。

熊美丽说："你跟她一样，你完全干扰了我的生活。"

"我必须把你从不幸的感情中拯救出来。"刘作福说。

熊美丽说："照你这么说，你成了我的恩人？"

"没错。"刘作福说。

熊美丽说："我有点恨你。"

"为什么？"刘作福说。

熊美丽说："你绑架了我的感情。"

"这话说得不对。"刘作福说。

熊美丽说："哪不对？"

"我拯救了你的灵魂。"刘作福说。

熊美丽说："你满意了？"

"没有。"刘作福说。

熊美丽说："你已经改变了我的感情，还想怎么样？"

"听你这话好像很不情愿，其实人到中年，有些事改变不一定不好。"刘作福说。

熊美丽说："我感觉像做错了事的孩子，不敢面对家人。"

"你跟顾玉林离婚，嫁给我，就不会有这种感觉了。"刘作福说。

熊美丽说："你说得也太简单了。"

"像离婚、结婚，这种事，想简单，就简单，想麻烦，当然麻烦了。主要看自己是不是下决心做。"刘作福说。

熊美丽说："没这么轻松，如果这么轻松，或许很多人都离婚了。"

"你早就有离婚的想法了。"刘作福说。

熊美丽说："此前没有。"

"现在有了吧。"刘作福说。

熊美丽说："不要把你的想法放在我身上。"

"咱们下车看雪吧。"刘作福说。

熊美丽说："车里这么热，外面那么冷，温差大，下车会感冒的。"

"这种感觉跟新郎入洞房似的，太幸福了。"刘作福说。

熊美丽说："你看见谁的洞房是在车里了。"

"这才叫与众不同呢。"刘作福说。

熊美丽说："你不经常住在松河旅馆吧？"

"这是第一次。"刘作福说。

熊美丽说："我说以前没见过你呢。"

"以前我来松河都是住在幸福之家。幸福之家停业了。"刘作福说。

熊美丽说："幸福之家没有松河旅馆服务好。"

"松河旅馆给我准备女人了。"刘作福说。

熊美丽说："你怎么没正经话呢。"

"如果幸福之家早停业，或许我能早些时间认识你。"刘作福说。

熊美丽的手机响了，电话是杨小妹打来的。每天早晨杨小妹在忙完旅馆的事时，就跟几个闺中蜜友打麻将。熊美丽接听电话。

杨小妹说："别人都到了，只差你了。"

"我一会就到。"熊美丽说。

刘作福把熊美丽送回到松河旅馆。

杨小妹说："服务员说你早来了，然后跟收购粮食的那个男人走了。"

"他找我有点事。"熊美丽说。

杨小妹说："他是收购粮食的，找你能有什么事。"

"也没什么大事。"熊美丽想搪塞过去。

杨小妹说："你们以前认识？"

"不认识。"熊美丽说。

杨小妹说："不认识，他找你干什么？"

"昨天他收了我家的粮食。"熊美丽说。

杨小妹说："昨天咱们不是在一起打麻将了么，你也没说卖粮的事呀。"

"我昨天输掉了那么多钱，哪有心情说这事。"熊美丽实在是不想沿着这个话题说下去了，可是杨小妹就喜欢打破砂锅问到底，弄得熊美丽心里特别紧张。

杨小妹说："你脸怎么红了？"

"我脸红了么？"熊美丽感觉到脸发热了，装糊涂地说。

杨小妹说："红了。"

"身体有点不舒服。"熊美丽说。

杨小妹说："来冷空气了，气温变化大，注点意，可别感冒了。"

熊美丽心情很乱，没心思玩，心不在焉地玩了一会就不玩了。也快到中午了，几个人聊了一会天，就各自回家了。熊美丽刚做了跟刘作福发生男女关系的事，心绪不安，不愿意面对顾玉林。她从松河旅馆走出来，没往家走，而是去了妹妹家。

4

两年后夏季的某天上午，熊美丽向顾玉林提出了离婚要求。顾玉林坐在沙发上，熊美丽站在顾玉林对面的墙角处，在沉默了一会儿后，熊美丽用平稳的语气说："这种日子越过越没意思，咱们离婚吧？"

"你想好了？"顾玉林说。

熊美丽说："天天你看我不顺眼，我看你不舒服……还用想么。"

"熊美丽，告诉你，我知道你是咋回事。你想离婚，妄想。我死都跟你死在一起。"顾玉林说。虽然顾玉林早就感觉到熊美丽与别的男人存在两性关系的事了，但是熊美丽做事小心谨慎，他不清楚熊美丽跟哪个男人交往。因为顾玉林也跟别的女人发生过两性关系，所以他对熊美丽感情出轨的事保持沉默，装成不知道，以忍让的心态在维持家庭完整。

熊美丽虽然对顾玉林感情出轨的事不声张，不追究，但心情非常不好，这种日子不想过下去了。在她遇到刘作福后，跟顾玉林的感情裂痕不断加大，两个人有时几天不说一句话。刘作福多次让她与顾玉林离婚。她也故意暗示过顾玉林多次想离婚，但是顾玉林故意回避，装作看不出来。熊美丽说："你认为咱们还有必要在一起生活么？"

"没有。"顾玉林说。

熊美丽说："既然没有，怎么不同意离婚？"

"我不想再婚，也不让你再婚。"顾玉林说。

熊美丽说："这何必呢？"

"熊美丽，你在外面干什么都可以，我就是不跟你离婚。"顾玉林坚决地说。

熊美丽看顾玉林态度这么强硬，彻底绝望了。她很苦恼，日子过不下去了，婚又离不成，跟顾玉林住在同一个屋里有窒息的感觉。她把顾玉林不离婚的态度告诉给了刘作福。

虽然这两年刘作福经常到松河镇收购粮食，不收粮食时也经常来松河镇跟熊美丽约会，但是他们不能光明正大在一起，为了防止被外人发现，只能偷偷摸摸来往。这种约会给他们造成了非常大的心理压力。他们都不愿意这么交往，都想名正言顺地过夫妻生活。

刘作福多次让熊美丽跟顾玉林离婚。

顾玉林多次拒绝了熊美丽提出的离婚要求。

刘作福渴望顾玉林死。不管是天灾，还是人祸，不论是以哪种方式，只要顾玉林死了，刘作福都高兴，就达到目的了。可是顾玉林还不到五十岁，身体健康，精力充沛，生活安逸，自然死亡的可能性非常渺茫。退一步讲，如果顾玉林死不了，能在刘作福的生活视线里彻底消失，彼此谁也见不到谁，那样也可以。但是顾玉林既没有出国的计划，也没有搬迁到外地生活的打算，这种相互不见面的可能性几乎没有。那么再退一步讲，如果顾玉林能成为植物人，也会让刘作福满意。植物人虽然能活着，但生活不能自理，思维也不清晰，没有辨别是非的能力，这样就不会干扰刘作福跟熊美丽在一起生活的事了。可是刘作福期待顾玉林在生活中自然消失的目的是很难达到的，期待顾玉林成为植物人的想法也是渺茫的，所以刘作福绞尽脑汁，在寻找让顾玉林消失或成为植物人的各种方式。

刘作福认为让顾玉林成为植物人要比在生活中消失容易办到。让顾玉林成为植物人是刘作福的首选方案。

如果想让顾玉林成为植物人，除非突发车祸事故，或发生脑溢血等身体病变。但是刘作福等了那么久，在顾玉林身上也没发生车祸，或脑溢血等病情。刘作福看不到顾玉林成为植物人，或死掉的希望了。他心情焦急，失去了等待的耐心。他认为如果想让顾玉林尽快死掉，或在他的生活中永远消失，只能像杀鸡杀猪那样杀死顾玉林。

刘作福之所以这么痛恨顾玉林是因为顾玉林拒绝跟熊美丽离婚。顾玉林这一做法完全挡住了刘作福跟熊美丽结婚的路。其实刘作福没有过高的要求，只要能让他跟熊美丽光明正大地生活在一起，名正言顺地过日子，他就满足了。如果顾玉林同意跟熊美丽离婚，让刘作福养着顾玉林，刘作福都心甘情愿。可是顾玉林不同意跟熊美丽离婚的态度非常坚决，根本没有商量的余地，这让刘作福的期望成为了泡影。刘作福非常恼火。

刘作福萌生了杀死顾玉林的念头。

虽然刘作福萌生了杀死顾玉林的想法，可他胆量小，平时连鸡鸭都不敢杀，如果想杀死顾玉林，必须调整心态，具备杀人的心理素质与胆量才行。他为了练习胆量，时常买些活鸡活鸭回家宰杀。

他知道人们杀猪杀鸡杀鸭是为了丰富餐桌上的菜肴，改善生活，这是美好生活的体现。但他想杀死顾玉林的想法就不正常了，也违背了人性的道德轨迹。假如他杀死了顾玉林，他就触犯了法律，就是犯罪，就会受到法律惩罚。但他为了能达到和熊美丽结婚的目的，依然决定杀死顾玉林。

他决定把顾玉林当成感情餐桌上的一盘菜肴，但不能轻易动手做这道菜，必须想出逃脱法律惩罚的计策，或时机成熟后，才能采取行动。

他费尽心思，绞尽了脑汁，在寻找既能杀死顾玉林，而又能逃避法律惩罚的计策和时机。他听说西红柿炒大虾能发生食物中毒，这种毒素能导致人死亡，急忙打电话告诉熊美丽。

熊美丽信以为真，在那个阳光明媚的中午，高高兴兴地买了松河镇里最好的大虾和西红柿，还有青岛啤酒，做了丰盛的午餐。

顾玉林在农田里干了一上午活，累了，也饿了，回到家，看着饭桌上的西红柿炒大虾，还有啤酒，产生了强烈的食欲。他吃着大虾说："今天是什么好日子，做这么多菜？"

"日子跟平时一样，只是心情特别好。"熊美丽喝口啤酒说。

顾玉林喝了口啤酒说："青岛啤酒就是比咱当地啤酒好喝，也贵不了多少钱，以后喝青岛啤酒。"

"虾也很好。"熊美丽说。

顾玉林说："咱这儿的虾全是大连的，青岛离得远，活虾运不到这儿。"

熊美丽已经写好了遗书，把后事做了交代，没了后顾之忧。她心想这是跟顾玉林在一起吃的最后一顿饭了，吃过饭就跟顾玉林一起去天堂见阎王爷了，应该高兴些。她静静地在桌前坐了片刻，然后漫不经心地有滋味吃着。

她吃过饭，坐在顾玉林旁边的沙发上看着电视，观察着顾玉林的表情，也在等待死亡来临。她对这种生活失去了幸福感，不怕死。她感觉这种死的方式很幸福，很美好。

顾玉林吃过饭，看了一会电视，吸了一支烟，有点困了，想睡觉。他刚走到卧室门口，手机响了，接听了电话，然后拿起放在茶几上的车钥匙，转身向屋外走去。

熊美丽看顾玉林吃了西红柿炒虾不但没死，反而红光满面，精神更好了，知道这次想杀死顾玉林的计划落空了。她打电话把这件事告诉给了刘作福。

刘作福跟熊美丽同样失落。他们急忙上网查了相关资料，确认西红柿炒大虾有毒的说法，纯属谣言。

五

1

邢国栋在审讯刘作福时，刘作福一言不发，沉默了很久。他回想着跟熊美丽相识的往事，还有这段特别的情感。邢国栋审讯过许多犯罪嫌疑人，可还是第一次遇见像刘作福这么镇定的。邢国栋问："你杀死顾玉林后悔么？"

"为了达到跟熊美丽在一起生活的目的，不后悔。"刘作福淡淡地说。

邢国栋问："你看上熊美丽什么了？"

"她好。"刘作福说。

邢国栋问："熊美丽哪好？"

"我感觉她哪都好。"刘作福说。

邢国栋提示地说："你说一件她感动你的事。"

"比如，我去收购粮食时，我不走，她就不离开……在我心里，她是我遇到过最好的女人。"刘作福说。

邢国栋说："杀人，这可是死罪。"

"我愿意为熊美丽去死。"刘作福毫不犹豫地说。

2

邢国栋在审讯熊美丽时说："顾玉林跟你在一起生活了那么多年，你们还生了孩子，就算是夫妻感情破裂了，没有感情，为了孩子，你也不应该想杀害他。"

"我对不起顾玉林。"熊美丽说话时流露出忏悔的表情，想起了跟顾玉林相识的往事。

她跟顾玉林相识在二十世纪九十年代初的某年夏季。那时她二十二岁，从嫩江农场来松河镇探亲。她在饭馆吃饭时遇见了顾玉林，顾玉林比熊美丽大三岁。顾玉林被熊美丽的美貌打动了，他向熊美丽提出了建立恋爱关系的要求。顾玉林不到一米七的个子，长相也不出色。熊美丽对他没有好感，拒绝了他的求爱。

顾玉林做事有韧性，执着，想做的事就努力做。那时通信不发达，没有手机，更没电脑与网络，异地联系以信件为主。顾玉林不断地给熊美丽写信，表达爱慕之情。

熊美丽被顾玉林的真诚打动了，嫁给了顾玉林。

顾玉林高中毕业后在七队当林业管理员。林业管理员可以在树林里的空地处种粮食，树林里种粮食没有土地管理费，成本小，收益大。他成了镇上的富裕户。

熊美丽的弟弟和妹妹也先后从嫩江农场投奔顾玉林来到了松河镇，顾玉林给熊美丽娘家人很大帮助，熊美丽娘家人对顾玉林也很好。谁也没料到原本和睦的家庭却出现了节外生枝的事。

在某年七月里的某天晚上，已经入夜了，全生产队的灯都灭了，顾玉林还没回家。熊美丽踏着夜色去找顾玉林。她已经听到顾玉林出轨的传言很久了，心里也有这种感觉，只是没有证据。她猜测到顾玉林在哪了。她站在那家院落外，隔着木栅栏看着屋里。她等了很长时间，顾玉林才从屋里出来。她没吵没闹，而是很平静地说："我还以为你住在她家呢。"

顾玉林没有接话。

熊美丽也没再说什么。她虽然知道顾玉林出轨的事，但没声张，还平静地过日子。周围的人都以她跟顾玉林的关系依然如新婚时那么好呢，只有她妹妹知道她跟顾玉林的感情出现了裂痕，但她妹妹不知道她跟刘作福之间的事。

熊美丽虽然跟顾玉林在谈恋爱时有过白头到老、共度一生的海誓山盟，但生活中的风雨让她初心已改，不再坚守相爱时的誓言了。她想跟顾玉林离婚，各过各的日子。顾玉林却不同意离婚。她跟顾玉林离不了婚，就无法名正言顺地跟刘作福在一起生活，无法结婚。刘作福想带她去异乡生活，她不愿意过背井离乡、颠沛流离的日子，拒绝了刘作福提出的这个计划。虽然她不想跟刘作福私奔，但同意刘作福杀死顾玉林的建议。她也在帮助刘作福寻找杀死顾玉林的机会。

顾玉林虽然知道熊美丽跟他同床异梦、心神分离了，但绝对没想到熊美丽能帮助刘作福杀死他。

邢国栋说："你看上刘作福什么了，为了达到跟刘作福在一起生活的目的，下决心杀死顾玉林。"

"他会关心人。"熊美丽不假思索地说。

邢国栋问："刘作福怎么会关心人了？"

"比如说，天冷时他会叮嘱我多穿点衣服，别冻着……"熊美丽缓慢地说。

邢国栋说："这是家人之间普通的关心，没有什么特别之处。顾工林没对你说过这种话么？"

"前些年说过……近几年没有。"熊美丽说。

邢国栋问："你跟顾玉林在家里平时说些什么？"

"几乎不说话。"熊美丽说。

邢国栋不相信地问："你们住在同一个屋里，随时都见面，不说话么？"

"一般不说。"熊美丽说。

邢国栋问："你跟顾玉林是从什么时间开始不说话的？"

"好像是在他第二次跟外面的女人发生了那种关系以后。"熊美丽想了想说。

邢国栋说："你就是从那时起萌生了不想跟顾玉林在一起生活的念头？"

"他移情别恋了，我又不是木头人，怎么能接受他的这种做法。"熊美丽语气中带着无奈与不满。

邢国栋说："你可以找亲朋好友劝说顾玉林回心转意。"

"他已经不是一次感情出轨了，面对明知故犯的人，劝说是没用的。并且他的事让我产生了强烈的心理反应，看见他如同看见虫子似的，觉得恶心，总想躲开。"熊美丽说这些话时情绪产生了波动。

邢国栋虽然理解熊美丽的这种感受，但对她预谋杀害顾玉林的做法不能理解。他说："你想跟刘作福生活在一起，除了他会关心你之外，还有什么地方吸引你了？"

熊美丽虽然感觉刘作福人好，想跟他生活在一起，但说不出他的优点。

邢国栋提示地说："刘作福是做生意的，他有钱，你是不是看中他的钱了。"

"他哪有什么钱呢，如果他有钱还好了呢！"熊美丽脸上露出无奈的笑容，叹息地说。

邢国栋不相信刘作福没有钱，疑惑地说："刘作福是贩卖粮食的生意人，一卡车粮食几十吨，怎么能没钱呢？"

"他生意做得不好。前几年赔钱了，老婆嫌他穷，还跟他离了婚。虽然这几年生意做得好了点，但是把钱还债了。他换新轿车时还是从我这借的钱。"熊美丽说。

邢国栋问："顾玉林同意借钱给刘作福么？"

"不能让顾玉林知道。"熊美丽说。

邢国栋说："你借给刘作福多少钱？"

"十万。"熊美丽说。

邢国栋说："你借给刘作福十万，顾玉林都不知道……你的生活条件这么好，却不想跟顾玉林过了，还把他杀了……"

"感情这种事，有时候挺怪的。"熊美丽说。

邢国栋问："现在你最想见到的人是谁？"

"我女儿。"熊美丽说。

邢国栋问："你认为最对不起的人是谁？"

"我女儿。"熊美丽说。

邢国栋问："为什么？"

"她今年参加高考，在关键时刻，家里发生了这么大的事，对她的感情影响非常大，会影响高考成绩的。"熊美丽说。

邢国栋说："听说你女儿在哈尔滨学音乐。"

"她特别喜欢音乐。"熊美丽说。

邢国栋问："她跟你说过准备报考哪所大学了么？"

"她想考中央音乐学院。"熊美丽说。

邢国栋问："学什么乐器？"

"她歌唱得特别好，想学声乐。"熊美丽说。

邢国栋说："她想当歌唱家，这可是好事。"

"她有这个理想，不知道能不能如愿以偿。"熊美丽说。

邢国栋问："你最喜欢你女儿唱的哪首歌？"

"那首《小城故事》的歌曲。"熊美丽说这话时耳边仿佛响起了女儿的歌声，也似乎看见了女儿俊俏的模样，眼泪在眼眶里打转。

邢国栋喜欢《小城故事》这首歌曲，不禁问："你想跟女儿通电话么？"

"不想。"熊美丽说。

邢国栋不解地问："为什么？"

"我对不起她，无法跟她说这件事。"熊美丽说。

邢国栋说："你女儿打来了很多次电话……你还是跟她说几句话吧，不然，她很难受，心里总放不下。"

熊美丽看着邢国栋拨电话。邢国栋在电话拨通后，把手机递给了熊美丽。熊美丽接过手机，声泪俱下地说："满天，妈妈对不起你，对不起你……"

"妈，你要坚强，我已经长大了，能照顾好自己，我会去看你的……"电话那边传来了顾满天的声音。

熊美丽叮嘱地说："满天，你要听你小姨和你小姨父的话……"

"妈，我知道……"顾满天说。

熊美丽的心被女儿叫妈的声音击碎了，情绪激动，话语哽咽，手颤抖，说不下去了，把手机还给了邢国栋。

邢国栋沉默了好一会，在熊美丽的情绪稳定后，缓慢地说："虽然顾玉林是刘作福杀死的，但是你提供了房门钥匙，并且你还曾经用大虾炒西红柿的方式想杀死顾玉林……"

"我对不起他们，对不起他们。"熊美丽说。

邢国栋借用俗语，劝诫道："一日夫妻百日恩，就算是夫妻感情破裂了，也不应该反目成仇，也应该理智对待，通过法律途径解决矛盾，绝对不能用杀人方式做了断。"

原载2019年3期《甜乡》、4期《文昌文艺》、5期《文学天地》

选错了路

1

乌云遮挡着天空不肯离去，天阴沉沉的，一丝风也没有，好像蓄意要降大雨却又迟迟没有降，弄得晒场上的工作人员无法干活，不知怎么办才好。工作人员想把麦堆摊晒开，又怕雨降下来淋湿了麦子，如果不摊开麦堆就没活干了，只能闲着，静观天色。

麦收季节天气决定晒场上的工作。

苏黎明是农工班里的职工。农工班的主要工作地点是在晒场上。他喜欢阴雨天，阴雨天可以名正言顺休工，这么一来他就有时间回家看书，写诗了。他这个想法有些特别和另类，跟连队里所有职工的想法是相反的。

在麦收季节里职工们都不希望阴天下雨，渴望是晴天，期盼阳光充足的好天气。好天气会加快麦子晾晒进度，职工们想尽快把晒场上的麦子除去水分，晒干，运输到团部的粮库去，或储存进连队的粮仓里，只有这样才能确保有个好收成。

北大荒生产建设兵团的生产连队是以农业种植为主，在上世纪七八十年代，主要是以种植小麦和大豆为主，一年中分夏收和秋收两个收获季节，夏收是以收割小麦为主，秋收是以收割大豆为主，收成好坏直接影响人们的收入。职工们都想多打粮食，有个收成好，多挣钱，改善生活。

可是苏黎明却把收成看得比较淡，好像他不是兵团职工似的，收成好坏与他没关系。他心里只有一个想法，那就是写诗和读书，读书能提高写诗的水平。他做梦都想成为诗人，这个想法占据了他的心。

他想通过写诗的途径走出农场，去佳木斯、哈尔滨或北京生活。当然这是远大目标、最高理想，也是追随祝大同的脚步行走人生。如果不能实现远大目标，不能取得祝大同那么大的成绩，能像杨玉江那样调进团机关工作也行。杨玉江和祝大同都是通过写文章被调进团机关办公室工作的。他也想离开基层生产连队进机关办公室工作，在朝着这个目标努力。他眯缝着眼睛，仰头看了看天空，又把目光落在农工班长身上，判断说，天阴得这么厉害，一点风没有，云彩不散，看来这场雨非下不可了。

农工班长负责晒场上全面管理工作。他三十多岁，一米八的大个，健壮，干起活来像牛那么有力气。他小学没毕业就从河南老家投亲靠友来北大荒生产建设兵团讨生活了。那时兵团人口少，缺少劳动力，只要有亲友引荐就可以落户，当职工。他站在离苏黎明一米远的地方，听苏黎明说这种消极话，生气地瞪了苏黎明一眼，然后斥责道："闭上你的乌鸦嘴，你整天盼着下雨，下雨就不用干活了是不是？不干活你就有时间写诗了是不是？"

苏黎明说："老天爷想下雨，谁还能管得住吗。"

农工班长说："你整天盼着下雨，我看你脑子进水了。"

苏黎明把脸转了过去，不看农工班长了。

农工班长仰头看着天空，凭借经验判断着天空中的乌云是否能下雨。他的判断是和广播电台的天气预报联系在一起的。每天早晨他在上班之前都收听广播电台里的天气预报，了解最新天气情况。

每天他准时收听中央人民广播电台的天气预报，也收听黑龙江人民广播电台的天气预报，还收听佳木斯人民广播电台的。在这三家广播电台的天气预报中，他一般是以佳木斯人民广播电台的天气预报为主，以黑龙江人民广播电台及中央人民广播电台的天气预报作为参考，进行综合分析，尽可能准确无误地掌控天气情况。

按照常理他应该以中央人民广播电台和黑龙江人民广播电台的天气预报为主。这两家广播电台级别高，技术含量大，准确性可靠。可是中央人民广播电台和黑龙江人民广播电台预报的天气情况一个是覆盖全国，一个是覆盖全省，覆盖地域太大，不一定能准确预报出兵团农场的天气。他还是比较相信佳木斯人民广播电台的天气预报。虽然佳木斯广播电台级别低，技术含量可能没中央人民广播电台和黑龙江人民广播电台大，但离他工作的生产建设兵团距离近。

他是在北大荒生产建设兵团某师某团一连工作。

这个团地处佳木斯行政管辖区域内，他以佳木斯人民广播电台天气预报为主是有道理的。如果黑龙江人民广播电台或中央人民广播电台中有一家天气预报是跟佳木斯预报相同的，他就会以二比一做出决定。可今天佳木斯预报的天气情况与另外两家预报的都不同，这就难住他了。

佳木斯电台预报没有雨，只是多云转晴；黑龙江电台预报有阵雨，转晴；中央人民广播电台预报局部有雨，转晴。因为黑龙江的电台和中央人民广播电台都预报有雨，他就怀疑佳木斯电台预报的准确性了。

乌云在天空中飘动，始终是一个颜色，云遮天空，没有转晴的迹象，好像要下滂沱大雨的样子。

北大荒生产建设兵团麦收的季节，也是多雨的季节。虽然在这个季节里降的雨多为阵雨，不像秋雨那么缠绵，但也有连天雨。北大荒秋雨一下就是好几天，夏季的雨虽然以阵雨为主，可连续下一两天的情况也有。一两天看上去不算长，但在麦收季节里就显得特别重要了，会严重影响麦收进度的。

这一年，天气有点反常，刚进入麦收季节，就下了两次连天雨。每次在两天左右时间，麦地潮湿、泥泞，收割机无法正常收割，影响了麦收进度。成熟的麦子如果不及时收割，会出现大面积倒伏，机车无法收割，损失大，影响产量。天放晴了，为了抢收麦子，把损失降到最低，连队在天气好的时候通常会加班加点收割。

麦子收进晒场上，堆成堆，每一堆麦子有数千斤。刚收割进晒场上的麦子潮湿，得及时晾晒，通风，除湿，如果不除湿、通风、晾晒，麦堆里面就会发热，生芽，产生霉变。

变质的麦子粮库不收，不能当粮食用，只能分发给职工做饲料，喂养家畜。

农工班长为了防止麦子不被雨水淋湿，只是让工作人员揭开了盖在麦堆上的苫布、草帘子，没有让工作人员摊开麦堆。然后让工作人员暂时休息，随时听候通知，根据天气变化再作下一步工作安排。

这几天一直忙着麦收，工作时间长，劳动强度大，工作人员劳累，疲倦。工作人员走进晒场中心处的大棚里休息了。他们有的躺在草帘子上睡觉，有的听收音机，还有的三五个在一起打扑克。

苏黎明到仓库后面撒过尿后，趁人不注意悄悄走过草丛，跨过晒场边上的排水渠，快步离开晒场了。

2

起风了，风力时大时小，天空中的乌云加快了漂移速度，由深色变淡，没过多长时间风停了，乌云漂走了，蓝天和白云露出来了。天空是那么晴朗。农工班长心想还是佳木斯电台天气预报准确，黑龙江电台和中央人民广播电台预报的天气都不准确。他想这不是技术差距问题，是地域造成的错误。毕竟中央人民广播电台是预报全国天气的，黑龙江电台是预报全省天气的，那么广阔的地域肯定会出现误报的。

农工班长通知工作人员把麦堆摊开。在晒棚里休息的工作人员立刻行动起来，拿起工具投入到紧张工作中。农工班长发现工作人员中没有苏黎明。他的目光在人群中搜索了好几遍也没找到苏黎明，又朝晒场四周看了看，苏黎明确实没在晒场上。他猜测苏黎明可能是回家了。他放下手中的木锨朝苏黎明家走去。

苏黎明已经三十八岁了，至今没有结婚，一个人住在连队西北角的一个小土坯房里。那间土坯房是知青在北大荒生产建设兵团插队时盖的。房子年久失修，破旧不堪，只有苏黎明住在那里。

苏黎明从晒场上回到屋里，喝了一碗凉水，然后坐在饭桌前翻看着杂志社寄来的内刊资料。饭桌上还放着报纸和几本诗集。

他参加了天津市一家杂志社举办的写作函授学习班，内刊资料是杂志社寄来的。

他写诗好多年了，一直没有作品在报刊上公开发表，想发表作品的心情焦急，他猜想这可能跟没有老师指导有关系。他看见杂志社举办写作学习班的启示后，眼睛一亮，认为发表作品的机会来了，毫不犹豫地报了名，寄去了学费。学费挺贵，是他三个月的工资。

他认为这么贵的学费值得。因为杂志社保证学员在学习期间有一到两首诗在内刊上发表。这是他第二次参加这个写作学习班。他在第一次学习期间，收到过杂志社编辑写的几次回信，编辑在信中对他的作品进行了点评，他还在内刊上发表了一首短诗。这是他写的诗第一次被印在纸上，变成铅字，高兴得不得了。他如果不发表那首短诗也不会开心，更不可能第二次参加学习班。当他收到印着杂志社名的专用信封时，便流露出沾沾自喜的表情，有着自豪感。他从杂志社寄来的信中找到了写诗的感觉，得到鼓励，产生面对困难的勇气。杂志社编辑能给他写信就证明他与连队其他人不同。他争取在第二次学习期间多在内刊上发表作品，更希望有作品在杂志上正式刊发出来。

现在他不只是在写诗，也在研究诗，还在研究诗人的生活与经历。他认为只有研究诗，才会写诗，只有写出好诗，才会过上诗人的生活。

他挺羡慕舒婷和北岛，还有顾城的，这些人都是诗坛涌现出来的年轻诗人，也被称为"诗星"。他们跟自己的年龄差不多大。如果自己能像他们那样写出那么多诗，发表那么多诗，那么有知名度就好了。他想也许顾城、北岛和舒婷是写诗的奇人，自己永远也写不出他们写的那种诗。虽然他们的生活离自己非常遥远，一生也无法追赶上，可祝大同的生活离自己是太近了，近得就在眼前。如果没有祝大同做比较，或许他不会产生写诗的想法，也不可能有当诗人的勇气，更不会萌生去佳木斯、哈尔滨，或北京生活的念头。

祝大同是浙江知青，他在一连插过队。当时一连有六十多名来自北京、上海、浙江、哈尔滨的知青。祝大同来到一连不久就在《农垦报》上发表诗了。团宣传科得知祝大同发表诗了，高度重视，宣传科长骑着自行车来连队找他谈话，准备调他去团宣传科工作。祝大同谦虚地说自己还年轻，想在基层多体验一些基层职工生活，生活是写作源泉，不想刚发表几篇小作品就脱离基层群众。宣传科长虽然求贤心急切，可听祝大同这么说，也不好强求。当时连队领导也不想放祝大同去团机关工作，连队需要会写作的人把连队的工作宣传出去，连队安排祝大同当技术员。

祝大同另外一个职务是连队兼职新闻报道员。他不但在《鹤岗日报》《佳木斯日报》《双鸭山日报》上发表了诗，还把连队里发生的好人好事、领导的工作成绩写成新闻稿投给团广播站。那时团广播站经常播报一连的新闻，一连的工作得到了团领导的关注。一连不仅被评为团先进单位，还得到师里的奖励。年终干部调配时一连的连长被调到团农业科当科长了，指导员被调到团政工科当了副科长，祝大同被调到团工会文体办公室了。

一个基层连队在同一年能有三个干部一起被调到团机关工作，并且是升职了，这不仅在某师没出现过，就算是在整个北大荒生产建设兵团都是绝对少有的事情。团领导在干部会议上说一连出人才，其他单位应该多学习一连的管理工作。兵团发展与建设没有人才是不行的。团各单位都把功劳归根在祝大同身上，羡慕一连能有祝大同这么好的笔杆子（文笔好、会写材料的人）。干了工作得有人把事情宣传出去才行，不宣传没人知道，不会引起上级领导和组织部门的重视。祝大同如同是吹喇叭的人，把一连的工作及时宣传出去，微小事件写成文章在团广播站报道，稍大点、有新意的事写成文章寄给《农垦报》《鹤岗日报》《佳木斯日报》等市级以上媒体刊登。团政委有一次出差去哈尔滨，在回来的车上买了一份《佳木斯日报》，看见一版上有祝大同的文章，高兴之中买下了卖报人手中的所有报纸带回团里。团宣传科和工会都想调祝大同，祝大同选择去工会工作了。祝大同成为全团爱好写文章人的榜样，各单位提高了对爱好写文章人的重视，在工作中给予支持、照顾。

祝大同是在苏黎明到一连工作一个月后被调进团工会工作的。苏黎明当时住在祝大同隔壁的屋子里，他还没来得及加深跟祝大同之间的感情，祝大同就离开了一连，从那时起苏黎明就开始写诗了。

苏黎明拿着自己写的诗去团里找过祝大同三次，前两次他去时祝大同都在忙着写材料。祝大同见到他很热情，放下手中的笔，给他倒水，跟他聊一连的事，很少提写作的事，也不提写诗。苏黎明希望祝大同能把他写的诗推荐到《农垦报》上发表。

祝大同已经是《农垦报》特约记者了，寄去的稿件发表率大。他没有把苏黎明的诗推荐给报社，为了不伤苏黎明的自尊心，送给苏黎明一本《泰戈尔诗选》。虽然当时苏黎明不知道泰戈尔是谁，但认为祝大同看的书都是好书，对提高写诗水平会有帮助。他心想将来有一天如果能出一本《苏黎明诗集》就好了。他去团资料室查阅过泰戈尔的资料后，了解到泰戈尔在文学创作方面成就斐然，获得过诺贝尔文学奖，就更加敬重祝大同了。

祝大同坐着团机关的212绿色吉普车来到一连时，连长和指导员陪着他去了机务班、畜牧班、晒场的农工班。他看见苏黎明时从背包里取出苏黎明送给他的诗作,连同几份《农垦报》副刊和一本《人民文学》杂志一起交给苏黎明。

苏黎明第一次看见《人民文学》这本杂志，很开心，忘掉了当时把诗稿送给祝大同的目的，没感觉丢面子，似乎还有点得意。因为祝大同是团机关干部，在众人面前送书给他，给了他足够的面子。不久，当他第三次去团机关找祝大同时，祝大同的办公室里坐着一个三十多岁的女工作人员。苏黎明心想这个女人怎么会坐在祝大同的办公桌前呢？

那个女工作人员上下打量了苏黎明一眼，看苏黎明没说话，冷冷地问："你找谁？"

"祝大同呢？"苏黎明问。

那个女工作人员说："调回浙江了。"

苏黎明没想到祝大同调回浙江了，觉得意外，迟疑地问："他调回浙江干什么了？"

"好像是省，或市作协，还是文联……具体单位不清楚。"那个女工作人员思量地说。

苏黎明不相信地问："你们是同事，他调回浙江不跟你说吗？"

"我只是他的同事，又不是他的亲人，也谈不上是朋友，他没必要把个人私事告诉我。"那个女工作人员生气地说。

苏黎明问："哪个部门能知道祝大同调回浙江的单位？"

"不知道。"那个女工作人员对苏黎明很反感地说。

苏黎明从团机关办公室出来，站在街边猜想祝大同是什么时间调往浙江的，推测可能是在那次回一连后就走了。祝大同把诗稿还给他，并且还送给了他《农垦报》副刊及《人民文学》杂志，这分明是提前准备好的，也是离别前的告别。

他转身回到团机关办公室，去了宣传科。他认为祝大同发表了那么多作品，肯定跟宣传科联系密切。这是他来到某团工作后第一次去宣传科。

宣传科的人说只知道祝大同调回浙江了，不知道在什么单位。宣传科的人说如果他想知道祝大同调到浙江什么单位了，可以去劳资科问一问，劳资科有调离人员的工作档案。

苏黎明去劳资科了。

劳资科的人说祝大同调回浙江省××市××单位。苏黎明问在哪个部门，劳资科的人说调令是浙江省××市××单位发来的，没说是哪个部门。

从前苏黎明觉得作家离自己那么遥远，现在觉得离自己这么近。他的这种感觉是从祝大同身上得到。祝大同不只是他熟悉的人，还是从一连走出来的，还送给过他《泰戈尔诗选》这本书和《人民文学》杂志。他在琢磨着诗人与作家的关系。

他是写诗的，诗人算不算是作家呢？

他回到一连后就搬进祝大同的屋子里了。这间屋子在祝大同调到团机关工作后就没有人住了。他在床下面看见一本旧杂志，杂志可能是祝大同落下的，杂志中有一张祝大同的四寸照片。他找来相框把这张照片装进去，如同珍存贵重物品一样挂在床头墙上，抬头就能看见。当他对写诗失去了耐心时，看一眼祝大同的照片，想到祝大同调到浙江省××市××单位是好事，就产生了动力。他最大期望值是能像祝大同那样调到省城或是北京工作，如果实现不了那么远的理想，能调到团机关工作或在连队办公室有个职位也行。

连长和指导员让他写过材料，那段日子他去连队办公室上班心情特别好。连长和指导员对他写的材料不满意，没过多久又让他回农工班了。

他想不明白为什么同样是写文章，祝大同能在报纸、杂志上发表作品，能从连队调到团机关工作，再从团里调到浙江省××协会，而自己却迟迟没有作品发表，一直是在农工班干活。他在寻找与祝大同之间的差距和原因。

他拿着钢笔在A4稿纸上写了几行诗，困意涌来，上眼皮跟下眼皮打架，看了一眼祝大同的照片，有意振作精神，但没起作用。他没有写诗的心情，想睡觉，身子往床上一躺就睡着了。

农工班长用脚踢开苏黎明的房门，苏黎明没有感觉到，还在睡觉，打着呼噜。农工班长看苏黎明这副懒散样子，非常生气，大吼一声："苏黎明！你还睡呀！你是猪吗？"

"班长，不是下雨了吗？"苏黎明正在做梦呢。梦中屋外下着瓢泼大雨，他在屋中尽情写诗。他借景生情，写得酣畅淋漓。当他被农工班长的吼声惊醒时，眼睛一睁，翻身从床上下来。他的腿麻木了，险些跪在农工班长面前。

农工班长看着苏黎明慌张慵懒的样子，有些无可奈何地说："苏黎明，看一看你，让我说你什么好呢？"

"下雨天容易困。"苏黎明在找睡觉的借口。

农工班长说："你是在做梦吧，梦里在下雨吧？你把眼睛睁大点，出去看一看，太阳都出来了……"

"太阳出来了好，可以晒麦子了。"苏黎明笑了笑讨好地说。

农工班长说："你躺在床上就能晒麦子了？"

苏黎明赶紧往屋外走。

农工班长跟在后面说："苏黎明，你怎么会这么懒呢？"

"班长，你批评我可以，但不能侮辱我的人格。"苏黎明最反对别人说他懒散了，反驳地说。

农工班长说："我侮辱你了吗？"

"我不是懒，我是在构思呢。"苏黎明辩解地说。

农工班长没读过几年书，虽然不懂构思是什么意思，可不相信构思就是睡觉，跟睡觉有关系，质问道："构思就是睡觉吗？"

"人在做梦时还可以构思呢。"苏黎明说。

农工班长问："构思能得到什么？"

"班长，你读书太少了，让我怎么跟你解释呢？不构思能写出文章来吗？"苏黎明做出很有学问的样子。

农工班长虽然读书不多，不能准确理解苏黎明话中的意思，但也知道用意，生气地说："苏黎明，你是在农工班上班，是农工班给你发工资，构思能给你发工资么？构思能当饭吃么？"

"班长，你太没文化了，构思跟发工资没关系，也跟吃饭沾不着边，只是跟写文章有关系。"苏黎明说。

农工班长听苏黎明这么说更生气了，声音很大地说："怎么跟吃饭没关系呢？怎么跟发工资没关系呢？关系大着呢！如果农工班的人都躺在床上构思，活谁来干？麦子谁来晒？如果粮食卖不出去，连队亏损了，拿什么发工资？没有工资花什么？"

"班长，你扯远了。"

农工班长说："那好，我就跟你说近的，扣你今天的工资，让构思给你发工资吧。"

"你不讲理。"

农工班长调侃地说："我就不讲理了，你去跟构思讲理吧。"

"我不跟你说了，越说你越糊涂。"

农工班长说："如果不想让我扣工资，你就不能在上班时间回家睡觉，就得好好干活，更不要拿构思当借口。"

"你扣吧，有本事把我的工资全扣掉。"苏黎明说着气话。

农工班长本来只是随口说的，只要苏黎明说点好话，认个错，他是不会扣苏黎明工资的。可是苏黎明不服气，顶着来，就更生气了。他来到晒场上临时开了工作会议。

晒场上的工作人员知道苏黎明有在干活中偷懒耍滑的习性，这种事情发生的次数多了，就熟视无睹，见怪不怪了，如果不是农工班长开会宣布扣苏黎明的工资，今天苏黎明在工作期间回家睡觉的事，就会跟以往一样如同没发生似的过去了。当工作人员听农工班长宣布扣苏黎明工资的决定时，感觉班长这次认真处理了，认为事情不会简单结束，就把注意力集中在苏黎明身上。

苏黎明认为班长是在故意找麻烦，让他丢失脸面，心里不痛快。他脸色紧绷，心想如果有一天自己能真正成为诗人就好了，那样就可以调到团部机关工作了，再也不用受农工班长的气了。他离开人群，朝晒场外走去。

农工班长大声问："苏黎明，你干什么去？"

"今天我的工资你不是已经扣掉了吗？没有工资我还干什么活，我明天再来上班。"苏黎明止住脚步，转过身，仰着头，愤怒地看着农工班长。

农工班长没想到苏黎明会做出这种反应，这种反应是极端的，也是不正常的。他以往也扣过其他违反工作规定的职工的工资，那些人虽然当天没有工资了，但还继续工作。如果不继续工作就不是扣工资这么简单了，而是按照旷工处理了。他警告说："苏黎明，你如果走，就按照旷工处理。"

"旷工就旷工，反正今天是没有工资了。"苏黎明一副死猪不怕开水烫的表情。

人们的目光在苏黎明和农工班长之间来回转动，看着两个人的表情，判断谁能占上风。

农工班长看苏黎明这个态度，知道再说什么都没用了，如果继续说批评的话苏黎明不但不听，还会影响自己在职工中的形象。他沉默了片刻，话锋一转，把话题引向了晾晒麦子工作方面。

苏黎明走出晒场时遇见农工班长的母亲和几个年龄大的老人。这几个老人在树下聊天呢，苏黎明愤怒地对农工班长的母亲说："大老粗扣我的工资了，你回家好好管一管他。"

农工班长的母亲还没弄清是怎么回事呢，苏黎明已经走过去了。

苏黎明回到家里往床上一躺，觉得憋气、委屈，叹息了一声。他是会写诗的文化人，凭什么让大字不识几个的农工班长管着呢。他从床下面捞出个纸箱子，从纸箱里取出汉语语言文学专业大专毕业证，看了看装在布包里，拎着布包出屋了。他把布包挂在自行车前车把上，快速朝团部骑去。

团部距离一连只有三里路，如果不是刚下过雨沙土路没干透，有点泥泞，一会就到了。他比平时多用了一倍时间才骑到团部。

团部机关组织科办公室里只有科长田秀丽一个人。她四十出头，一米五多点的个子，胖胖的身材，单眼皮遮盖着一双小眼睛，给人不好接触的感觉。她正在看各基层单位报送来的年轻干部后备名单呢。门开了，她转过头看着门口。

苏黎明走进屋说："田科长，忙着呢。"

"你是？"田秀丽不认识苏黎明，缓慢地说。

苏黎明自我介绍说："我是一连的苏黎明。"

田秀丽虽然没见过苏黎明，但听说过这个人，了解一些苏黎明的情况。她对苏黎明的印象不好，有些反感地说："找我有事吗？"

"田科长，我获得了大专毕业证，团里不是有干部任用规定吗？我有大专毕业证，应该符合条件吧？"苏黎明说。

田秀丽知道苏黎明是不可能进入后备干部考核之列的，漫不经心地问："你学的是什么专业？"

"汉语语言文学。"苏黎明紧走几步，站在了田秀丽的办公桌前，从布包里掏出大专毕业证递给田秀丽说。

田秀丽接过苏黎明手中的大专毕业证翻看着。

苏黎明介绍说："这是国家承认的毕业证。"

"学这个专业的人太多了。再说咱们是生产建设兵团，以农业生产为主，这种专业能干什么呢？"田秀丽做出为难的样子说。

苏黎明讨好地说："田科长，我们连长才是初中，大专总比初中高吧？你是团机关组织科长，全团干部调配都由你管。你在干部提拔方面有权力，如果你关照，就能用上。"

"不像你想得那么简单，你高看我了，我没那么大权力，干部提拔得开党委会研究决定，不是哪一个人说了算。"

苏黎明说："你是组织科长，又是党委成员，可以推荐吗？"

"如果你学的是农机修理就好了，咱们各基层连队普遍缺少这方面人才，可你学的这个专业派不上用场，怎么推荐？"

苏黎明不喜欢机械，也学不明白，知道田秀丽是在推脱，便央求地说："田科长，你帮帮忙。"

"你先回去，如果工作需要，有适合岗位，我们会通知你。"田秀丽把毕业证还给苏黎明说。

苏黎明接过毕业证问："多长时间能有消息？"

"没准。"田秀丽觉得苏黎明身上的汗味熏人、刺鼻，身体往后仰了仰，尽可能离苏黎明远点。

苏黎明追问说："大约时间？"

"一年，两年，或者更长时间。"田秀丽做出无法预测的表情。

苏黎明说："怎么会用那么长时间呢？"

"对干部的管理，要比工人严格。"

苏黎明说："这件事你多帮忙，如果成了，我忘不了你。"

"最好忘了我，你回去吧。"

苏黎明从组织科出来，去了宣传科。宣传科跟组织科只隔几个办公室。苏黎明虽然喜欢写作，但跟宣传科联系得不多，只是偶尔来一次。主要是跟他的写作体裁有关。他是写诗的，而宣传科是以新闻报道、工作材料、对外宣传为主。宣传科是以培养新闻报道人员为主，不是以培养诗人为工作方向。他看李科长和新闻干事杨玉江两个人在屋里，走进去笑了笑没说话。

杨玉江跟苏黎明同岁。他是上海知青，没返城，结婚生子，成家立业，扎根边疆了。他瘦瘦的，皮肤白嫩，性格有点内向，打眼一看就是南方人。他正在编辑麦收简报呢，麦收季节团宣传科印发简报，每周一期，及时刊登有关麦收工作进展情况。他笑着说："麦收这么忙，你怎么有时间来了？"

"我去组织科了。"

"去组织科干什么？"

"我把大专毕业证给田科长看了。"苏黎明从布包里掏出大专毕业证自我欣赏地说。

杨玉江知道苏黎明取得函授大专毕业证的事。他在跟组织科的人聊天时提起过这件事，有意试探组织科对这件事的态度，想让组织科帮助苏黎明，但是组织科对苏黎明的大专毕业证不感兴趣。他问："田科长怎么说？"

"让我等机会。"

"你还写诗吗？"

"当然写了。"

李科长接过话茬说："你可以写些新闻稿件，写新闻稿件不影响你写诗。新闻稿件比诗好发表，作品发表了有稿费，团里也给奖金，还能提高知名度。"

"我是写诗的，不写那些。"苏黎明说。

李科长建议他说："你可以双管齐下，诗和新闻稿件一起写。"

"如果我写新闻稿件，能把我调进宣传科工作还行。"

李科长没想到苏黎明能这么想，感觉苏黎明想得太天真了，笑着说："如果成绩非常突出，可以向领导建议。"

"非常突出的标准是什么？"

李科长看苏黎明满脸打破砂锅问到底的表情，显得有点无奈，解释说："比如在报刊上发表的稿件数量多，报刊级别高，获得了省和国家级大奖……取得这些成绩，可以考虑。"

"获得大奖是不可能的，发表还有点希望。"

李科长说："发表作品的目的不是为了能调进团机关工作，而是证明有才华。"

苏黎明知道宣传科长是团机关的党委成员，属于团领导中的核心人物。虽然宣传科长不能决定干部任用，但有建议和推荐机会。可以把工作想法在党委会上提出来，事情上了党委会，就能引起团长、政委、组织科长的重视。他说："李科长，你应该批评批评我们连领导。"

"为什么批评他们？"

"他们反对我写文章。"

"你们连里哪位领导反对你写文章？"

"农工班长。"

"农工班长归你们连长和指导员管，你应该找连长和指导员反映情况。如果你们连长和指导员反对你写文章，你再跟我说。"

苏黎明认为李科长说得合情合理，团党委成员怎么会去管连队里的班长呢？农工班长级别太小，宣传科长级别太大，工作程序不对，两者沾不上边。他说："我回去就找连长和指导员，让连长和指导员好好收拾一下农工班长。"

李科长觉得自己刚才说的话有点不妥当，怕误导了苏黎明，急忙纠正他问："农工班长是反对你写新闻报道稿件么？"

"不只是反对写文章的事。"

"还有什么事？"

"农工班长还扣了我的工资。"

"为什么扣你工资？"

苏黎明没有回答。

"因为你写诗，还是你违反了工作制度？"

苏黎明知道在工作期间回家写诗是不对的，没有直接回答，绕弯地说："跟写诗有关。"

"不管写新闻稿，还是写诗，都应该先把本职工作干好。如果本职工作干不好，群众基础差，就算成绩大，也不会被调进机关工作的。"

苏黎明回到连队没有去找连长和指导员，而是直接回家了。

3

农工班长和媳妇下班回到家时天已经黑了。他的母亲做好了饭在等他们。

他母亲把饭端到桌子上问："你扣苏黎明的工资了？"

"扣了。"农工班长吃着饭说。

他母亲认为不应该扣苏黎明的工资，责备地说："苏黎明都快四十岁了，连个媳妇都没有，单身汉过日子不容易，你跟他计较什么。"

"他上班期间回家睡觉，如果不处理他，以后我还怎么安排别人的工作。"

"你跟他讲道理，他那么大人了，又不是小孩子，也不是傻子，能不听吗。"

"我跟他讲的道理还少吗。他一句也没听进去，全当耳边风了。"

"就算苏黎明不听你的，犯了错误，你批评批评他就行了，也别扣工资。每个月就那么点工资，全指望工资生活呢，工资被你扣掉了，他花什么。再说了，扣了他的工资你也得不到，不是也给公家了吗。"

"我原本没想扣他工资，只是想批评他，让他认个错。可他不听，跟我顶着干，这我能让他么。"

"你太认真了，工作中认真可以，但得看对谁，对苏黎明这种吊儿郎当的人，没必要认真。"

农工班长的媳妇接过话说："连长都管不了苏黎明，你能管得了他么。"

"正因为连长管不了他，连里才把他安排在农工班让我管呢。"

"那是连长不想得罪人，把得罪人的事交给你干。"

"我也知道得罪人不好，但是工作得有人干呢。"

"你只是农工班的小班长，芝麻大点的官，尽可能不做得罪人的事。你找连长把苏黎明调到别的班去吧。"

农工班长不想跟苏黎明结仇，也想找连长把苏黎明调到别的班去，但认为这种可能性不大。他说："苏黎明会干什么？不在农工班，还能去哪？连长根本没办法给他安排其他工作。"

"我是怕你跟苏黎明之间关系越来越僵，为了工作上的事，个人结下仇不值得。"农工班长的媳妇担忧地说。

农工班长也认为苏黎明是烫手山芋，放不下，拿不起，无法处理，叹息道："他也太懒了，还不讲理，怎么会有这种人呢。"

"啥人都有。"

"像苏黎明这种人还真不多，全团也找不出第二个。"

"就这么一个，还让你遇上了。"

"我不想跟他一般见识，如果我真不让他在农工班干活，他就傻眼了。"

"你可别这么想，如果把苏黎明逼急了，万一他想不开，再跟你拼命。"

农工班长蔑视地说："就他那个懒散样，没这个胆量。"

"你还是让着他吧，就当农工班没这个人好了。"

"我一直在让着他，你以为我怕他么。"

"你能怕谁。"

"真让你说对了，在咱们一连，我谁都不怕。"

"你这人听不出好坏话，说你胖，你还喘上了。"

"这是事实，我又没吹牛。"

"算了吧，你大字不识几个，考勤还得我帮记，得意什么呀。"

"正因为我文化不高，能当上班长，才算本事呢。如果我是大学毕业，当了班长，那我得傻成什么样。"

"你也只能当个班长，其他官就别想了。"

"能当上班长就行了，官大了也干不了，谁让我没文化呢。"

"你不要求上进，又不爱学习……苏黎明比你年龄还大呢，听说他已经取得大专毕业证了。"

农工班长认为苏黎明的大专毕业证没有用，就是废纸，轻蔑地说："近四十岁的人了，媳妇没有，钱没有，花了那么多钱，学了好几年，弄个大专毕业证有什么用？"

"千万别说没用，咱们连里的干部哪一个人有大专毕业证？连长是初中毕业，指导员才是高中毕业……"

"就算苏黎明是博士，也不会用他当干部。"

农工班长的母亲接过话茬说："可别这么想，人生三十年河东，三十年河西，谁知道会走哪条路。如果苏黎明真有大专毕业证，没准什么时间，就被提拔当干部了。"

"就他那个懒散样，能干什么？会干什么？"农工班长说。

"你可别小看人。"

"我可没有小看苏黎明，只是怀疑他的大专毕业证不是真的。"

"大专毕业证还会是假的吗。"

"就苏黎明那个笨样，能考上大专吗。"

"为什么考不上？"

"连队办公室里，哪个人不比他聪明，他能考虑到弄大专毕业证，别人就考虑不到吗。"

"别人没他读的书多呗。"

"我猜苏黎明的大专毕业证是花钱买来的。"

"大专毕业证还能花钱买么？"

"用钱什么买不来。"

"不管是怎么弄来的，有就比没有好。"

"花钱买个假毕业证有什么用。"

"不一定是假的。"

"就算是真的，又能怎么样。"

"你可别这么想，当年咱们来这里时，老孙头就看不起咱们，现在咱们比他家过得好多了。"

农工班长听母亲这么说想起了往事。多年前他跟母亲从河南老家来北大荒生产建设兵团时，一连的孙副连长看不起他们，处处为难他家。三年前孙副连长得了脑溢血，虽然抢救过来了，可日子过得相当紧巴。他认为自己跟孙副连长是有区别的，两者性质不同，他没有瞧不起苏黎明，而是苏黎明自找麻烦。他说："我真希望苏黎明能娶个媳妇，成了家，勤快点，过上好日子。"

"这么想就对了，人活着少做得罪人的事。"农工班长的母亲说。

"我工作上的事你就别跟着操心了，如果明年土地承包给个人了，农工班解散了，自己干自己的活，我就不操这些心了。"

"承包后苏黎明的日子更不好过了。"

"咱跟他不沾亲不带故的，他爱过啥样是啥样。"

农工班长干了一天活，很是疲倦，第二天还得早起上班，吃过饭就睡觉了。

4

早晨天空晴朗，看不出有降雨的样子，可佳木斯人民广播电台预告有雷阵雨。麦收季节的雷阵雨来得快，突发性大，有时防不胜防，让人头疼，时常会把快要晒干的麦子淋湿了。

好天气如果不把麦子摊开，就觉得错过了晾晒麦子的好机会。农工班长思索了一会，带领工作人员把麦堆摊开。金黄的麦子像一张大饼似的摊在水泥晒场上。烈日把水泥晒场照射得烫脚，赤脚走在上面热度会从脚传到身体里。金色的麦子如同是水泥晒场上的一张大饼，在阳光下被除去水分变干，散发着诱人的色彩。

这是麦收季节里最受欢迎的天气。如果遇到这种好天气，刚收进晒场上的麦子有三四天时间就能晾干，运往团部的粮库或储存在连队的粮仓里。

到了吃中午饭时间，正是一天里阳光最充足的时候。晒场上的麦子一般是相隔15分钟时间翻动一次，这样能尽快把麦子均匀晒干。麦收时在连队晒场上的工作人员是轮换回家吃午饭。农工班长安排苏黎明和几个工作人员在晒场上值班，其余工作人员回家吃午饭了。

农工班长在家还没吃完饭呢，就听到外面下起雨来了。雨声催促他放下筷子，迈开大步，飞速朝晒场的方向跑去。当他呼哧带喘地跑到晒场上时，雨已经停了。雨后的天空晴得那么好，阳光是那么灿烂。雨和人们开了个玩笑。他看见晒场上的工作人员在往麦子上盖苫布，身上的衣服全被雨水淋湿了。在这种晴天里突然降雨时，摊开在晒场上的麦子来不及堆成堆，只能往麦子上盖防雨物品。他看着被雨水淋湿的麦子心情很不好。工作人员又陆续把苫布揭去，清理着泡在水中的麦子。他没看见苏黎明，便问身旁的工作人员苏黎明去哪了。

那人看着农工班长没说话，转过脸朝晒棚方向看去，意思是苏黎明有可能在晒棚里。农工班长快步朝晒棚走去。

苏黎明打着呼噜，睡得正香，好像在做美梦。农工班长往苏黎明的腿上踢了一脚。苏黎明睁开眼睛一看是农工班长，急忙站起来。

农工班长咬了咬牙，发狠地说："你一个光棍，怎么会这么困呢？你晚上不睡觉，干什么去了？"

"我光棍怎么了？光棍也是本事，有本事你打光棍看一看。"苏黎明强词夺理地反驳着。

农工班长没想到苏黎明能说出这种话。这分明好坏不分，哪里是正常人说的话。他说："你打光棍算你有本事，可你也不能在工作中睡觉呀。"

"我只是在休息时打个盹，干活时就醒了。"

"你如果能醒，老天爷都不下雨了。"

"老天爷本来也没下雨。"

"你去看一看，麦子都被淋湿了。不下雨，是你尿湿的吗？"

"我醒了，老天爷就不下雨了吗？麦子就不被淋湿了吗？"

"盖麦子是你的工作吧，下雨时你干什么呢？"

"我睡觉是不对，可我也不是故意睡觉的。再说了，盖麦子只差我一个人了吗。"

"如果你不睡觉，多一个人是不是能多盖些麦子，麦子能少被雨水浇湿一些。"

"麦子被雨淋湿了责任在你，是你工作失误。你犯了指挥错误，既然佳木斯电台预报今天有雷阵雨，你就不应该让把麦堆摊开。"苏黎明振振有词地说。

农工班长生气地说："你工作期间睡觉，你还有理了。你这不是胡搅蛮缠吗？"

"你大字不识几个，根本不配当班长。像你这种没文化的大老粗当班长工作能干好吗？你有领导工作能力吗？如果你有文化，按照天气预报安排工作，今天麦子就不会被雨水浇湿了。"苏黎明用嘲讽的口气顶撞着农工班长。

农工班长被苏黎明激怒了，挥起拳头，咬着牙，瞪着眼睛说："你简直就是个无赖，我真想揍死你。"

"给你打，给你打……"苏黎明不但没有躲闪，反而还往前凑了凑，大声嚷着，故意惊动所有人。

围观的人越来越多，有几个人过来拦住农工班长，不让他接近苏黎明，也有人拉着苏黎明往一边拉，把两个人分开，避免发生肢体接触。

苏黎明看有人拉架了，知道农工班长打不着他，胆子就壮了，朝农工班长瞪眼睛，做出不服气的表情。

农工班长说："我扣你的工资！今天的活你白干了，一分钱没有。"

"昨天你不是刚扣过吗，今天还扣啊！你就知道扣钱，除了扣工资，你还会干什么。"苏黎明说。

农工班长做决定说："你别来农工班上班了，愿意去哪上班，去哪上班。农工班没你这个人！"

"你说得不算。"苏黎明说。

农工班长较劲地说："你看我说了算不算，你来了也不给你算上班。如果你愿意白干活，不领工资，你就来。"

"你不就是个小班长吗，有什么了不起的。你看有没有人能管得了你。"苏黎明话音没落，转身气愤地走了。

5

连长刚从麦地里查看收割进度回到办公室。他的衣服被雨淋湿了，鞋不仅湿了，还沾满了泥。他在办公室里有一套换洗工作服。他从墙上摘下挂着的工作服换上。办公室里没有备用鞋，只有一双雨靴，已经雨过天晴，太阳重现了，没必要穿雨靴了。可他没有鞋换，只好临时穿上雨靴。他穿上雨靴如同电影里国民党军队的指挥官。

女会计拿着一张发票找连长签字，开玩笑地说："连长，你像国民党军官。"

"共产党就没有这样人吗？"连长拿起办公桌上的钢笔在发票上边签字边说。

女会计说："解放战争时期共产党物资短缺，没有穿马靴这种条件，不像共产党。"

"我怎么会是这种形象呢。可我是真正的共产党员，为了不影响党的形象，我得找双鞋换上。"连长自言自语地说。

女会计说："天这么热，穿雨靴会得脚气。"

"我得回家换鞋。"连长说。

统计员是位二十多岁小伙子，走进来说："连长，我有一双备用鞋，你先穿上。"

连长跟统计员是穿同一号码的鞋，不客气地说："正好我还不想回家呢。"

统计员把鞋拿给连长，然后出去了。

连长拿起一份《农垦报》看着。每年这段时间《农垦报》上的新闻都是以各地麦收工作进展为主。报纸上有一篇文章吸引了他的注意力。这篇文章是团宣传科新闻干事杨玉江写的。他喜欢看本团人写的文章，更希望能有人把一连里的好人好事写成文章发表在报纸上。

苏黎明走进连长办公室时，连长抬头看了看他，没说话，低头继续看报纸。

"连长，我不想在农工班长干了。"苏黎明坐在连长对面的椅子上说。

连长没有抬头，声音不大，语气平稳地问："为什么？"

"我想换工作。"苏黎明说。

连长对苏黎明的印象原本就不好，看苏黎明要求调换工作岗位，就有点生气了，语气中带着不满和批评地说："干工作不是想不想的事，而是适合与不适合的问题。我还不想当连长呢，我想当团长呢，如果我去找师长提当团长的要求，能行吗？"

"我不想被大老粗（农工班长外号）管着。"

"他怎么了？"

"麦子被雨浇湿了，大老粗把气撒在我身上，还扣我的工资，他太不讲理了。"

连长对农工班长的为人处事是了解的。如果真是这么不讲理，连队里怎么可能让他当农工班长呢？虽然农工班是个没有技术要求的工种，但也不是谁都能干得了的工作。管理晒场，晾晒麦子，储存粮食，环环相扣，都是烦琐工作，需要具备工作经验和领导能力才行。虽然看起来不显眼，实际上比开机器在一线收割还重要。连长说："不会吧？"

"大老粗没有工作能力，不配当班长。"

"你看谁适合当农工班长？"

"谁都比大老粗适合。"

"你说出理由。"

"佳木斯广播电台预报今天有雷阵雨，可大老粗还让把麦堆摊开晾晒，这是他工作安排失误。他不检讨自己的责任，还怨这怨那的。"

连长知道晒场上的麦子被雨水淋湿了。因为雨降得太突然，但这不能算农工班长工作失误。在麦收的季节里，晴天时发生突发性阵雨这是经常有的，只能尽量避免麦子不被淋湿。连长说："如果农工班长在工作中有失误，他是要负责任的。"

"连长，你得批评批评大老粗，他自以为是，欺负人，刁难我！"

连长不相信地说："还没听说他欺负过谁呢，他怎么刁难你了？"

"他总找我麻烦。"

"你们两个是河南老乡，他不可能欺负你。"

"我可不敢跟大老粗攀老乡，有这么个老乡真是倒霉透顶了。"

"农工班是连里的优秀班组，你在农工班工作应该感到光荣。"

"可算了吧，你就别护着大老粗了。"

连长抬头看了一眼苏黎明，代表连队领导班子表态说："如果你反映的问题属实，连里会处理他的。你去干活吧。"

"连长，你看能不能给我重新安排工作？"

连长变了脸色，语气加重了说："刚才不是跟你说过了吗，你怎么听不进去呢？如果每个人对工作都挑挑拣拣的，想干就干，不想干就换，那不是乱套了吗。"

"农工班里的活我真是干够了。"苏黎明叹息地说。

连长不耐烦地问："你想干什么活？"

苏黎明想在办公室工作。连队办公室里只有统计、出纳、会计、工会主席、指导员、连长这几个职位是脱产的。他琢磨过连队办公室里的工作岗位，做过比较，有过衡量。因为知识水平达不到，账目算不明白，所以出纳、统计和会计的职位他干不了。指导员和连长他不够条件，也没有领导和组织能力，并且连长和指导员是由团领导任命的。他心想只有工会主席这个职务还能沾点边。连长有向上级组织部门建议工会主席人选的权力，可他不能直接说出来，也没有勇气说出来，便支支吾吾地说："连长，你看着安排呗。"

连长看出来苏黎明有意到连队办公室工作的想法，认为不现实，也是不可能的事，推脱地说："我、指导员和工会主席，都是归团组织科管。统计、出纳和会计等职位，是归团计财科管。如果你想到连部工作，要么你去找团组织科，要么你去找团计财科。我只是个小连长，没权力提拔干部，更没权力配备办公室工作人员。"

苏黎明觉得进连队办公室工作的可能性微乎其微，也没信心能干好，便说："连长，我没要求非得在连队办公室工作，只要是不在农工班干活就行。"

连长看苏黎明听不进劝说，还执意想换工作，话说得越来越直接了，贬低性地说："你是怕出体力吧，可咱们是农业生产连队，除了连队办公室里的工作，再没有轻松的工作可安排了。更何况连队办公室的工作也非常累。"

"办公室的活还累么？"

连长说："天刚亮我就来上班了，早饭是在办公室吃的饼干。你说累不？"

"连长，只要不让我在农工班干活就行。"

连长想了想说："要么你去农具场当更夫吧，打更比较清闲。"

苏黎明没想到这个工作，连长想到了。他喜欢当更夫。更夫虽然挣钱少了点，但不出体力，自由，有时间写诗和读书。他喜欢自由散漫的工作，挣钱多少是次要的。他说："好啊。"

连长皱了皱眉说："你当更夫还有点年轻了，连队农具场的更夫一直都是由年龄大的老职工干，你这么年轻能行吗？"

苏黎明说："年轻当更夫好，小偷不敢来偷东西。"

连长一副为难的表情说："老张已经干好几年更夫了，如果无缘无故不让他干了，也不好。再说了，也没地方安排老张，如果你想当更夫，也得等老张退休后。"

苏黎明知道老张五十多岁了，但不知道老张的具体年龄。他说："老张年龄不小了，快退休了吧？"

"老张五十七了，还有三年退休。"

"三年时间有点长了。"

"时间是长了点，可没别的办法。要么你去团劳资科问一问，看其他连队有没有适合你的工作。如果有，你可以调走。"

苏黎明知道连长不想让他在一连工作了，讨好地说："咱们连挺好的，人熟悉，好相处，我舍不得离开。"

"你如果不想调走，就得在农工班上班，别的工作岗位暂时没有。"

"连长，老张退休后就让我当更夫吧。"

"老张还有三年才退休呢，到时候我当不当连长还不一定呢，没法答应你。"

此时苏黎明是那么想去农具场当更夫，如同当了更夫，就摆脱烦恼了。他追问道："如果老张退休后，你还是连长，就让我去农具场打更吧？"

"还有那么长时间呢，你着什么急呢，计划没有变化快，到时候看情况再说。"

"连长，别的事可以变，这件事不能变。"

连长转移了话题说："你还在写诗吗？"

"我的诗已经在内刊发表了。"苏黎明带着几分得意地说。

"作品发表了，你可以找宣传科，让宣传科把你调过去。"

"咱们连队里安排人都这么难，团机关就更难了。如果调，也得等机会。"

"团里比连里好安排，宣传科有专门写材料的人员编制，连里没有。如果连里有专门写材料的工作岗位，就安排你。"

苏黎明第一次听到这么温暖的话，感激地说："谢谢连长。"

"你别总写诗，换个思路，把连里的好人好事写成文章，投给报社、广播电台，如果发表了，连里和团里都会奖励你的。"

"我考虑考虑。"

"咱们连里从前出现过祝大同这个'笔杆子'，祝大同在时，咱们连的工作在全团是数一数二的。他走了，就名落孙山了，不是咱们工作比以前差了，而是没人把工作写成文章宣传出去。"

"祝大同还送给过我《人民文学》杂志和《泰戈尔诗选》的书呢。"

"所以说你应该向祝大同学。如果学不了祝大同，能赶上杨玉江也行呀。"

"杨玉江我也熟悉。"

连长把《农垦报》递给苏黎明说："你看杨玉江写的文章，又在报纸上发表了。"

"我认真拜读拜读。"苏黎明接过报纸说。

"杨玉江原来是二连开推土机的，没有社会关系，凭着手中的笔，换了工作，改变了生活。他如果不是发表文章，团里是不可能调他去宣传科的。"

"他运气不错。"苏黎明赞叹地说。

连长不相信运气，而相信真本事，纠正性地说："运气是什么，运气是真本事。他如果不发表文章，团领导会知道他吗？如果你也发表文章了，你就不用来找我调换工作了，团组织科就把你调走了。没准你的级别比我还高呢。"

苏黎明受到了鼓舞，有着蠢蠢欲动的表情，便问："你想让我写什么？"

"不是我让你写什么，而是你得想好了，写什么文章才能发表，发表后怎么才能引起团领导重视。如果我让你写了，你写出来，发表不了，不是白浪费工夫吗？"

苏黎明信誓旦旦地说："我回去琢磨琢磨，看从哪入手。"

"你是应该好好琢磨琢磨了。"

苏黎明转身走出连队办公室，准备离开，走到窗户前，止住步，扭过身看着屋里的连长，提醒地说："连长，你可别忘了批评大老粗（农工班长）。"

"忘不了。"

苏黎明心情愉快地走了。

如果苏黎明不来找连长，连长看完报纸就准备去晒场了。连长这些天的工作地点主要有三处，一是办公室，二是晒场，三是麦地。苏黎明向他反映工作问题，他就得去了解，去处理。但他没有马上去找农工班长。他了解农工班长的性格，农工班长认准了的事情有时不转弯，在气头上情绪容易激动，万一顶撞他就不好办了。

连长是在快要下班时去晒场的。这时晒场上的麦子已经收起来堆成堆了。有的麦堆已经用苫布盖上，防止夜里的潮气，还有两堆麦子没有盖，没有盖的麦子是被雨浇湿了。虽然经过下午几个小时的晾晒，除去了些水分，但湿度还比较高。如果不及时降温，一夜过后麦堆深处的麦子就会霉变。两台扬场机对着把麦子扬到空中，进行倒堆，吹风降温。经过倒堆降温后的麦子放一天是没有问题的。

农工班长看连长来了，朝连长迎了过去。他向连长汇报着晒场上的工作。

连长每天都会来晒场上好几次，对晒场上的工作了如指掌。他听农工班长介绍完晒场上的工作，笑着问："你扣苏黎明的工资了？"

农工班长听连长提起苏黎明态度马上变了，生气地说："苏黎明我管不了，你还是把他调到别的班吧。"

"他怎么了？"

"工作期间他睡觉，还不接受批评，影响太坏了。"

"苏黎明是太懒散了。"

"一个男人，正当年，连老婆都没有……怎么会那么懒散。"

"正因为没老婆，他才懒散呢。如果有老婆管着，就不这么懒散了。"

"他这么懒散，哪个女人能嫁给他。"

连长发愁地说："苏黎明这么生活下去真是问题。"

"他找你了？"

连长看了看干活的人群问："他没回来上班吗？"

"没来。"

"我让他回来上班了。"

"你快把他调走吧，农工班不要他了。"

"他会干什么？你让我把他调到哪去？哪个班能愿意要他？"

"有没有人要跟我没关系，反正农工班不要他了。"

"你的犟劲又上来了。"

"连长，你没看见苏黎明那样呢，不认错，我说他一句，他有十句等着。"

"你觉得没面子了？"

"我的面子是次要的,影响太坏。如果都像他这样上班时间睡觉,还怎么分配活？活谁干？"

"影响是不好，可没你说的那么严重，谁让你没遇上好老乡了呢。"

"我可没他这个老乡。"

"你跟苏黎明的老家不都是河南的吗，怎么会不是老乡呢。"

"河南人多了，哪来那么多老乡。"

连长开玩笑地说："苏黎明说有你这个老乡感觉自豪。"

"可得了吧，我被他气得都不知道说什么了。"

"你的气性也太大了吧。我如果遇事像你这么想不开，还能活到今天吗。全连有多少不顺心的事。团长遇到不顺心的事情就更多了，事情过去就算了。"

"你和团长是大官，有度量，我只是个小班长，没那么大的度量。"

"度量不分官大官小，跟性格和脾气有关。"

农工班长解释说："开始我没想真扣苏黎明的工资，可他不给我面子，在众人面前跟我对着干，那么个东西好坏不知，逼着我处理他。"

"你再将就将就他吧，明年承包了，分给他点地，让他自己种，就不会发生这种事了。"

"如果等到明年，就把我气死了。"

连长笑着说："没这么严重吧。"

6

苏黎明从连队办公室出来没去晒场上班，而是回家了。虽然他现在是个人生活，可他也不想打一辈子光棍，也有着结婚、娶媳妇的愿望。最近有人给他介绍了一个九连姓秦的姑娘。如果说是姑娘有点不够准确，因为已经年过三十岁了，步入中年人的行列，过了称呼姑娘的年龄。她还没嫁过人，是个处女，应该说是老姑娘比较准确。

秦姓老姑娘有点智障，思维慢，谈过几个男朋友，男方都因为嫌弃她性子慢，反应迟钝，不善交流告吹了。她跟苏黎明一样进入了剩男剩女的队伍中。在生产建设兵团剩男剩女比较少见，无论男女，只要过了二十八九岁还没有对象，就如同生理有缺陷似的，没脸见人，自尊心受挫。剩女比剩男更着急找对象。生产建设兵团人口少，找对象选择面小，人到中年找对象选择面就更小了，不容易遇到意中人，不好找对象。秦姑娘找对象的标准一降再降，降到了可以接受苏黎明的程度。

她跟苏黎明见过两次面，对苏黎明不是很中意，因为没有别的候选人，心想先交往着，如果能谈得来就谈，谈不来再分道扬镳，各奔东西。

苏黎明与秦姓老姑娘想法不同。他看上秦姓老姑娘了，心想生活中有个女人比没有好，真心想娶秦姓老姑娘当媳妇。他现在对娶媳妇有着焦灼心情，盼望洞房花烛夜。那是什么样的快乐？他不知道。

秦姑娘牵扯着他的心。他跟秦姑娘谈恋爱的事一连只有林山东知道。

林山东是秦姑娘父亲的老乡，五十多岁的年龄，禀性憨厚，在机务班开拖拉机。苏黎明毕竟是年近四十岁的人了。男人到了这个年龄还没有娶妻生子，不算正常，留下许多疑问，让人不放心。秦家感觉把姑娘嫁给这么个男人心里不踏实，想尽可能做到万无一失。为了防止嫁了不应该嫁的人，秦家想从林山东那里了解到苏黎明的真实情况。林山东对苏黎明的评价是公正客观的。他说苏黎明除了懒散，痴迷写诗和看书之外，没有什么不良恶习。

秦家人心想如果只是懒散，痴迷写诗和看书也不算是大毛病。一个单身汉过日子肯定寂寞，没有规律，随意性大，有点爱好要比没有爱好生活过得充实。并且是看书和写诗，跟文化有关，应该不算坏事情。虽然痴迷写诗和看书影响了正常生活规律，如果结了婚，有了老婆和孩子就会改变的。

秦姑娘正在院落里洗菜呢，苏黎明骑着自行车来到了院落门口。她不高兴地看了苏黎明一眼，没说话，低头继续洗菜。

苏黎明感觉秦姑娘的表情不对劲，推着自行车进了院落，搭话说："洗菜呢。"

"你怎么没上班呢？"秦姑娘问。

苏黎明不敢说出实情，想用谎言敷衍过去，急忙说："我今天休息。"

"麦收这么忙，你怎么会休息呢？"秦姑娘问。

苏黎明继续编织着谎言说："我身体有点不舒服。"

"去医院了吗？"秦姑娘问。

苏黎明说："没有。"

"身体不舒服应该去医院检查一下。"秦姑娘说。

苏黎明说："我身体一直很好，没什么大毛病，可能是麦收这些天活太累了，休息不过来，休息一下就好了。"

"你好像是医生似的，对自己的病了如指掌。"秦姑娘说。

苏黎明说："自己身体不舒服能不知道吗。"

"让我看你这病挺难好的。"秦姑娘说。

苏黎明感觉秦姑娘话中有话，不解地问："为什么？"

秦姑娘把洗好的菜拿到屋中，又从屋中拿了些菜出来洗。她做出不想多说话的意思。苏黎明急忙把自行车上的塑料袋取下来，从里面拿出两条一斤重的鲤鱼，还有几斤猪肉。秦姑娘说："你不上班还有钱吃饭吗？"

"我休息也有工资，怎么会没钱吃饭呢？"苏黎明说。

秦姑娘不相信地看了一眼苏黎明说："你就编瞎话吧。"

"我怎么是编瞎话呢。"苏黎明觉得秦姑娘知道了什么，说这话时的语气不坚定。

秦姑娘感觉自己跟苏黎明像是在演戏，可她演得有点力不从心，不想继续演下去了，直接地说："你被停工了吧？"

"我怎么会被停工呢？"苏黎明想狡辩，但没有底气。

秦姑娘说："昨天上班期间你回家睡觉，被你们班长发现了，班长批评你了吧？你还不接受批评……"

"谁跟你说的？"苏黎明没想到这件事会这么快传到秦姑娘的

耳朵里，如果知道这样，说什么也不会顶撞农工班长，也不会现在来找秦姑娘。

秦姑娘说："没人跟我说，可有人跟我爸说了。我爸对你这么做很生气。"

"谁跟你爸说的？"苏黎明知道秦家人还不完全认可他，并且主要反对意见就是来自秦姑娘的父亲。秦姑娘的父亲认为家里日子过得好不好，主要责任在男人。男人是一家之主，必须勤快才行，如果男人懒散，不务正业，日子是过不好的。

秦姑娘说："你别问是谁说的，反正我爸不高兴了。"

"以后我改。"苏黎明说的谎言不但没起到应付作用，还引起了秦姑娘的反感。

秦姑娘看了一眼院落外，叹息了一声。她父亲回来了，父亲已经不让她跟苏黎明继续交往了。

苏黎明看见秦姑娘的父亲心跳加快，神色慌张，急忙打招呼说："大叔，下班了。"

秦姑娘的父亲如同没听见苏黎明说的话，一句话没说，把手中的镰刀放在门后，朝屋里走去。苏黎明有被冷落的感觉，不是滋味，看了一眼秦姑娘。秦姑娘端着洗菜盆也进了屋，苏黎明跟着进了屋。秦姑娘的父亲坐在炕沿边上吸着烟。

苏黎明想跟秦姑娘的父亲解释没上班的原因，坐在沙发上想说话，但找不到话题，难开口。

秦姑娘的父亲吸着烟，责备地说："哪有像你这样的工人，上班时间回家睡觉，还有一点组织纪律性吗？"

"当时要下雨了，晒场上没干活，临时性休息，我就回去看书了。"苏黎明解释说。

秦姑娘的父亲工作非常认真，又说："上班就是上班，闲着也不能回家，回家就是脱离了工作岗位。"

"我没考虑那么多，有点冲动了，以后不会这样了。"苏黎明认错地说。

秦姑娘的父亲说："你都这么个年龄了，连这点工作制度还不懂么？"

虽然这句话语音轻，但带着责备和批评，如同锤子似的敲在苏黎明的心上。苏黎明呆呆坐着，心想秦姑娘的父亲批评完了，发完火了，也许态度就会好的。

秦姑娘的父亲说："听说你没黑没白地看书和写诗，写诗和看书能当饭吃吗？看书和写诗能把日子过好吗？男人应该先把家里的日子过好才行。"

"我已经取得大专毕业证了，以后不用看那么多书了。"

"干农活的，拿着大专证有什么用？家里的日子过不好，还会让外人瞧不起。"

苏黎明认为秦姑娘的父亲跟自己不在一个思想水平上，两个人对事情的理解差距太大，无法交流，没有把心中想当干部、想当诗人的想法说出来。他说出来秦姑娘的父亲也不懂，不仅白费口舌，可能还会引起更多批评的话题。

他知道秦姑娘家嫌他不会过日子，这种想法在他看来是错误的，如果他把日子过好了，当上了干部，在办公室上班了，还能娶秦姑娘吗？他是想把日子过好的，也想当干部，不然就不会花那么多钱，付出那么多精力，辛辛苦苦学了好几年，努力考大专证了。其实他这么执着地写诗和看书，也是为了过上好日子，朝着办公室的工作努力。他是想通过写诗，考大专文凭，改变生活环境。他采取的途径与兵团普通职工不同，区别大，没人理解他。

秦姑娘的父亲做决定地说："把你们的事先放一放，你先把工作干好了再说。如果没了工作，怎么生活？"

苏黎明听见这话慌了。这话是给他了断的答案，他承诺道："我会努力把日子过好的，工作上也会要求进步的。"

"那就等你把日子过好了，工作改变了再说。"秦姑娘的父亲说。

苏黎明求援地看了一眼秦姑娘，希望秦姑娘能帮助他。秦姑娘什么也没说，伤感地走出屋。苏黎明迟缓了一下跟了出去。秦姑娘知道父亲的决定是改变不了的，何况她不想改变呢。苏黎明脸色通红，燥热，无话可说。他心里清楚秦姑娘的父亲只是知道他第一次被扣工资的事情，还不知道今天发生的事情，如果知道今天发生的事情，更不会原谅他了。他没有在秦姑娘家吃饭就回家了。

天已经黑了，他骑自行车走了三十多里路，回到家又累又饿，更憋气。他在床上躺了一会，出了屋，朝农工班长家走去。

晒场上有麦子发热了，必须及时通风降温，农工班长和媳妇加班还没回家。农工班长的母亲吃过晚饭一个人在家。她看苏黎明不高兴地走进屋问："你来有事吗？"

"我没饭吃了，来你家找饭吃。"苏黎明阴沉着脸色说。

农工班长的母亲从苏黎明说话的语气中知道苏黎明是来找麻烦的。她不想激怒苏黎明，也同情苏黎明，从锅里端出给儿子和儿媳妇留的饭菜，放在饭桌上说："还热乎着呢，你吃吧。"

苏黎明看了一眼，找个塑料袋子，把饭菜装进塑料袋里，拎着离开了。

农工班长的母亲看着苏黎明的背影轻轻地摇了摇头，叹息了一声。

苏黎明拎着饭菜走进连队的小商店。

商店是李玉福家开的。李玉福的老婆身体不好，不能到连队干活，开了小商店赚点钱，贴补家用。她得知苏黎明被停工的事情了，就问："你怎么得罪大老粗（农工班长的外号）了？他停你的工？扣你的工资，没有工资，怎么过日子呢？"

"我在连队里得罪过谁？大老粗在欺负人。"苏黎明说。

李玉福的老婆把一瓶北大荒白酒递给苏黎明，接过苏黎明手中的钱，向着苏黎明说："大老粗工作认真，在晒场上说一不二，你可别惹他。"

"大老粗有什么了不起，不就是个小班长吗，没准哪天就不让他干了呢。"

"好汉不吃眼前亏，县官不如现管。"

"大老粗别把我逼急了，逼急了，有他好看的。"

李玉福的老婆不相信地说："你能把他怎么样？"

苏黎明被问住了，没回答上来。他刚才顺口说的是气话，没想过报复方面的事，真不能把大老粗怎么样。他身体没农工班长健壮，打不过人家，工作中还被人家管着，能用什么办法报复？他把手中的菜往上提了提说："这是大老粗家炒的。"

"既然给你炒菜了，怎么没留你喝酒呢？"李玉福的老婆说。

"留我了，我没心情在那儿喝。"

"真看不出来，大老粗能怕你。"

苏黎明拿着酒，拎着菜，晃晃悠悠地回家了。他吃着菜，感觉味道不错，比自己炒得好吃。他想还是女人做的饭口味好，如果自己能娶到媳妇就好了。现在他是那么渴望女人，也许这种想法来自酒的作用。他想如果农工班长不停他的工，不扣他的工资，秦姑娘的父亲也不会用那种态度对他。或许晚上他还能住在秦姑娘家呢。

他憋闷。

他去农工班长家找饭吃不是他没粮食，而是想警告农工班长，让农工班长明白如果继续扣他工资，停他的工，他会做出反击的。他想让农工班长知道他不是好欺负的，不要往绝路上逼他，如果把他逼急了，后果……

他满怀心事，借酒浇愁，不觉中喝醉了。

7

农工班长和媳妇回到家看见母亲正在灶台前炒菜，不解地问："妈，你怎么才做饭呢？"

"我吃过了，给你们做。"他的母亲说。

农工班长说："你给我们留点就行，不用单独做。"

"我忘留了。"

农工班长心想母亲以往是留饭的，今天怎么会忘留了呢？

他母亲问："苏黎明没加班么？"

农工班长看了一眼母亲说："妈，你怎么又提起苏黎明了，他跟咱家没有关系，不用再提他了。"

"你工作别太认真，像苏黎明这样的单身汉，你跟他较什么劲呢？"

农工班长不耐烦地说："妈，我工作上的事你别掺和行不行？"

"你年轻气盛，这么处事没好处，容易吃亏。"

农工班长反驳地说："妈，吃亏是我的事，跟你没关系。"

"你是我儿子，怎么会跟我没关系呢？如果你不是我儿子，我能操这个心吗？"

农工班长的媳妇一直在观察着婆婆的表情，发现婆婆神态不自然，好像有事没说出来，便问："妈，是不是苏黎明来咱们家找你了？"

农工班长的母亲叹息了一声没回答。

农工班长的媳妇问："苏黎明来说什么了？"

农工班长的母亲不想把苏黎明来找饭吃的事说出来，遮掩地说："什么也没说。"

"他来找你怎么能不说话呢。"农工班长的媳妇不相信地说。

"他能跟我这个老太婆说什么。"

农工班长最反感因工作中的事来找母亲了。他不想因为工作中的事影响了母亲的心情，叮嘱道："妈，如果苏黎明再来找你，就撵他出去。"

他母亲不赞成这么做，反对地说："这样做不是激化矛盾吗。"

"我是按照规定处理事，是苏黎明不讲道理。"

"狗咬你了，你还能去咬狗吗。如果你这么处理问题，小事也会变成大事，干脆这个班长你别当了。"

"我也没想当，是连领导非让我当的。"

"你当这个班长出力比别人多，好处一点没有，还干得罪人的事，图个什么？"

"我什么也不图，连领导信任我，我只想把工作干好，不想让连领导失望。"

"你这么想没错，可你得讲究点工作方法呀，处理问题是有技巧的，不能硬碰硬。"

"我读书少，转弯慢，你就别跟我说那些动心眼、耍滑的事了，说了，我也学不会，干到年底，明年我就不当班长了。"

农工班长的媳妇想知道苏黎明来说什么了，婆婆刚才没说出来。她接着问："苏黎明是什么时间来咱家的？"

"他刚走一会，你们就回来了。"农工班长的母亲说。

"他在咱家待了多长时间？"

农工班长的母亲看儿媳妇一脸打破砂锅问到底的表情，不想隐瞒下去了，便说："苏黎明没有饭吃了，是来找饭吃的。"

农工班长原本不想说这件事了，听母亲这么说，火又上来了，语气生硬地说："苏黎明没饭吃了也不应该来咱家，咱家又不是食堂。"

"这不是明摆着的事么，你不是扣他的工资了吗。"

"苏黎明才两天没上班，怎么会没饭吃呢。他是存心来找碴的，看明天我怎么收拾他。"

他母亲责备地说："你怎么脑子不开窍呢，你跟苏黎明这种人计较什么，还是算了吧。"

"你给我们留的饭是不是让苏黎明吃了？"农工班长气愤地问。

"他没在这儿吃，拿回去了。"

农工班长听母亲这么说，恼怒了，发狠地说："这不是耍无赖么，还了不得了呢，明天不处理他，我都不是人。"

他母亲还想说什么，可是农工班长已经回屋睡觉去了。

8

苏黎明一觉醒来天光大亮了。昨晚他喝了一瓶北大荒白酒，喝醉了，一夜过去头还有点痛。他很久没喝酒了，更别说是喝醉了。喝醉酒当时挺舒服的，酒精麻痹了神经，能暂时忘掉烦恼。酒醒之后还得面对现实生活，烦恼依然存在。他坐在床上，扭过头，侧脸看着窗外淡黄色的晨光，想着心事。他在思考着去不去上班。如果不去上班，肯定是没有工资的，这么待下去不是长久办法，更没法面对连长，以后怎么好再找连长提换工作的事呢？虽然农工班长说农工班不要他了，但连长让他回农工班上班。连长管着农工班长，下级服从上级，农工班长得服从连长的工作安排。他更得服从连长的安排了。如果他去农工班上班，农工班长会怎么对待他呢？他表面上不在乎，实际上他还是怕农工班长的。他考虑来考虑去心想还是去上班吧，不管班长怎么对他，去要比不去好。何况他回农工班上班了，也是按照连长的意思做了，服从连长安排了。他感觉自己想多了，连长既然让他回农工班上班，连长肯定会跟农工班长说的。他出了屋，朝晒场方向走去。

苏黎明第一次来这么早上班，其他人还没有到呢。他坐在晾棚下的苫布上，看着陆续朝晒场上走来的人。

农工班长上班比往日晚了点。他来到晒场上时，工作人员都到齐了，在等他布置工作呢。他看见苏黎明就生气，原本连长跟他说过后，气已经消了。可他没想到苏黎明能去他家找饭吃，这分明是跟他对着干，想分高低、胜负。他瞧不起苏黎明，又怎么会让步呢？他走到苏黎明身边鼻子不是鼻子、脸不是脸地说："想吃饭，就得好好工作。"

"我什么时间不好好工作了。"苏黎明反驳道。

"你工作好，能没有地方要你吗？你也只能赖在农工班吧。"

"是连长让我回来上班的。"

农工班长嘲讽地说："你还有理由了？你知不知道连长没地方安排你了，才让你回农工班上班的。"

"农工班也不是你家的，连长让我来我就来。你也得听连长的。"

农工班长斥责地说："苏黎明，你真不要脸，如果你要脸，就别在农工班上班，另外找个地方干活。"

苏黎明被农工班长激怒了，恐吓道："大老粗，你别逼我，如果你不让我好过，我让你也好不了！"

"不是我逼你，是你不要脸，你也不拿着镜子照照自己，看自己是什么德行。"

苏黎明强调性地发出警告说："我怎么了？我不比你少胳膊少

腿。你不要把事情做绝了，如果你把事情做绝了，有你后悔的！"

"你一个老光棍，连老婆都没有，活半辈子了，连女人都没睡过，能有啥本事。你有本事睡个女人让大家看一看。"农工班长嘲弄地说。

苏黎明怎么会忍受这种羞辱呢，反击地说："大老粗，我去睡你老婆。"

农工班长看苏黎明说起下流和极端的话，更加蔑视地说："就你那熊样，没一点男人骨气，给你女人都不敢碰。"

"把你姑娘送到我被窝里，你看我敢不敢碰。"苏黎明毫无羞耻地说。

农工班长听苏黎明侮辱女儿，真火了，拿起身旁的木锹朝苏黎明狠狠砸了过去。苏黎明一闪身，木锹砸在水泥地上，断成了三节。农工班长恼羞成怒，直奔苏黎明，苏黎明知道没有还击能力，打起来会吃亏，转过身，急忙往晒场外面跑。农工班长紧追不舍，跑得比苏黎明快，追上后一脚就把苏黎明踹倒了。苏黎明还没来得及爬起来，农工班长已经骑在他身上了，没有起来的机会。农工班长挥舞着拳头朝苏黎明身上砸去，苏黎明双手抱着头，趴在地上，防止伤着脸。

有人过来拉架，三五个人才拉住农工班长。

苏黎明从地上爬起来，鼻子流出的血染红了前衣襟，脸也肿了，怒视着农工班长，不服气地说："你等着，老子跟你没完！"

"有本事你过来，别跑。"

苏黎明直接去连队办公室了。

连长去麦地检查机车的收割工作进度了。

指导员问："谁把你打成这样？"

"还能有谁，大老粗呗。"

指导员问："他为什么打你？"

苏黎明脱掉衣服，让指导员看身上的伤，委屈地说："看我老实，好欺负呗。"

"打架应该有原因吧？"指导员说。

苏黎明说："就算我有错，大老粗也不应该动手打人，打人是犯法的。"

指导员知道农工班长扣苏黎明工资的事，猜测打架可能跟这件事有关，连长已经处理过了，不想插言。

苏黎明说："指导员，你把大老粗关押起来。"

"你别激动，控制点情绪，有理讲理，麦收工作这么忙，怎么可以随便关押人呢。"

"过了麦收关大老粗么？"

"不能随便关押人。"

苏黎明不愿意听这种官腔话，指责说："指导员，你别护着大老粗。如果连里不处理大老粗，我就去找团领导。"

"你们两个都是连队里的职工，哪一个都跟我不沾亲不带故，我怎么会向着他呢。"指导员生气地说。

苏黎明说："你态度不对。"

"我态度怎么不对了？你让我关押人，我不关押，我态度就不好了？就算团长、政委，也不可能随便关押人。"

苏黎明要口供似的说："你说这事怎么解决吧？"

"昨天连长不是给你解决了吗，今天怎么还打起来了呢？"

苏黎明愤怒地说："连长就这么解决问题吗？如果大老粗服从连长安排，我能被打成这样吗？"

"你不要埋怨连长，又不是连长打的你。"

苏黎明说："是连长让我回农工班上班的，要么我也不会去。"

"你不去农工班上班，想去哪？"

苏黎明说："只要不在农工班，在哪都行。"

"得有地方要你呀。"

苏黎明说："你们安排在哪都行。"

"得有适合安排你的岗位才行。"

"连队给我调换个工作岗位就这么难吗？"

指导员失去了耐心，语气尖锐地说："你会干什么？你什么也不会干，怎么安排？"

"照你说我是废人了呗。"

指导员说:"这话是你自己说的。"

"既然连队不给我调换工作,就得免去大老粗的职务,严肃处理他。"

指导员说:"事情调查清楚了才能处理。"

"我都被打伤了,事实明摆着呢,还调查什么?"

指导员说:"他为什么打你?打架应该有原因吧。他疯了吗,平白无故打你。"

"你放屁!大老粗打人还有理了!"苏黎明破口大骂。

指导员没想到苏黎明会骂他,还没人骂过他呢,听到这句话愣住了,接着就火了:"你愿意找谁解决找谁解决,我管不了。"

"你不管还真不行。"

指导员说:"我为什么要管?"

苏黎明连珠炮似的说:"因为你是指导员,因为你是连领导,因为你是共产党员,因为这件事是在你工作职责内的事。你不管,就是对工作不负责任,我就可以去团纪委告你渎职,让团长撤你的职!"

"你去告我吧,看能不能撤我的职。"

苏黎明说:"你别后悔。"

"最好你能接替我的工作。"

办公室里的工作人员和几名来办公室办事的职工都围了过来,静静观望着,谁都没插言。在场的人没想到平时少言寡语的苏黎明能一连串说出这番话,认为苏黎明没有白看书,有点水平。

虽然苏黎明冲动,态度不好,但说的话有几分道理。

指导员被苏黎明的话震慑住了,知道不管不行,克制着情绪说:"你们俩在工作中打架都有错,我不能听你一面之词,得调查,了解了解情况,看谁的错大,才能处理。"

"你调查吧,我等着你处理。"

指导员还想说什么,可苏黎明不想说下去,转身走了。

指导员认为苏黎明在工作中无论违反了什么制度,农工班长也不应该动手打人，并且把苏黎明打得鼻青脸肿，血染红了衣服。他让统计去找农工班长来办公室。

苏黎明回到家，走进屋就看见挂在墙头上的祝大同的照片了。祝大同曾经是他的偶像，也是他崇拜的引路人。以往他看见祝大同的照片会产生读书和写诗的动力，能把心中的郁闷化解了，可今天看见祝大同的照片是那么别扭，不顺眼，还生气，好像被打的遭遇是祝大同造成的。他走上前举手摘下相框扔到地上，又随手把桌子上的杂志和内刊资料推到地上。他弄不明白祝大同是写文章的，自己也是写文章的，自己怎么会跟祝大同的处境差距那么大。如果不是知道祝大同写文章，如果不认识他，如果不住在他住过的屋子里；如果祝大同不是因为会写文章被调到团机关工作，后来又被调回浙江省了，从写文章中得到了想要得到的生活，他也许不会这么执迷写文章和读书，也许不会有好高骛远的想法，他的生活或许不会是现在这种样子，可能他会跟连队里其他职工一样务实，安分守己、脚踏实地地干活，按部就班地过日子。此时他是那么恨祝大同，好像是被祝大同欺骗了，祝大同把他领上了邪路。其实他跟祝大同在一连相处只有一个月的时间，而在这一个月时间里又因为他在农工班上班，祝大同在连队办公室上班，也没有过多交往。他怨恨人家是没有道理的。不过祝大同确实影响了他，"误导"了他。这是思想上的影响，也是精神上的"误导"，使他偏离了生活的轨道。他想起祝大同心里发凉，很寒心，不由自主地说：祝大同啊，祝大同……

他在屋中胡思乱想了一会，认为埋怨祝大同没有用，祝大同远在天边，不可能知道他凌乱无序的生活，更不会知道他的痛苦，他的痛苦只有自己想办法解决才行。

他已经找过连长和指导员了，也跟团宣传科李科长说过了，还去找过团组织科田科长，这些人都不能给他安排新工作，也不能帮助他换个生活环境，他只能在农工班继续干出体力的活。农工班长还总找麻烦，跟他过不去。他得想办法让农工班长不跟他作对才行。他想连长和指导员批评农工班长不管用，农工班长的母亲批评应该能管用。全连人都知道农工班长是出了名的孝子，很少惹母亲生气。他想到这儿，朝农工班长家走去。

天近中午了，没有风，阳光充足，照射在身上就出汗。他推开门闯进了农工班长家。农工班长的母亲光着上身正用毛巾擦身体呢，没想到会有人在这节骨眼上闯进来。她看见苏黎明闯进来傻眼了，说不出话了。苏黎明看见农工班长的母亲赤裸着身体，目瞪口呆，看傻眼了。

农工班长的母亲缓过神来，用毛巾遮盖着两只瘪瘪的乳房，六神无主，怒吼地说："你出去！快出去！"

苏黎明如同没听见似的站在那里，眼睛盯着农工班长母亲的乳房，流露着贪婪的神色。

农工班长的母亲说："你再不出去我就喊人了。"

苏黎明头脑一热，失去了理智，如同饿狼见到肉似的朝农工班长的母亲扑了过去。农工班长的母亲长得瘦小，年龄大了，没有力气，虽然做了反抗，想喊"救命"，但没有来得及喊出声音，就已经被苏黎明用毛巾堵住了嘴，压在了身下。

农工班长的媳妇来例假了，在休息期间回家换卫生纸时，看见婆婆在苏黎明身体下挣扎着，大吼一声："畜生！找死了！"

苏黎明被惊得回过头时，农工班长的媳妇拎起旁边的板凳朝苏黎明狠狠砸去。农工班长的媳妇一米七几的个子，身材结实，在晒场上抬麻袋很多男劳力抬不过她。她还是连队女民兵班的班长。苏黎明一闪身，板凳砸在了红砖的地面上，两条板凳腿断开了。苏黎明提着裤子，从窗户跳出去，撒腿就往外跑。

农工班长的媳妇去追赶苏黎明，苏黎明使出了全部力量奔跑。农工班长的媳妇跑了几步，想起了在屋里的婆婆，转身回屋了。

农工班长的母亲已经穿上衣服了。她说："造孽呀！"

"妈，没事吧？"媳妇说。

农工班长的母亲说："你回来得正好，要不我哪还有脸见人。"

"我去找连长，把苏黎明抓起来！"农工班长的媳妇说着出了屋。

连长给团部派出所打电话报了案，然后带着人直奔苏黎明的住处。

苏黎明把门反锁上，不开门。

连长质问："你做什么害人的事了？"

"我没做害人的事，都是别人害我。"

连长问："你去大老粗家干什么了？"

"你不是知道吗？咋还问。"

连长发狠地骂着："你是畜生！那么大岁数的人，你也想祸害，真是禽兽不如。"

"连长，真让你说对了，谁把我当人看过？既然都不把我当人看，我就做点不是人的事情。"

连长骂："你不得好死。"

"我活得憋屈，不开心，死就死吧。"

这时派出所的民警坐着绿色212北京吉普车来了，给苏黎明戴上了闪亮的手铐，押上了车。

派出所审问苏黎明进展得很顺利，警察问什么，他答什么，没有一丝隐瞒。警察问他作案动机是什么？他说没有动机。警察问为什么想强奸老太太？苏黎明说是一时冲动，性起，就是想报复大老粗，想泄愤。

一名年轻警察看案件审理顺利，调侃地说："你们一连真出人才，先是出来个祝大同，手中的笔一挥，文章在全国各地报纸、杂志上发表，从工人到干部，升职如同坐车那么快，名利双收。现在又出了你这么个写文章的人，虽然你写的文章没有发表，可你却想强奸老太太，这种事不多见。"

另一名警察接过话茬说："他跟祝大同没法比，当年祝大同在一连工作时，文章发表后，不只是自己被调到团机关工作了，当时一连的指导员和连长也被一起调到团机关工作了，并且还被提拔为科长了。当初一连的连长和指导员是沾了祝大同的光，现在一连的连长和指导员是倒霉了。"

"我没祝大同有本事。"苏黎明说。

警察贬低道："你比祝大同还有本事，你有强奸老太太的念头。"

苏黎明低着头一声不发了。

警察说："强奸未遂也会受到法律制裁的。"

9

晚上下班后林山东没有回家，从机务班骑着自行车直接去了三连给秦家送信。秦姑娘在蒸馒头，她的父亲在院落里收拾鱼呢。林山东说："我好长时间没吃鱼了，来得真巧。"

"这两条鱼是昨天晚上苏黎明拿来的。当时还活着，没吃，放在盆里养了一天，早晨死了。"秦姑娘的父亲说。

林山东说："苏黎明出事了。"

"你在电话中不是跟我说他被停工了吗，昨天我批评他了。"秦姑娘的父亲说。

林山东看了一眼秦姑娘没说话。虽然秦姑娘想知道苏黎明又做错什么事了，可看林山东不想当着她面说，她就回屋了。林山东低声说："不是那件事，是今天刚发生的事，这可比停工严重多了。"

"他怎么了？"

"难开口呀。"

"啥事你直说好了。"

"他想强奸妇女。"

秦姑娘的父亲怎么也没想到苏黎明能做出这种伤天害理的事情，不相信地问："你说什么？"

"苏黎明想强奸老太太，但没得逞。"

秦姑娘的父亲说："这哪是人呢？幸亏我没把姑娘嫁给他。"

"如果不是为这事，我也不会下班就跑来。我怕在电话里说不清楚。"

秦姑娘的父亲说："看苏黎明那个拖沓样，也不像做这种事的人呢。"

"人心隔肚皮，从外表哪能看出来。"

秦姑娘的父亲说："人到了年龄，就得结婚，不结婚真不行。"

"在咱们山东老家农村，打一辈子光棍的人不是很多吗？也没有几个强奸妇女的。"

秦姑娘的父亲把鱼往地上一扔说："真是个没人性的东西。"

"事情已经发生了，你也别上火，咱不是没把姑娘嫁给他吗。"

秦姑娘的父亲说："我能不上火吗，姑娘三十多岁了，还没有对象，找个对象，又犯了强奸的案子，不丢人么。"

秦姑娘的母亲从屋里走出来，看着地上的鱼问："怎么把鱼扔了呢？"

"这鱼有毒，不能吃。"秦姑娘的父亲说。

秦姑娘的母亲说："昨晚养了一夜，好好的，如果有毒能活吗。"

"别吃了，扔了吧。"秦姑娘的父亲说。

秦姑娘的母亲说："这么好的鱼，扔了多可惜。如果你怕毒着，你别吃，我吃。"

"你就这么馋吗？"

"让你说对了，我真馋了。"秦姑娘的母亲捡起鱼，洗了洗，转身进屋炖鱼去了。

林山东看秦姑娘的父亲还在生气，劝解地说："你扔鱼没道理，苏黎明犯了罪，跟鱼没关系。"

"看见鱼就如同看见苏黎明站在眼前了。发生了这种丢人事，能吃下这鱼么。"

林山东批评地说："你肚量这么小么，你吃不下我吃，我这么远跑来了，你得给点酒喝吧？"

"反正晚上没事，我好好陪一陪你，不喝醉了，你不能走。"

"我喝不过你。"

"咱们俩的酒量差不多。"

他们说着话，走进了屋里。

秦姑娘的母亲歉意地说："昨晚老秦上来脾气了，说苏黎明的话狠了点，苏黎明没吃饭就走了。"

"走就走吧。"

秦姑娘的母亲说："我们跟苏黎明接触得不多，老秦话说得有点过分了。"

"不过分。"

秦姑娘的母亲说："虽然苏黎明有缺点，能改就行。"

"难改。"

秦姑娘的母亲说："如果他没缺点，还能看上咱们家么。事情得一分为二看。"

"苏黎明的事咱不提了。"林山东说。

秦姑娘的母亲说："你跟苏黎明说，他再来，老秦不会用那种态度对待他了。"

"他再也不会来了。"秦姑娘的父亲说。

10

这是连队里发生的少有案件，在整个生产建设兵团也是少有的，引起了不小轰动。农工班长当天就辞职不当班长了。连长和指导员什么也没说便找人接替了农工班长的工作。

农工班长的妻子说："早就不让你当这个班长了，你不听，结果惹出了这么大的事。"

"谁知道苏黎明会这样呢！"

农工班长的媳妇说："你不当班长，晒场上的活不也有人干么。你太看重自己了。"

"我找过连长，也跟指导员说过，连长和指导员让我干完这一年。"

农工班长的媳妇说："没干到年底，咱家却出了这么大的事，连长和指导员能负起这个责任吗？"

"苏黎明犯了罪，怎么能跟连长和指导员有关系呢。"

农工班长的媳妇说："怎么会没关系呢？这是他们工作方式失误，明知道你跟苏黎明有矛盾，还让你管苏黎明，这不是激化矛盾吗。"

"工作中有矛盾的事多了，谁也没像苏黎明这样极端。如果有矛盾就这么报复人，社会不乱套了吗。"

"幸亏我回家及时，要么妈真受委屈了。"

"没让苏黎明得逞就行。"

11

团政委和宣传科长，还有电视台长陪着祝大同一行几人来到一连时，连队里的老职工围了过来。祝大同是随浙江返城知青参观团来生产建设兵团参观的。祝大同已经是副局级干部了，比团政委、团长还高半级呢。

祝大同得知苏黎明的事后，沉默了片刻对杨玉江说："他不适合写诗，写诗害了他。"

"当年你不是还送给过他《泰戈尔诗选》的书吗？"杨玉江笑着说。

祝大同说："当时苏黎明年轻，还没成家，一个人过着单身日子，有爱好比没有好，可随着年龄大了，他就不应该继续写诗了。"

"当时你如果告诉苏黎明你的看法，也许他不会坚持写诗那么久。"

祝大同说："我不能直接说，那样会伤了他的自尊心。"

"苏黎明是在以你为榜样，也崇拜你。抓捕他时，他屋里还挂着你的照片呢。"

祝大同叹息地说："他是选错了路。"

原载2017年1期《辰溪文学》、《新安江》、2021年3期《地火》、2022年6期《漳河文学》等

错过的人生风景

1

　　天还没亮她就醒了，她听见在另一间屋里母亲做饭的声音。因为刚过春天播种的农忙阶段，田里的农活不急着赶工，有了些空闲时间，村民们起来得不是特别早。今天母亲起早做饭是不想耽误她去相亲。从母亲掀开被子穿衣服的那一刻起，她就听到了这些声音。不是她比母亲醒得早，而是她在半夜时做了一个不好的梦，被梦惊醒后再也没能入睡。

　　她家住的是五十四平方米的砖瓦房。多年前，村庄的住房是实行分配制度。第一批建造的住房是三十七平方米，过了些年建造了第二批住房，第二批住房是五十四平方米。有的家庭人口多，根据实际情况，人口多的家庭分配到了五十四平方米的房子，然后把三十七平方米的房子转给人口少的人家。村庄的住房更新换代，成为人们生活水平提高的象征。现在村里陆续拆掉了砖瓦房，村民集体搬迁到县城里的楼房。北大荒地广人稀，想打造现代化新型城镇，就得让人口集中，优化城镇建设资源。这样既提高了人们的生活水平，还扩大了农田种植率。

　　午轻人比老年人关注楼房，但她对楼房不感兴趣。她早就到了结婚的年龄，也够结婚的条件，但还没结婚。她跟同龄人在一起时，别人谈论楼房，谈论结婚生子，讲述婆媳矛盾，她总是静静地听着，不插话。有时她连听都不愿意听。如果遇到同龄人带孩子玩时，她就找个借口离开。结婚的同龄人给她造成了心理压力，影响了她的情绪。

　　她住的后屋有个小窗户，窗外是菜园子。天亮时，光线能透过窗帘渗进屋里。天还没亮，屋里漆黑，她躺在炕上想着心事。时间在她的思绪中游走，光一点点从窗帘渗进来，由暗渐明。母亲把饭做好了，父亲也起来了。她听见父亲对母亲说的第一句话是："差不多就行了，你可别再挑三拣四了。"

"我怎么挑三拣四了？"母亲不接受父亲的指责。

父亲焦虑地说："如果你继续挑，就把英子的婚事给耽误了。"

"我是她妈，我是为她好。这事不用你管！"母亲的态度向来是那么强硬。父亲的许多想法都被母亲的强硬态度无情地打消在萌芽之中。父母的婚姻生活一直是阴盛阳衰。

虽然父亲和母亲的说话声是从门的缝隙传进来，像是蚊子的哼叫，声音微弱，但这种声音经过耳朵，进入心里，如同细细的钢针，用锋利的针尖把她的心刺痛。虽然父亲和母亲都没直接说出是为什么事争吵，但她知道这是在说她今天相亲的事。父亲是在责备母亲过多干涉她相亲的事，影响了她找对象，而母亲却以一贯的方式否定了父亲的意见。母亲根本不承认影响了她的婚事。

她对相亲的事有些麻木了，不知道怎么做才是正确的选择，不知道怎么才能把婚事定下来，更不知道在什么时候才能把自己嫁出去。

嫁人是她近几年最迫切想做的事。

父亲和母亲也想把她早点嫁出去。

虽然她跟父母在这件事上的出发点相同，但很少交换彼此的看法。她不是不想交换看法，而是母亲听不进去她和父亲的话。她的心事只能关在心里，如同她只能睡在这间小屋里，躺在炕上，面对黑夜想着心事一样。

这间屋子储藏了她的太多感情，也记录了她的生活。

早先是她跟姐姐两个人睡在这间小后屋里。两个人睡在这间屋里有点挤，可是没办法，家里人多，屋子面积小，房间少，只能合理安排有限的空间，提高屋子的使用率。她和姐姐是女孩，长大后，得到了优待。姐姐出嫁后，哥哥和弟弟睡在了这间屋子，能节约空间。哥哥结婚后，她睡在了这间屋，弟弟跟父母睡在前屋的炕上。弟弟结婚后，屋里不拥挤了，她和父母住的空间大了。

虽然这间屋里住的人数从六个人减少到了三个人，空间大了，不拥挤了，但她的心越来越压抑，好像住的屋子空间变大了，心的空间变小了。她也想在某月某天离开这间屋，换个新房子住，与一个从陌生到熟悉的男人在一起生活。

她想找个关心她的男人，出嫁，结婚。

是的，她早就到了出嫁的年龄，这间屋子不应该属于她了，应该有另外属于她住的屋子。在那个屋子里有个爱她的男人，她成为那个男人疼爱的女人，她为那个男人生儿育女。但是她找了好多年，也没找到疼爱她、想娶她的男人。她有被爱情遗忘，被婚姻抛弃的感觉。她在这间小后屋里，想象着别人的爱情与婚姻。

姐姐和哥哥的婚姻都是由母亲做主的。弟弟的对象是自己找的，但也是经过母亲同意的。姐姐、哥哥和弟弟的婚姻，嫁也好，娶也罢，还是比较顺利的，但是她找对象磕磕绊绊，一波三折，很不顺利。

她在心里计算过相亲的次数，这次是她第二十九次相亲。她今年二十九周岁。这个年龄不用说在村庄里，就是在整个县城，没结婚的姑娘也不多见。这地方村庄与村庄之间距离远，村里的居住人口数量不多，找对象机会少。年轻人到了找对象的年龄，父母就急忙张罗着给找对象，生怕找不到对象，结不成婚。她找对象的时间也不算晚，在二十岁时，跟一个同学谈了恋爱，只谈了一个多月，热乎劲儿还没上来，男的就跟随父母搬去山东威海，两个人就断了。那次失恋后，她找对象的事就落在了父母亲身上。前几年，她每年相三四次亲，后来是半年或一年相一次亲，相亲的次数明显减少。她对自己的婚姻产生了怀疑，是姻缘没到，还是生命中没有娶她的男人？

这次相亲是媒人介绍的。媒人说男方家条件不错，但她没兴趣。在以往相亲时，只要是媒人介绍的，媒人总是往好的方面说，跟实际情况有些距离，所以她不相信媒人说的话。听多了，她麻木了，没感觉了。何况以前相亲的人中，还有她的同学、认识的人，她认为不错，符合想嫁的标准，但因为母亲不同意，也错过了，没能结婚。

她感觉相亲就像做生意，一男一女在谈条件，看是否能达成合作意向。有时货与价格匹配，条件相当，但因货主与买方的问题，没达成交易。她感觉有时自己就是母亲手里的货物，母亲总想找个更好的买家，卖个高价。当然，母亲是为了她好，想体现她的最高价值。

因为她在相亲中多次无果而终，变得更加脆弱，而母亲又那么强势，她在母亲面前如同羊见到了狼，就算非常饥饿，看见狼身旁有绿草也不敢吃。时间久了，她更愿意待在小后屋里，不愿意走出去。

她对婚姻，对外面熟悉与陌生的人都产生了恐惧。

北大荒早晨天放亮的速度特别快，天亮时的时间似乎是跟人跑步一样，不是匀速运动，而是有快有慢。其实时间运转的速度始终是相同的，只是人们感觉不同。当然这跟心情有关，也跟忙碌有关。

窗户在炕边，她一欠身，伸手拉开了窗帘，坐起身，穿好衣服，下了炕。她从后屋走到前屋，母亲正往饭桌上端饭。她洗漱过后坐到饭桌前没食欲。她不只是没食欲，看到饭菜还有些生气。她坐了一会儿，站起身，离开了饭桌。

母亲说："怎么不吃饭呢？"

"不想吃。"

母亲说："几十里的路呢，不吃饭怎么行！"

"不饿。"

母亲说："一活动就饿了。"

"我吃点饼干。"

春季播种时，农活特别多，有时为了赶工，没时间做饭，几乎每家都准备些饼干临时充饥，也有准备面包、蛋糕的。因为饼干比面包、蛋糕存放的时间长，所以多数人家是准备饼干。有的从商店买饼干，也有的把面粉、油、糖拿到县城粮油加工厂加工。加工厂只收取加工费，比在商店买的便宜。她家加工了五十斤面粉的饼干，还剩下半纸箱。

母亲看了她一眼，不解地说："不吃饭，吃什么饼干，饼干哪有饭好吃。"

她嘴里嚼着饼干没说话。

母亲说："吃点饭吧。"

"这饭怎么吃呀！"

母亲看了看饭桌上的饭，又看了看她，生气地说："我起早给你做饭，这饭怎么不能吃了？"

"韭菜炒鸡蛋，葱、大酱……"她叹息地说。

母亲说："你嫌饭不好吗？"

"不是嫌不好，是吃了有味。第一次去跟人家见面，吃葱、韭菜……这是对人家不尊重。"

母亲说："虽然是第一次见面，可又不是亲嘴，有点味怕什么。"

"妈，你真会说话。"她流露出嘲笑的表情。

母亲说："你可以吃鸡蛋、馒头、喝粥。"

"几十里的路，第一次去人家，上厕所不方便。"

母亲说："你怎么想得那么多。"

"别人来咱家，你喜欢他一次次上厕所吗？"

母亲说："你不吃，我吃，看能不能把他们熏走。"

她知道在这个季节菜园里的菜刚破土而出，只是菜苗不能食用。家里除了韭菜和葱这些适应早春气温的蔬菜外，没什么菜，但是可以单独炒鸡蛋或煮鸡蛋。

母亲拿起筷子夹着韭菜大口吃着，还在瞬间把一根葱吃到了肚子里。母亲故意这么做，是要证明吃了葱和韭菜能不能把见面的人熏跑。母亲吃过饭就催促父亲吃。

父亲比母亲大十多岁，年过六十，身体不怎么好，牙几乎全掉了，还是慢性子，吃饭做事都很慢。他说："时间不是来得及么，怎么吃饭跟打仗似的。"

"你干什么都跟牛拉车一样。如果车过去了，赶不上怎么办？"

父亲说："骑摩托车去。"

"你骑呀！"母亲有些恼火地说。

父亲说："让英子骑。"

"这么远的路……不跟你说了，越说越生气，你快点吃。"母亲说。

父亲看母亲发火了，不说话，也不吃饭了，放下筷子，走出屋，拿起放在墙角的大扫帚扫院子。

母亲收拾饭桌，把碗、锅洗刷干净，然后拿着给媒人的礼品准备出门。一般情况下，母亲是不给媒人礼品的。这个媒人是山东德州老乡，带礼品算是到老乡家串门。母亲看她坐在那儿没出门的样子，催促地说："你快换衣服。"

"穿这个就行。"

母亲说："穿这件衣服去相亲？"

"相亲又不是举办婚礼，看上就看上，看不上就看不上。"她对这次相亲没抱什么希望，没有热情。

母亲对她这种态度不满意，看了她一眼，想说话又没说出口。她跟在母亲身后走出了家门。

父亲停下手中的活，心情有些沉重地叮嘱说："条件别太高，差不多就行了。"

"你懂什么，不懂少插话！"母亲语气很重，快步朝院外走去。

她跟在母亲身后向前走着，如同当年母亲送她入小学时。如果说母亲是送她去婚姻的学校，也是非常恰当的。母亲是家长，经历过恋爱到婚姻的过程，有资格教育她。可她却是不合格的学生，好几年了，她左一次相亲、右一次跟男人见面，还是没能交出满意答卷，依然被拒绝在婚姻学校大门之外。她似乎让父母一筹莫展，自己对婚姻的考场也产生了恐惧，有些心灰意冷。

她的心在收缩，如同有好多人在看她，而她好像去做一件丢失脸面的事，如同一位考试没及格的学生，感觉全村人在对她指指点点。

那片水稻田在村庄外，把公路夹在中间。水稻田与路中间是一条排水渠，不远处有一个放水闸。放水闸是用水泥、石头建成的，有两米多宽，三米多高。现在稻田里有水，抽水机没开，非常安静。

放水闸上空的五星红旗随风摆动，展示着生活的美好。

面包客车开来时，她和母亲刚好走到路边。她们上了车，风从车窗涌进来，吹动着她的头发，撩起她的心事。

2

刘向能站在路边，旁边停着一辆黑色上海大众牌轿车。阳光把车体照得锃亮，刺眼。他觉得寂寞、无聊，用手机跟朋友聊天。

她和母亲在面包客车上就看见了刘向能和他的车，知道他是来接她们的。她母亲看见轿车很高兴，心情很好，侧脸看了她一眼。面包客车减慢了行驶速度，在路口停下了。

刘向能把手机放进裤兜里，朝面包车走过去。媒人向他介绍过她和她母亲的相貌。刘向能走到她母亲面前轻声说："阿姨，你们来了。"

"麻烦你来接我们。"她的母亲说。

刘向能说："不麻烦。"

"你等了很长时间吧？"

他来好一会儿了，但没如实回答，而是说："刚来。"

"这车买多久了？"她母亲坐进轿车里说。

他开着车说："去年秋天买的。"

"多少钱？"

"十多万。"

回到村里有两三里的路程，不一会儿就到了。刘向能把她和她母亲拉到了媒人家。媒人家住的是五十四平方米的房子。她只有一个儿子在哈尔滨工作，家里两个人，显得宽敞。

刘向能母亲也在，她和媒人刚把午饭准备好。

媒人姓李，五十多岁，个子不高，身体很胖。她说："原本想让向能去你们村接，因为没见过面，可能不方便。"

"路不远，不用接。"她母亲说。

刘向能的母亲说："一会儿去我家坐坐，让两个孩子在这说一说话。"

"我去认下门。"她母亲说。

刘向能在几位老人离开后对她说:"你叫焦田英?"

"怎么了?"她说。

刘向能感觉她不会聊天,说话不入耳,听起来别扭,转移了话题:"我在学校时见过你。"

"你见过我?"

刘向能看她流露出惊讶的表情,解释说:"有一年六月一日,学校开运动会,你参加一百米短跑,好像跑了第一名。"

"你记性真好,那是十多年前的事了。"她没想到刘向能记得这么清楚。她在学校读书时经常参加体育活动。县教育局每年在六一儿童节时都会举办从小学一年级到高中三年级的各种比赛。她短跑一百米和跳绳成绩比较好,跳绳得过全县中学第二名,初中二年级时得过全县一百米第一名。听媒人介绍刘向能是初中毕业,没读过高中。事情过去这么久了,刘向能还记得,而她对刘向能却一点印象都没有。

刘向能说:"不是我记性好,而是你优秀。"

"咱们不是同届的吧?"

刘向能说:"我比你高一届。"

"同届的也不一定认识,当时同届有六个班级,人太多了。"

刘向能说:"听李阿姨说你哥、你姐、你弟弟全结婚了,只有你没结婚。"

"这话说的,如果我结婚了,今天我还能来么。"

刘向能说:"我书没读好,不太会说话。"

"你这不是挺会说的么。"

刘向能说:"不行,如果会说话早就结婚了。"

"你没结婚是因为不会说话吗?"

刘向能说:"应该有这方面的原因。"

"我看不像。"

刘向能说："你看是什么原因？"

"油嘴滑舌，没人敢嫁给你。"她笑着说。

刘向能说："千万别给你留下这种印象，如果给你留下这种印象是非常糟糕的事，昨夜我做的美梦就不能成真了。"

"你做什么美梦了？"

刘向能说："你想知道？"

"说出来听一听。"

刘向能说："梦见你成为我的新娘了。"

"胡说！"

刘向能看她脸红了，流露出女人的羞涩，就问："你不想成为新娘吗？"

"你找不到对象可能跟你胡说有关。"

刘向能说："这不是胡说，而是想法，想法跟胡说不同。"

"你是不是见到一个女的，就跟人家说这种话？"

刘向能说："如果那样，我不成神经病了。"

"不过我看你真的有点不正常。"她说着笑了，笑得很开心，这种感觉很久没有过了。

刘向能说："你感觉怎么样？"

"什么怎么样？"她明白刘向能话中的意思，但在装糊涂。

刘向能说："你对我的印象呗！"

"不知道。"

刘向能说："怎么可能不知道。没关系，怎么想的就怎么说，我抗打击能力强。"

"你被打击过多次了吧？"

刘向能说："没错，不差这一次。"

"如果把你打倒了呢？"

刘向能说："我去少林寺当和尚。"

"和尚都会武功，你不会武功，到少林寺只能打扫卫生。"

刘向能说："打扫卫生也行，至少不用为找对象发愁了。"

"你这么能说，找对象还愁吗？"

刘向能说："跟你在一起有话说，跟别人在一起就没话说，说了，也是废话。"

"知道废话还说。"

刘向能说："不说话干什么？你看我，我看你，就这样坐着么。"

"我不想听废话。"

刘向能纠正性地说："你理解有误，我没说跟你说的是废话，我是说跟别人在一起时，说的是废话。"

"我在学校读书时对你一点印象也没有。"

刘向能说："这是因为我不优秀，那么多学生，你对我没印象很正常。如果你对我有印象，就不正常了。"

"离开学校十多年了，就算当时有点印象，也记不起来了。"

刘向能说："那是因为印象不够深刻，如果深刻，就不会忘。刚才你从车上下来，我就想起你在学校运动会上比赛的事了。"

"你是不是在忽悠我？"

刘向能说："这话让你说的，我怎么能忽悠你呢？就算我是在忽悠你，那么你说，我说的事情是不是真的？"

"你昨夜真做梦了？"

刘向能看她认真地问，也做出认真的表情，严肃地说："没开玩笑，真做梦了。"

"我也做梦了。"

刘向能说："你梦见什么了？"

"我做的是噩梦，被梦惊醒了。"

刘向能说："不会吧？"

"真的，不骗你。"

刘向能看她脸上的笑容在瞬间消失，相信她说的话了，劝解地说："你做的是噩梦，我做的是美梦，一美一噩，两者扯平了，就当没这回事。"

"你觉得我怎么样？"

刘向能说："好，好，除了好，就是好。"

"好什么呢，缺点多着呢。"

刘向能说："每个人都有缺点，没缺点就不是人了。"

她沉默了，如同找不到交流的感觉。她听到外面传来的脚步声，还有母亲的说话声。母亲是急性子，走路速度快，说话声音大。母亲的声音从院落外面传来，过了一会儿，三个人走进院里。她马上意识到母亲才是这件事的决定者，自己只是服从者。如果她在这件事上的观点跟母亲的不一致，她的观点只能像风一样悄然而过，只能服从母亲的决定。

刘向能说："你认为我可以吗？"

"我认为可以没用。"她叹息道。

刘向能说："咱们相亲，你的态度决定结果。"

"不是这样。"

刘向能不解地问："那由谁决定？"

"你问我妈。"

刘向能说："你没看上我？推脱？"

"不是。"

刘向能说："那你为什么让我问你妈？"

"对呀，我让你去问我妈有错吗？"

刘向能看她严肃起来，有点生气地说："我跟你谈对象，又不是跟你妈谈对象，怎么能让我去问你妈呢？"

"你说话怎么这么难听。"

刘向能有点压不住情绪地说："怎么处对象还问你妈呢？"

"我是我妈生的，我妈生了我，我就得听我妈的。"

刘向能看她生气了，用缓和的语气说："别的事可以听你妈的，婚姻大事，你得自己做主，你妈的想法只能用作参考。"

"我做不了主，得由我妈决定。"

刘向能不理解地看着她，无话可说。他还想说什么，但是自己妈、媒人和她妈一起进屋了。

三个老人进了屋，刘向能和她就没话可说了。她们在屋里帮着做饭。大家你一言、我一语地说着。因为菜提前洗干净了，做起来节约了很多时间。

刘向能在观察她母亲的表情。虽然她母亲说话客气，但对他好像不是太上心，他越观察越不安。

3

她母亲在公路边非要从刘向能的轿车上下来，坚持坐面包客车回家。刘向能不想让她们下车，因为离面包客车来还有很长时间，有等车的时间，他早就把她们送回家了。虽然刘向能想送，可是人家不同意，也不能过于强求，只好让她和她母亲下了车。

她母亲让刘向能回去，不用陪着她们等车。刘向能没有走，如果走了显得没礼貌。刘向能看了她一眼，她把脸侧了过去，迎着夕阳看着远处。春风夹杂着凉爽吹动了她的披肩长发，也捎走了她身体的温度，帮助她释放着心中的郁闷。她的沉默让刘向能有些尴尬，影响了他的心情。刘向能在她和她母亲身旁站了一会儿，决定不陪她们了，对她说："我回去了。"

"谢谢你。"她转过脸。

刘向能说："阿姨，我回去还有点事。"

"你忙你的。"她母亲转过身说。

刘向能从她母亲的表情中感觉到了不好的答案，也感觉到了她说的是客套话。没错，的确是客套话。她从母亲的表情中看见了以往的结果，只能对刘向能说着客套话。她看着刘向能上了车，掉转车头，往村庄里开去。

她母亲说："你知道我为什么不让他送到家吗？"

虽然她不知道母亲拒绝刘向能送的具体原因，可是她知道母亲不同意这门亲事。她讨厌母亲这种表情。她看了一眼母亲，把脸转过去，顺着公路，看着远处。这是一条几十里的路，路的南北有很多村庄。每天有一趟客车往返在这条路上。她不想跟母亲在一起，希望面包客车快点来，她渴望逃离母亲的视线。

母亲讲述着对刘向能的看法。虽然她不想听，但母亲的话还是进入了耳朵里。她怎么也没想到母亲是对刘向能的妈产生了反感，说刘向能妈说话时总在眨巴眼睛，如同在告诉谁不要说真话。母亲还嫌弃刘向能的个子有点矮，不像媒人介绍的那么高。媒人说刘向能的身高在一米七以上，实际刘向能的身高在一米六八左右，相差两三厘米。而且刘向能的母亲准备在县城给刘向能买楼房，彩礼不能给太多。她母亲不接受刘向能家这三个缺点，不同意这门亲事。

她认为母亲说的这三个缺点都不正确。虽然刘向能不到一米七，但也差不多接近一米七了。刘向能母亲说话时眨巴眼睛，这是个人习惯，跟人品、家风没关系。刘向能母亲说不给太多彩礼，这也没错，在县城买楼房需要花很多钱，种水稻成本大，如果向亲友借钱，留下债务，不也得还么。虽然她不同意母亲的做法，但反驳不了。母亲已经不是第一次做这种决定了。

她以前处对象时，母亲不是嫌弃胖了，就是嫌弃瘦了，要么就是身材不协调，或长相不端正……拒绝了好几个愿意跟她处对象的小伙子。

她反对过几次，想说服母亲，让母亲改变态度，可她越是反对，母亲越是坚持。渐渐地，她懒得跟母亲辩驳，由母亲做决定。

面包客车开来，她和母亲上了车。她看着车外的景色，心情很不好。她自问，这就是昨夜做梦时梦到的结果吗？从前她不相信梦里的事情会成真，现在她相信了。她想也许自己跟刘向能没有姻缘，只能擦肩而过。

母亲在村口下了车，她却没有下车。母亲以为她忘了下车，急忙大声喊她。她说去县城。母亲还想说什么，但话还没出口，车已经关上了门，朝县城方向快速驶去。

县城离她住的村庄只有六七里路，距离不算远。如果在大城市，这算是城市的郊区，但在这地广人稀的北大荒，还属于县城外的村庄。

乘客全部在县城的中心街下了车。

街上的人很少，只有三三两两的路人，还有偶尔驶过的车辆。夕阳已经落下，天渐渐黑下来，她朝姐姐家走去。

姐姐家住在小街的一处平房里。姐夫开了维修电器的商铺，生意不好也不坏。姐姐和孩子在屋里。孩子喊："小姨！"

"干什么呢？"她尽可能露出轻松表情，给孩子留下好的感觉。

孩子说："写作业呢。"

"学习怎么样？"

孩子说："上次考试，考了全班第三名。"

"是嘛，真优秀，第三名不行，得继续努力，争取考第一名，考上大学。"

孩子说："你上学时考第几名？"

"我也考第三名，所以没考上大学。"

孩子说："这样啊，我还以为第三名很优秀了。"

"第三名是很优秀，但还有更优秀的人。"

"我得超过他们。"

她姐姐说："你是怎么来的？"

"坐客车。"

姐姐说："有事吗？"

"没有。"

姐姐说："你不高兴？"

"我挺高兴的。"她不愿意把自己的感觉告诉别人，并且越来越不想说。

姐姐说："最近有提亲的没？"

"我可能要剩在家里了。"

姐姐说："还年轻呢，不要这么悲观。"

"没人娶，不就是剩在家里了。"

姐姐说："以前那么多提亲的……"

"以前是以前，现在是现在，现在跟以前不能比。"

姐姐说："以前真有几个不错的，你都没同意，如果同意了，孩子都该好几岁了。"

"不是我不同意，是咱妈不同意。"

姐姐说："你也别全听咱妈的，她的决定不一定对。"

"她那么强势，不听能行嘛。有一次我跟她讲理，她好几天没让我吃饭。"

姐姐知道母亲的性格，看妹妹伤心了，不再说这件事。姐姐在县城是用租的房子做门店，门店只有两间屋，外间是维修用的，里间是住的，房子很小。她没在姐姐家住，只待了一会儿，就骑着姐姐的自行车回家了。她来县城没什么事，只是不想跟母亲一起回家，想让母亲感觉到她的反对。

路灯亮了，路边有一家成人用品商店。几年前，她跟一位在县城的女同学到这个店里买过避孕药。

那位同学没结婚就跟男朋友住在一起了，防止怀孕，就吃避孕药。女同学吃避孕药身体不舒服，想让男朋友用避孕套，男朋友说用避孕套感觉不好，不愿意用。那位女同学结婚后没生孩子，又特别着急生孩子，到佳木斯、哈尔滨找专家治了好多次，也没能怀孕。医生说可能是避孕药吃太多了，影响了身体健康，女同学很是苦恼。

商店里播放着邓丽君唱的"我没忘记你忘记我"的歌曲，还有刘文正的《一把小雨伞》。男女歌声的转换，体现了夜色中人类的情感生活。

她骑着自行车，侧脸朝商店看了一眼，匆匆骑过去。但她在几十米处转了弯，返回来。她在经过成人用品商店时心情发生了变化，想买东西。她把自行车停在成人用品商店门口，走进店里。店里有一位中年妇女在看书。她记得几年前陪女同学来时，商店里是一位中年男人卖货。女人卖货比男人更容易吸引顾客，顾客也会感觉舒服。女店主把书合上，站起身问她是要避孕药，还是避孕套。她还没结婚，也没男朋友，这两种都不适用。她需要用一种工具代替男人的作用。她拿起了人造性工具，心扑腾扑腾地跳，脸燥热。

女店主说："这个好用，我就用这个。"

"你没结婚？"她看了一眼女店主。

女店主说："孩子都上小学了。我男人替我做了节育手术，手术后他的性功能就不行了。"

虽然她没结过婚，但知道节育是怎么回事。男人很少有做节育手术的，这种事通常是女人做。男人做节育手术是特别爱老婆，心疼老婆。

女店主说："你男人阳痿吗？"

"不……不是。"她脸红了。她不知道是因为听了这句话脸红，还是因为没有嫁出去脸红。

女店主说："这种事很正常，男人跟女人如果没这种事，就不正常了。"

她突然发现没带钱，她跟母亲出门是母亲带钱。今天她原本没来县城的打算，是临时决定的。她转身向店外走去。

路边的房子被夜色笼罩着，屋里的灯光从窗口映照出来，打乱了夜色对生活的垄断。夜色中除了灯光，还有星光。她想着这家家户户的男人与女人，是不是跟成人用品商店女主人说的一样，都做那种事。

她也想到了刘向能。

4

刘向能直接把车开到了李媒人家门口，愤愤地走进屋，没说话。

李媒人和刘向能母亲感觉刘向能不高兴。他母亲说："把她们送到家了？"

"没有。"刘向能说。

他母亲说："把她们送到哪了？"

"路口。"

他母亲说："不是让你把她们送到家吗？"

"不让送。"

他母亲说："人家不让送，那是客气。你怎么能把客气话当真呢。"

"我这么大的人了，客气不客气，还听不出来么！"

刘向能的母亲看着媒人。

媒人在吃饭时就看出女方母亲不高兴了，感觉这件事希望不大，但没说出来。媒人问刘向能："你跟姑娘谈得咋样？"

"还行。"

媒人说："姑娘呢？"

"她好像满意。"

媒人说："姑娘同意就好办些。"

"她同意不行。"

媒人说："为什么？"

"她让我问她妈。"

媒人说："她妈是挺挑剔的。如果她妈不挑剔，她早就嫁人了。"

"这都什么年代了，父母还管找对象的事。"

媒人说："你看姑娘怎么样？"

"一般人。"

媒人干脆利落地说："这么着，明天咱们去县城看另外一个姑娘，那个姑娘是开裁缝店的，长相不错，会来事，也有礼貌，只是老家在山东菏泽，投奔姐姐来的。我感觉，如果你不在意她是山东农村的，应该能成。"

"只要姑娘通情达理，父母在哪无所谓，咱娶姑娘，又不是看重别的。姑娘父母愿意来，向能还得给人家养老呢。"刘向能母亲说。

第二天，刘向能开着车，拉着母亲和媒人一起去了县城。县城有七八千人，还不如山东、河南、安徽等地一个大村庄的人多。虽然城区面积不大，人口不多，但是建设得非常好。县城里只有一条相对繁华的商业街。繁华只是相对而言，如果不是节假日，逛街、购物的人寥寥无几。裁缝店大约有三十多平方米，虽然不大，但干净，屋里收拾得井井有条，一位二十五六岁的姑娘在扫地。她看见进来客人，迎上前，笑着对媒人说："姨，你们来了。"

"活多吗？"媒人说。

姑娘说："不算多，可也闲不着。"

"有活就行。"

姑娘说："今天我姐上班。"

"不找她。我们在家待着没事，到县城转转。"

姑娘说："地里的活忙完了吗？"

"不忙完，哪有时间来，前些天快忙死了。"

姑娘说："忙才挣钱呢。"

"不挣钱也得干。农民不种地，还能干什么。"

刘向能母亲插话："听说你做得好，有时间给我做件衣服。"

"行。你喜欢什么颜色的，想做什么料子的？我做好，你来拿。"姑娘说。

刘向能母亲说："我买了布料，给你送过来。"

"等一会儿，量下尺寸。"姑娘说。

媒人说："咱们俩上街转一转，让他们聊吧。"

"向能，说话别那么硬。"刘向能母亲边往外走边叮嘱。

刘向能说："我说话不硬。"

"小梅，我们上街走一走。"媒人对姑娘说。

姑娘说："姨，中午回这吃饭。"

媒人和刘向能母亲走了。

刘向能母亲满意地说："这个姑娘好，咱们先看这个就好了。"

"你看她哪好？"媒人说。

刘向能母亲说："会说话，机灵，还热情。"

"跟昨天那个比呢？"

刘向能母亲说："别看那个姑娘是高中毕业生，跟这个没法比。那个发呆，死性，长相也不如这个。"

"这个姑娘刚从山东来，说话还带山东腔，家里也没钱。"

刘向能母亲说："咱是娶媳妇，又不是看她家的钱。只要人好，会过日子，就能挣到钱，日子就能过好。如果人不好，不会过日子，有钱，日子过得也不舒心。"

"多数年轻人愿意娶本地姑娘。"

刘向能母亲说："本地姑娘有正式工作还行，如果没有正式工作，跟外地没什么区别。"

"还是有区别的。"

刘向能母亲说："你是山东的，我是安徽的，咱们当年从老家来，不也是外地人么，没有外地人，这地方哪还有人。"

"你好像对小梅非常满意。"

刘向能母亲说："看着顺眼，就喜欢。"

"你看着顺眼没用，得他们两个同意才行。"媒人说。

刘向能母亲说："这个姑娘的妈，不会跟昨天那个一样吧？"

"小梅的妈死好多年了，她爸跟她哥哥在山东老家生活。她哥哥在山东老家是小学老师，她姐姐在县政府上班。"媒人介绍说。

刘向能母亲说："如果她能嫁给向能，做我的儿媳妇，我会像待亲闺女一样待她。"

"想法都是好的，还得看有没有缘分。"媒人说。

5

出了县城，路两边就没建筑物了，更没灯光，路两边高大的白杨树把夜路装扮得有些神秘。虽然县城离村庄只有六七里路，不是太远，但在夜里，路上没有行人，也没有行驶的车辆，只有空气流动的声音从耳边经过，还有风吹动白杨树叶的声音在作响。不知怎么了，她想起了曾经发生在这条路上一位五十多岁的妇女，在白天被强奸的案件……她有些害怕，用力蹬着自行车的脚踏板，让自行车转动的速度更快，想尽快回到家。

她母亲跟父亲面对面在屋里坐着。她走进屋时，父母亲不约而同地转过脸，看着她。她骑自行车的速度过快，体力消耗大，走进屋时还气喘吁吁的。谁都没说话，她感觉父母亲可能吵架了，应该吵得不会太凶。父亲对母亲做的事不满意时，争吵少，只是在赌气。她在父母面前站了片刻，准备进后屋。父亲问："你感觉这个人怎么样？"

她看了一眼父亲，又看了一眼母亲，没说话。

父亲着急地说："你已经二十九周岁了，跟你同龄的人，孩子都上学了，可别再挑三拣四了，差不多就行了。"

"这事你得跟我妈说。"

父亲说："如果你认为可以，就别听你妈的。"

"不听我妈的怎么行。"

父亲说："可以不听她的。"

"你当不起我妈的家。"

父亲说："我刚跟你妈说完。"

"你说了也是白说，咱们家是母系氏族。"她冷冷地说。

父亲认为如果她看中了这个小伙子，小伙子也看中了她，双方没意见，就应该把这门婚事定下来，尽快让她嫁人。父亲一字一句地说："二十九周岁的大姑娘了，不小了，还挑什么呢？再挑，就嫁不出去了。"

"有剩男，没剩女，男人有打光棍的，你看谁家的姑娘没嫁出去？"她母亲丝毫没改变自己的观念。

父亲说："孩子们找对象，你当妈的管那么多干什么！"

"如果我不是她妈，她不是我闺女，给我钱，请我管我都不管。"

父亲说："你这么弄，就把英子毁了！"

"我这么做是为了她好，怎么是把她毁了呢。"

父亲说："你没看她多大年龄了吗？"

"多大，六十？还是八十？"

父亲说："你能不能理智点。"

"我很理智。"

父亲说："你太霸道。"

"我霸道什么了？"她母亲不接受父亲的指责。

父亲说："家里大事小情全是你说了算，别人的建议，你一点也听不进去。"

"外面的事让你张罗，你跟缩头乌龟似的，不敢出头。过日子还能过死门吗？家里总得有人出头露面张罗吧！"她母亲说。

她认为母亲强势也是有道理的。父亲比母亲大十多岁，还是慢性子，不善跟人交往，身体也不好，被风一吹就倒似的。平时家里的大事小情全由母亲张罗。母亲是急性子，时间久了，母亲就听不进别人的话了。

母亲做好了饭，她跟父亲都没吃。母亲认为她和父亲在闹情绪，在对抗。她跟父亲确实有这种态度。母亲不只是没有妥协，还做出了回击的姿态，一个人风卷残云般吃着。

她不想看见母亲这种表情，去后屋了。但是母亲吃饭的声音从门缝钻进来，敲打着她的心。

她中午没吃饱，又是从县城骑自行车回来的，体力消耗大，早就饿了。她对母亲有意见，不想吃饭，不愿意走出后屋，更不愿意面对母亲。

因为她进屋时天已经黑了，所以没拉窗帘。她睡觉的小屋窗外是十多米宽、七八米长的菜园子，不拉窗帘也没人能从外面看见屋里。

她心情不好，也累了，躺在炕上就睡着了。

夜在星星的陪伴中朝黎明行进。

她睡得很沉，一点也没听见前屋的声音。她是被母亲喊醒的。母亲喊了她好几声，才把她喊醒。她听见母亲喊的第一声时，被惊得打了下哆嗦，以为是做了噩梦。母亲又连续喊着她的名字。她急忙下了炕，从后屋跑到前屋。母亲正在使劲儿摇动父亲的胳膊，父亲处在昏迷中。她意识到父亲得了急病，什么也没说，快速冲出屋，疯狂朝哥哥家跑去。

她哥哥住在村庄的西北方向。她跑的速度比当年在学校参加运动会比赛时还快。不过这只是她的感觉。她已经二十九岁了，不如十八九岁时的爆发力，体能不如少年时好，奔跑的速度不可能超过少年时的速度。

虽然路熟悉，也相对平坦，但是夜黑，她几次险些摔倒。

哥哥被急促的敲门声惊醒，穿着裤衩，赤裸上身，光脚，开了门，不解地问："发生什么事了？"

"爸，得病了，快送爸去医院！"她喘着粗气说。

"什么病？"

"不能动了。"

哥哥转身回到屋里，穿上裤子，披上外衣，穿上鞋，到院里发动了农用四轮车。车的声音很大，打破了宁静的夜色。她上了农用四轮车，哥哥开动了车。

父亲被送到县医院时，天开始放亮。值夜班的医生看了看她父亲的眼睛，试了试脉搏，停了一会儿说，心脏停止跳动了。她问医生父亲得的是什么病。医生说这种突发性疾病，要么是心脏问题，要么是脑溢血，不然不会这么快死亡。如果想确诊得了什么病，得对尸体进行解剖。父亲是因突发病离世的，没必要解剖尸体。

她母亲很自责，自责大意了。母亲睡觉时就发现父亲身体有异常，但没在意，也没往得病方面想。母亲觉轻，睡眠时间短，醒得早。母亲醒时感觉父亲的身体跟平时不一样。按照母亲的说法，父亲好像跟病魔搏斗了一夜。

她猜测，如果父亲跟母亲不是为了自己找对象的事吵架，可能不会当晚突然得病。虽然母亲说是忽略了父亲身体的异常反应，她怀疑这跟母亲的心情有关。当晚父亲跟母亲为了她找对象的事吵架了，母亲应该是不愿意理睬父亲，才没注意到父亲的反应。当然，父亲得病是不是跟母亲吵架有关，母亲是不是不愿意理睬父亲，这是没根据的，只是她的猜测。这件事发生得太快了，让她愧疚、自责，成为心中的阴影。

她在父亲病故后突然产生了强烈嫁人的愿望，想跟刘向能处对象。她说："妈，我觉得刘向能挺好的。"

"他哪好？"

她说："各方面都不错。"

"你想跟他处对象？"

她看着母亲满脸的不高兴，沉默了。

母亲是非常固执的人，并且会把别人的意见、想法，当成对她的不尊重。母亲说："你不能跟刘向能处对象。"

"为什么？"

母亲说："我不是跟你说过了吗？"

"你说的那三个理由不对。"

母亲说："我不对，谁对？"

"妈，你理智点好不好！"

母亲说："既然你叫我妈，就得听我的。如果你不听我的，就别叫我妈。"

"妈，你这是干什么！"

母亲说："如果你跟刘向能处对象，咱俩就断绝母女关系。你不是我闺女，我也不是你妈。"

"妈，你好好说话行不！"

母亲说："我不相信你还能嫁不出去。"

"我不嫁，陪你一辈子！"她赌气地说。因为父亲去世了，她不想惹母亲生气，此后没跟母亲提起刘向能，更没提找对象的事。

母亲在父亲去世后，如同变了个人，一脸愁容，很少说话。

6

在父亲病故半年之后的某天，正吃早饭时，她嫂子气冲冲地走进屋。嫂子找她母亲控诉哥哥。哥哥出轨的事在村里传很久了，她也听说了，但她没想到哥哥能提出跟嫂子离婚。嫂子不想离婚，想让她和母亲劝说哥哥回心转意，安心过日子。

嫂子走后，母亲劝说过她哥哥，不让她哥哥离婚，但是她哥哥坚持要离婚。她没想到母亲早就知道她哥哥想离婚的事了。

她知道哥哥跟村里一个从外地来的小媳妇好上了。那个小媳妇比哥哥小三四岁，相貌不错，有些城市女人的风情。哥哥可能是看上那个小媳妇的相貌了，喜欢上了这个小媳妇，才感情出轨，才决定跟嫂子离婚。

她认为当初哥哥跟嫂子结婚就是错误。嫂子比哥哥大三岁，初中文化，容貌也一般，家还是邻县农村的，各方面条件都一般。而哥哥相貌好，还是高中毕业，并且还在东北农业大学进修了几个月，村里还准备聘用他当技术员的。哥哥完全能娶比嫂子容貌好、文化高的媳妇，但是母亲着急让哥哥结婚，因为这里人少，男女青年到了找对象的年龄，很难立刻遇到门当户对的。母亲在媒人上门提亲时，只见过嫂子一面，就给哥哥定下了婚事。当时哥哥对嫂子的感觉是不讨厌，也不喜欢，模棱两可之间，所以就按照母亲的安排结了婚。婚后，嫂子生了一个女儿。这些年嫂子老得快，容貌不如从前，哥哥却没什么变化。

她认为哥哥婚姻的不如意是母亲造成的。

哥哥最近，有一次对她说："如果你看中了他，他也相中了你，就结婚，别听妈的。"

"以前有看中的，现在没有了。"她叹息地说。

哥哥说："差不多就行了，要不你的婚姻就成麻烦事了。"

她明白哥哥的意思，哥哥担心她嫁不出去。她已经三十岁了，同龄的女人都结婚了，同龄的男人也几乎结婚了，有几个没结婚的男人，家庭条件和个人素质都差。条件好的男人几乎都比她的年龄小好几岁。男人不喜欢找比自己年龄大的媳妇，姐弟恋不适合普通百姓。在她二十六岁以前，经常有媒人来提亲。过了二十六岁以后，给她提亲的媒人就渐渐少了。她在跟刘向能见过面后，就没有人给她提亲了。她对自己的婚姻比哥哥还发愁。

有时她会出现一种悲凉的念头，自己出嫁的事仿佛是农田里的庄稼，过了秋天收获的季节，被遗落在人生的风雪中。

她感觉自己有嫁不出去的风险。

哥哥出轨的事不只是影响了嫂子的心情，也让她对婚姻产生了恐惧。她不愿意嫁给比自己年龄小的男人。如果嫁给比自己年龄小的男人，这个男人将来会不会跟哥哥一样感情出轨？

她对哥哥婚姻的恐惧还没过去，姐姐的婚姻又出现了问题。姐姐的婚姻变故比哥哥更快，完全出乎她的意料，让人始料未及。

天快黑时，姐姐和一个陌生中年男人骑着自行车来了，她和母亲在吃饭。母亲问姐姐吃饭没有，姐姐说吃过饭来的。

姐姐已经有好几个月没回来了，她和母亲在这段时间也没去姐姐家。姐姐每次来要么住一夜走，要么吃过晚饭走。这次姐姐没打算住。

她和母亲都是第一次看见这个中年男人。母亲听着姐姐介绍这个男人，脸上的表情似乎凝固了，很长时间没说话。她和母亲都没想到姐姐改嫁了，这个男人是姐姐的第二任丈夫。

姐姐没跟她和母亲说离婚改嫁的事，是不想让她们跟着操心。姐姐认为出嫁后，组成了家庭，婚姻就是自己的事，出了问题，别人帮不了，得靠自己解决。

这次姐姐回来是告诉她和母亲，准备跟随第二任丈夫到外县生活。此后离家远了，姐姐跟她和母亲见面的次数就少了。

姐姐是来告别的？

她心里酸溜溜的，心情如同当年看着姐姐出嫁一样复杂。

她和母亲原以为是姐姐提出离婚的。其实姐姐的第一任丈夫在两年前就跟另外一个女人同居了。那个女人是开理发店的，比姐姐年轻，也比姐姐漂亮，更比姐姐柔情。姐姐在婚姻的战场上败给了那个开理发店的女人。

很多天她都在想姐姐的婚姻。姐姐的第一任丈夫是母亲找媒人介绍的，母亲看上了姐夫的本分，有手艺，不用种田，在县城做生意，姐姐嫁给这种男人，娘家人脸上有面子。全家都认为姐姐的第一任丈夫人品好，谁也没想到这个好男人却变成了负心汉。

她在猜测姐姐嫁给第一个男人与嫁给第二个男人的心情是否相同。

她还记着当年姐姐出嫁时的场景。那时轿车很少，姐夫找来县政府机关办公室的一辆北京吉普车接姐姐。姐姐是村里第一个坐吉普车出嫁的女人。当时，全家人都觉得非常有面子，她也认为姐姐是幸福的女人。

有一次，她刻意去县城姐姐租住过的小屋看了看，这间小屋改成炸油条的店铺了。她听熟悉姐姐的人说，姐姐在离婚前就不住这了。她不知道姐姐是在什么时候跟第二任丈夫同居的。

弟弟家在县城，虽然离姐姐家不远，但姐姐跟弟弟来往少。弟弟说姐姐在离开的前一天晚上才告诉他，他去车站送了姐姐。

她很少去弟弟家，弟弟经常开着桑塔纳轿车来看母亲。母亲看见弟弟时脸上会流露出安慰的笑容。她认为母亲在她们姐弟的婚姻中，做得最正确的事，就是没干涉弟弟的婚姻。这是弟弟的福气。

弟媳妇和弟弟是高中同学，娘家在县城，父亲是县政府机关干部，母亲是畜牧公司的出纳员。弟媳妇家境好，这是母亲无法挑剔的。在姐弟四人中弟弟的婚姻是唯一没被母亲干涉过。

她非常羡慕弟弟的生活。

她跟母亲在家很少说话，不是她有意不跟母亲说话，而是跟母亲无话可说。

她跟母亲都是女人，种水稻又是出体力的活，所以在父亲去世后，就让弟弟和哥哥种了。

母亲在父亲去世后苍老了许多，性格变化大，对很多事情漫不经心，也不那么固执了，但还在四处求人，张罗给她介绍对象。母亲还委托熟悉人去了解刘向能的近况。刘向能跟那个裁缝只谈了十多天恋爱就领结婚证了，她感觉到母亲后悔了。

7

入秋后的北大荒田野，庄稼跟田边的野草争先恐后地在释放着芳香，空气里充满浓浓的收获气息。庄稼要成熟了，人们看到了收获的希望。这天她和母亲帮哥哥家割倒地的稻穗，为秋收做准备。母亲和嫂子在稻田北边，她和哥哥在稻田南边，从稻田两边往中间汇集。她抬头看了一眼天空问："你真打算跟嫂子离婚吗？"

"有这种想法，但离不了。"哥哥说。

她问："为什么？"

"没钱。"

她问："离婚还花钱吗？"

"没钱，你嫂子不离。"

她问："嫂子要多少钱？"

"三十万。"

她问："嫂子怎么要这么多钱？"

"你嫂子把嫁过来这些年干的活，抚养孩子，都算上了……也不算多。"

她问："你喜欢上阿郎媳妇什么了？"

"说不上来。"

她问："你真想跟阿郎媳妇结婚？"

"当然想了。"

她问："阿郎媳妇看上你什么了？"

"我应该比阿郎优秀吧！"

她问："这是你的感觉，还是阿郎媳妇跟你说的？"

"她没说，我也没问。"

她问："阿郎知道你跟他媳妇好上的事吗？"

"知道。"

她问："阿郎同意跟他媳妇离婚吗？"

"不同意。"

她问："阿郎知道他媳妇跟你好上了，为什么还不同意离婚？"

"就阿郎那副德行，离婚了，就得打光棍。"

她承认哥哥比阿郎优秀。她问："阿郎向他媳妇要钱了吗？"

"阿郎是男人，怎么可能向女人要钱。"

她问："阿郎媳妇向阿郎要钱了吗？"

"她提出的离婚，怎么还能要钱。"

她说："阿郎不同意跟媳妇离婚，嫂子也不同意跟你离婚，你跟阿郎媳妇怎么办？"

"还能怎么办，断了呗。"

她说："如果嫂子同意跟你离婚，阿郎不同意跟媳妇离婚，你怎么办？"

"那样会好办得多。"

她说："阿郎不同意跟媳妇离婚，就算你跟嫂子离了婚，你跟阿郎媳妇也结不成婚，不能光明正大在一起过日子。"

"可以在一起生活。"

她说："阿郎可以到法院告他媳妇重婚。"

"我们可以到外地生活。"

她说："你可以一走了之，但是你的孩子怎么办？"

"过些日子，阿郎接受了，我再回来。"

她调笑地说："既然你这么想跟阿郎媳妇在一起生活，就下决心离婚。"

"我没有你嫂子要的三十万赔偿金。如果有，肯定离。"

她说："借吧。"

"借还得还，不借。"

她说："你还是不想离。你把钱给嫂子，她也不会乱花，会给孩子攒下的。"

"如果她改嫁了呢？改嫁就不会给孩子了。"

她是在跟哥哥开玩笑，她根本不赞成哥哥离婚。她说："嫂子这么能干，还勤俭，你安心过日子吧，虽然阿郎媳妇长相好，但过日子不行，你别被她的相貌迷住了眼睛。"

"家花没有野花香的道理我懂。"

她说："但管不住自己，还想出轨。"

她突然想起了姐姐。她跟姐姐几乎没交流过婚姻方面的事。嫂子向哥哥要三十万赔偿金才同意离婚，不知道姐姐离婚时要了多少钱。

接近中午的时候，他们在稻田里汇合了。稻穗的高度超过了腰，稻穗随微风摆动，形成金色的稻浪。阳光晒一晒稻田的水分后，过几天就开始大面积收割。他们的脸被稻穗映衬成了金黄色，流露出浅浅的幸福。

天空很蓝，淡淡的白云成为一种装饰。远处村庄的上空有袅袅炊烟升起，到吃午饭时间了。

他们走在回家的路上。母亲性子急，走在最前面，哥哥跟在母亲身后，嫂子和她在后面。嫂子有意靠近她说："你哥不跟我离婚了。"

"你很高兴？"她说。

嫂子说："当然了。"

"我哥也不是最好的男人，你跟他离了婚，可以再嫁比他好的。"

嫂子说："你说得不对。"

"我说得挺对的。"

嫂子说："改嫁是不容易的事，孩子怎么办。"

"孩子愿意跟谁就跟谁。"

嫂子说："根本不是那么回事。"

"我哥为什么不离婚了？"她想证明哥哥说的话是不是真的，装作不知道地问。

嫂子笑着说："你想知道？"

"你说。"

嫂子说："去问你哥。"

"不问他。"

嫂子说："我向他要三十万补偿款，他不给，就不离婚了。"

"为什么要三十万？"

嫂子说："我给你哥算了一笔账，我跟他结婚这么多年，养孩子，操持家……离婚了，怎么也得给三十万吧。"

"嫂子，你真行。"她说。她以前只知道结婚花钱挺多，没想到离婚比结婚花的钱还多。

嫂子说："你得赶紧找个男人嫁出去，如果拖延下去，真就嫁不出去了。"

"你和我哥要离婚，姐改嫁了，婚姻这么不可靠，我不想嫁人了。"

嫂子说："弟弟的婚姻不是很好么。"

"这才一比二，失败率太高了。"

嫂子说："咱是一家人，我说了，你别生气，离婚也比嫁不出去好。"

"为什么？"

嫂子得意地说："孩子是自己的。"

"如果结婚只是为了生孩子，可以找个男人生孩子，不结婚。"

嫂子说："那不正常。你听嫂子的劝，别挑了，挑花眼了，就嫁不出去了。哪有那么可心的男人呢？找个对象，差不多结婚吧！要不，你会后悔的。"

"这事得听咱妈的。"

嫂子说："你就别听妈的了，自己看中了，就嫁。刚才在地里我还跟妈说你的事了，妈改变了态度，她说只要你愿意就行。"

"现在就算是妈不管了，我愿意也不行。"

嫂子不解地看着她问："为什么？"

"没有来提亲的了。"

8

人生路上的风景此一时彼一时，此时与彼时是不能同题而论的。母亲头上的白发在父亲去世后明显多了起来，额头的皱纹越来越深，虽然性格急，但能克制住了。

一场秋雨过后树叶开始飘落了，天气渐渐凉了。母亲把菜地里的白菜运回家时，出了一身汗，脱掉了外衣，当晚发烧，感冒了。

第二天早晨，她起来时母亲还躺在炕上。母亲额头上放着退烧用的湿毛巾。她想送母亲去县医院，母亲说感冒是小毛病，不用去医院。她去村卫生所给母亲买了药。

她做了饭，母亲没有食欲，一口没吃。她吃过饭去晒场帮哥哥和弟弟干活。正处在秋收农忙季节，人们在抢收粮食，分秒必争。

中午她回家时母亲还躺在炕上。母亲感冒很严重，不然不会在炕上躺这么长时间。在她的记忆里，母亲是很少得病的。她做了饭，母亲吃得不多。母亲在沙发上坐了一会儿，又躺在炕上。她正要去晒场时，送煤的卡车来了。

运煤的卡车停在院落外面，卸下两吨煤。

冬季用煤炭烧炉子取暖。她家每年冬季得烧两吨煤炭。父亲活着的时候，这种活不用她干。现在父亲不在了，母亲又得病了，只能由她干。

她把煤炭一锹一锹地装进筐里，再拎着筐走进院里，把煤炭倒在煤池里。虽然院落外的煤炭与院落内的煤池距离只有十多米，但把这两吨煤运到院落里，对她来说也是累活。她干干停停，休息了好几次才把煤炭运到煤池里。

母亲看着进屋的她心疼地说："英子，你得找个对象出嫁了。"

"不想这件事了。"

母亲说："怎么没有提亲的人了呢？"

她感觉母亲跟从前判若两人。

母亲确实为她的婚事着急了。吃过晚饭，母亲吃了药，就去方品味家。方品味四十多岁，处事非常灵活，结交的人广泛，前几年从外村搬来。他买了一辆卡车，既是车主，也是司机，什么活挣钱多，付款及时，就干什么。这几天，他在县城给粮油加工厂拉煤。虽然住在同村，但两家平时没来往。她母亲知道方品味开卡车做运输生意接触的人多，想请方品味帮忙给她介绍对象。

方品味问："二十几了？"

"如果二十几我就不着急了，转年就三十一了。"

方品味说："这可不小了。"

"可不是么。如果你遇到合适的，就帮忙操下心。"

方品味说："行，我留意点。"

"只要人品好，家境能说得过去，大几岁、小几岁都行。"母亲降低了给她选择对象的标准。

方品味有时在鹤岗一家修车店修车，这家修车店不大。店老板的儿子三十多岁，找过几个对象，谈着谈着就散了。店老板对儿子的婚事挺着急，跟方品味喝酒时，叹息地说："儿子的婚姻，成了眼前最大的心事。"方品味认为从相貌上来看，她跟修车店老板的儿子般配。方品味把修车店老板家的情况讲给了她母亲。

她母亲对修车店家的条件很满意，让方品味问一问修车店家的态度，假如可以，就见面看一看，让小伙子来，如果小伙子没时间来，她们就去修车店见一面。

第二天，方品味开车去鹤岗拉煤时，专门去修车店把她的情况告诉修车店老板。修车店老板和他的儿子认为还可以，同意见面。方品味从鹤岗拉煤回来时，修车店老板的儿子就跟着来了。

方品味把车上的煤卸了，没吃饭，就去她家。

她和母亲正在吃饭，母亲急忙放下筷子说："马上过去。"

"不急，你们先吃饭。"方品味说完就回家了。

她对相亲这种事好像产生了条件反射，听见这种话，心里就产生了不自然，就有了反感的情绪。当然，这种情绪如同晴空上的浮云，很快从心头掠过。她看母亲不吃饭了，自己也没了心情，收拾起桌子。

母亲让她换衣服，打扮一下。

她说："这样挺好的。"

"人家是做生意的，见过世面，你应该注意点外表。"

她说："不就是个修车的么，有什么了不起的。"

"在鹤岗修车，比种水稻强多了。"

她说："满身油味，刺鼻子，还不如种水稻的。"

"你这是什么态度！"母亲说。

她跟着母亲来到方品味家。虽然住在同一个村里，但她平时见到方品味连招呼也没打过。

方品味住的是三十七平方米的房子。这种房子一般是分三间屋，一间是厨房，厨房北边是后屋，厨房南边是前屋，前屋朝阳，既是客厅，也是睡觉的地方。后屋比前屋面积小一半。

方品味媳妇在厨房做饭。她们开门就看见厨房了，厨房灯光暗，看不清楚人的脸。方品味的媳妇打招呼："来了。"

"做饭呢。"她母亲说。

方品味媳妇说："你们进屋，灶里有火，我离不开。"

"你忙你的。"她母亲说着进了前屋。

方品味和张德利在前屋，一个坐在炕边上，一个坐在靠窗户的沙发上，面对面说着话。方品味手里拿着烟，屋中烟味浓，有点呛鼻子。她和母亲走进屋时，方品味和张德利都站了起来。她母亲不好意思地说："我们影响你们吃饭了吧？"

"饭前来正好，如果喝了酒，饭后说话就没准了。"方品味说。

小伙子笑着示意打招呼，但没说话。

她母亲说："小伙子爱喝酒吗？""烟酒不沾。"方品味说。

她母亲说："年轻人喝点酒也行，烟最好别抽。"

"别说年轻人了，我想戒烟，却戒不掉。"方品味说。

她母亲说："少吸烟对身体好。""我牵线，看他们有没有缘分。"方品味说。

她母亲说："你能给牵线就很好了。让他们先说说，我回家有点事。"

她看了一眼母亲，又看了一眼张德利，没说话。她不是不想说话，而是不知道说什么。方品味对张德利和她说："你们去后屋吧，后屋没人打扰，前屋经常来人。"

她和张德利跟在方品味身后，经过厨房，走进后屋。方品味把她和张德利领进后屋，轻轻关上门。

方品味家的后屋面积小，炕占了屋子的三分之二。窗户外面是菜园。这是村里普遍的设计。

她进屋，站在靠窗户的位置，看着窗外的菜园。

此时她想起了母亲说的一件往事。那件事应该距今有二十多年了。当时她在读小学，村里来了一批下乡知识青年，有五六十人，男的女的都有。他们当中有哈尔滨、北京、上海、杭州、天津等地的。其中有年龄小点的，也有年龄大点的。有的开始谈恋爱了。村里没有可说悄悄话的地方，谈恋爱的知青要么在田间地头的树林里，要么在关系好的老乡家。有一个上海男知青跟一位天津女知青热恋了。这两个知青跟她母亲熟悉，就经常来她们家。每次来，他们就去她家的后屋。

那年深秋的某天下午，她刚放学，那对热恋中的知青来了。他们跟母亲打过招呼，就进后屋了。母亲在厨房做饭。那对热恋中的知青大约过了半个小时从后屋出来，跟母亲说了几句客套话走了。后来她听母亲跟邻居阿姨说，听见解裤腰带的声音了。没过多久，又听母亲跟邻居阿姨说，那位天津女知青怀孕了。再后来，那些知青离开村里返城了。

那时，她还不懂成年男人与女人之间的事。这些年每次相亲，她都跟陌生的小伙子单独见面，不管是多长时间，在这短暂的时间里，就是为相守一生做铺垫。但她只感受到短时间内情感的波动，还没有相守一生的感觉。虽然她渴望那种情感，但在一次又一次相亲失败后，渐渐淡忘了。

特别是在姐姐和哥哥的婚姻出现裂痕后，她对结婚产生了恐惧，不敢轻易朝婚姻之门迈步。

张德利说："你叫什么名字？"

"焦田英。"

张德利说："你是怎么想的？"

"什么怎么想的？"

张德利说："咱俩的事。"

"得问我妈。"

张德利不解地说："问你妈？"

"对，得问我妈。"

张德利说："你妈……"

"对，我妈。"

张德利沉默了。

她知道这是难办的事，张德利暂时难以理解她的意思。不过这是事实，确实由她母亲决定。她对张德利的印象是不反感，也不喜欢，交往可以，不交往也行。她若有所思地说："你叫张德利。"

一会儿，她又笑着说："怎么不叫失败呢？"

"在你妈面前我会失败吗？"张德利问。她说："有可能。"

"你的意思是咱们没戏了？"她说："有戏没戏都无所谓。"

"什么意思？"她说："怎么都是一天天活着。"

"太消极了。"她说："这么看我？"

"你是这种态度。"她说："我得回家了。"

"你同意吗？"她说："得问我妈。"

"你妈……"

张德利想把她送到家门口，她坚决不让张德利送，张德利有些失落地回到屋里。方品味的老婆已经把饭做好了。张德利客气地说："嫂子，给你添麻烦了。"

"不麻烦。你方哥每天晚上都喝酒，也得炒菜。"方品味老婆说。

张德利说："开车累，喝酒解乏。"

"开车肯定没种水稻累，贪酒，就别找借口。"

张德利说："开车累跟种水稻累是两种不同的累。"

"我不信。"

张德利说："种水稻了，可以随时休息。如果疲劳驾驶，稍微一走神，就有可能把车开到沟里。"

"是这么个理。我从没阻拦过你方哥喝酒，只是叮嘱他开车别喝酒，在家不要喝醉了。"

张德利竖起大拇指，称赞地说："嫂子，开明。方哥娶了你，真有福气。"

"还不知足呢！"

方品味接过话茬，笑着对老婆说："德利夸奖你几句，不知道是谁了？"

"老弟，你听听，你方哥就是这么不知足的人。"方品味老婆说。

张德利说："嫂子，方哥口是心非，心里美着呢。"

"你方哥挺勤快，这是真的。"方品味老婆说。

方品味吃了口菜，端起酒杯，跟张德利碰了下杯说："把杯中酒干了。"

"太多了。"张德利为难，方品味说："下一半。"

"一半也多，三分之一吧。"方品味说："你在这里，别外道。"

"外道就不来了。你上午说，我下午就来，并且这还是终身大事。"

方品味说："聊得怎么样？你觉得姑娘怎么样？"

"一般人，还行。"方品味说："姑娘比较老实。"

"不缺心眼吧？"方品味说："你怎么感觉她缺心眼呢？"

"我问她是什么想法，她让我问她妈。我跟她谈对象，又不是跟她妈谈对象，怎么能让我问她妈呢。"

方品味说："姑娘说得没错，是得问她妈。她妈不同意不行。"

"现在都什么年代了，谈对象还得让爸妈做主。"张德利说。

方品味说："这个姑娘老实，她妈又好强……如果她妈事不多，姑娘早就嫁人了。"

"她有点呆。"

方品味说："让她妈管的。听说她学习挺好的，只差几分没考上大学。"

"她三十一了，再不结婚，就麻烦。"

方品味调侃地说："这不遇到你了，如果你娶了她，就不麻烦了。"

"你认为她妈能同意吗？"

方品味说："是她妈让我给介绍对象的，应该可以。"

9

她母亲认为张德利的相貌一般，不如前几个好，但这次没按照从前的标准，母亲想把她嫁出去的心情极为迫切。

她母亲不只是降低了给她选择对象的标准，还没提任何要求，只要她同意，只要男方对她好，就可以了。

她回到家，还没说话，母亲就问她怎么样。她对张德利没什么感觉，所以没有回答母亲，沉默着。母亲说："如果你认为行，我没意见。"

"以前我说行，你说不行，都以你为主。"

母亲说："以前是以前，现在是现在。"

"我不想嫁人了。"

母亲说："为什么？"

她没说话。

母亲说："你就说愿意，还是不愿意吧？"

"我愿意，人家还不一定愿意呢。"

母亲说："意思是你愿意呗。"

"你先别问我，先问人家，如果人家不同意，说这些没用。"

母亲咳嗽了几声，吃了药，就睡觉了。

她回到后屋，躺在炕上，怎么也睡不着。她对张德利好像一点感觉也没有。她眼前浮现出从前相过亲的一个又一个男人，有好几个她一看见就心动了，萌生想嫁的感觉，但是都因母亲反对没了结果。她想嫁的那些人早已结婚，而她还在相亲。

天亮了，她也醒了，还觉得累。昨天她没怎么干活，不应该这么累。她感觉相亲比干活累多了。当然，这是心力与体力的两种不同累法。

因为她昨夜睡眠效果不好，困意很浓，想继续睡一会儿。

她听见母亲穿衣服的声音。母亲每天起得比她早，她经常是在母亲做好了饭，才不情愿地穿衣服，并且多数是母亲做好了饭，到后屋叫醒她。这两天母亲感冒了，没早起，所以她做的早饭。今天母亲起得这么早，证明母亲感冒好了，或是减轻了。

母亲没叫她，也没做早饭，而是在清扫院落。天光大亮时，母亲才回到屋里做饭。饭做好了，她也起来了。母亲似乎是估算好了她起来的时间才做饭，想让她吃上热饭。母亲对她说："今天城里赶集，过会儿，咱们去集上买点布料，给你做衣服。"

"我的衣服够穿，别做了。"

母亲说："忙一年了，怎么也得给你做件新衣服。"

每年母亲都要给家人做一套新衣服。她一直没弄清楚母亲做新衣服的用意，但是母亲就这么一年一年地做着。

过了深秋，就进入冬季，冬季，村里的人都闲下来，做衣服的人也多，手艺好的裁缝店都排号。裁缝做不过来时，有的就私下找别人代工。代工的手艺比裁缝店的手艺差多了。

每年母亲提前做新衣服。这时，手艺好的裁缝店活不是太多，裁缝店不会找代工，做得认真。

不过，深秋做春节穿的衣服，不好把握尺寸。春节穿棉衣，深秋时还没穿棉衣。这个尺寸得估算好，要么做的衣服小了，要么做的衣服大了。做这种衣服得找特别有经验的裁缝才行。有经验的裁缝店也会在店里放几件普通型号的棉衣，给顾客做参考，这样做起衣服来更好把握尺寸。

县城的集市每半个月一次。周围市县的商贩也来，集市上的商品种类特别多，购买的人也比平时多，集市吸引着顾客与商家。

她和母亲吃过早饭就去县城了。她骑电动车想载母亲，母亲说赶完集想去老乡家，所以母亲骑自行车了。

她到了县城，在街中心的十字路口处等母亲。听见身后有人喊她的名字，她回过头看是赵亚娟骑着电动车带着孩子过来了。虽然赵亚娟每次见到她都非常客气，没有瞧不起她的意思，但她看见赵亚娟心情就不好。她不愿意看见赵亚娟，有抵触情绪。

赵亚娟跟她同龄，同村，从小一起长大，一起上学。在学校读书时，她比赵亚娟学习成绩好。初中毕业时赵亚娟没考高中，报考了幼师。幼师是小中专。那时中专分两类，一种是小中专，另一类是中专。中专是高中毕业考，小中专是初中毕业考。当时，从小中专毕业，国家给分配工作。赵亚娟毕业后回到县城，当了小学美术老师，嫁给了副乡长，现在孩子在上幼儿园。而她高中毕业后连中专也没考上，成了农民。她跟赵亚娟的生活之路发生了大的变化，拉开了距离。她在赵亚娟面前如同从阵地上逃跑的兵，没了底气，没了脸面，想躲避。

赵亚娟问："你在这干什么？"

"到集市上买点东西。"

赵亚娟说："中午到我家吃饭吧？"

"不了。"

赵亚娟说："孩子感冒了，我带她去医院看病。"

"你忙吧！"

赵亚娟说："有时间再聊。"

她看着赵亚娟远去的背影，心情非常不好。

母亲骑着自行车来了，看她不高兴问："你怎么了？"

"没怎么。"

母亲说："跟谁吵架了吗？"

"我现在连吵架的人都没有。"

母亲认为应该尽快让她出嫁，再不出嫁就成麻烦事了。

此时她跟母亲的想法一样。如果没遇到赵亚娟，她还没有急于出嫁的想法，遇到赵亚娟，她特别想嫁人，想成为别人的媳妇，甚至嫁得越远越好。

母亲给她买了布料，然后一起去商业街找裁缝店。她母亲在那家裁缝店做了好几年衣服。她和母亲在去那家裁缝店时，遇到了刘向能。

刘向能和一个年轻孕妇站在一家裁缝店门口。她知道这个开裁缝店的女人，但没在这个裁缝店做过衣服，更没想到这个女人会影响到她的心情。她和母亲都不知道跟刘向能说什么。刘向能主动打招呼："阿姨，来赶集了。"

"到集市上看看。"她母亲说。

她和母亲从刘向能面前走过去。她听见身后的年轻孕妇问刘向能："这是谁？"刘向能说："邻居。"她听见这话，心里是那么难受。

母亲和她回到家时已经过中午了，都饿了。她母亲在锅里热了馒头和咸鸭蛋，简单吃过饭，她回后屋睡觉了。

母亲去找方品味了。

母亲刚才看见方品味开卡车进了村，想知道张德利的想法。母亲想尽快把她嫁出去，还想让她嫁出去尽快生孩子。母亲第一次在相亲后比男方着急。

方品味每天开卡车来往于鹤岗市与县城之间，上午一趟，下午一趟，拉两次煤炭。今天只拉了一趟，因为拉煤炭的高峰期过了，没那么多用户了。方品味对进屋的她母亲说："过会儿正要去找你呢。"

"我刚从县城回来。"

方品味说："今天是集。"

"这次赶集比上次赶集的人多了。"

方品味说："秋收快结束了，人们有时间了。"

"你该拉粮了。"

方品味说："明天就开始拉。"

"还是你开车跑运输挣钱快。"

方品味说："干啥都不容易。"

"咱老百姓挣的是辛苦钱。"

方品味说："小伙子同意这门亲事，只要你们没过分要求，就没什么问题。"

"哪有什么过分要求。不瞒你说，从孩子她爸去世后，我就急着让她嫁人。如果不是以前我要求高，她早就嫁人了。"

方品味说："孩子找对象，家长别干涉太多，干涉多了，孩子会生气。再说，家长的意见也不一定正确。"

"你说得对。"

方品味说："你看怎么办？"

"找个时间我们去跟张德利父母见个面，把这事定下来，看什么时间办婚事。"

方品味说："可以。"

"你操心，把见面时间定下来。"她母亲说。

10

张德利家住在鹤岗市郊区，村里有几百户人家，靠公路边上，地少，村里的人大部分在鹤岗上班。他父亲当过兵，是汽车兵，复员后在汽车修理厂干过维修。三年前，开了汽车修理铺。

张德利前一个对象是本村的，两个人谈得挺好，眼看要结婚了，那个女的却突然嫁给了收购粮食的商贩。那个商贩结过婚，有两个读小学的孩子，比女的大十多岁。张德利在那个女人跟收购粮食的商贩结婚时，才知道她脚踏两只船。村里的人都没发现那个女人脚踏两只船。那个女人脚踏两只船是想从两个男人手里弄到更多的钱。

张德利在跟那个女人谈恋爱的几年里，花了不少钱。那个女人在分手时，除了还给张德利买的金首饰，像平时吃饭、买的衣服、过节时的礼品等等都没做补偿，张德利也没要。

他和他父母防止夜长梦多，浪费钱，想尽快把婚事办了。婚房早就准备好了，简单装饰一下，就可以入洞房。

婚期定在春节前几天。这是她母亲和张德利父母商量定好的。这是农闲时节，亲朋好友都不忙，有时间参加婚礼，也能为春节增添些喜庆。

这些天她有时高兴，有时不高兴，反复无常，情绪不稳定。她的情绪引起了母亲的注意，母亲劝她应该结婚……母亲讲的道理她懂，可她对结婚提不起兴致，不高兴时，不想结婚。她的态度影响了她母亲的心情。

她出嫁那天，母亲担心她在婆家受气，有点不开心。

她姐姐和姐夫提前一天从外县回来，这是姐姐再婚后第一次从外县回来。姐姐全家回来，一是参加她的婚礼，二是陪伴母亲过春节。她出嫁了，母亲一个人过春节会孤单。她出嫁后，姐姐全家回来住也方便。

张德利带着六辆轿车来迎娶她。这么多轿车来迎娶新娘，在村里是第一次，如同当年她姐姐出嫁第一次坐轿车。她坐上轿车，离开村里时，心情是那么落寞，一丝喜悦的神色也没有。

母亲站在家门口看着她坐车远去。

她没回头看望母亲。她怕一回头，就不愿意离开家，眼泪从眼角缓慢流下来。

她身边的伴娘说："高兴吧？"

"高兴……"她没感觉到这两个字的用意。

这条从她家村庄通往张德利家村庄的路，迎亲的轿车开了三个多小时。这么长时间，她却浑然不知。

她是第一次走进婚房。此前张德利让她来看一看，她说不用看，什么样的房子都能住，她对婚房没要求。张德利从她的话语中感觉到了轻松，但也高兴不起来，认为这种态度证明她对结婚不重视。

张德利家非常重视这次婚礼，请了一位当副县长的亲戚当证婚人。参加婚礼的客人也多。

婚宴是在饭店办的。这是鹤岗市的郊区，饭店多，且离婚房不远。举行过婚礼仪式，客人就到饭店吃饭了。

姐姐悄悄把她拉到一边，低声问："你怎么不高兴呢？"

"高兴不起来。"

姐姐说："这是你人生中大喜的日子，高兴不起来也得高兴。"

"装高兴吗？"

姐姐说："得装。"

"装不出来。"

姐姐说："过会儿你和新郎给客人敬酒时，可不能有这种表情。"

她明白姐姐的心意。她确实应该高兴，但就是高兴不起来。在姐姐提醒后，她努力调整心态，尽可能高兴起来。

婚宴持续的时间比较长，送娘家客人回去时已经黄昏了。迎亲时人数多，娘家客人返回时人数少，用了两辆轿车。

姐姐临上车前对她说："以后这里就是你的家了，你再回去，就是回娘家了。"

"姐，你怎么这么高兴？"

姐姐说："你出嫁了，我当然高兴了。"

"看来你非常想让我出嫁。"

姐姐说："当然了。女人出嫁了，才有了属于自己的家。"

"以前不是家吗？"

姐姐说："小时候待在父母身边，那也是家。长大了，就得独立生活，那就不是自己的家了。"

她没想到初中毕业的姐姐对生活是这么理解的。她看着姐姐说："我想回娘家。"

"三天后回门。过了三天，你就回去了。"姐姐说。

她说："三天……"

"转眼就过去了。我们回去了，你勤快点，孝敬公婆，安心过日子。"姐姐转身上了车。

11

夜深了，她和张德利面对面坐着。这些天张德利为办婚事忙前跑后，感觉体力透支了，想早点睡觉，但她不愿意。

她明白张德利的心思，但是不愿意配合张德利。每次张德利向她发出提示信息时，她都在回避。她感觉跟张德利待在同一个屋里没安全感，似乎张德利威胁到了她的人身安全，她产生了恐惧。

虽然张德利没结过婚，但经历过男女之间的生活，更明白洞房花烛夜夫妻做什么，想做什么。他看着她欲望丛生，是那么渴望释放体内的情欲，又是那么急不可耐地想跟她交融。他几次试探性地靠近她，但她移开了，始终保持着距离，不接受。张德利有些恼火，想强行与她发生关系。

她如同遇到了强奸犯，产生了强烈的自卫意识。张德利抓住她的胳膊时，她一边挥手打着，一边朝四处看，在寻找自卫的武器。床边放着一把剪刀，她迅速移动一下身体，挣脱了张德利的手，伸手拿起剪刀，把刀尖对准张德利，严厉警告："你别靠近我，靠近我……"

"你想干什么？"

她坚决地说："你不能靠近我。"

"今天是咱们结婚的日子，你怎么这样？"

她说："你必须尊重我的人格。"

"我怎么不尊重你的人格了？"

她说："你……你不能……"

"从今天起你就是我媳妇了，你是我媳妇，你明白吧？"

她没有放松警惕，保持搏斗的架势。

"我是你丈夫，你明白吧？"

她当然明白张德利说的事情，但她不想做夫妻之间的事。她忽然发现自己是那么讨厌这种事。此刻，她是那么恐惧婚姻，那么不愿意跟张德利住在一起，她想逃出洞房。

张德利在她拿起剪刀的瞬间，心情如同从炎热的夏季跨入寒冷的冬季，没有过渡，更没有心理准备，情感的河流被立刻冻僵。

他认为她把他当成强奸犯了。这哪是新婚之夜呀，这哪是洞房呀，这分明是强奸未遂。他不愿意面对满脸狰狞的她，看见她心情是那么难受，转身走出屋。

夜已深，周围屋里的灯光都熄灭了。虽然没风，但依然寒冷。他站了一会儿，感觉寒气刺透了棉衣，冻得哆嗦，才回到屋里。

虽然屋里的灯光不是太亮，但他能看清楚她脸上的表情。她不但没有睡意，还在用警戒的目光看着自己。

张德利累了，也困了，更没了新婚之夜的热情与情欲，到另一间屋睡觉去了。

她放下剪刀，呆呆地在炕上坐了一会儿，想上厕所。厕所在屋外面二十多米远的地方，她走出屋，感觉冷，打了个寒噤，快步朝厕所走去。

夜很静，空气似乎停止了流动。她朝房屋走去时，看着从窗户透出的灯光，想到屋里的男人有些却步。

她害怕跟男人在同一间屋里度过夜晚。

黑龙江的冬季，白天与夜晚的温差比较大，白天不适合人在屋外久留，夜晚更不适合。她无处可去，在屋外站了一会儿，就回到屋里了。幸好有两个房间，她与张德利各睡一个房间。她也感谢张德利自动离开，如果张德利强行跟她发生关系，她又能怎么办呢？她在一波波困倦涌来时睡着了。

12

张德利是在母亲做早饭时走进屋的。屋里充满热气，他感受到了母亲高兴的心情。母亲以为张德利在新婚之夜后，第一天不能起得这么早，想让儿子和儿媳妇吃到可口的早饭，做饭的时间比平时晚了些。母亲看着他，似乎是想从他的表情里寻找到他在新婚之夜留下的幸福痕迹。他却不愿意正视母亲的目光，避开了母亲的目光，他轻声地说："我爸呢？"

"去店里了。"

他说："这么早。"

"平时这个时间也开店门了。"

他说："没吃饭就去了？"

"刚才有个熟人来找你爸，说汽车爆胎了。"

他的手机响了，电话是舅舅家表弟打来的。表弟比他小三岁，孩子已经五岁了。这些天表弟在帮他张罗婚礼的事，表弟问他今天怎么安排的，如果没事，不过来了。他说今天没事，让表弟去忙自己的事。

母亲在他挂电话后，让他去叫父亲吃饭。

修车店在前院，离主屋只有二十多米的距离，在屋里能听见修车时工具碰撞的声音。他父亲刚干完那活，手里拿着钱，正准备回去吃饭，看他来了，以为他准备干活，便说："现在活不是太多，这几天你别干了，领媳妇到亲友家走一走。"

"我妈把饭做好了。"

父亲说："有点饿了。"

他关上店门。

父亲说："今天出去吗？"

“没想好呢。”

父亲说：“你媳妇性格慢，你好好对她。”

“她只来过两次，你怎么看出来她性格慢了？”

父亲说：“她每次来都很少说话，说话时会看一看她妈，生怕说错了。你可从来没像她这样。”

“遇事全听爸妈的就好了？”

父亲说：“那也不是。”

“只能证明她没有主见。”

父亲说：“她没主见，你有主见就行。不要像我，什么事都听你妈的。”

“你小事听我妈的，大事一件也没听。”

父亲笑了。他关上店门，转身跟在父亲身后去吃饭了。

母亲在他进屋时说：“去把你媳妇叫来吃饭。”

“先不叫她。”

母亲说：“她还没起来吗？”

“不知道。”

母亲说：“你没跟她睡在一起？”

“妈，这事你也问。”

母亲说：“不是我问，是你说的不对。你们刚入了洞房，睡在一起，你怎么会不知道她没起来呢？”

“当年你和我爸也这样吗？”

母亲说：“我们结婚时没现在这么好的条件，新婚第二天，我起得比你爸早，帮你奶奶做饭。”

“你想让她帮你做饭吗？”

母亲说：“我可没这么想过，现在哪还有婆婆指望儿媳妇做早饭的。我是让你去叫她来吃饭。”

“不管她，咱们吃。”

母亲不解地说：“你们闹别扭了？”

“妈，别问这么多行不！”

母亲说："昨晚入的洞房，亲热劲还没过去呢，怎么就闹别扭了。"

"妈，你不说这事行不行！"张德利有些生气地说。

母亲说："我说错了吗？"

"你没错，我错了，你们吃吧！"张德利把筷子往桌上一扔，起身走了。

他父亲和母亲谁都没想到他能发脾气，父母亲不约而同地朝他看去。他出了屋，随手把门关上，用力大，关门声很响。父亲和母亲你看我，我看你，满脸不解。

父亲说："你不能少问几句么。"

"我让他把媳妇叫来吃饭，他不叫，我问为什么，不对吗？"

父亲说："你就是嘴贱。"

"我怎么嘴贱了，儿媳妇不来吃饭，我问为什么，还问错了？"

父亲说："你没错，你没错……不只是儿媳妇不吃饭了，儿子也不吃了……你继续问。"

"你也不想吃了呗！"

父亲夹了一块肉放到嘴里，边吃边说："你说八百句话，把我耳朵堵上，我吃得更香。"

"我得弄明白这是咋回事。"

父亲说："你还想问。"

"不问怎么能知道儿子为什么不高兴。"

父亲说："你不要问，不管发生什么事，那是儿子和儿媳妇小两口的事，跟你没关系。"

"我儿子不高兴，怎么能跟我没关系。"

父亲说："你应该明白，你儿子娶媳妇了，自己过日子了，你就别掺和了。如果你掺和，会把简单的事弄复杂。"

"刚结婚，能有什么不开心的事呢？"母亲自言自语地说。

13

她听见张德利开门的声音。她一整夜都处在半睡半醒之间，时刻防止张德利走进屋，靠近她，强迫她发生关系。她在张德利出屋后下了炕，拉开窗帘，看着窗外。她住的新房前面就是张德利父母住的房子。她不知道怎么面对张德利的父母。

如果说夜里难熬，那么怎么度过白天成为摆在她面前的难题。

她看见张德利从父母家院落后门走出来，一步步接近她。她能看见屋外的张德利，张德利却看不见她。张德利走进院里时，她转身上了炕。

张德利进屋看她在炕上躺着，以为她身体不舒服，关心地问："你怎么了？"

"没怎么。"

张德利说："这个时间了，还躺着？"

"有点累。"

张德利说："我妈让你去吃饭。"

"不饿。"

张德利说："你是不是离开娘家不适应？"

她认为有这方面的原因。她是第一次离开母亲，也是第一次跟男人睡在同一间屋里。虽然她想象过嫁人时跟男人睡在同一间屋里的情景，但没想过心情变化这么大。她知道这是天经地义的事，没想过拒绝，认为可以接受，可当她跟张德利睡在同一个屋里时，突然产生了恐惧，这种恐惧是那么强烈。

张德利说："我不会强迫你……"

她认为张德利是善解人意的男人。虽然她不想跟张德利发生关系，但她不想让张德利在亲友面前丢脸。她调整了一下心态，跟着张德利去吃饭了。

张德利父母亲吃过饭，父亲去修车店，母亲在屋里收拾卫生。母亲细心，把饭菜放在锅里，还是热的，给他们端到饭桌上。

张德利留意着她的表情变化，看她不像夜里那么紧张，情绪平稳，自己的心情也好了。

吃过饭，她想洗碗筷，但这活被张德利母亲揽过去了。张德利母亲让她和张德利去玩。

张德利说带她去亲友家玩。她不想面对张德利的父母，去亲友家玩的想法符合她的心意。

北大荒冬季寒冷，冰雪覆盖大地，室外的农活基本全停了，工厂里的活基本是在屋里。因为地理环境特殊，工作受到气温影响。冬季，北大荒的人闲暇时间多。张德利和她去了好几位亲友家，他们在一位亲戚家吃的午饭，玩到天快黑时才回家。

张德利的表叔去哈尔滨办事好几天了，没来参加婚礼，他表婶来的。表叔家在十多里外的村庄。下午表叔从哈尔滨回到家，马上骑着摩托车来找张德利的父亲。

张德利和她走进屋时，张德利向她介绍："这是表叔。"

"表叔。"

表叔说："我跟你爸正说你们的婚事呢……我去过你们村。"

"哪年去的？"

表叔说："十多年了。"

"我们那偏僻，怎么去那了？"

表叔说："当时你们那还没种水稻，是种小麦，还有西瓜。那年夏天，鹤岗有位瓜贩子让我帮着弄西瓜，你们那的西瓜好。"

"那几年种西瓜比种小麦挣钱，种西瓜的人多。"

表叔说："同样的地，也分谁种。你们村有个姓王的年轻人，他家种的西瓜个大，还甜。"

"他坐过牢，在监狱里学的种西瓜技术。好像在西瓜快成熟时，喷了一种药。"

表叔说："你们那谁家的西瓜都不如他种的好。"

"他种西瓜的技术保密，连他爸都不告诉，担心他爸说出去别人学会了。"

表叔说："你爸叫什么名字？"

"我家没种西瓜，你不认识他。"

表叔说："德利这孩子是我看着长大的，勤劳，处事也好，以后你们的日子肯定能过好。"

这一天，有好几个人提过这个话题。不知怎么，每次有人提起她跟张德利过日子的话题时，她就没了兴致，好像不愿意跟张德利在一起过日子。如果她不想跟张德利在一起过日子，为什么还跟张德利结婚呢？

张德利每次发现她不开心或不想说某个话题时，立刻帮她转移话题。张德利的手机响了，他看了一眼手机，对表叔说："我有几个朋友来了……你跟我爸慢慢喝。"

几个人在他们新房门前站着。这几个人是跟张德利从小一起长大的好朋友，年龄相仿，都结了婚，平时交往多。她在婚礼现场见过他们。因为婚礼现场人多，应酬也多，所以单独没怎么说话。他们说了一会儿话，打开音响，唱着流行歌曲。张德利经常跟朋友去歌厅唱歌，有时修车的客户也请他去歌厅唱歌。他喜欢唱歌，结婚时买了一套质量非常不错的音响。这几个朋友离开时，夜已经很深了。

一整天张德利都在陪她，让她开心，缓解她的情绪。她也极力做出开心的样子，不让亲友看出她的心事。

屋里只有她和张德利两个人时，她心里又产生了恐惧。她特别害怕单独跟张德利在一起。在她眼里，好像白天与夜晚的张德利不是同一个人。白天的张德利是好人，晚上张德利就变成害她的坏人了。她的态度不但没有比前一个夜里缓和，反而加强了防范意识，提前把菜刀放在被子下面。在张德利试图上炕，靠近她时，她利落地抽出菜刀，咬着牙，做出自卫的姿势，严厉警告："你不能靠近我！"

张德利原以为经过一天的感情培养，她能缓和态度，适应新的婚姻生活，怎么也没想到她能再次做出搏斗的架势。张德利看她这样，恼羞成怒，趁机夺下她手里的菜刀，想强行跟她发生关系。她强烈反抗，誓死不从，把张德利的手抓破了。张德利在遭到她的强烈反抗后，兴致大减，没了做爱的心情，头脑冷静下来，喘着粗气质问："你是我老婆，为什么不同意？"

"我还没想好。"

张德利说："没想好，你结婚干什么？"

"结婚就得做这事吗？"

张德利说："当然了。这是夫妻双方的义务。"

"义务？"

张德利嘲讽地说："这种事不会也去问你妈吧？"

"可以问。"

张德利无奈地摇头说："你妈早就同意了，要么不会把你嫁给我。"

"这是你说的，不是我妈说的。"

张德利嘲讽地说："真是什么人都有，你应该是世界上最听话的孩子。"

"你嘲笑我没用。"

张德利气呼呼地去找母亲。

这些天，张德利的母亲为他的婚事忙碌着，很累，已经睡觉了。他父亲在吸烟，看着电视。他进屋看着躺在炕上的母亲，想说话，但没说。母亲看他不高兴，坐起身，穿上外衣说："怎么了？"

他无可奈何地叹息了一声。

母亲说："吵架了？"

"这哪是媳妇呀！"

母亲听儿子讲述这两天新婚之夜发生的事。母亲活了快一辈子，还是第一次遇见这种事，发火了，想去质问儿媳妇，但被张德利的父亲阻止了。

张德利的父亲认为如果婆婆去质问儿媳妇，事情就没挽回的余地了。儿子的事应该由儿子拿主意，父母尽可能不掺和，掺和的人越多事情越麻烦。

张德利表明态度，把这个媳妇送回娘家，不要了。张德利的父母没想到他能这么坚决，不知所措。张德利说："我宁可打光棍，也不娶这种女人。"

"你好好想一想，再决定。"他父亲说。

张德利说："不用想，就这么定了。"

"先别急着送她回娘家，过几天看一看。"他父亲说。

母亲说：“你把她送回娘家，就等于离婚了，得办离婚手续。”

“离，必须离。”

母亲说：“你再想一想。”

“不想了，就这么定了。”

母亲说：“我找人劝一劝她，看她能不能改，如果改了，能好好过日子也行。”

“不用劝，这个媳妇我坚决不要了。”

母亲说：“如果她能改，你也不要了？”

“改也不要，何况她改不了。”

母亲说：“话不要说得那么死，处事方式是可以改变的。”

“你们别劝我了，如果你们觉得她行，想留她，让她跟你们过，反正我是不要她了。”

张德利的母亲不希望把她送回娘家。这不只是丢了她的脸面，让娘家人为难，对张德利的影响也不好。刚结婚，就离婚，结婚花的钱多少不说，外人会说三道四。离婚跟没结过婚的名声不同，离过婚的人如果想再结婚，名声差很多，无形之中降低了以后找对象的条件，影响张德利以后再找对象。张德利没考虑这么多，母亲想得多。母亲发愁地想，儿子的这个婚姻怎么办？

父亲说：“这婚结得有点急了，如果你们两个交往的时间长点，多了解了解，就不会发生这种事了。”

“不在于交往的时间长短，像她这种人，太少见。”张德利说。

父亲说：“你打算什么时候把她送回去？”

“回门时，送回去，就不让她来了。”张德利说。

14

母亲在她出嫁后，如同了结了一桩心事，精神比从前好多了，见到乡亲也愿意打招呼。这几天母亲由她姐姐陪着。在她回娘家时，母亲提前把屋子打扫了一遍，还让她姐姐专门去县城买了些蔬菜。北大荒冬季蔬菜少，价格还贵，娘家准备了酒菜，如同迎接贵客等她回来。

　　张德利是开着自己家的轿车来的。轿车上除了她，还有跟他同村的一男一女两个好朋友。他让这两个朋友陪着一起送她回娘家，是防止她多疑，要不她会担心他对她做正当的事。张德利不愿意看见她，更不想单独跟她在一起。

　　这两个朋友先陪张德利和她去民政局办理了离婚手续。

　　民政局的工作人员刚上班，张德利和她就来了。负责婚姻登记的工作人员接过张德利手中的结婚证，看了一眼日期，缓慢地说："过了这么几天，就想离婚？"

　　"不能在一起过日子，就得离。"张德利说。

　　工作人员说："别冲动，先别离，回去再想一想。"

　　"想好了才来的。"张德利说。

　　工作人员看张德利态度坚决，转过脸对她说："你同意吗？"

　　"既然来了，就是同意。"她说。

　　因为张德利和她没有财产，也没别的诉求，当时就办好了离婚手续。他们各自拿着离婚证上了车。

　　在去她家路上，几个人都很少说话，车里气氛很压抑。

　　张德利见到她的母亲，迟疑了一下，没叫妈，轻微地说了声："姨。"似乎这个"姨"也不太愿意说出口。

　　她母亲心里咯噔一下，如同被针扎了似的。张德利在来迎接新娘那天已经喊"妈"了，怎么变成"姨"了呢？张德利娶了她的女儿，成为她的女婿，怎么这么叫她呢？她母亲心里产生了疑问。虽然她母亲感觉不舒服，有些不高兴，但还是满脸笑容地给他们倒水，拿瓜了，热情招待他们。

　　张德利在屋里坐了一会儿，去找方品味。他在电话中已经把自己的想法告诉了方品味。方品味让他冷静点，别冲动，找女方娘家人说一说，看她能否改变，尽可能不把矛盾扩大。张德利不想缓和关系，不要这个媳妇的态度是坚决的。

　　方品味知道张德利来，所以没出门，在家等他。张德利走进方品味家时，方品味正坐在沙发上看电视，方品味老婆坐在炕上织毛衣。屋里温度有点低，好像没烧炉子。方品味问："什么时候来的？"

"刚到。"

方品味问："不能缓和了吗？"

"没必要。"

方品味说："这么坚决吗？"

"离婚证都办完了。"

方品味说："这么迅速。"

"晚上睡觉她都不让我靠近，这老婆还有啥用。"

方品味老婆说："她是不是害羞？你又耐不住性子，太急了。"

"如果她不适应，我理解，但她不是……你们没看见她那样子。"

方品味老婆说："她怎么了？"

"新婚第一天夜里，她拿剪刀。第二天夜里，她拿菜刀……这哪是结婚，分明是把我当成强奸犯了。"

方品味老婆笑着说："你得逞了？"

"我没这个胆量。"

方品味老婆说："我不相信你能忍住。"

"如果我强行……她还不得疯了。我哪能承受得了那么大的责任。你看，我手被她挠的。"张德利伸出手让方品味和他老婆看。张德利手上有好几道血迹。

方品味老婆说："这么激烈么？"

"她没把我当新郎，而是当成强奸犯了。"

方品味老婆说："还有这种新娘么？"

"太少见了。"张德利叹息地说。

方品味老婆笑着说："你只结这一次婚，肯定不多见，如果多见，就麻烦了。"

"报纸上都没看见过这种新闻。"

方品味老婆说："她妈知道你为这事跟她离婚吗？"

"还没跟她妈说呢。"

方品味老婆把脸转向方品味，笑着说："你这个媒人当得有些麻烦。"

"这也不怨方哥,这种事不到结婚时看不出来。我前几次跟她见面,她说话挺好的,没发现她是这种人。如果发现了,给我磕头,我都不娶她。"张德利说。

方品味在接到张德利打来的电话时,就认为这件事比较麻烦。虽然张德利不介意办婚礼花的钱,也不在乎离婚引起的负面影响,但女方家不一定不在意离婚引起的负面影响。离婚对女方影响非常不好,并且这种离婚理由也不好说出口。他求证地说:"这个媳妇你真不要了?"

"不要,坚决不要!"

方品味思量地说:"怎么跟她妈说呢?"

"我走后你再跟她妈说,要不容易引起麻烦。反正她不是我媳妇了,以后她的事跟我没关系。"

方品味说:"吃过中午饭再走。"

"这饭没法吃,我担心吃饭吃出麻烦,还是快点走好。"

方品味说:"你不用担心,在这里不会有人把你怎么样。"

"事越少越好,你跟我过去看一看,这种事我感觉丢脸。"

方品味穿上外衣跟着张德利走出屋。

她母亲看见方品味如同看见了解药,很高兴。从她走进屋起,就没一丝笑容,娘家人很不解。娘家人想问她,因为陪同张德利来的两个人在,没办法问。

张德利进屋对她母亲说:"姨,我们回去了。"

"回去?回哪?"她母亲不解地问。

张德利说:"我们回家。"

陪同张德利来的一男一女已经走到屋门口。

她娘家人被张德利的做法弄蒙了,谁都没想到会发生这种事,事情变化突然,不知怎么办才好。张德利没有多说什么,转身走出院子,上了车,迅速启动,陪他一起来的两个朋友也上了车,然后开动车。

她母亲对方品味说:"这是怎么回事?"

"他们办了离婚手续。"方品味说。

15

村很小，人口不多，红白喜事都是新鲜事，谁家娶媳妇了，谁家姑娘出嫁了，都会被人们关注。

她被送回娘家的事，应该算是新鲜事中的新鲜事，毋庸置疑引起了人们的兴致，大家议论纷纷。

她家东边和西边的女邻居都有关心别人家琐事的喜好。她回娘家那天，东边邻居家的女主人在院落里看了好半天，还打招呼："回娘家了。"她看一眼邻居，没说话。这位女邻居对她的反应非常不满意，瞬间就不高兴了，转身进了屋。她不是故意不理邻居，是心情很不好。她刚跟张德利办完离婚手续，就算心情好，又能怎么回答女邻居的话？

张德利把她送回娘家，没吃中午饭就走的事很快在村里传开了。有跟她家关系好、交往多的人，私下问她母亲是怎么回事。她母亲没说实情，而是说张德利脾气不好，两个人在一起经常吵架。张德利在村里只认识方品味，村里的人跟张德利没有联系，她母亲说的是真是假，别人无法从张德利这边求证。

村里人都知道方品味是她的媒人，有多事的妇女跟方品味开玩笑："你这个媒人是怎么当的，刚嫁出去，男方就把姑娘送回来了！"

"这有什么新鲜的。"

多事的妇女说："姑娘刚嫁出去，就被送回娘家了，这种事还不新鲜吗？你看这十里八村发生过这种事吗。"

"你是不是女人？"

多事的妇女被方品味的话问蒙了，不解地说："你什么意思？"

"你是女人不？"

多事的妇女说："我不是女人，我儿子是你生的。"

"我问你一件事，你如实回答。"

多事的妇女说："什么事，你说。"

"当年你出嫁那天夜里，你是怎么对你男人的？"

多事的妇女说："我出嫁是十多年前的事了，跟你当媒人这件事没关系。"

"你别说有没有关系，我问你是怎么对待你男人的？"

多事的妇女说："你什么意思？直说，别绕弯子。"

"入洞房时，你干什么了？"

多事的妇女恍然大悟地说："你都这么个年龄了，还对这种事感兴趣吗？入洞房时，女人不就是跟男人睡觉么。你孩子都快结婚了，你没入过洞房？"

"你别激动，提起入洞房的事，看把你激动的，你还想入洞房吗？"

多事的妇女说："不是我激动，是你用意不纯。"

"如果你在洞房里不跟你男人睡觉，你男人会怎么样？"

多事的妇女说："你这话有问题，男人跟女人结婚不睡觉，结婚干什么！你们男人在洞房里看见女人跟狼见到肉似的，如果我不跟他睡觉，我男人还不把我的衣服撕了。"

"你愿意跟你男人睡觉吗？"

多事的妇女说："你这不是说的废话，如果不想跟他睡觉，我就不嫁给他了。跟你直说吧，没入洞房之前，我就跟他睡在一起了，并且不是一次，而是好多次。"

"既然你明白这个道理，人家把她送回娘家就对了。"

多事的妇女想了想说："你的意思是她不跟她男人睡觉呗？"

"我没说，这是你说的。"方品味已经遇到过好几个问这件事的人了。他不想伤害她，也不想把事情扩大，更不想让自己背黑锅。他想了又想，使用这种方式把事情的原因说出来比较好。这样既避开了自己的责任，还把事情说出来了。

村里人很快就知道她是因为结婚后不跟她男人睡觉，被男人送回娘家的。

她在跟张德利离婚后特别怕见熟悉人，好像熟人在背后对她指指点点的。她见到熟人，如同贼见到警察想躲避。

她母亲在她离婚后更觉得没面子，见到熟人如同矮了半截，抬不起头，没再张罗给她找对象，也没有媒人再给她介绍对象。她在婚姻的路上如同走进了死胡同。

村里有人在她结婚那天看见了她的结婚证，但没有看见她的离婚证，所以不知道她离婚没有，有没有离婚证，也不知道她是不是跟男人睡过觉。睡过觉的女人不是处女，找对象等于是二婚，再找对象肯定受影响。她成为村里唯一没嫁出去的大姑娘。

如果说她是没嫁出去的大姑娘，这是不准确的，因为她跟张德利结过婚，在一起过了几天日子。

村里有好事的人在闲聊时，会说到她的事，猜测她是不是处女。

16

这年春天，正是种水稻插秧最忙的季节。她哥哥让她到县城买些饼干、麻花等食品，准备带到农田，干活饿了时吃。

她骑着电动车来到县城，在十字路口遇到了赵亚娟。赵亚娟在参加县妇联组织的妇女维权宣传活动。赵亚娟跟她打招呼，她勉强笑了下，没说话，急忙离开。

县城人口少，经济不景气，只有两三家规模不大的商场，商店也没几家大的。商场里卖的东西比商店贵，不能讨价还价，品种还单一。人们买东西一般是去熟悉的批发商店。这种商店货真价实，服务还好。商店比商场经营灵活，效益也比商场好。她走进那家商店时，看见刘向能和他媳妇，瞬间神情紧张起来。

刘向能怀中抱着一个婴儿，他媳妇在挑选孩子穿的衣服。刘向能打招呼："你来买东西？"

"嗯。"她回应完，转身朝商店外走去。她的反应引起了刘向能媳妇的注意。刘向能媳妇看着她远去的背影，不解地问："这是谁，看见你怎么走了？"

"一个同学。"刘向能不想引起媳妇的误会，没说相过亲。

刘向能媳妇说："你跟她有仇吗？"

"怎么能有仇呢。"

刘向能媳妇说："没仇，她怎么看见你转身走了？"

"我哪知道她的想法。"刘向能答，媳妇不相信地追问："不可能是同学，你没说实话，坦白交代，不许撒谎。"

"你怎么对她感兴趣？"刘向能问，媳妇执拗地说："我就是对她感兴趣。你说，跟她是什么关系？"

"我跟她哪有什么关系，只不过是相过一次亲。"

刘向能媳妇说："相过亲还不算有关系？到了生孩子时才算有关系吗？"

"你说话别这么刺耳好不好，别说是生孩子了，连嘴都没亲过。"

刘向能媳妇说："谁能证明你没亲过她的嘴？"

"别说亲嘴了，手都没拉过。"

刘向能媳妇说："你见到女人还能这么老实？我不信。"

"我和她只见过一面，你不信，我也没办法。"

刘向能媳妇说："你是不是跟她发生过那种关系，后来分手的。"

"没影的事，你别瞎猜。她好像还没结婚呢。"

刘向能媳妇说："是不是还在等你？"

"你太高看我了，人家根本就没看上我。"

刘向能媳妇笑着说："像你这么优秀的人，她还没看上？"

"准确地说，是她妈没看上。她什么事都听她妈的。"

刘向能媳妇说："我感觉你很喜欢她。"

"那是以前，现在喜欢你和我儿子。"刘向能说着往怀里的孩子脸上亲了一口。

刘向能媳妇说："这么想就对了。反正我不相信你没亲过她。你第一次见我就亲我了，见到她也好不到哪去。"

"她不让我亲，也没亲的机会。"

刘向能媳妇说："我不让你亲，你不也强行亲了。"

"关键我和她没有单独在一起的时间，我总不能在她妈和媒人面前强行亲吧！"

刘向能媳妇说："有贼心，没贼胆。"

"你胡说什么！"

刘向能媳妇说："怎么想是你的事，在你心里，我不知道。反正你现在是我儿子的爸，为了孩子，你自己掂量着办。"

"你是不是看琼瑶小说看多了。"

刘向能媳妇对走过来的商店老板娘说："刚才那个女的经常来买东西吗？""离婚之前，她来的次数比较多，离婚后没怎么来过。"商店老板娘说。刘向能媳妇说："她离婚了？"

"她离没离婚还真说不准，也没人看见她的离婚证。反正是结婚没几天，就被男方家送回娘家了。"商店老板娘说得模棱两可。

刘向能媳妇问："男方家为什么不要她了？"

"听说她不跟男人同房。她男人一想跟她睡觉，她就拿菜刀、剪刀的……咱也没亲眼看见，只是听说。"商店老板娘。

刘向能媳妇猛然想起来什么，诧异地说："我知道她了。"

"看把你高兴的，你知道她有什么可高兴的。"刘向能说。

刘向能媳妇看着刘向能笑着，低声说："别人说她有精神病，你居然跟精神病患者相过亲……"

17

她坐在村口的排水台上，看着水汪汪的稻田，还有水稻田那边的公路，仿佛刘向能的轿车从眼前经过，还有二十岁时的初恋男友……从正午到夕阳西下。有人感觉她行为反常，告诉了她的母亲，她母亲把她带回家。

村里有一个山东老乡，跟她家关系很好。这位老乡对她母亲说她可能得了精神方面的疾病，让她母亲带她去医院检查。她母亲也这么想过，但不希望这是真的。她哥哥也让母亲带她去精神病医院检查。

在那个朝阳初露的早晨，她跟在母亲身后缓缓地朝村庄外走去。这次她不是去相亲，而是去合江市精神病医院。

合江市离她们村有几百里的路程，得乘坐好几个小时的客车。

她和母亲是下午到合江市精神病医院的。没吃午饭，她母亲就领她去做检查。

门诊病人不多，一位中年男医生穿着白大褂，戴着眼镜，看着她。她不敢正视男医生，好像男医生的目光是利剑，刺穿了她的身体，看清了她的心事。她不敢抬头，表情凝固，乖巧地坐在男医生面前。男医生问她："你害怕见人吗？"

"你问我妈。"

男医生转过脸问她母亲："她怕见人吗？"

"怕。"

男医生问她："你喜欢做什么事？"

"你问我妈。"

男医生转过脸问："她喜欢做什么事？"

"没感觉她喜欢什么。"

男医生问她："你愿意和谁在一起？"

"你问我妈。"

男医生转过脸，疑惑地看着她的母亲……

后记：多年以后，村庄里的人集体搬迁到县城。母亲和她在县城买了一套楼房，在一起生活了几年。母亲去世后，她一个人生活。在天堂的父母亲无法把爱送给她，她一个人在那栋楼房里生活，年轻时的相貌一点点褪去，心态与容颜慢慢变老，如同美丽的风景，渐渐远去……

原载2021年6期《文学天地》，2022年2期《甜乡》、
2期《漳河文学》、3期《红都》、6期《金沙》杂志，
2023年1期《白银文学》等